Espiritismo & Cultura

Marcus Alberto De Mario

Espiritismo & Cultura

elementos de história, teologia e antropologia

Useerj

MAUAD

Direitos desta edição reservados à
MAUAD Editora Ltda.
Av. Treze de Maio, 13, Grupo 507 a 509 — Centro
CEP 20031-000 — Rio de Janeiro — RJ
Tel.: (21) 2533.7422 — Fax: (21) 2220.4451
E-mail: mauad@mauad.com.br

Em co-edição com
USEERJ – União das Sociedades Espíritas do Estado do Rio de Janeiro
Rua dos Inválidos, 182, Centro
CEP 20031-020 – Rio de Janeiro – RJ
Tel.: (21) 2224.1244
E-mail: diretoria@useerj.org.br

O livro Espiritismo e Cultura *pode ser encontrado também na livraria da USEERJ (mesmo endereço acima)*

Projeto Gráfico:
Núcleo de Arte/Mauad Editora

Revisão:
Fernando Pinto

CATALOGAÇÃO NA FONTE
DEPARTAMENTO NACIONAL DO LIVRO

D372e

De Mario, Marcus Alberto
Espiritismo & cultura: elementos de história, teologia e antropologia / Marcus Alberto De Mario. – Rio de Janeiro: Mauad, 2002.
80p. ; 13cm x 21cm

ISBN 85-7478-041-3

1.Espiritismo – Aspectos sociais. 2. Teologia. 3. Antropologia. I. Título.

CDD – 133.9

SUMÁRIO

Explicação

Pertencendo ao quadro de colaboradores do Departamento de Educação da União das Sociedades Espíritas do Estado do Rio de Janeiro – DEDUC/USEERJ, fui convidado por seu dirigente, o amigo e professor Lydiênio Barreto de Menezes, a estudar o tema "Grandes tradições religiosas e cultura brasileira", com o intuito de providenciar uma monografia sobre o Espiritismo para os alunos da área de teologia e cultura das Faculdades Bennett e Pontifícia Universidade Católica, ambas do Rio de Janeiro. Quando deitei os olhos nos tópicos da pesquisa, apresentados pela própria faculdade, pensei: "o assunto comporta um livro".

Providenciei uma pausa em meus estudos e me coloquei a serviço, sorvendo as inspirações dos amigos espirituais. Confesso que quase nada consultei. Escrevi direto, traduzindo o pensamento e os conhecimentos em palavras escritas no papel. Fui à bibliografia apenas para recordar um e outro fato e conferir datas e nomes, o mais, se assim posso exprimir-me, já estava em mim mesmo, face aos estudos a que venho me dedicando desde a adolescência, quando já freqüentava o Centro Espírita.

Procurei escrever aos estudantes e demais interessados fugindo da erudição prejudicial ao entendimento. Em alguns pontos, sublinho os mecanismos divinos que tudo presidem nas ações humanas, e cito algumas poucas revelações de ordem espiritual, mesmo porque não é esse o objetivo do presente trabalho.

O livro está dividido em quatro partes: antecedentes históricos do Espiritismo, elementos teológicos e antropológicos, doutrina e prática espírita, o homem no mundo, para melhor entendimento dos assuntos, escritos de forma encadeada, formando um todo. O leitor observará que a segunda parte é a mais profunda, por ser a parte temática central da obra, necessitada, portanto, de desenvolvimento. A primeira parte, histórica, é uma síntese, pois a bibliografia a respeito é bastante completa e não haveríamos de repetir informações quando a consulta às fontes fará muito bem a qualquer de nossos leitores. O primeiro capítulo dessa síntese se faz importante e é, de alguma forma, inédito.

Tendo trabalhado elementos teológicos e antropológicos, acredito deixar claramente demonstrado o significado profundo do Espiritismo para a humanidade, no seu finalismo superior de conduzir o homem para o bem, a par de sua imortalidade e de sua perfectibilidade, em síntese, formando o homem da era do espírito.

Ao final de cada capítulo, o leitor encontrará indicação bibliográfica, quase toda ela espírita, para pesquisa e ampliação dos temas aqui estudados.

Como este trabalho pode ser considerado um meio termo entre a monografia e o livro, muitos temas estão apenas apresentados de forma sintética, cabendo ao leitor sua ampliação no salutar exercício da pesquisa bibliográfica que indicamos.

Meu grato reconhecimento a Gerson Simões Monteiro, presidente da USEERJ, que com sua coragem atendeu o convite universitário para uma entrevista sobre o tema, ele que poderia, bem melhor, ter desenvolvido este livro. Mas preferiu convidar o Departamento de Educação para essa tarefa, e o restante da história os leitores já conhecem.

O Autor

1ª Parte

Antecedentes Históricos do Espiritismo

1
Os Enciclopedistas, a Revolução Francesa e o Espiritismo

O principal objetivo deste estudo é apresentar o Espiritismo a quem ainda não o conhece na sua inteireza.

Surgido na França em meados do século XIX, as condições que propiciaram o seu florescer remontam aos acontecimentos históricos e ao pensamento filosófico do século anterior. Para melhor compreendê-lo é necessário, então, rever, ainda que de maneira breve, tais fatos e tais pensamentos. Significa voltar à França de Luis XIV e aos seus filósofos enciclopedistas.

Iniciamos nosso estudo com texto do Espírito Emmanuel, através da psicografia de Francisco Cândido Xavier, porque ele nos informa sobre a verdadeira missão histórica dos enciclopedistas – ou filósofos iluministas franceses –, que será a base das transformações humanas no campo das idéias, e que terá no Espiritismo, um século depois, uma espécie de culminância, do mesmo solo francês para o mundo.

"O século XVIII iniciou-se entre lutas igualmente renovadoras, mas elevados Espíritos da Filosofia e da Ciência, reencarnados particularmente na França, iam combater os erros da sociedade e da política, fazendo soçobrar os prin-

cípios do direito divino, em nome do qual se cometiam todas as barbaridades(...)Entre cintilações do sentimento e do gênio, foram eles os instrumentos ativos do mundo espiritual, para regeneração das coletividades terrestres(...)porque foi dos sacrifícios desses corações generosos que se fez a fagulha divina do pensamento e da liberdade, substância de todas as conquistas sociais de que se orgulham os povos modernos." (Emmanuel, em "A Caminho da Luz", psicografia do médium Francisco Cândido Xavier, cap.21).

Como já esclarecemos na apresentação, não nos deteremos nas citações históricas, a não ser aquelas imprescindíveis para compreensão dos princípios, mas nas idéias, a não ser aquelas citações imprescindíveis para compreensão destas últimas, as idéias, com o objetivo de mostrar a íntima ligação entre os enciclopedistas da metade do século XVIII, os revolucionários do final desse mesmo século e o Espiritismo na metade do século XIX, num encadeamento filosófico, cultural, antropológico, teológico, psicológico e histórico.

Vivendo durante o reinado de Luis XIV, o rei sol, e de Luis XV, os enciclopedistas conheceram o absolutismo monárquico no seu apogeu, no qual o rei manda e os demais obedecem, concedendo imensas regalias e proteções ao clero e à nobreza. Foi nesse clima que filósofos, literatos e cientistas franceses começam a rediscutir o homem e a sociedade, empurrados pelos acontecimentos da revolução industrial e comercial, que sacudiam as estruturas até então vigentes, trocando o feudalismo pelo livre comércio, as corporações de ofício pela indústria, o poder da terra pelo poder do capital.

Preocupações de ordem cultural, vindas da Inglaterra com o lançamento de uma enciclopédia, levaram o livreiro Le

Breton, em 1746, a confiar a tradução da mesma ao escritor Denis Diderot, que, por sua vez, solicitou a colaboração do amigo e matemático Jean le Rond D'Alembert. Na verdade ambos eram livres pensadores e visualizaram na enciclopédia uma maneira prática de exporem suas idéias de transformação social, nascendo a "Enciclopédia ou Dicionário Racional das Ciências, das Artes e dos Ofícios". Foi um projeto difícil, interrompido várias vezes por proibições reais e clericais, no qual durante 21 anos, de 1751 a 1772, publicou 35 volumes, considerando-se aqui os iconográficos, com desenhos, ilustrações e mapas.

Os enciclopedistas utilizaram os volumes da obra para sintetizarem criticamente as informações; combater a religião autoritária e todas as formas de superstições e obscurantismo, e tudo apoiar na razão, daí o nome "Dicionário Racional". Através da Enciclopédia e de outros livros escritos por cada um, como "O Espírito das Leis", de Montesquieu (1748); "O Contrato Social", de Rousseau (1762); "Cartas Filosóficas", de Voltaire (1733); "A Ordem Natural e Essencial das Sociedades Políticas", de La Riviére (1767), entre várias obras, os enciclopedistas, também chamados de iluministas, analisavam a transformação do mundo através de uma avaliação do conhecimento, que desse ao homem a consciência de si mesmo e de suas potencialidades.

Divididos por áreas do conhecimento, foram seus principais redatores:

Filosofia: Condillac, Helvétius, Condorcet e Hollbach.

Ciências: D'Alembert, Buffon e Hollbach.

Economia e Política: Turgot e Quesnay.

Teologia: Morellett, De Prades, Sallier e Ivon.

Literatura: Diderot, Voltaire, Montesquieu e Marmontel.

Assuntos Diversos: Rousseau e La Reviére.

Embora divergindo em várias questões, os enciclopedistas acreditavam que o homem se aperfeiçoa graças à razão e, iluminado por ela, pode alcançar a prosperidade e a felicidade. No geral eram crentes num ser supremo e nas leis superiores e imutáveis que regem o universo, embora alguns, sendo ateus, disso discordassem.

Filosofia dos Enciclopedistas
1. A razão é guia infalível da sabedoria.
2. O universo é máquina governada por um ser absoluto e leis inflexíveis.
3. A melhor estrutura da sociedade é a mais simples e a mais natural.
4. O homem em estado de natureza é bom e puro.

A partir desses princípios filosóficos gerais, desenvolveram sistematicamente as seguintes idéias:

1. As sociedades devem ser organizadas tendo em vista a felicidade.
2. É legítima a busca do prazer.
3. A vida em sociedade deve ter como princípios o respeito aos direitos naturais, tolerância e filantropia.
4. Supressão da servidão.
5. Liberdade econômica.
6. Tolerância religiosa.
7. Abolição dos privilégios de nascimento.

8. Igualdade de direitos.

9. Defesa da propriedade.

10. Desigualdade dos talentos.

11. Crença no déspota esclarecido (um príncipe ou nobre).

Podemos claramente intuir da verdadeira revolução provocada por essas idéias – espalhadas por libretos, cartazes, jornais clandestinos, livros e reuniões sociais – o que pouco a pouco foi levando o povo a reclamar para si a implantação delas, o que terá grande reforço na má administração dos luíses (Luis XIV, Luis XV e Luis XVI). Entretanto, os reis de França, a nobreza (com suas exceções) e o clero não se sensibilizaram. Ao final do século XVIII o rei ainda detinha o poder absoluto; que seria outorgado por "direito divino". O clero (Igreja Católica) detinha 20% das terras francesas e cobrava impostos próprios, além de seus cardeais, bispos, etc., serem escolhidos entre os nobres (os primogênitos). A nobreza representava apenas 1,5% da população e vivia de fabulosas pensões reais, detendo grandes propriedades de terras, com isenção de todos os impostos. Os cargos judiciários lhes pertenciam (por hereditariedade), assim como o oficialato militar. Já o povo (80% da população) era composto pela burguesia (banqueiros, comerciantes, industriais) e os demais, que não passavam de operários, artesãos e camponeses, entre a subserviência e a miséria.

O colapso da administração real e o aumento popular das reivindicações fez com que, a partir de 1780, líderes carismáticos, a braços com as idéias iluministas, levassem o rei a convocar os Estados Gerais, que vão se transformar em Assembléia Nacional, dando lugar a nomes como Danton,

Robespierre, Saint-Just, Tocqueville, Marat, Mirabeau, Desmoullins, Chernier, os quais levarão a França a consolidar a república depois de um breve período de monarquia constitucional, tudo isso gravado pela história como Revolução Francesa, com início em julho de 1789.

Síntese das idéias revolucionárias e símbolo político-social para o mundo, é a "Declaração dos Direitos do Homem e do Cidadão", decretada em 17 de agosto de 1789, cujos 17 artigos são os seguintes:

Artigo 1

Os homens nascem e permanecem iguais em direito: as distinções sociais só podem ser fundadas sobre a utilidade comum.

Artigo 2

O objetivo de qualquer associação política é a conservação dos direitos naturais e imprescritíveis do homem; esses direitos são a liberdade, a propriedade, a segurança e a resistência à opressão.

Artigo 3

O princípio de toda soberania reside essencialmente na nação; nenhum corpo, nenhum indivíduo pode exercer autoridade que dela não emane expressamente.

Artigo 4

A liberdade consiste em poder fazer tudo que não prejudicar a outrem. Assim, o exercício dos direitos naturais de cada homem só conhece os limites que asseguram aos outros membros da sociedade o gozo desses mesmos direitos; esses limites só podem ser fixados pela lei.

<u>Artigo 5</u>

A lei só tem o direito de proibir as ações prejudiciais à sociedade. Tudo que não for proibido pela lei não pode ser impedido e ninguém pode ser obrigado a fazer o que ela não ordena.

<u>Artigo 6</u>

A lei é a expressão da vontade geral; todos os cidadãos têm o direito de colaborar pessoalmente, ou por seus representantes, à sua formação; ela deve ser a mesma para todos, seja na proteção seja na punição. Todos os cidadãos sendo iguais diante dela, todos são também admissíveis a quaisquer dignidades, funções ou empregos públicos, de acordo com suas capacidades e sem outras distinções que aquelas de suas virtudes e de seus talentos.

<u>Artigo 7</u>

Nenhum homem pode ser acusado, preso ou detido senão nos casos previstos pela lei e de acordo com as formas que ela prescreve. Aqueles que solicitam, expedem, executam ou mandam executar ordens arbitrárias devem ser punidos; mas qualquer cidadão convocado ou preso em virtude da lei deve obedecer imediatamente; ele se torna culpado pela resistência.

Artigo 8

A lei somente deve estabelecer penas estrita e obviamente necessárias e ninguém pode ser punido senão em virtude de uma lei estabelecida e promulgada anteriormente ao delito e legalmente aplicada.

Artigo 9

Todo homem é presumidamente inocente até ter sido demonstrada sua culpabilidade; se é indispensável prendê-lo, qualquer rigor que não seja necessário para atingir este fim deve ser severamente reprimido pela lei.

Artigo 10

Ninguém deve ser inquietado pela expressão de suas opiniões, inclusive religiosas, conquanto a manifestação das mesmas não perturbe a ordem pública estabelecida por lei.

Artigo 11

A livre manifestação do pensamento e das opiniões é um dos direitos mais preciosos do homem; todo cidadão pode portanto falar, escrever e imprimir livremente, à exceção do abuso dessa liberdade pelo qual deverá responder nos casos determinados pela lei.

Artigo 12

A garantia dos direitos do homem e do cidadão necessita uma força pública: esta força fica portanto instituída para a vantagem de todos e não para a utilidade particular daqueles a quem ela é confiada.

Artigo 13

Para a manutenção da força pública e para as despesas da administração, uma contribuição comum é indispensável: ela deve ser repartida entre todos os cidadãos, em função de suas possibilidades.

Artigo 14

Os cidadãos têm o direito de constatar por eles mesmos, ou por seus representantes, a necessidade da contribuição pública, de consenti-la livremente, de acompanhar o seu emprego, de determinar sua quantidade, sua base, sua arrecadação e sua duração.

Artigo 15

A sociedade tem o direito de pedir contas a qualquer agente público de sua administração.

Artigo 16

Qualquer sociedade, na qual a garantia dos direitos não é assegurada nem a separação dos poderes é determinada, não tem constituição.

Artigo 17

As propriedades são um direito inviolável e sagrado, ninguém pode ser privado das mesmas, a não ser por necessidade pública, legalmente constatada e evidentemente exigida sob a condição de uma justa e prévia indenização.

Como podemos claramente perceber, a "Declaração", com foros de lei, é a consagração das idéias iluministas. Estivessem os enciclopedistas vivos à época chorariam de emoção, pela impossibilidade de traduzir os sentimentos em palavras. O processo histórico de transformação do homem e do mundo havia encerrado o primeiro estágio e entrava no segundo, mas do discurso para a prática as pedras de tropeço foram muitas, e algumas foram ultrapassadas graças a um general que se fez cônsul geral e depois imperador, Napoleão Bonaparte, que consolidou outra grande aspiração iluminista: o código civil, apesar das arbitrariedades que ele mesmo cometeu. As transformações estavam feitas, o mundo abalara-se, não havia volta ao passado como este se apresentara. O homem e a sociedade estavam preparados para adentrar a uma nova visão de si mesmos, ainda a partir da França, com o Espiritismo, que antepondo-se ao Positivismo – a exacerbação da razão – abre as portas do eu espírito, conforme podemos depreender de sua síntese filosófica.

Filosofia Espírita
1. Fé inabalável é somente aquela que pode encarar a razão, face a face, em todas as épocas da humanidade.
2. Deus é a causa primária de todas as coisas.
3. A sociedade é o conjunto da humanidade e sua estrutura varia de acordo com o maior ou o menor progresso do homem.
4. O homem é um espírito eterno em evolução e sua felicidade está na medida do grau de amor ao próximo que possui.

Está consolidado o terceiro estágio com a aliança da razão com a fé, do descortinar da imortalidade da alma, e com o estabelecimento de um fim superior à existência humana. A data é 18 de abril de 1857, mas tudo começou um século antes.

Bibliografia Recomendada

Allan Kardec. **O Livro dos Espíritos**. 41ª edição, São Paulo, Lake, 1982.

André Corvisier. **História Moderna**, São Paulo, Círculo do Livro, volume 2, s/d.

Autores Diversos. **Atlas da História Universal**. Rio de Janeiro, Jornal O Globo, 1995.

Carlos Bernardo Loureiro. A Revolução Francesa e a Codificação do Espiritismo. **Jornal Espírita**. São Paulo, Lake, julho de 1989.

Emmanuel/Francisco Cândido Xavier. **A Caminho da Luz**. 21ª edição, Rio de Janeiro, Feb, 1995.

Léo Huberman. **História da Riqueza do Homem**. 9ª edição, Rio de Janeiro, Zahar, 1973.

Vicente Tapajós. **História Geral**. São Paulo, Lisa, s/d.

Wells, H. G. **História Universal**. 7ª edição, São Paulo, Companhia Editora Nacional: 1968.

2

Breve Histórico do Espiritismo

Uma noite parisiense é o marco inicial da transformação filosófica, científica e religiosa da humanidade: a noite da primeira sessão de mesas girantes assistida pelo professor Rivail, na metade do século XIX, em março de 1855. Mas, que são mesas girantes? Quem é o professor Rivail? Por que uma noite parisiense irá encontrar-se, dois anos depois, com uma manhã de abril na mesma cidade-luz da humanidade?

2.1. O Homem Rivail

Transcorria o ano de 1804, em que Napoleão Bonaparte coroava-se imperador da república francesa, numa flagrante contradição política – brindava o mundo com o código civil reclamado pelos enciclopedistas e discursado pelos revolucionários, ao mesmo tempo em que desembainhava a espada em conquistas ditatoriais – , quando nasceu Hippolyte Leon Denizard Rivail, de família burguesa ligada à magistratura, na pequena cidade de Lyon, naquele dia de outono de 03 de outubro. Dir-se-ia que Deus o envolvia ao mesmo tempo nas carícias da aragem fresca e no aquecimento de um sol acolhedor. Rivail poderia ter sido uma criança como outra qualquer e um jovem mergulhado na massa de cidadãos, mas não foi. Seus pais intuíram uma grandiosidade única naquela criança e procuraram imprimir-lhe o maior legado que se pode dar a um filho: uma correta formação do caráter, predispondo-o para o bem.

Não eram muitos os recursos mas o esforço, tinham certeza, seria de imensa compensação. Assim o entendiam seus pais, e madame Rivail acompanhou o pequeno Denizard em viagem poeirenta e desconfortável até a Suíça. Tudo pela educação de seu filho. Com o encantamento natural de uma criança de dez anos, ele admirou-se das quatro torres pontiagudas do castelo que abrigava o Instituto de Iverdon, na cidade de mesmo nome, onde iria estudar em regime de internato. Não estava assustado. Compreendia o esforço de seus pais pela sua formação e sabia que iria estudar sob a orientação do grande mestre Pestalozzi, revolucionário suíço, humanista e idealista da educação, condecorado pela república francesa e que traduzia em si mesmo a maior de todas as virtudes: o amor pelo próximo.

De dezembro de 1815 (conforme atesta o Centro de Documentação e Pesquisa Pestalozzi, de Iverdon) a 1822 (a data não é certa, pode ter sido 1823), Rivail estudou com renomados professores, experimentando uma metodologia e uma didática inovadoras, tudo sustentado pela filosofia pestalozziana de promover a educação moral. Tornou-se submestre (auxiliar dos professores) e teve como colegas de sala de aula Roger de Guimps e Adolfo Julien, que se tornaram conceituados educadores franceses, além de outros nomes não menos notáveis. Levado pelo método de Pestalozzi passou a ser arguto observador do ser e das coisas, em tudo aplicando o raciocínio lógico, a dedução e extraindo as mais diversas conseqüências. Não é por outra razão ter sido chamado de "o bom senso encarnado".

De volta à França, estabelece-se em Paris, aos vinte anos de idade, e não podia ser diferente. Paris era à época o centro do mundo. Cientistas, literatos, filósofos e poetas ali estavam, alicerçando uma nova estrutura mundial, e Rivail seria o homem educador.

Quadro Resumo dos Contemporâneos Franceses de Rivail

Literatura	Ciência	Música/Pintura	Pensamento
❑ Emily Brontë (1818-1848) ❑ Honoré de Balzac (1799-1850) ❑ Gustave Flaubert (1821-1880) ❑ Victor Hugo (1802-1885) ❑ Alphonse de Lamartine (1790-1869) ❑ Theóphille Gautier (1811-1872) ❑ Alfred de Musset (1817-1857) ❑ Charles Baudelaire (1821-1877) ❑ Paul Verlaine (1844-1896) ❑ Alexandre Dumas, pai (1802-1870) ❑ Georges Sand (1804-1876) ❑ Victorien Sardou (1831-1908) ❑ Maurice Lachâtre (1814-1900)	❑ Claude Bernard (1813-1878) - medicina ❑ Louis Daguerre (1789-1851) - fotografia ❑ Henri Giffard (1825-1882) - dirigível ❑ Louis Pasteur (1822-1895) – medicina ❑ Auguste Cahours (1813-1891) - química ❑ Pierre Berthelot (1827-1907) – química ❑ Antoine Balard (1802-1876) – química ❑ Henri Deville (1818-1881) - química	❑ Charles Gounod (1818-1886) – música ❑ Hector Berlioz (1803-1869) – música ❑ Eugene Delacroix (1798-1863) – pintura ❑ Dominique Ingres (1780-1867) – pintura ❑ Delibes (1836-1891) – música ❑ Bizet (1838-1875) – música ❑ Giacomo Meyerbeer (1791-1864) – música ❑ Jacques Offenbach (1819-1880) – música ❑ Emmanuel Chabrier (1842-1894) – música ❑ Gustave Fauré (1845-1924) - música	❑ Auguste Comte (1798-1857) - filosofia ❑ Jacotot (1770-1840) - política ❑ George Combe (1788-1858) - filosofia ❑ Alexis de Tocqueville (1805-1859) - filosofia ❑ Levi-Álvarez (1794-1870) - educação ❑ Lamennais (1782-1854) - religião ❑ Marc-Antoine Jullien (1775-1848) - educação ❑ Alexandre Boniface (1790-1841) – educação ❑ Roger de Guimps (1802-1894) - educação

Aos vinte anos, Rivail lança seu primeiro livro: "Curso Prático e Teórico de Aritmética", e daí em diante dedica-se incessantemente ao método pestalozziano em solo francês, tornando-se escritor didático (22 livros ao todo), diretor de escola e professor de matemática, língua francesa, química, física e astronomia. Em 1828 recebe premiação pela sua obra "Plano Proposto para a Melhoria da Educação Pública", na qual defende a tese da educação moral e a criação de cursos para formação de professores.

A síntese de uma vida não é suficiente para sua compreensão. A França do século XIX recebia em sua sociedade aquele que era chamado "Professor Rivail", homem culto, inspirador de ideais nobres, freqüentador do teatro, convidado com especial atenção pelas nobres famílias, tendo em seu currículo diplomas como membro de doze academias, literárias e científicas. Nas rodas de discussão dos salões parisienses, sempre que as opiniões divergiam era comum alguém exclamar: "Se queremos uma opinião sensata, chamemos o professor Rivail".

Amigo íntimo do escritor Victor Hugo e do teatrólogo Victorien Sardou, era conhecido por seu bom gosto e honradez, vivendo discretamente com os recursos de sua atividade literária e educacional.

O chão daquelas salas onde ministrava suas aulas lhe agradecia a presença, e as paredes todo esforço faziam para gravar-lhe a palavra, impregnada de sabedoria. Amava tanto a educação dos jovens que passou a ensinar gratuitamente, à noite, renunciando a viver profissionalmente da educação, trocando de trabalho remunerado: exercia agora a contabilidade comercial. Era o exemplo do que pregava, contrapondo-se às constantes mudanças das leis que ora apoiavam, ora cerceavam a atividade educacional particular. Se lhe dificultavam a manutenção do estabelecimento escolar, viveria de outra profissão, mas continuaria seu ideal com a única recompensa do educador que lavra o campo das consciências para a colheita de uma sociedade futura renovada. Infelizmente seus alunos não deixaram depoimentos registrados desses tempos de idealismo, mas podemos, num esforço de contemplação do passado, sentir suas emoções e ver seus olhos brilharem ao contato dos olhos do mestre.

Grandes homens nunca estão sozinhos. Seguem-lhe os passos fiéis companheiras a lhes sustentarem a jornada, compartilhando de suas idéias e, não raras vezes, cooperando definitivamente na obra em realização. As grandes missões humanitárias recebem o hálito divino da proteção, e assim Denizard Rivail encontrou, ou podemos dizer reencontrou, em seus laços sociais, a poetisa Amélie-Gabrielle Boudet, de quem nunca se separou, ocorrendo o casamento em fevereiro de 1832.

De poeta a educadora, de companheira a trabalhadora de ideal, o sentimento do amor a levou a fundir realidades, o que só o verdadeiro afeto consegue realizar com perfeição.

2.2. A França do Século XIX

Quando Rivail estabelece-se em Paris, a França estava sob o governo de Luiz XVIII, sucedido logo após por Carlos X, que abusa da violência contra seus desafetos e mostra-se incapaz de uma boa administração pública. Fracassos econômicos escasseiam a alimentação e a pobreza perambula pelas ruas parisienses, gerando um clima de insatisfação que dá origem à chamada segunda revolução francesa, em 1830. O rei foge para a Inglaterra com o levante do povo e a coroa real é transferida para Luis Felipe, que reina durante dezoito anos. Nesse período Rivail consegue, com a ajuda financeira de um tio de sua mãe, criar o Instituto Rivail, escola que funcionará durante oito anos (1826-1834), apesar das dificuldades legislativas, e que somente fechou as portas face aos desmandos do tio no jogo, acarretando dívidas que o patrimônio da escola teve de pagar. Desde então Rivail passou a trabalhar em parceria com outro renomado educador francês, Levi-Álvarez. Data dessa época o início das aulas gratuitas à noite.

Toda revolução deixa nuvens cinzentas na consciência da sociedade. Pouco a pouco vão se unindo e formando uma tempestade de reivindicações e transformações. Denizard Rivail não participa dessa fermentação política. Homem de formação universal e sólidas bases cristãs, continua seu trabalho e procura dar o melhor de si aos outros no tenebroso ano de 1848, quando eclode novamente o grito da república face à desestrutura político-econômica da França. Socialistas e republicanos instigam os operários e o povo miserável, e a guarda nacional retira a proteção ao rei. No mês de março proclama-se a Segunda República. Diversas medidas populares e de vasto alcance social são tomadas, mas as finanças do estado estão arruinadas e os socialistas conseguem em dezembro eleger Luis Felipe (neto do primeiro), o qual três anos após fecha a Assembléia e se declara imperador com o nome de Napoleão III.

As resistências são poucas. As forças morais estão exauridas e os militares apoiam o novo imperador sem restrições. Novamente com o ideal republicano abafado, os franceses procuram reconstruir o país sem, contudo, perderem a esperança, o que lhes seria essencial para a concretização futura do tão idealizado conceito político.

Rivail a tudo assiste procurando manter-se neutro, trabalhando por dias melhores. Está perto de completar cinqüenta anos e dedica-se aos estudos de fisiologia, anatomia e magnetismo.

2.3. As Mesas Começam a Dançar

Pela metade do século XIX os salões sociais de Paris estavam entretidos com uma novidade trazida dos Estados Unidos e já incorporada pelos ingleses: as mesas girantes. Atribuía-se o fenômeno ao poder magnético das pessoas de fazerem uma mesa se deslocar no ar, subindo, descendo, indo de um lado ao outro da sala. Mesas, mesinhas e outros objetos divertiam os grupos em suas reuniões de entretenimento, chamando a atenção dos estudiosos do magnetismo, entre eles Rivail, que procuravam a lei da física que explicasse inteiramente o acontecido.

Em verdade os franceses desprezavam a origem histórica do fenômeno, origem essa divulgada pela imprensa mas levada à conta de anedota ou falseamento, apesar das evidências em contrário oferecidas por testemunhos e grupos de pesquisa: a ação de um princípio inteligente autônomo. Como dissemos, o fenômeno cruzara o oceano vindo das terras americanas onde, em 1848, ocorrera o "Fenômeno de Hydesville", quando através de um sistema alfabético de pancadas (tiptologia), pode-se conversar com espíritos de pessoas já

desencarnadas (mortas). O fenômeno ocorria graças à presença das irmãs Fox, como ficou exaustivamente comprovado através dos fatos. Das pancadas nas paredes que pareciam vir do nada às mesas levantadas no ar e que se movimentavam não se sabia como, foi apenas uma questão de tempo.

Assim estava Paris e já se sabia que o fenômeno, para acontecer, dependia da presença de pessoa com elevado teor de fluido magnético. Acreditava-se que a reunião de várias pessoas fosse equivalente à energia de uma pilha magnética. Entretanto, ficavam perguntas sem respostas: por que a mesa se deslocava para a direita enquanto todos queriam que ela fosse para a esquerda? Por que dava a impressão de independência à vontade humana? Essas e outras perguntas levaram à formação de grupos sérios em torno do fenômeno, que foi apresentado, no verão de 1855, ao professor Rivail.

Este, em princípio, respondeu:

"É extraordinário, não há dúvida. Mas, em rigor, é um fato que não me parece radicalmente impossível. O fluido magnético, que é uma espécie de eletricidade, pode muito bem atuar sobre os corpos inertes e fazê-los mover-se."

Pouco tempo depois anunciaram-lhe que não se tratava mais da mesa girante, mas sim da mesa falante. A mesa, em pleno ar, dava pancadas no chão com uma de suas pernas, utilizando-se da tiptologia. A mesa escrevia sozinha!

E os cidadãos franceses da cidade-luz, que se gabavam de estar no centro do mundo, que diziam fosse preferível ser desconhecido no mundo, mas conhecido em Paris, não compreendiam que diante deles estava a chave da própria vida. Tanto o orgulho prepotente das academias quanto a fanfarronice dos que se divertiam à custa do tempo perdido, os deixavam cegos. Como levar tão estranhos fenômenos à conta de charlatanismo ou diversão? Como tudo encerrar na pseudo explicação "é uma lei da física ainda não conhecida"?

O espírito científico de Rivail o levou a comparecer numa reunião séria, na casa da Sra. de Plainemaison, onde verificou os fenômenos, certificando-se da inexistência de fraude.

Não pôde dormir naquela noite. Por mais buscasse o sono, este lhe fugia. Necessitava de respostas concretas, racionais, que explicassem aquele fenômeno inteligente realizado por uma mesa. Havia exaustivamente conversado com Gabi, como carinhosamente chamava sua esposa, e ambos estavam profundamente impressionados e intrigados. Rivail passou a semana coletando informações e ficou consciente de situações fenomênicas incompatíveis com a simples explicação do magnetismo. Assim, ele compareceu a uma segunda reunião, sempre investigando, observando, raciocinando, deduzindo, até que amigos lhe entregaram vários cadernos com perguntas pré-elaboradas e que haviam sido respondidas pela mesa: assuntos sobre filosofia, antropologia, história, direito e outros. Respostas profundas evidenciando sabedoria, com conhecimentos muito acima dos próprios componentes do grupo. Então a mesa, que até prova em contrário não possuía nem alma nem cérebro, seria mais inteligente que o homem!?

Era evidente a existência de uma força exterior que se revelava, espontaneamente: o Espírito, ou a alma do homem que já viveu na Terra e encontra-se agora em outra dimensão: o mundo espiritual. A vida continua depois da morte, eis a chave do fenômeno, e dessa chave Rivail extraiu toda uma doutrina filosófica, científica e de conseqüências morais, o Espiritismo, ou Doutrina Espírita.

2.4. A Doutrina

O Espiritismo, inclusive o nome, surge em 18 de abril de 1857, quando é colocado à venda na Livraria Dentu (Palais-Royal, Galeria) a obra "O Livro dos Espíritos", assinada por Allan Kardec, pseudônimo utilizado por Rivail para não confundir a obra com o autor, já por demais conhecido, trazendo pouco mais de quinhentas perguntas e respostas classificadas por assuntos e divididas em capítulos. Em seis meses a primeira edição esgotou, apesar dos ataques acadêmicos, da zombaria da imprensa e da proibição da Igreja Católica. A segunda edição, revista, ampliada, e que se tornaria definitiva, saiu com 1.019 perguntas e respostas, mais os comentários, introdução e conclusão assinados por Kardec.

Deixaremos os fatos históricos ligados ao lançamento de "O Livro dos Espíritos" para a bibliografia indicada ao final deste capítulo para tratarmos especificamente dos princípios básicos do Espiritismo e suas conseqüências individuais e sociais. Para tanto serviremo-nos apenas, e por serem perfeitamente de acordo com nosso propósito, dos cinco princípios fundamentais, dos quais todo o edifício doutrinário do Espiritismo se sustenta: Deus, a imortalidade da alma, a pluralidade das existências, a comunicabilidade dos espíritos e a evolução.

Neste estudo verificaremos a íntima ligação dos princípios espíritas com os pensamentos inspiradores dos enciclopedistas e dos revolucionários franceses, numa perfeita sintonia espiritual e histórica.

2.4.1. Deus

"Deus é a inteligência suprema, causa primária de todas as coisas." (questão 01 de "O Livro dos Espíritos").

"Deus é eterno, infinito, imutável, imaterial, único, todo-poderoso, soberanamente justo e bom." (questão 13 de "O Livro dos Espíritos").

O ensino dos Espíritos Superiores concorda com o pensamento iluminista que afirma a existência de um ser supremo, embora às vezes confunda o mesmo com a razão, o que o Espiritismo não faz, deixando claro se tratar de um ser incriado, causa de tudo o que existe no universo, e que pelos seus atributos, coerentes e magnânimos, a tudo preside, mas não de forma inflexível, pois "a cada um é dado segundo suas obras". A lei divina é imutável mas não é rígida e fria. Por ser a bondade suprema, Deus deseja a sua criaturas somente o bem.

O artigo 1º da "Declaração dos Direitos", ao decretar que "os homens nascem e permanecem iguais em direito" também é corroborado pelo ensino espírita, ao proclamar que todos somos iguais perante Deus, porque somos seus filhos, portanto, com os mesmos direitos.

2.4.2. Imortalidade da Alma

"Podemos dizer que os Espíritos são os seres inteligentes da Criação. Eles povoam o universo, além do mundo material." (questão 76 de 'O Livro dos Espíritos").

"As almas (os homens) não são mais do que Espíritos. Antes de ligar-se ao corpo, a alma é um dos seres inteligen-

tes que povoam o mundo invisível, e depois reveste temporariamente um invólucro carnal, para se purificar e esclarecer." (questão 134-b de "O Livro dos Espíritos").

A definição do homem e sua destinação futura, contrapondo à morte a imortalidade da alma é perfeito complemento do artigo 4 da "Declaração", quando diz: "A liberdade consiste em poder fazer tudo que não prejudicar a outrém", porque a vida continua e prestamos contas de nossos atos gravados na consciência. O Espiritismo revive o ensino de Jesus "faça ao próximo somente o que você queira que o próximo lhe faça", exatamente como o faz o espírito da "Declaração".

O homem possui liberdade de ação, através do uso da razão. Deus lhe concede o livre arbítrio, o poder de decidir, de escolher, sendo portanto, responsável de si mesmo perante os outros e diante da lei divina. Para cada liberdade existe uma responsabilidade. Para cada direito consiste um dever.

2.4.3. Pluralidade das Existências

"*A alma que não atingiu a perfeição durante a vida corpórea, como acaba de depurar-se? – Submetendo-se à prova de uma nova existência.*" (questão 166 de "O Livro dos Espíritos").

"*(...)A razão não diz que seria injusto privar para sempre da felicidade eterna aqueles cujo melhoramento não dependeu deles mesmos? Todos os homens não são filhos de Deus?(...).*" (questão 171 de "O Livro dos Espíritos").

A reencarnação e a vida em outros mundos vem ampliar o conceito iluminista "que o homem se aperfeiçoa graças à razão e, iluminado por ela, pode alcançar a prosperidade e a felicidade". Sim, o fim último do homem é ser feliz, mas isso ele somente conseguirá quando estiver plenamente aperfeiçoado, quando tiver em plenitude a inteligência e o amor. Até lá ele estará com a felicidade relativa, tentando equilibrar a fé com a razão, porque não basta uma ou outra, mas ambas.

E se a felicidade neste mundo é relativa, onde está a justiça divina para aqueles que não puderam construir, por variados motivos, essa felicidade e encontram-se às portas da morte? Ela está na reencarnação, na continuidade da vida, quando, em próxima existência, o estado social, orgânico, cultural, etc., será outro, para novas experiências, novos aprendizados. Então o rico sentirá em si mesmo a luta do dia-a-dia pelo pão, e o antigo operário, agora elevado de categoria social pelo novo nascimento, experimentará as vicissitudes da riqueza. Assim compreenderão o quanto é profunda a "Declaração dos Direitos" e se esforçarão em colocá-la em prática, para que toda sociedade garanta os direitos de seus cidadãos.

2.4.4. Comunicabilidade dos Espíritos

"Teu Espírito é tudo; teu corpo é uma veste que apodrece, eis tudo." (questão 196-a de "O Livro dos Espíritos").

Tudo é solidário na criação divina, tudo concorre para a evolução do homem, a vida e a morte são estágios interligados e como o Espírito – que todos somos – é tudo, nada impede que aqueles que já se transferiram para o mundo espiritual, após a morte do corpo, se comuniquem com os que ainda aqui se encontram. O canal dessa comunicação chama-se mediunidade, abrindo vasto campo à pesquisa e, também, à continuidade de trabalhos aqui iniciados.

Pela comunicabilidade ficamos sabendo da vida dos Espíritos, recebemos mensagens consoladoras e de esclarecimento, podemos interferir beneficamente em favor dos que partiram. É um vasto mundo que se abre, real, comprobatório de que não somos o corpo, nem o sangue, nem a posição social, com fatos irrecusáveis que mais engrandecem os reclamos iluministas pelos direitos comuns a todos.

2.4.5. Evolução

"Os Espíritos são bons ou maus por natureza, ou são eles mesmos que procuram melhorar-se? – Os Espíritos mesmos se melhoram; melhorando-se, passam de uma ordem inferior para uma superior." (questão 114 de "O Livro dos Espíritos").

Este princípio espírita é fundamental e vem de encontro ao pensamento original de Jean Jacques Rousseau, "o homem em estado de natureza é bom e puro", apenas esclarecendo que esse estado de natureza é a condição primeira do Espírito, pois após as primeiras encarnações, acrescido de experiências e tendo utilizado o livre arbítrio, já não é mais puro no sentido empregado por Rousseau, mas inocente por estar no período infantil, pronto para receber as influências da educação. Esforçando-se por melhorar, por se aperfeiçoar, ele alcançará o estado de Espírito puro, ou seja, aquele estado final de progresso moral e intelectual.

Bons em potência são todos os homens porque Deus é bondade, e puros todos os homens serão por força de sua evolução, facultada pelo esforço próprio e pela determinação da lei divina.

Bibliografia Recomendada

Abreu, Canuto. **O Primeiro Livro dos Espíritos**. São Paulo, Icesp, s/d.

Barbosa, Pedro Franco. **Espiritismo Básico**. 3ª edição, Rio de Janeiro, Feb, 1989.

Cajazeiras, Francisco. **Evolução da Idéia sobre Deus**. 1ª edição, Capivari, Eme, 1998.

Carneiro, Victor Ribas. **ABC do Espiritismo**. Curitiba, Fep, s/d.

Denis, Léon. **O Grande Enigma**. 5ª edição, Rio de Janeiro, Feb, 1965.

Doyle, Conan. **História do Espiritismo**. São Paulo, Pensamento, 1978.

Imbassaí, Carlos. **A Missão de Allan Kardec**. 2ª edição, Curitiba, Fep, 1988.

Kardec, Allan. **O Livro dos Espíritos**. 41ª edição, São Paulo, Lake, 1982.

Kardec, Allan. **Obras Póstumas**. São Paulo, 2ª edição, Lake, 1979.

Kardec, Allan. **O Que é o Espiritismo**. 21ª edição, São Paulo, Lake, 1982.

Mota Jr, Elizeu F. da. **Que é Deus?** 1ª edição, Matão, O Clarim, 1998.

Pires, J. Herculano. **Concepção Existencial de Deus**. 1ª edição, São Paulo, Lake, 1981.

Thiesen, Francisco e Wantuil, Zêus. **Allan Kardec**. 1ª edição, Rio de Janeiro, Feb, 1979.

Wantuil, Zêus. **As Mesas Girantes e o Espiritismo**. 2ª edição, Rio de Janeiro, Feb, 1978.

3
Presença e Inserção na Cultura Brasileira

Os tambores soavam nas senzalas e os senhores e nobres se deliciavam com polcas, modinhas e valsas quando o Espiritismo chegou ao Brasil através da compra de exemplares franceses da Codificação (as obras de Allan Kardec), no ano imperial de 1868. A campanha pela abolição da escravatura já se encontrava em andamento, e os primeiros espíritas brasileiros, através do jornal "O Eco de Além-Túmulo", editado a partir de 1869 em Salvador, Bahia, se engajavam nesse ideal, realizando a primeira inserção cultural do Espiritismo na cultura brasileira.

Lê-se no número inicial do jornal:

"O Echo d'Além-Túmulo deduzirá de cada assignatura realisada 1$000, cuja somma será, annualmente, publicada e destinada para dar liberdade à escravos, de qualquer cor, d'o sexo feminino, de 4 a 7 annos de edade, nascidos n-o Brazil." (grafia original).

Os primeiros espíritas brasileiros eram intelectuais por dois fatores principais: a imprensa circulava de forma restrita, sem muito apelo popular, portanto as notícias chegavam aos senhores e nobres e não ao povo; e as publicações em forma de livro eram trazidas da Europa em sua língua original: francês, inglês, alemão, italiano, e somente o domínio poliglota para realizar sua leitura. Como a cultura francesa era muito apreciada, a introdução dos livros de Allan Kardec foi feita sem maiores obstáculos, começando a tradução e publicação de trechos das mesmas na forma de revistas, folhetos e opúsculos, tanto em Salvador como no Rio de Janeiro, então capital do Império.

A Igreja Católica, representante da religião oficial do Brasil Império, embora tolerasse a presença do protestantismo, da maçonaria e do sincretismo africano, condenou o Espiritismo, exigindo do Imperador D. Pedro II medidas proibitivas. Contudo, era o monarca uma pessoa tolerante, aberto a novas idéias, e as medidas de proibição aos grupos espíritas não chegaram a ser plenamente executadas. Foi nesse clima de perseguição religiosa que os espíritas brasileiros identificaram a Doutrina com um dos maiores flagelos sociais brasileiros: a miséria do povo, dando forma prática, através dos serviços de assistência social gratuitos, ao lema "fora da caridade não há salvação".

Assim, temos já duas inserções na cultura brasileira: o abolicionismo e o combate à miséria. Outra inserção, muito importante, é a entrada no campo do mediunismo, de largo uso nos terreiros das fazendas e nos quintais urbanos, mediunismo esse praticado de forma sincrética pelos negros libertos, foragidos ou ainda escravos, misturando os rituais e santidades católicos com as crenças de origem africana, do qual os senhores, os nobres e os burgueses ricos não deixavam de consultar para conjurar a boa sorte em suas vidas, ou para encomendar vinganças e mal feitos aos desafetos. Os espíritas, entretanto, a partir dos ensinos metódicos, seguros, racionais e comprovados pela pesquisa, inserem a mediunidade controlada, totalmente voltada ao bem e sempre gratuita, inaugurando um intercâmbio com a espiritualidade que visa ao estudo, à desobsessão, ao consolo dos encarnados e, também, ao combate à miséria com o atendimento mediúnico para fins de receituário homeopático e curas pela intervenção, cirúrgica ou não, dos Espíritos.

Podemos notar na história do Espiritismo em terras brasileiras, que a Doutrina, ou seja, seus princípios básicos e o desenvolvimento dos mesmos, não sofreu inserção de elementos culturais brasileiros, mas sua prática não apenas acomodou-se à realidade social do país, como ainda sofreu fortes influências de ordem religiosa e de costumes regionais, como veremos no estudo desenvolvido na terceira parte desta obra.

Pouco a pouco popularizando-se por meio da mediunidade e da assistência social, o Espiritismo se firmou com a transformação dos grupos familiares de estudo em Centros Espíritas, sociedades religiosas beneficentes sem fins lucrativos, organizadas de acordo com as leis vigentes e reconhecidas como entidades jurídicas. Com essa mudança, a partir da década de cinqüenta do século XX o Espiritismo iniciou, ou melhor, ampliou outra inserção na cultura brasileira: sua influência cultural através da literatura, de ordem filosófica, científica e moral, dando cumprimento à afirmação de Kardec que *"o Espiritismo toca em todos os ramos do conhecimento humano"*.

No final do século XX assistimos ao engrandecimento de outra inserção: a atuação espírita na educação, com a criação de escolas e publicação de estudos teóricos, mostrando que o Espiritismo é doutrina de educação para formação do homem de bem, instaurando a Era do Espírito.

Temos, pois, de forma resumida, bastante sintética, cinco inserções na cultura brasileira:

1. A luta pela liberdade, iniciada com o engajamento no abolicionismo.
2. O trabalho de amparo ao sofrimento, através da assistência social combatendo a miséria.
3. A introdução da mediunidade com objetivos elevados, na prática do bem.
4. A influência cultural pelo estudo de sua filosofia.
5. A transformação do homem com a aplicação da educação do espírito.

Plenamente identificado com a índole mística, espiritualista do brasileiro, o Espiritismo lhe dá noções da imortalidade, da continuidade da vida após a morte, da reencarnação como instrumento divino para nossa evolução, não se confundindo com doutrinas religiosas outras, por ser uma doutrina que conjuga harmonicamente a razão com o sentimento, respondendo aos anseios humanos, apresentando-lhes um finalismo superior para a existência.

Bibliografia Recomendada

Diversos, Autores. **O Eco de Além-Túmulo** . Edição fac-similada, Salvador, Telma, 1989.

Ramos, Clóvis. Documentos e Depoimentos para a História do Espiritismo no Brasil. **Reformador**. Rio de Janeiro, Feb, janeiro e fevereiro de 1982.

Redação. Centenário de Uma Perseguição. **Reformador**. Rio de Janeiro, Feb, agosto de 1981.

Silva, Iaponan A. da Silva. Fatos Históricos do Espiritismo no Brasil. **Reformador**. Rio de Janeiro, Feb, Janeiro, fevereiro, julho, agosto e setembro de 1982.

2ª Parte

Elementos Teológicos e Antropológicos

1
Sobre a Visão de Mundo/Realidade

A realidade do mundo encontra-se na dualidade matéria-espírito, pois a humanidade é o conjunto formado pela dimensão física com a dimensão espiritual. Para entendermos melhor a visão espírita sobre o mundo devemos salientar que tudo no universo existe obedecendo uma ordem justa e imutável, e que cada sistema galático possui uma equipe de Espíritos puros, ou seja, aqueles que chegaram ao grau máximo relativo de perfeição intelectual e moral, encarregados da coordenação do sistema. São representantes de Deus, por isso a frase de Jesus "eu e o Pai somos um", significando a intimidade espiritual, a perfeita sintonia entre os dois, já que Jesus, modelo de perfeição para os homens, é um dos Espíritos coordenadores do sistema solar onde se encontra a Terra, e responsável direto por este planeta, desde sua origem.

Para o Espiritismo, o mundo terreno é planeta de provas e expiações, concluindo neste terceiro milênio sua caminhada para um mundo de regeneração. Os que habitamos o planeta somos espíritos imperfeitos, oscilando entre o bem e o mal, com acentuado avanço intelectual e deficiente progresso moral, ainda necessitados de enfrentar as rudezas naturais da Terra, que se transformam em outras tantas provas e expiações, normalmente coletivas.

Essa visão espírita do mundo fortalece a esperança num futuro melhor, pois fica evidenciada a evolução como lei divina, dando ao homem motivos bem definidos para sua existência, já não mais encerrada no viver, nascer e morrer, mas consolidada no antes, agora e depois.

É o mundo uma escola abençoada de aprendizado prático, onde somos obrigados a colocar em ação, na família e na sociedade, nossos estudos, nossas promessas, dando cumprimento à missão que nos compete, por menor e mais insignificante que possa parecer aos outros, mas de máxima importância para nós e para Deus.

Os bens terrenos são necessários mas não são indispensáveis, pois a felicidade não se encontra nas suas posses, sempre transitórias, e sim na conquista de si mesmo, no progresso equilibrado que fazemos com o próprio esforço. A Terra é uma escola, portanto somos nós alunos matriculados nela, tendo Jesus por Mestre. Como qualquer escola, a Terra necessita ser conservada, sendo o Espiritismo a doutrina ecológica desde a metade do século XIX, muito antes que teorias de preservação da natureza fossem oficialmente formuladas.

Não há nessa posição nenhuma contradição. A preservação da natureza, o uso racional das riquezas do planeta é garantia da própria sobrevivência do Espírito reencarnado. Desta forma, se torna co-criador, dando provas de sua solidariedade e de sua previdência, pois a continuidade da vida após a morte, por si só, nada lhe assegura, e sim o uso que faz do que lhe é entregue por empréstimo para auxiliá-lo na existência corpórea. Não é por outro motivo que os Espíritos Superiores distinguem em "O Livro dos Espíritos" o necessário do supérfluo. O necessário é primordial para a existência humana de forma digna; o supérfluo é resultado do egoísmo que a tudo toma para si e não reparte com os outros.

Eis a realidade da vida: viver no mundo sem ser do mundo. Saber utilizar a existência terrena de forma solidária com o próximo, compreendendo a necessidade do desapego ao mesmo tempo que trabalhamos pela felicidade geral. O dilema teológico de estar no mundo e também estar com Deus é plenamente resolvido pela Doutrina Espírita, porque todos somos seus filhos e a Terra é morada divina para todos nós. Para cada ato de conservação, de multiplicação de recursos tendo em vista o bem geral, as bençãos de Deus ali estarão, porque Ele cria e nós transformamos, e são as intenções humanas o objeto de julgamento da lei divina.

Realidade física e realidade espiritual; dimensão humana e dimensão divina, tudo isso é a Terra como são os outros planetas, escolas de aperfeiçoamento das almas neles matriculados, em solidariedade perfeita por todo o universo.

Procurar a natureza pela manhã ensolarada, ouvindo o cantar dos pássaros escondidos nas ramagens das árvores; encantar-se com o rumorejar de um córrego de água cristalina, é estar com Deus, nessa contemplação do amor divino que tudo oferece para nossa sobrevivência, ao mesmo tempo que por ela nos dá provas de sua existência e solicitude.

O mundo terreno, na sua feição física, é retrato do mundo espiritual que o cerca, por isso que a vida é um continuar de existências em dimensões intimamente relacionadas. Vivemos no mundo terreno sem sermos deste mundo; vivemos no mundo espiritual sem estarmos nele, momentaneamente aqui encarnados, mas respiramos nas duas dimensões, que se confundem como o corpo se confunde com o Espírito no ato divino da reencarnação, embora mantendo suas individualidades: o corpo é o corpo e o espírito é o espírito.

A pesquisa científica espírita da mediunidade vem desvendando os segredos da criação do mundo e da evolução biológica e espiritual do homem. Convidamos a todos para um mergulho nesse maravilhoso campo de intercâmbio entre dois mundos que se interpenetram, para reformularmos teorias acerca do homem e do mundo, do corpo e do espírito.

Bibliografia Recomendada

Amorim, Deolindo e Miranda, Hermínio. **O Espiritismo e os Problemas Humanos**. 1ª edição, São Paulo, Use, 1985.

Carvalho, A.C. Perri de. **Espiritismo e Modernidade**. 1ª edição, São Paulo, Use, 1998.

Denis, Léon. **Socialismo e Espiritismo**. Matão, O Clarim.

Diversos, Autores. **Rumos para Uma Nova Sociedade**. 1ª edição, São Paulo, Use, 1996.

Kardec, Allan. **O Livro dos Médiuns**. 9ª edição, São Paulo, Lake, 1981.

Kardec, Allan. **A Gênese**. 13ª edição, São Paulo, Lake, 1981.

Lobo, Ney, **Filosofia Social Espírita**. 1ª edição, Rio de Janeiro, Feb.

2
Sobre a Visão de Homem

"Ser ou não ser, eis a questão!" Essa formulação poética carregada de filosofia encerra o drama do homem no mundo: conhecer a si mesmo para posicionar-se em relação ao próximo e a Deus. Quem sou? De onde venho? Para onde vou? São perguntas perdidas no tempo histórico. De olhos fixos no céu observando a imensidão ou admirando os fenômenos naturais, o homem primitivo já formulava as primeiras indagações e curvava-se diante de poderes, para ele mágicos, que evidenciavam a existência de um ser maior. A idéia de Deus sempre foi inata no homem, e a magnificência da natureza sempre lhe atestou essa idéia. Mas, e ele mesmo? Que é o homem? A busca de respostas culminou nas elaborações filosóficas dos antigos gregos, e daquela época até hoje estamos divididos por duas ordens de idéias: o materialismo e o espiritualismo. Tivéssemos dado ouvidos a Sócrates e tudo estaria plenamente resolvido, mas relegamos ao esquecimento o "conhece-te a ti mesmo", fechando nossa percepção psíquica e mergulhando de cabeça unicamente nos sentidos do corpo. O tempo passou, e o vento das emoções transitórias levou-nos a pesadas decepções de ordem moral. Contudo, como a tocha olímpica que sempre se renova, a fé numa nova ordem de idéias teimosamente mantém acesa a esperança de uma nova vida, e as perguntas retornam, num sonho que se repete impelindo o homem a descobrir-se para respondê-las, e ele, extenuado pelo cansaço das lutas terrenas, dolorido pela perda de entes queridos, sofrendo no íntimo decepções morais de toda ordem, volta-se ao seu mundo interior para redescobrir a vitoriosa resposta da vida: homem, tu és um espírito imortal, alma presa à carne, qual borboleta ainda no casulo; liberta-te das conveniências do mundo e abraça a vida em Deus, e tudo estará resolvido!

O espiritualismo iniciou sua marcha triunfante com o advento do Espiritismo, pois o misticismo cedeu lugar à fé raciocinada, o maravilhoso dobrou-se à realidade da pesquisa mediúnica, e a ciência encontrou as portas da alma, até então trancadas pelo materialismo e pela ignorância religiosa.

O homem-espírito estabeleceu-se não pelas conveniências humanas, nem pelos dogmas de uma fé religiosa, mas pela imposição da verdade trazida pelas almas daqueles que já partiram deste mundo e voltam pelo fenômeno mediúnico a nos darem provas da vida além desta vida. O ano de 1857 estremece todas as bases filosóficas da humanidade e deita por terra todas as convicções dogmáticas e pseudo científicas, com a fusão do amor com a reencarnação representada pela Doutrina Espírita que, sem a pretensão de deter toda a verdade, inicia um novo período de progresso para o homem, agora não mais preso no corpo de carne que se consome no túmulo, mas consciente de seu destino imortal e de sua finalidade superior no seu concerto da criação divina. Estava fincada com toda firmeza a bandeira da caridade sinalizando o novo caminho do novo homem: o homem-espírito de bem!

Para o Espiritismo o homem é um ser interexistente, ou seja, existente simultaneamente entre dois mundos: o físico e o espiritual, ele mesmo sendo alma, que na visão espírita significa espírito reencarnado. Sua finalidade neste mundo é fazer todo o esforço possível para progredir intelectual e moralmente, desenvolvendo suas virtudes e combatendo em si mesmo os vícios de caráter que ainda possua. A renovação da sociedade depende da renovação do indivíduo, o que não exclui sua participação social, pelo contrário, pois é com o outro que ele exercita essa renovação. A lei de sociedade é lei divina, permitindo que as expressões do amor e da caridade se manifestem concretamente.

Ser um espírito reencarnado projeta o homem na dimensão do passado e na do futuro. Significa já ter tido participação social na história humana, ter adquirido conhecimentos, ter desenvolvido habilidades, ter compromissos afetivos. O homem se faz através da soma de suas existências até chegar ao estado de Espírito perfeito, ou puro espírito, porque esse é seu finalismo superior.

A vida humana, não mais limitada entre o nascimento e a morte do corpo, lança o homem numa nova ordem de idéias e ele, compreendendo o alcance dessa doutrina, abraça suas conseqüências e inicia a caminhada de sua renovação moral.

Bibliografia Recomendada

Aguaroud, Angel. **Grandes e Pequenos Problemas**. 4ª edição, Rio de Janeiro, Feb, 1983.

Delanne, Gabriel. **A Alma é Imortal,** 5ª edição, Rio de Janeiro, Feb, 1987.

Delanne, Gabriel. **A Reencarnação**. 7ª edição, Rio de Janeiro, Feb, 1990.

Denis, Léon. **O Problema do Ser, do Destino e da Dor**. 14ª edição, Rio de Janeiro, Feb, 1987.

3
Sobre a Relação Fé e Participação Política

Quem pensa que o homem de fé não pode participar da política, engana-se. Mas a fé não pode ser cega ou interesseira, pois será uma fé falsa, e nem a política pode ser tomada por partidarismo, mas sim como ciência da administração pública. O homem de fé verdadeira obedecerá sua consciência e não os interesses de grupo, sabendo que representa o conjunto da população, tendo acima de tudo um comportamento ético respaldado no bem comum. O espírita pode, portanto, participar da vida pública do país, em qualquer esfera, exercendo um cargo político através de sua eleição e terá, em tese, todos os elementos para uma boa ação política, desde que não se deixe arrastar pela corrupção moral, um dos maiores entraves do progresso humano.

Mas, e quanto ao exercício da cidadania? Quanto a participar de ações civis? Será incompatível a freqüência ao Centro Espírita e a participação social?

Historicamente os homens religiosos, na condição de sacerdotes, pastores, padres, bispos sempre participaram da política humana, seja como assessores de reis, príncipes e governadores ou como ministros dos mesmos, exercendo forte influência no destino das nações e no comportamento social dos indivíduos, pois representavam a religião oficial do Estado e tudo faziam por manter seus interesses e privilégios. Estados com religião oficial declarada sempre manterão abertas as portas dos privilégios, e os religiosos assim respaldados prosseguirão na sua luta de interesses exclusivistas, misturando a fé com o partidarismo político, criando aberrações doutrinárias em nome do mando e da manutenção política de seu "status".

O Estado laico, democraticamente trabalhando a liberdade de fé e culto religioso, é o que melhor convém, embora consideremos o passado enraizado, nem sempre fácil de ser despregado da atmosfera psicológica social e da malha da administração pública. Contudo, a história é implacável: os erros da fé a serviço da política imperialista atrasaram a marcha do progresso humano por longo período, e essa história não pode ser repetida. A fé não pode aliar-se à política para defesa de interesses do grupo religioso, nem a política pode aliar-se à fé no interesse do apoio eletivo. Essas duas alianças desvirtuam as bases e os fins da fé e da política.

A fé tem compromisso com a crença religiosa, e a crença espírita é baseada na verdade dos fatos da imortalidade da alma, da reencarnação, da existência de Deus, da prática da caridade como instrumento de progresso, da evolução do Espírito e está impregnada das virtudes. A crença espírita requer a prática da honestidade, da solidariedade, da piedade, da bondade e assim por diante, sendo incompatível com a corrupção moral, com o desvio do caráter. A ação política do espírita deve visar o bem comum, colocando em ação o ensino de Jesus "faça ao próximo somente o que você queira que o próximo lhe faça", sem discurso, mas com trabalho.

Chegamos à conclusão da imprescindível ação do espírita no exercício consciente de sua cidadania, já que ele é por excelência o agente do bem, ação essa perfeitamente compatível com a freqüência e trabalho no Centro Espírita, núcleo educacional de almas, onde ele ali exerce também seu trabalho de agente do bem. Diante da violência, das drogas, da discriminação racial, da exploração do ser humano, da poluição da natureza, dos desmandos administrativos, da sensualidade aberta, etc., deve o espírita agir conscientemente como cidadão esclarecido, seja junto aos familiares, aos amigos, aos colegas de trabalho, aos vizinhos, não se omitindo nem patrulhando consciências, mas colaborando para auxiliar e esclarecer.

Pode sim o espírita fazer parte de grupos de ação da cidadania, de grupos civis de apoio à comunidade e assim por diante, lembrando que estará fazendo dessa forma a verdadeira aliança entre fé e participação política.

O Espiritismo é doutrina de transformação da humanidade, combatendo o materialismo, o egoísmo e a indiferença que ainda caracterizam o homem. Essa ação de ordem coletiva e ao mesmo tempo individual é participação política da fé que se caracteriza por "encarar a razão, frente a frente, em todas as épocas da humanidade". Negar que assim o seja seria negar a Doutrina. Mas os instrumentos de que se serve para essa ação nada tem de comum com interesses partidários nem com politicagem alcoviteira. O Espiritismo exerce apenas a ação do bem para fazer do homem um homem de bem.

Esclareçamos ainda a significativa diferença entre o religioso político e o político religioso. Os princípios espíritas, respaldados na ética e na moral, não admitem o religioso político, ou seja, aquele que utiliza de sua fé para angariar votos e vantagens. A fé verdadeira é irmã da humildade e não objetiva, nunca, vantagens pessoais. Já o político religioso é perfeitamente admissível, visto ser o cidadão honesto e honrado, que mescla sua atuação política com a crença religiosa que lhe ornamenta o caráter. Os que se utilizam da organização e dos adeptos de sua crença para tornarem-se políticos, estão enganados quanto às finalidades da religião e demonstram possuir uma fé apenas de fachada, a serviço de si mesmos e não da cidadania para todos.

Bibliografia Recomendada

Denis, Léon. **Socialismo e Espiritismo**. Matão, O Clarim.

Emmanuel/ Xavier, Francisco Cândido. **O Consolador**. 9ª edição, Rio de Janeiro, Feb, 1982.

4

Sobre o Sentido da Vida – o Problema do Sofrimento

Quem, diante da despedida do sol no horizonte esparramando cores pelo céu, não se indaga do porquê da vida?

Quem, diante da multidão que se cruza nas ruas de uma metrópole projetando sonhos e angústias, não se indaga do porquê da vida?

Alegrias e tristezas, felicidade e sofrimento, visitam-nos quase diariamente e não sabemos por que a vida é assim.

De onde venho?

O doce mistério da vida nascente de um bebê é o mistério de nossa existência, esfinge devoradora de pensamentos, teorias, sonhos, mas a chave do mistério está no antes do existir terreno. A vida começa em Deus, na vontade de seu ato criador, e tudo que Ele cria possui uma finalidade superior que não se confunde com o acaso nem com o nada. Sendo o homem mais que o animal, dotado de inteligência e de sentimento, qual o sentido de sua vida se tudo começa no berço e termina no túmulo? Tantas lutas, tantas glórias, tantas lágrimas para tudo terminar em cinzas ou decomposição? Seremos apenas genética, hereditariedade, secreção cerebral?

Nenhuma teoria materialista responde satisfatoriamente a essas e outras questões, e o mistério continua. Mas o mergulho no existir antes do nascer, e no continuar existindo depois da morte, a tudo responde com equilíbrio e bom senso. Somos antes de sermos. Venho do mundo espiritual para mais uma existência física e retornarei ao mundo original de minha vida eterna. E reencarnarei tantas outras vezes quanto necessário for para o meu progresso, o que depende dos esforços que fizer e do concurso da educação que me derem. Não há mistério para a Doutrina Espírita, apenas vida e vida em abundância.

Para onde vou?

A morte é apenas o despedir do corpo, a separação da roupa que não serve mais. Dito assim, de maneira simples, pode levar muitos a desprezar o corpo, mas ele é instrumento divino concedido para nossa existência terrena, e toda concessão é preciosidade a ser cuidada. Como reencarnar sem o corpo biológico?

O corpo é o reflexo do Espírito que dele se serve, mas não é o Espírito, a verdadeira essência imortal, o ser existente. O corpo retorna à natureza e o Espírito ao mundo espiritual para continuar a viver.

O mundo espiritual é o mundo dos Espíritos, nós mesmos, despidos do corpo biológico. É o mundo real onde não existem fantasmas ou seres extraordinários, mas apenas seres humanos em outra dimensão, dando continuidade à vida. A Terra é cópia imperfeita do mundo espiritual, realidade preenchendo todos os "vazios" do espaço universal.

Após a morte retornamos à espiritualidade deixando o corpo, portanto desencarnamos, voltando ao mundo que havíamos temporariamente deixado através da reencarnação.

E o que fazemos então? Continuamos a trabalhar, estudar, aprender, preparando-nos para nova reencarnação, quando passaremos por provas e talvez também por expiações, colocando em prática os aprendizados e as promessas, dando mostras de nosso progresso intelectual e moral.

Por que sofremos?

Todos se fazem essa pergunta, principalmente nos momentos de dor, de angústia, de solidão da alma, muitas vezes desacreditando da solicitude divina e considerando perdida a humanidade no seu aparente caos existencial.

Em verdade, não existe maior dor do que a falta de amor.

Sofremos porque não amamos.

Não amamos a vida que nos é dada por Deus.

Não amamos a natureza que nos provê a vida.

Não amamos o próximo que nos auxilia a viver.

Não amamos a sociedade que ajudamos a construir no dia-a-dia.

Não amamos a nós próprios que somos almas imortais antes que corpo biológico.

Insistimos no egoísmo, no orgulho, na vaidade, no materialismo, na indiferença, no sensualismo e ainda nos perguntamos de onde vem o sofrimento. O Espiritismo é claro quanto à origem do sofrer, seja ele físico ou moral: o mal existe porque não praticamos o bem; a dor mantém-se porque não exercitamos o amor.

Existem dois tipos de sofrimento: o provacional e o expiatório. O sofrimento provacional é aquele determinado pelas condições da existência terrena, condições essas de caráter educacional, social, cultural, etc., que fazem parte naturalmente da existência. São as dificuldades da vida que colocam à prova nossas virtudes, nossos ideais, com o objetivo de nos alicerçar resistências morais e desafiar nossa conduta, ao mesmo tempo em que aguça-nos o desenvolvimento intelectual. As provas expiatórias, ou expiações, são aquelas ligadas ao nosso passado, a vidas anteriores, e possuem o objetivo de permitir o resgate de dívidas, sempre de ordem moral, solicitando de nós renúncia, paciência, perdão e muito amor. Trata-se da reconstrução de nós mesmos diante de quadros existenciais difíceis de serem suportados, mas nunca superiores às nossas forças.

As causas dos sofrimentos também são de dois tipos: causas atuais e causas anteriores.

Nem tudo provém do passado reencarnatório. Quantas vezes somos culpados, aqui e agora, pelo nosso sofrimento e pelo dos outros? Pela falta de previdência, pelo abuso da individualidade, pelo mal uso do caráter, pelo desrespeito às leis e assim por diante, provocamos sofrimentos absolutamente dispensáveis, criando nesta existência motivos para expiação futura, sem nenhuma ligação atual com outras reencarnações.

Falta ainda ao homem a crença em si mesmo como alma imortal, com finalidade existencial superior, para tomar com coragem o caminho do bem e do amor, único caminho que elimina a dor, substituída pela paz da consciência. E assim o será pouco a pouco, na medida em que o homem se espiritualizar, transformando a si, à sociedade e ao mundo, resultado que o Espiritismo trabalha por concretizar, por ser doutrina moralizante do ser.

Bibliografia Recomendada

Denis, Léon. **O Porquê da Vida**. 10ª edição, Rio de Janeiro, Feb, 1970.

Kardec, Allan. **O Evangelho segundo o Espiritismo**. 23ª edição, São Paulo, Lake, 1981.

Pires, José Herculano. **O Mistério do Ser Ante a Dor e Morte**. 1ª edição, São Paulo, Paidéia, 1981.

Simonetti, Richard. **Uma Razão para Viver**. 6ª edição, Bauru, Gráfica São João, 1991.

5

Sobre a Morte e o Futuro – o Além da Vida

O Espiritismo não traz novidade quanto à crença na vida depois da morte, que não é de sua exclusividade. Classificado como filosofia espiritualista por Allan Kardec, o Espiritismo faz parte das doutrinas religiosas que acreditam ser o homem algo mais que o corpo biológico, e que esse algo mais – a alma ou Espírito – sobrevive após a morte do corpo. Se não traz novidade, entretanto se diferencia das demais crenças religiosas ao basear seus princípios em fatos científicos comprovados, ao utilizar como instrumento de pesquisa a mediunidade, e ao definir com objetividade a essência e a individualidade do Espírito com relação ao corpo biológico e ao mundo pós-morte em que continua existindo.

O Espírito não é uma alma indefinida, um fantasma ou um ser preso a circunstâncias externas à espera do juízo final. O Espírito é um ser humano que após a morte mantém sua individualidade, a consciência de si mesmo, utilizando de um corpo espiritual – o perispírito – para continuar sua existência no mundo espiritual ou mundo dos espíritos. Terá a memória de seus atos, retirará do subconsciente a memória pretérita, manterá sua inteligência em atividade, reconhecerá a si mesmo continuando a viver, retomará expressões espirituais antes já experimentadas, enfim, será ele mesmo

tal qual o era enquanto encarnado. Não há perda da individualidade, mas evolução constante, continuidade do existir diante da vida.

A educação para a morte é uma das solicitações que o Espiritismo faz ao ser humano. Preparar-se para morrer afasta o medo da morte quando sabemos que tudo é vida e que continuamos a existir em outra dimensão. As coisas de ordem material perdem maior significado, pois tudo fica, nada atravessa o túmulo a não ser nós mesmos como alma imortal. A vida terrena toma outro sentido, abrindo-se a porta de nossa espiritualização.

Que futuro nos aguarda depois da morte? Que vem a ser esse além da vida? As expectativas de um lugar desconhecido nos assemelha aos navegadores dos séculos XIV e XV, que a cada nova rota, a cada estreito a transpor, a cada cabo a contornar, debatiam-se com a incerteza, inventando monstros devoradores de toda espécie para além-mar, imaginando seres de raças exóticas nas possíveis terras a serem descobertas. Assim encontra-se boa parte da humanidade no alvorecer do terceiro milênio da cristandade com relação ao além da vida, o futuro depois da morte. Mas, existe de fato o desconhecido? Não viemos, através da reencarnação, do além da vida? As idéias inatas, as crenças que estão na própria consciência sobre Deus e a alma, não são provas de uma reminiscência, da lembrança do que já conhecemos? Isso sem entrarmos nos inúmeros fenômenos psíquicos já catalogados e estudados, dando-nos conta dessa verdade.

O que faz o Espiritismo é desmistificar o além da vida, retirá-lo dos preconceitos e das superstições, desamarrá-lo de dogmas e preceitos sem base racional; abrir o véu do desconhecido e revelá-lo tal qual é, eliminado de toda e qualquer mitologia, de todo e qualquer símbolo mágico para dizer que o além da vida é a continuidade da existência numa dimensão espiritual, igualmente criada por Deus e, tal como a existência terrena, possui também ordem social, organizada de acordo com o progresso moral do Espírito.

Por tratar-se de outra dimensão, mais eterizada ou fluídica, podemos exercitar mais livremente, de acordo com o progresso alcançado por cada um, as forças do pensamento e a plasticidade das formas espirituais.

Reconhecemos que este estudo é fascinante, mas excede o objetivo desta obra. Deixamos aos estudantes a pesquisa bibliográfica sobre o mundo espiritual, fartamente representada na literatura espírita, e tratada com objetividade por Allan Kardec.

Morrer não é encontrar o nada. Viver não é gastar todas as energias em objetivos imediatos. A existência não se resume à satisfação dos sentidos do corpo. A vida continua, a morte é a porta de transição e o homem, do lado espiritual, reconhecerá que ele continua com suas perfeições e imperfeições, com suas verdades e mentiras, com seus vícios e virtudes. A realidade pode ser mais dura do que a existência terrena, ou mais feliz do que todas as alegrias terrenas reunidas. O além da vida depende dele mesmo e, por ser determinado por essa dependência, requer do homem avançar sobre as estruturas carcomidas da cultura materialista que ainda o fascina, para elaborar a cultura do espírito, com bases morais, aproximando as duas dimensões existenciais e diminuindo progressivamente a nefasta influência do nada e da superstição, pelo aumento da crença na alma imortal e na fé racional da vida além da vida.

Bibliografia Recomendada

Caverzan, Ariovaldo e Andrade, Geziel. **Espiritismo e Vida Eterna**. 1ª edição, Capivari, Lar/ABC, 1987.

Caverzan, Ariovaldo e Andrade, Geziel. **O Regresso**. 2ª edição, Capivari, Lar/ABC, 1987.

Denis, Léon. **O Além e a Sobrevivência do Ser**. 2ª edição, Rio de Janeiro, Feb, 1939.

Denis, Léon. **Depois da Morte**. 15ª edição, Rio de Janeiro, Feb, 1989.

Diversos, Espíritos / Xavier, Francisco Cândido. **Claramente Vivos**. Araras, IDE.

Gonçalves, Ottília / Franco, Divaldo Pereira. **Além da Morte**. 3ª edição, Salvador, Leal, 1982.

Kardec, Allan. **O Céu e o Inferno**. 3ª edição, São Paulo, Lake, 1979.

Luiz, André / Xavier, Francisco Cândido. **Nosso Lar**. 41ª edição, Rio de Janeiro, Feb, 1993.

Owen, G. Vale. **A Vida Além do Véu**. 4ª edição, Rio de Janeiro, Feb, 1983.

Simonetti, Richard. **Quem Tem Medo da Morte?**. 1ª edição, Bauru, Gráfica São João, 1987.

3ª Parte

Doutrina e Prática Espírita

1
Presença de Elementos da Cultura Brasileira no Espiritismo

A cultura diversificada do povo brasileiro misturando elementos de origem indígena (nativa), européia (colonização, missões culturais e imigração), africana (escravidão) e asiática (imigração) não poderia deixar de exercer influência sobre o Espiritismo, principalmente no aspecto de sua prática. Também os ritos católicos e afros, impregnados em nossa cultura, haveriam de trazer influências sobre a prática encontrada nos Centros Espíritas.

Como já estudamos, o Espiritismo foi introduzido no Brasil por grupos elitizados das cidades de Salvador e Rio de Janeiro, com acesso à leitura em francês, a partir da década de setenta do século XIX, em plena vigência do regime imperial. Sendo uma doutrina nova, esses grupos, inicialmente de caráter familiar, posicionaram-se em três áreas de ação: o estudo doutrinário; a prática mediúnica e o trabalho literário, traduzindo as obras e publicando jornais e livretos. Era um trabalho dependente dos recursos financeiros dos próprios componentes dos grupos e que sofreu de imediato o impacto da condenação católica (na época a Igreja Católica era religião oficial do Império) e a conseqüente perseguição policial. Podemos aqui fazer uma pergunta interessante: se os terreiros afros eram tolerados e procurados pela nobreza e pela alta burguesia, por que a condenação do Espiritismo, que também se utilizava da mediunidade? A resposta é fácil de ser compreendida. Enquanto os ritos e cultos afros eram manifestações consideradas primitivas e supersticiosas, portanto sem maior perigo, sem maior penetração, fazendo presença no povo inculto e ignorante, o Espiritismo era uma doutrina perfeitamente alicerçada, com princípios estabelecidos nas áreas da filosofia, da ciência e da religião, representando ameaça séria ao estabelecido e vigente.

A condenação católica e os problemas com a polícia imperial levaram os adeptos do Espiritismo a introduzirem suas reuniões e em suas práticas elementos culturais brasileiros que ajudassem a, por assim dizer, camuflar e proteger a Doutrina e seus seguidores, situação essa que perdurou, com maior ou menor intensidade, até o final do governo getulista, quando finalmente o Espiritismo deixou de ser perseguido.

As dificuldades de estudo e o não acesso a todas as obras de Kardec e demais escritores espíritas franceses, o que só ocorreu lentamente durante as primeiras décadas do século XX, permitiu que a formação católica de muitos influenciasse a formação dos Centros Espíritas. Assim é que foram introduzidos retratos e bustos de personagens formando verdadeiras galerias de adoração; santos católicos foram transformados em patronos dos Centros; orações foram adaptadas e as preces tornaram-se verdadeiras ladainhas. Muitos adeptos mantinham o hábito de ir à missa no domingo e poucos se declaravam espírita em público, o que sempre provocava escândalo e alvoroço.

Outra influência, além da religião, foi a adoção de práticas e crenças originalmente afros, vindas dos terreiros, notadamente na prática mediúnica. Acreditava-se que o médium não tinha controle sobre o fenômeno mediúnico, o que ocasionava nos Centros Espíritas espetáculos dignos da umbanda ou do candomblé. A introdução de roupas brancas nos médiuns e doutrinadores representou bem essa mistura doutrinária, que o Espiritismo não sanciona, mas que é predileção da cultura afro.

O desconhecimento e a falta de estudo exerceram, em certa medida, diversas influências na prática espírita. Por muito tempo as questões de ordem mediúnica ficaram entregues a explicações místicas, supersticiosas, tomando o aspecto de crendices sem respaldo científico e frontalmente em desacordo com os princípios doutrinários do Espiritismo. Era tão grave essa situação ao final da década de quarenta do século XX, portanto aproximadamente sessenta anos depois da introdução do Espiritismo no país, que um amplo movimento de unificação da prática espírita teve início, dando origem ao sistema federativo estadual e nacional, unindo os Centros Espíritas, estabelecendo diretrizes quanto à prática e dinamizando o estudo do Espiritismo.

Apesar desse esforço de ampliar o estudo doutrinário e corrigir a prática espírita, acompanhado de campanhas de esclarecimento e da difusão do livro espírita, podemos afirmar que, neste início do século XXI, nem tudo que se faz com o rótulo espírita é verdadeiramente Espiritismo.

Estamos assistindo a associação de palavras do vocabulário espírita, como "reencarnação", com significados estranhos à Doutrina, associações essas levadas a efeito pela mídia em geral que, se por um lado evidencia o Espiritismo, por outro o descaracteriza, continuando a relacionar a prática espírita com o misticismo, evidenciando ainda a forte influência cultural predominante.

Outra influência cultural é a tendência mística do povo brasileiro com práticas ligadas ao budismo, astrologia, terapias alternativas, etc., práticas essas que costumam, vez ou outra, adentrar o Centro Espírita, caracterizando-o mais como templo espiritualista do que instituição doutrinária do Espiritismo.

Neste breve estudo podemos destacar uma significativa diferença: a prática espírita sempre foi influenciada culturalmente, mas a Doutrina Espírita sempre manteve-se íntegra. Suas bases, seus princípios, são as mesmas desde 1857. Diferente das doutrinas católica e protestante, que ao longo do tempo reviram postulados e dogmas ao lado de mudanças rituais, o Espiritismo enquanto doutrina se mantém tal qual foi estabelecido pelos Espíritos Superiores e organizados por Allan Kardec.

O estudo dessa diferença comporta um belo programa cuja bibliografia indicada ao final deste capítulo auxiliará sua compreensão. O Espiritismo é doutrina evolucionista, abarcando todos os ramos do conhecimento humano, ampliando gradativamente seu corpo doutrinário, sempre de acordo com suas bases e princípios, estabelecidos de forma universal e, por isso mesmo, inabaláveis.

As influências culturais em sua prática podem, até certa medida, descaracterizar sua superfície, o entendimento do Espiritismo, mas a Doutrina é tão sólida que basta seu estudo mais metódico para correção dessa prática e o vislumbre de sua inteireza e profundidade.

Finalizando, importa reconhecermos que a influência cultural é fenômeno natural, em qualquer nação. Trata-se de fenomenologia social com elementos étnicos, antropológicos, religiosos e outros, cuja medida deve ser administrada pelo estudo e compreensão do Espiritismo, doutrina de conseqüências morais que não podem ser avaliadas pela simples observação de práticas exteriores formalizadas.

Bibliografia Recomendada

Amorim, Deolindo. **O Espiritismo e as Doutrinas Espiritualistas**. 4ª edição, Curitiba, Ghignone, 1984.

Diversos, Espíritos / Xavier, Francisco Cândido. **Educandário de Luz**. 2ª edição, São Paulo, Ideal, 1988.

Garcia, Wilson. **O Centro Espírita**. São Paulo, Use.

Garcia, Wilson. **O Centro Espírita e Suas Histórias**. São Paulo, Use.

Nacional, Conselho Federativo. **Orientação ao Centro Espírita**. 1ª edição, Rio de Janeiro, Feb. 1980.

Pires, José Herculano. **O Centro Espírita**. 2ª edição, São Paulo, Lake, 1987.

4ª Parte

Do Homem e do Mundo

1

Crítica do Homem Espírito – Conclusão

Mergulhado na carne, o homem tem por prioridade a satisfação dos sentidos do corpo, e mesmo quando amplia esses sentidos através do desenvolvimento de seu psiquismo, os atrela ao corpo, como se os componentes da psique fossem mera extensão do biológico. Esse quadro é gerador e mantenedor de três agentes degradantes do caráter humano: o materialismo, o egoísmo e a indiferença. O Espiritismo veio combatê-los mostrando ao homem que ele é alma antes que corpo, espírito eterno criado por Deus, individualidade imortal e não corpo perecível. O Espiritismo veio demonstrar que a vida é a soma das diversas existências corporais do homem; que a fusão das personalidades é o desenvolvimento integral da individualidade, enfim, que a vida continua depois da morte e a reencarnação é instrumento utilizado por Deus para sua evolução.

Levar o homem ao reconhecimento de sua imortalidade, à compreensão de que ele é uma alma é a primeira tarefa do Espiritismo, pois sem isso tudo o mais não fará sentido. Trata-se de espiritualizarmos o homem, e isso somente se conseguirá através de uma educação cujas bases estejam firmadas nos princípios que a Doutrina Espírita nos apresenta, entregando ao homem uma nova visão de si mesmo e da vida, de forma racional, lógica e ao mesmo tempo com sentimento, sensibilizando as fibras íntimas do ser.

O homem espírito é a conseqüência natural da aplicação do Espiritismo.

Espiritualizado na crença de si mesmo como alma imortal com destinação superior, o homem estará apto a iniciar sua moralização, colocando o corpo e a existência humana a serviço da conquista de si mesmo e da aplicação dos ensinos morais de Jesus, apontado pelo Espiritismo como modelo de perfeição. Moverá sua força de vontade para esses objetivos e não se deixará envolver pelos obstáculos que a convivência social fizerem surgir, antes, saberá aproveitá-los como aprendizado útil ao seu progresso moral.

Estamos falando da formação do caráter, numa palavra, da educação moral, conseqüência natural e inevitável do homem que se conscientiza de sua imortalidade e da finalidade transcendente da vida.

Na medida em que o homem conhece a si mesmo e sabe responder de onde veio, o quê está fazendo aqui e para onde vai; sabe responder sobre o porquê dele viver e qual a finalidade superior dessa vida; tudo muda à sua volta. O que lhe parecia antes importante será substituído por novas aspirações. Colocará seus conhecimentos a serviço do bem porque o primeiro a ser beneficiado será ele mesmo. Então os prazeres do corpo, a satisfação imediata dos sentidos, serão colocados em segundo plano, pois a vida não é um intenso viver para uma agonia final, mas a conquista plena das faculdades da alma, passo a passo, através de múltiplas existências – a reencarnação.

Quem não quer viver em paz, sem os sobressaltos causados pela violência, pela miséria, pelo orgulho, pela vaidade, enfim, pelos vícios de toda ordem? Quem não deseja uma sociedade justa, equilibrada e feliz? Esses desejos são realizáveis e serão realidade quando predominarem na Terra os homens de bem, os homens espiritualizados; quando fizermos da educação moral a alavanca do progresso geral. Esses são, necessariamente, os resultados do Espiritismo estudado e aplicado, por isso ele é o inimigo mortal do materialismo, do egoísmo e da indiferença, substituindo-os pelo espiritualismo, pelo amor e pela solidariedade.

Bibliografia Recomendada

Dejean, Georges. **A Nova Luz**. 2ª edição, Rio de Janeiro, Feb, 1991.

Diversos, Autores. **Em Busca do Homem Novo**. 4ª edição, Capivari, Eme, 1992.

Pires, José Herculano. **Curso Dinâmico de Espiritismo**. 2ª edição, São Paulo, Paidéia, 1982.

Pires, José Herculano. **O Espírito e o Tempo**. São Paulo, Pensamento, 1964.

Rizzini, Carlos Toledo. **Evolução para o Terceiro Milênio**. 6ª edição, São Paulo, Edicel, 1986.

Este livro, da MAUAD Editora,
em co-edição com a USEERJ,
foi impresso em papel ofsete 75g,
na gráfica Lidador

André Luiz Ruiz

Há Flores sobre as Pedras

pelo Espírito Lucius

Capa:
DANIEL ARCHANGELO

6ª edição – 29º ao 33º milheiro – outubro/2002

INSTITUTO DE DIFUSÃO ESPÍRITA
Av. Otto Barreto, 1067 - Caixa Postal 110
CEP 13602-970 - Araras - SP - Brasil
Fone (19) 541-0077 - Fax (19) 541-0966
C.G.C. (MF) 44.220.101/0001-43
Inscrição Estadual 182.010.405.118

www.ide.org.br
e-mail: info@ide.org.br

Ficha Catalográfica

(Preparada na Editora)

Ruiz, André Luiz de Andrade, 1962-

R884h Há flores sobre as pedras / André Luiz de Andrade Ruiz / Lucius (Espírito). Araras, SP, 6ª edição, IDE, 2002.

384 p.

ISBN 85-7341-289-5

1. Romance 2. Espiritismo 3. Psicografia I. Título.

CDD-869.935
-133.9
-133.91

Índices para catálogo sistemático:

1. Romances: Século 21: Literatura brasileira 869.935
2. Espiritismo 133.9
3. Psicografia: Espiritismo 133.91

Índice

Apresentação

A beleza desta obra bem pode ser medida pelos que conhecem o seu autor mediúnico.

André Luiz Ruiz, incansável trabalhador da Doutrina Espírita, em todos os seus aspectos, é o próprio retrato vivo do que este importante romance nos oferece: fortaleza, abnegação, confiança no Pai e a ampla visão que ultrapassa os limites de nosso pequeno horizonte.

E é nessa amplitude, que abraça todo o Universo, que esta história foi trazida pelo Espírito Lucius às suas mãos medianímicas, onde os personagens desfilam com grande autenticidade narrativa, nos ensinando, de forma a nos envolver emocionalmente, que o amor, o perdão e a vontade de refazer os mal dados passos, são os sagrados ingredientes para a nossa evolução espiritual e que castigo é palavra e expressão que não existe no grande livro universal, eternamente escrito pelo nosso Criador, misericordioso semeador de novas chances.

Portanto, amigo leitor, temos absoluta certeza de que ao virar a última página desta obra, algo de muito forte terá se instalado em seu coração, confirmando ainda mais que com muito carinho, paciência, tolerância e perdão, flores haverão de surgir, embelezando as pedras de nosso caminho, advindas das sementes de luz e de amor que Deus plantou no coração de todos nós, filhos que somos de Seu amor.

Araras (SP), Primavera, 2001.

Wilson Frungilo Júnior

1

A chegada das mensagens

A sineta soou no portão, em meio a uma nuvem de poeira que se desfazia lentamente, levada pela branda aragem matutina.

Com a sua montaria ofegante, ali se achava um militar, subalterno do general Alcântara, trazendo-lhe despachos importantes e que precisavam de urgente apreciação, já que iminente conflito se desenhava na região, demandando atitudes enérgicas das autoridades responsáveis.

Além do mais, na condição de subordinado de um homem acostumado a dar ordens e ser obedecido, sabia o capitão Macedo que seu comandante não admitia outro procedimento que não fosse o do cumprimento do dever, independentemente de quanto isso lhe custasse, já que o general fora soldado de rígida formação, ao qual a caserna moldara numa sólida disciplina em prejuízo do sentimento de humanidade e respeito aos semelhantes.

Ouvia-se ainda o tilintar repetido da sineta de bronze que anunciava aos serviçais do casarão que alguém se achava ao portão, aguardando o atendimento, quando idosa negra, afeita aos trabalhos e às exigências da casa, deu passagem ao mensageiro afoito que, tão logo ganhou os jardins, perguntou-lhe:

– Olívia, onde se acha o general Alcântara?

– Ah! meu capitão, sinhô general ainda não se aprumou, o que tá deixando todo mundo muito preocupado.

– Mas já são quase oito horas, Olívia! – afirmou Macedo

– É por isso mesmo que vosmecê deve de *imaginá* como as coisas não são das *miores*... – retrucou a negra, deixando lágrimas de preocupação molharem seus olhos avermelhados.

Varando a entrada principal como quem conhecia bem o caminho em face de certa intimidade com as disposições do prédio, dirigiu-se

Macedo para os aposentos ainda cerrados nos quais o general Alcântara deveria receber os despachos urgentes daquela manhã.

Bateu à porta com um misto de cumprimento do dever e de um desejo de não incomodar, até que Lucinda, a filha mais nova, veio ao seu encontro, trazendo a notícia de que o pai não se achava bem disposto, estava febril, com dores pelo corpo e suava abundantemente, não sendo possível qualquer contato imediato, muito menos que lhe fossem passados problemas de ordem administrativa.

Macedo, sem prestar muita atenção nos informes ouvidos, tinha seus olhos seduzidos pela beleza suave e firme da jovem Lucinda, moça na formosura de suas dezenove primaveras, que era o oásis na vida daquela família à qual o caráter do general impusera uma disciplina que fazia da casa grande uma quase extensão do próprio quartel.

Após a viuvez do genitor, Lucinda assumira o comando da moradia, onde exercia as suas qualidades de sinhazinha com as virtudes de alma que a sua elevação espiritual já lhe conferiam, sendo benquista por todos, numa verdadeira antítese do que se dava em se comparando com o dono da casa, aquele general altivo, arbitrário, violento e intransigente.

Tão logo se viu na posição de responsável pela direção interna da moradia familiar, Lucinda atraiu para si a velha ama de leite, Olívia, e outras negras que exerciam o trabalho dentro da faustosa moradia, na cozinha e na arrumação e que, mesmo a contragosto do dono da casa, passaram a ser-lhe as únicas e sinceras companhias.

Com seu toque doce e seus modos brandos, Lucinda conseguia dobrar as mais rigorosas posturas daquele homem rude a quem, apesar disso, aprendera a amar e respeitar como sendo a figura querida que a Providência lhe concedera como genitor.

Com o passar dos anos, era nela que o altivo general buscava refúgio para o seu orgulho cansado, em longas conversações após o jantar, quando ouvia de sua boca inocente os conceitos elevados a respeito da vida, da convivência, da natureza e da exatidão das coisas criadas por Deus.

Evidentemente, Alcântara não concordava com todas as idéias da filha, achando que muito daquilo era devaneio de juventude.

No entanto, nesses momentos, o sóbrio general se deixava levar pela doçura da menina e o seu amor, ocultado no peito pelo peso da patente, pela posição social e pelas obrigações de comando, podia desdobrar as suas asas e dar mostras de que, mesmo o bloco de granito quando polido com paciência, pode se transformar em um quase espelho de beleza invulgar.

Essa era Lucinda, graças a quem, há alguns anos, não se via o dantesco espetáculo do uso do chicote do castigo no dorso de algum negro que tivesse cometido falta pequenina.

Essa era Lucinda, a filha muito amada, a única capaz de abrandar a fúria nervosa do pai, nos momentos de desequilíbrio, a única a conhecer um pouco mais profundamente, os meandros daquele ser que todos temiam e do qual todos se afastavam para não serem vitimados pela sua dureza.

Com a sua ternura e psicologia desenvolvida ao longo da convivência, aliando sentimento à sabedoria, Lucinda conseguia conciliar as necessidades de todos com as intransigências do pai, que se julgava alguém superior e que tratava os negros que lhe pertenciam, como animais de carga, sem maior valor do que um muar.

Assim é que, ao contrário de outras fazendas, nas quais o perfume da humanização não havia penetrado, ali, graças aos olhos generosos da filha do senhor de escravos, alguns benefícios chegavam às senzalas, na forma de uma melhor distribuição de alimento às crianças e mães, na permissão para que os mais velhos pudessem ter mais descanso e trabalhassem em serviços leves, tudo isso a contragosto dos capatazes que estavam acostumados a se aproveitarem da tirania dos senhores para darem vazão aos baixos instintos de violência e sexualidade que traziam dentro da alma pouco elevada.

No entanto, como o general se ausentava constantemente, relegando o comando da propriedade à filha, os sequazes que lhe cumpriam, no passado, as ordens violentas com redobrado rigor e agressividade, agora limitavam-se a fiscalizar os serviços na propriedade e a organizar as atividades pesadas, usando o chicote à distância e sem o conhecimento da sinhazinha que, com seu espírito de verdadeira cristã, não toleraria a sua utilização se o soubesse.

Logo, uma grande separação ocorreu entre ela e os capatazes que a respeitavam como filha do general, mas não viam a hora em que, afastada da direção da fazenda, pudessem eles seguir sua trajetória de aterrorização dos cativos, sem obstáculo.

Lucinda, sem perder os modos gentis e delicados, seguia procurando conciliar as necessidades humanas com os preconceitos e convencionalismos sociais de seu tempo, a fim de atender àquelas e transformar estes últimos.

Com isso, era ela a enfermeira zelosa do altivo general Alcântara que lhe ministrava as beberagens medicamentosas e vigiava durante a noite desde quando a estranha crise o prostrara.

E ali estava Macedo, embevecido como sempre pela beleza da moça a qual, sem ignorar a atração que exercia sobre o militar, dele guardava respeitosa distância e não permitia qualquer aproximação mais direta.

Enfim, vencendo a emoção que o traía como alguém que pretendesse eternizar aquele momento para não mais se afastar da mulher desejada, Macedo exclamou:

– Mas sinhá Lucinda, coisas muito graves estão para acontecer. Uma revolta se desenha no ar e o general é o responsável pela manutenção da ordem em toda a região, incluindo não só o nosso arraial, mas uma vasta área sob o seu comando. Além disso, a sinhazinha sabe que seu pai é homem que não admite deixar de ser posto ao corrente dos fatos, sob pena de ver-me até mesmo preso se não cumprir o dever de lhe dar ciência dos despachos que trago.

– Sim, capitão Macedo, compreendo o seu intento, mas não posso ajudá-lo em nada, no presente momento, eis que a febre alta não permite que meu pai tenha condições de entender, já que está entre o sono e o delírio... – respondeu Lucinda, aflita, traindo no tom de voz a preocupação e a pressa que tinha em voltar para o interior do quarto.

– Mas se o caso é grave desse modo, pois que chamemos o médico do povoado... – voltou Macedo, agora já também aflito.

– Infelizmente, não podemos fazê-lo para que a situação não piore com a notícia de que o comandante caiu doente e se acha debilitado, sem poder adotar as medidas que lhe cabem para que a situação seja corrigida. Além disso, a notícia de seu estado produziria um enfraquecimento na vigilância da tropa, além de permitir uma maior euforia dos revoltados que se aproveitariam desse momento para deflagrar todos os atos de vandalismo de que, sabemos, podem eles ser capazes. Estamos tratando dele com os melhores conhecimentos que possuímos, ajudados por médico discreto e de nossa confiança.

Surpreso com tamanha capacidade de análise e de síntese para as quais nem mesmo ele, capitão Macedo, havia tido atenção, ainda mais se admirou da maturidade e da presença de espírito daquela jovem.

– O que podemos fazer, capitão, – falou a moça, retomando o fio da conversa – é aguardarmos que a febre ceda e, tão logo lhe volte a lucidez, submeter tais despachos ao seu conhecimento. Para isso, poderá deixar a sacola dos despachos comigo que, tão logo tudo se normalize, pessoalmente, entregarei seu conteúdo ao general.

Sem ter outra opção e precisando voltar ao seu posto, o jovem capitão Macedo entregou-lhe a sacola militar com os despachos e, fitando-lhe os olhos com ardor, dirigiu-se a ela arrebatadamente, envolvido por uma onda de sentimento incontrolado, dizendo:

– Lamento muito o estado do general a quem respeito e devoto fidelidade sem mescla, mas minha tristeza aumenta ainda mais quando, como agora, vejo-me forçado a me afastar de tão encantadora criatura, qual anjo celestial à cabeceira do enfermo.

E sem esperar resposta, em face da confissão sabidamente arrojada para as circunstâncias, empertigou-se numa reverência muito própria dos militares e se afastou, sem deixar oportunidade para qualquer manifestação de Lucinda, a qual, com os despachos em suas mãos e levemente ruborizada pelo galanteio impróprio e não correspondido pelos seus sentimentos, retomou o interior do quarto, fechando a porta sem estrépito.

Batendo os calcanhares no piso assoalhado do casarão, o que produzia o barulho típico do soldado marchando, ia Macedo em direção à sua montaria, com o coração disparado, o sentimento confundido, a esperança de ter Lucinda nos braços, a figura do general que, como seu superior, ele precisaria envolver para atingir o objetivo afetivo, a oposição e a frieza nítidas com que Lucinda o tratava nas vezes que já se haviam encontrado, a situação difícil que precisava enfrentar dentro da guarnição, a impossibilidade de dar notícia da enfermidade do general e uma outra multidão de circunstâncias que lhe aqueciam as idéias e produziriam nele, nesse dia, muitas e muitas horas de conflitos interiores.

– O que fazer? – pensava Macedo, agora que sua montaria tomava o rumo da guarnição que ficava a mais de hora de viagem.

Se essa situação não se solucionar, se o general não adotar as medidas urgentes que precisam ser tomadas, se outra pessoa estiver nas graças de Lucinda, o que caberia a ele fazer para que todas estas questões se resolvessem?

Ao longe distanciava-se o casarão, altivo como o seu general proprietário, atrás do turbilhão de pensamentos e sentimentos do cavaleiro e da nuvem de poeira produzida pelo galope do cavalo.

2

O General

Preso ao leito, estava um homem forte, fisicamente saudável e amadurecido pelas disciplinas da vida militar, mas que se contorcia em delírios febris, falando coisas incompreensíveis, ora jurando vingança, ora chorando copiosamente.

Esse homem, agora um enfermo indefeso, era uma criatura endurecida pelas contingências e por trazer o seu espírito ainda arraigado à ignorância que fomenta todo o tipo de defeitos, estimulando a proliferação das imperfeições da alma.

Fora filho de família modesta, tendo recebido do carinho materno noções de afetividade e de elevação que lhe haviam ficado gravadas no íntimo da alma.

Todavia, seu pai guardava a tradição militar da família, observada nas insígnias da corporação a que pertencia, na condição de praça de pequena graduação, tendo atingido o posto que equivaleria, hoje, ao de sargento. Era de uma postura arrogante e indiferente para com as dificuldades alheias e aos que lhe eram inferiores dedicava indisfarçável desprezo, humilhando-os sempre que possível.

Nesse ambiente familiar, o jovem Alcântara receberia as noções que lhe moldariam o caráter, sendo que as condutas paternas, instigando-lhe na alma o desejo pela vida na caserna aliadas a uma grande ligação espiritual existente entre ambos, fizeram com que os modos do pai marcassem o espírito do filho de forma mais intensa, tornando-o uma cópia fiel, como quem imita o ídolo, acreditando seguir-lhe o exemplo.

Destarte, Alcântara anelava seguir a carreira militar do genitor e desde criança era visto tentando disciplinar o velho Bigode, cachorro vira-latas que lhe pertencia e ao qual dava ordens como uma criança autoritária encarnando o papel que um dia, efetivamente, desempenharia na condução de homens.

Enquanto pequeno e mais próximo da mãe, Dona Joaquina,

recebeu dela o exemplo e os ensinamentos oriundos de um coração dócil e carinhoso que lhe ensinara a rezar e a observar a vida pelo ponto de vista da bondade de um Ser Superior.

No entanto, na medida em que ia ganhando idade, mais e mais se espelhava na postura paterna, de quem invejava o porte, o uniforme, a imponência, passando a cultuar-lhe as palavras e os gestos, inclusive trazendo um chicotinho escondido na manga comprida da camisa com o qual castigava o cachorro quando este não atendia às suas determinações de "sentido", "descansar" e "ordinário marche".

Era engraçado ver aquela criança dando ordens ao cachorro e, ao mesmo tempo, punindo o pobre animal quando este, ao invés de "entrar em forma", resolvia sair correndo atrás de um mosquito que voava ao redor do seu focinho.

Ao atingir a idade escolar, desenvolveu-se com facilidade sob os cuidados da mãe, enquanto o pai se ausentava nos serviços da guarnição e em manobras militares com a tropa.

Mas alguns anos depois, em virtude de enfermidade simples que se complicara rapidamente, perdeu a mãezinha, vitimada por uma pneumonia adquirida graças à friagem decorrente de sua exposição às intempéries e à umidade do tanque, onde procurava arrumar um pouco mais de dinheiro para ajudar no orçamento da família, lavando roupa para outras pessoas.

Sem a influência da mãe a lhe frear o impulso agressivo, numa mistura de tirania e de vaidade, o jovem iniciou a sua carreira militar tão logo se viu na idade adequada para tal ingresso, substituindo o zelo da genitora, agora morta, pelos cuidados que o quartel lhe dispensava, como o local onde dormia, onde se alimentava e onde, agora, vivia a maior parte do seu dia.

Era de uma disciplina invejável e, tendo sido notado pelos oficiais que dirigiam o destacamento, logo passou a ser por eles solicitado nas mais sérias e difíceis tarefas, ganhando, assim, redobrada confiança.

Como estímulo pelo seu empenho, os superiores conseguiram transferi-lo para uma das escolas de formação de oficiais que existiam na época, partindo o jovem para a carreira que, daí em diante, se confundiria com sua própria vida.

Tão logo se formara, ao regressar à terra natal para rever o velho pai, agora na reserva em face da idade avançada, o jovem oficial encontrou-o muito enfermo e extremamente empobrecido, sendo a sua visita uma das derradeiras alegrias do velho sargento que, algumas semanas depois, veio a morrer praticamente na miséria.

* * *

– Estão me perseguindo... Afastem-se... Corja de abutres... Vou matá-los com a minha espada... Eu sou o general Alcântara – gritava o enfermo rompendo um período de sono aparentemente tranqüilo.

Lucinda, pressurosa, acorria à sua cabeceira com um pano umedecido para aplicá-lo nas têmporas do pai e tentar acalmá-lo, ao mesmo tempo em que orava interiormente pedindo a Deus que a ajudasse.

– Papai, acorde! O senhor está sonhando... – dizia ela, sacudindo o ombro musculoso do general.

– Não entregarei as terras, elas são minhas, compradas com o meu suor... Trarei as minhas milícias para te expulsar daqui, infame.... – continuava o doente, sem alterar o seu estado de alucinação.

* * *

Tão logo se viu na orfandade, o jovem tenente Alcântara se entregou totalmente à vida militar, desenvolvendo os seus padrões que caíram-lhe como uma luva no espírito voluntarioso.

Na condição de comandante, destacou-se como alguém que tinha a liderança por natureza, a coragem, o destemor e a dureza por linha de conduta.

Era rígido com tudo e com todos os que lhe eram subordinados.

Não admitia erro, falha, deslize e, por sua vez, exercia com retidão as suas funções.

Como subordinado, era de uma fidelidade canina aos superiores, observando-lhe os propósitos, antecipando-se às solicitações e obtendo para si todos os olhares dos que o comandavam, que depositavam nele as mais aclaradas esperanças como militar de carreira brilhante.

Aos trinta anos, casou-se com uma jovem de nome Lúcia, filha de um dos seus mais importantes superiores, dizendo as más línguas de então que o já capitão Alcântara, com as núpcias, adquirira não apenas uma mulher, mas uma estrela em sua vida...., referindo-se não ao caráter iluminado da esposa, mas às estrelas que conseguiria em face de passar a ser, com o casamento, o genro de outro militar de alta patente.

Lúcia, também filha de militar, sabia ser firme e dócil quando a situação se apresentava, tendo aprendido como relacionar-se com homens que são, ao mesmo tempo, vaidosos, orgulhosos e duros mas, ao mesmo tempo, carentes, sentimentalmente frágeis e, em geral, de caráter íntegro.

Desse casamento, três filhos surgiram, sendo que os dois primeiros, para a alegria do pai, eram meninos e a terceira, muitos anos depois, uma pequenina de pele rosada que chegou quando os dois irmãos mais velhos já se encaminhavam na vida.

Eleutério, o filho mais velho, tinha tendência para as leis e cursava Direito, contrariando a vontade do pai que desejava fosse ele o seguidor da tradição familiar na caserna.

Jonas, ainda adolescente, passara a ser o depositário das esperanças de Alcântara na herança do pendor militar, mas já vinha dando inúmeros desgostos ao genitor pois, longe de se sentir atraído pelas regras rígidas do regime fardado, preferia os devaneios solitários dos poemas que escrevia.

– Coisa de maricas esse negócio de fazer rimas.... bradava o pai, rasgando os maços de folhas nos quais o filho deixava escoar a sua sensibilidade.

De temperamento firme e determinado, Jonas foi crescendo tolhido pela agressividade do major Alcântara, socorrido eventualmente pela compreensão e carinho maternos que, sabendo do talento do filho mais novo, procurava ler e guardar os seus escritos à distância dos olhos do marido, para que o mesmo não os destruísse e, ato contínuo, espancasse o filho, com o intuito de corrigir nele aquilo que, segundo o seu conceito, era um desvio de caráter.

Jonas, no entanto, trazendo no seu íntimo uma personalidade destemida, logo começou a nutrir verdadeiro ódio pelo pai, só encontrando um pouco de paz quando o mesmo se ausentava nos serviços administrativos a que se entregava no destacamento que comandava.

Tal era o antagonismo entre eles, aversão essa aumentada pela intransigência e violência, que por ocasião dos treinamentos militares nos quais o genitor tinha participação, inúmeras vezes Jonas elevou ao Criador suas orações, clamando por um acidente que o levasse para o inferno, como se acreditava naquela época, um pouco mais cedo, livrando todos daquele homem despótico.

Com as sucessivas querelas aumentando, Jonas tomou a atitude que lhe restava, em face das pressões a que era submetido, sem que a genitora algo pudesse fazer para contornar a situação, ou seja, abandonou a família, dirigindo-se para destino ignorado, não sem antes deixar duas cartas de despedida, uma triste e agradecida onde pedia perdão para a mãe e outra, fria, ríspida e agressiva para aquele que, agora, poderia considerar-se sem o filho, eis que este, a partir daquela data, repudiava o seu nome e a sua casa.

Partira Jonas sem deixar endereço e sem nunca mais mandar notícias, para desespero da mãe e para uma dor aguda, mas muito bem disfarçada do altivo militar.

Com as sucessivas mudanças de residência, transferido pelos motivos militares para as mais distantes localidades, completou-se o quadro de afastamento definitivo entre o pai austero e intransigente e aquele filho rebelde que insistia em fazer da escrita e da sensibilidade seus únicos superiores.

Assim, viram-se Alcântara e Lúcia sem ninguém, na mais completa solidão, já que um dos filhos estudava longe, o outro se afastara da família e o casal se separava em face das responsabilidades do marido.

Por isso, passaram a cultivar a idéia de tentarem gerar mais um filho uma vez que, apesar de não serem jovens, ainda guardavam no físico as possibilidades de engendrarem a vida e, com ela, quem sabe, o tão esperado rebento que lhe seguisse os passos na vida da caserna.

A terceira gravidez de Lúcia não se fez esperar e, depois do período normal de gestação, nasceu aquela que viria a receber o nome de Lucinda, para a alegria da mãe e para o aumento das frustrações do pai.

No entanto, apesar de menina, foi ela a luz nova que entrou naquele lar, depois dos períodos turbulentos que a família viveu com o drama de Jonas. Lúcia via nela a futura amiga que até então não tivera pelo fato dos filhos homens não se importarem com as coisas de mulher, com quem poderia conversar, ensinar as artes femininas, educando-a para a vida de acordo com a sensibilidade que lhe era própria.

Para Alcântara, também, apesar de não ser o filho que lhe sucederia a estirpe, a filha recém-nascida foi a emoção que há muito não sentia e não cultivava, não sabendo explicar por que motivo aquela criança, igual a todas as outras, lhe era, assim, tão cativante.

– Isso é coisa de velho... pensava o pai, abanando a cabeça para espantar esses pensamentos que, ao seu conceito, lhe enfraqueciam o caráter férreo.

⁂

Lucinda crescia a olhos vistos, graciosa e traquinas, fazendo o pai rir-se de seus modos, quando chegava em casa e a recebia nos braços, ainda no uniforme militar.

Quando ela contava sete anos, foi ele elevado à patente de general o que lhe representou atingir a culminância da carreira à qual se dedicara toda a vida.

Tal conquista, no entanto, deixou-lhe um rastro de espinhos que deveriam ser colhidos um a um, no curso dos resgates necessários em face dos atos praticados com a liberdade mal compreendida.

À sua retaguarda se achava uma imensidade de pessoas que lhe guardavam verdadeiro ódio em face dos inúmeros prejuízos suportados.

Eram subordinados punidos pelo seu modo intransigente, soldados transferidos para localidades distantes e inacessíveis como forma de apenamento ou de "promoção", civis que tinham de suportar a sua arrogância e eram humilhados à luz do dia e na frente dos outros, sem coragem para responderem com altivez diante do temor que a sua presença causava e, o que era pior, pessoas que, por ele, foram espoliadas de bens materiais, tendo de lhe "venderem" propriedades a preço vil em face de o militar ter demonstrado algum interesse na aquisição.

Quando isso acontecia, o ambicioso comandante sabia ser convincente quanto à necessidade do proprietário vender-lhe o imóvel e de que o preço mais justo era aquele que ele, o comprador, pretendia pagar.

Não é preciso dizer que, para atingir tais objetivos, o agora general Alcântara contava com a pressão natural que o poder que exercitava lhe conferia, bem como com o apoio velado de inúmeros outros companheiros que, como ele, tinham hábitos semelhantes, utilizando-se da farda como instrumento de imposição até atingirem o intento de espoliarem a vítima, utilizando-se do disfarce aparentemente lícito de uma compra.

Desse modo, enquanto crescia o seu patrimônio pessoal, igualmente se avolumava a quantidade de sentimentos odientos que contra a sua pessoa eram dirigidos.

* * *

Tal comportamento de Alcântara foi sendo gradualmente adotado na medida em que ia se graduando na vida militar e acelerou-se após a morte de sua esposa que era a fiscalizadora do seu caráter e perante a qual deveria apresentar-se sempre irrepreensível.

Quando Lucinda contava dez anos de idade, sua mãe Lúcia perdeu a vida em um acidente, no qual o veículo de tração animal que a transportava de retorno ao lar, descontrolado, arrojou-se de uma elevação do terreno projetando-se numa ribanceira, traduzindo-se num rude golpe no espírito daquele homem que muito se dedicava à esposa, ainda que ao seu modo, segundo os costumes daquela época.

Todavia, com o passar do tempo e não tendo mais se consorciado com ninguém, o general Alcântara se viu distanciado do controle silencioso da companheira virtuosa, passando a dar curso pleno às suas tendências inferiores que, até então, só eram exercitadas longe do lar e às escondidas, pois se sentia controlado pela presença daquela que via nele o homem honrado e incapaz de praticar atos nefandos.

Com a morte da esposa, entregou a filha Lucinda aos cuidados diretos daquela que já lhe acompanhava a formação desde o nascimento, na condição de escrava da família, a negra Olívia, e retomou com redobrado desassombro o comportamento que vinha adotando anteriormente de forma cuidadosa.

* * *

A par dos que lhe eram sempre inferiores e prejudicados, Alcântara sabia ser extremamente cativante para com aqueles de quem dependia a sua marcha ascensional dentro da carreira militar.

Sabia presentear amigos, fazer favores, conceder regalias, atender pedidos de superiores que nele viam o homem tolerante, correto e portador de todos os requisitos para ter seu nome lembrado na hora das promoções, segundo os critérios militares em voga na época.

Por isso, à custa de tal conduta dúplice e antagônica, Alcântara foi enriquecendo o seu cofre, ao mesmo tempo em que foi alçando os postos até atingir o generalato, que lhe facultaria a continuidade e o agravamento dos comportamentos inadequados.

Foi assim que conseguira adquirir a fazenda na qual se achava atualmente ocupando o leito de enfermidade, que foi "comprada" de uma viúva sem condições de se opor aos seus métodos de intimidação tão logo se vira sem o marido, vitimado por um acidente.

Valendo-se de fiéis comparsas que, no plano físico também envergavam a farda e na alma a mesma túnica de ambições e defeitos, usando-os para que não aparecesse, iniciou um processo de intimidação sobre a desprotegida mulher, ameaçando-a de não lhe garantir qualquer proteção para o caso de algum malfeitor pretender se valer da sua viuvez e invadir-lhe a propriedade.

Visando dar foros de realidade a tais ameaças e aprofundando o efeito de tais advertências, contratou os serviços de alguns jagunços da região para que, durante a noite, rondassem a sede da fazenda, fazendo ruídos, dando tiros para o alto e atemorizando ainda mais a mulher desprotegida.

Com esse panorama criado sem a sua participação direta, o aparentemente impoluto general se apresentou à viúva vindo fazer-lhe uma proposta "irrecusável" de compra da propriedade por preço vil e que, valendo-se de sua condição de autoridade, a induzia na crença de que o melhor para ela era entregar-lhe o imóvel e se retirar para um lugar mais populoso, na companhia de algum parente e que, se necessário, ele mesmo ofereceria uma escolta militar para que ela fosse trasladada para outra localidade em segurança.

Aterrorizada pelas contingências e já que nenhum outro comprador ousaria disputar com Alcântara o mesmo trato de terra, aceitou-lhe as imposições vendendo-lhe a terra como forma de trocar a fazenda pela continuidade de sua vida que passava a ser constantemente ameaçada, comprando, com isso, a sua aparente tranqüilidade futura.

Tal era o padrão de conduta adotado por ele, que sempre aparecia no fim da estória como quem vinha para ajudar a pessoa pressionada pelas imposições terroristas produzidas artificialmente.

Ao mesmo tempo em que o general ganhava as estrelas na

carreira militar, procurava levar consigo os subordinados que lhe serviam no esquema em face das afinidades de ambições e defeitos que traziam, afinidades negativas que, à sua vista, eram consideradas demonstrativo de virtudes e fidelidade.

Confundia ele o companheirismo da caserna com a cumplicidade do subordinado para com os defeitos do seu superior.

Obviamente que tais condutas espoliadoras eram camufladas com muita competência para que o ilustre militar não tivesse maculada a sua honorabilidade pessoal, de tal sorte que ele só surgia em cena depois que todas as circunstâncias já estivessem preparadas para que fosse considerado como a solução dos problemas.

De igual sorte, sabia ele proteger os seus auxiliares, conferindo-lhes presentes pessoais, distinções e favores tidos sempre à conta de merecimento por serviços exemplares prestados à farda.

Ao mesmo tempo, procurava usar a sua influência para encaminhar a promoção de seus protegidos e trazê-los sempre junto de si mesmo nos inúmeros destacamentos militares que teve de comandar.

Para estes, sabia ser generoso e tolerante, guardando aos demais a sua rigidez e aparente inflexibilidade.

E dentre os poucos que se enquadravam nesse panorama, o jovem capitão Macedo era o único que sabia de todo o procedimento e que era incumbido de contratar jagunços, assalariar o serviço, planejar todos os processos de intimidação, protegendo, assim, a figura do superior, com o que lhe ganhava ainda mais a confiança, partilhando juntos, muitas vezes, uma dose de um bom vinho ou de uma boa cachaça.

Como se vê, o general Alcântara era homem complexo que, não obstante extremamente competente no exercício de suas funções, trazia na alma os problemas que as patentes não podem ocultar e que maculam os postos e as funções nas diversas áreas da experiência humana.

Era homem que se destacara em ser polícia da comunidade a que deveria servir e que, com tal dever, relaxara em policiar-se.

Era, enfim, como qualquer um de nós, fraco diante de si mesmo, sobretudo quando exercendo o poder e a força diante dos outros.

* * *

Ali estava ele, o comandante Alcântara, vencido temporariamente pelo general febre, numa batalha sem tiros, mas que trazia à tona as feridas íntimas longamente escondidas e disfarçadas pelas convenções humanas, enfraquecido e – ironia do destino – contando, para defesa de si mesmo, militar de tão alta envergadura, não com os batalhões, canhões ou fuzis, mas somente com uma mulher recém-saída da adolescência, sua filha Lucinda, a única que tinha acesso ao seu aposento, seu único escudo nessa guerra à qual nem mesmo Macedo tivera o ingresso permitido.

Grande peso vibratório negativo, acumulado ao longo dos sucessivos desvios de conduta, ainda que desconhecidos da maioria dos que lhe guardavam admiração e respeito, começava a abrir brechas na armadura daquele homem-general despreparado para enfrentar a realidade da vida na simples condição de soldado raso do espírito.

Iniciava-se, assim, o processo de colheita e reparação indispensáveis para o crescimento de todos os seres criados por Deus e que, seja na condição humana de subordinados ou superiores, perderão todas as suas patentes e ilusões, ainda que ao custo de muito sofrimento.

3

A conversação

Lucinda, ao pé do leito paterno, achava-se aflita e sem saber o que fazer.

O concurso do médico familiar tinha ajudado muito na melhora do estado geral do enfermo, no entanto, não conseguira alterar substancialmente o quadro de alucinação constante em que ele se via envolvido.

O dia passara lentamente entre as preocupações e os trabalhos, e a noite se avizinhava, anunciada pelos barulhos dos bichos que se agrupavam para o repouso, pelo canto tardio dos pássaros que passavam em bando à procura dos ninhos ou árvores que os acolhessem.

Naquele quarto, contudo, apesar de estarem os homens bem agasalhados, onde nada faltava, não seria aquela uma noite de repouso e descanso como as anteriores.

Os acessos do general doente se repetiam com mais freqüência, não tendo, Lucinda, o que fazer, a não ser rezar pedindo ao Pai, o Generoso Criador de todos, que pudesse cuidar daquele que, nesta vida lhe era o genitor.

Lembrando-se dos ensinamentos aprendidos com sua mãezinha já desencarnada, punha-se a conversar com Deus, nos modos simples e sinceros que devem ter todas as nossas palavras e pensamentos que se enderecem a Ele.

***

– Eu me vingarei! Eu me vingarei! – gritava o general descontrolado, de olhos fechados e suor escorrendo pelo corpo.

– Calma, papai, não se altere tanto. O senhor está medicado, tudo vai passar – dizia-lhe a filha preocupada.

– Não sou o seu pai, não tive filhos, não adianta rezar como uma beata de igreja porque este bandido vai ter que acertar as contas comigo – respondia o general no mesmo acesso inconsciente.

– Mas papai, sou eu, Lucinda, que estou aqui ao seu lado para que o senhor se recupere logo. Não fale assim comigo – respondeu-lhe a enfermeira chorosa.

– Já disse que não sou seu pai e, para que você não se esqueça de lhe dizer quando "ele" acordar, quero que saiba que meu nome é Luciano Salviano dos Reis, marido de Leontina Salviano, o verdadeiro e atual proprietário desta fazenda.

Lucinda não estava entendendo o que se passava, mas percebeu que não era seu pai, realmente, quem lhe falava, pois a sua voz se alterara, seu vocabulário também não era o costumeiro. Até então, atribuía ela tais modificações ao estado febril do doente, sem considerar quaisquer outras hipóteses.

Mas agora, diante das circunstâncias reveladoras, Lucinda passou a ver-se diante de fatos novos e inexplicados, precisando de entendimento maior, ainda que continuasse atribuindo esse comportamento ao estado de enfermidade desconhecida.

Entretanto, ouvira nomes e afirmações exatas que traziam conteúdo emocional reveladores de uma grande revolta contra aquele por cujo intermédio essas revelações se manifestavam.

Sabendo não se tratar mais de desconexa reação decorrente do estado alucinatório, Lucinda deu ordem para que a sua companheira de vigília, a velha Olívia, fosse em busca do Dr. Maurício, o médico que já houvera visitado o doente, providenciando-lhe o regresso à casa da fazenda para se inteirar dos fatos e, assim, quem sabe, poder avaliar melhor o quadro geral.

Ao mesmo tempo, deu ordem para que Olívia, uma vez conseguindo realizar o intento, aguardasse a chegada do facultativo do lado de fora do quarto, já que a filha não desejava que tais revelações provenientes da boca do general e das quais não conhecia o teor, pudessem cair no conhecimento de terceiros, muitas vezes despreparados para ter acesso a todas elas.

Feito isso, voltou à cabeceira do enfermo para que aguardasse a continuidade da conversa.

– Pronto, papai, estou de volta, disse ela.

– Você não é minha filha, já te disse – respondeu a voz, através da boca do general.

– Mas como é isso, se o senhor está falando comigo, usando os seus lábios – respondeu-lhe Lucinda, buscando inteirar-se melhor dos fatos.

– Eu não sei como explicar, só sei que não sou outro que não Luciano Salviano dos Reis, o dono destas terras.

– Mas meu pai comprou estas terras de uma mulher que, por

sinal, ficou-lhe muito agradecida por ter encontrado alguém que as quisesse comprar, já que ela pretendia ir-se daqui para um lugar mais populoso.

– Isso é uma deslavada mentira. Eu vi todo o negócio e sei como tudo aconteceu. Minha velha Leontina estava tranqüila e em paz, apesar da saudade que nutria depois de minha morte. Por causa disso, não a deixava sozinha e junto dela andava pelos cômodos desta casa, ficando aqui na propriedade que era minha e que, depois de ter morrido, ficou sendo cuidada pela minha mulher. Mas este homem miserável não tem limites para a sua inveja.

Vendo tanta terra cuidada por uma viúva, criou um plano para botar medo nela e acabar comprando a propriedade por bagatela. Para isso, contratou gente ruim para fazer barulhos durante a noite, subornou os empregados para que estes nada fizessem na proteção da antiga patroa e esta, sem a minha presença física constante para defendê-la, não teve forças para manter as terras, e as vendeu por ninharia.

Hoje, minha Leontina está praticamente no abandono porque o dinheiro lhe foi acabando, vitimada também por parentes interesseiros e está definhando como planta sem água.

Mas eu, por um mistério que ainda não consegui entender, não fui nem para o céu que, afinal, não merecia por não ter sido lá boa coisa, nem fui para o inferno, já que fiquei esperando o demônio vir me buscar e, até agora ele não chegou aqui. Talvez nem saiba que neste fim de mundo existe gente para ele buscar.

* * *

Lucinda ouvia estarrecida.

Aquilo não podia ser alucinação febril. Será que era loucura do pai?

Por que ele inventaria uma estória tão mirabolante, dando nomes, detalhes sórdidos?

Justo ele que era um homem honesto e correto... – pensava ela na avaliação de filha que só conhecia o genitor portas adentro do próprio lar.

* * *

– Como eu dizia, continuei vivo para defender o que é meu. E este homem roubou o que me pertencia, enganou minha mulher, expulsou-a daqui, é o responsável pela sua quase-morte e vai me pagar por tudo isso.

– Mas papai,.... quer dizer, seu Luciano, porque o senhor não vai embora viver a sua vida e deixa a gente em paz? Meu pai tem compromissos, é homem de responsabilidades e não pode ficar desse jeito. O senhor vai encontrar algum lugar aí onde será feliz. Afinal, morto não é dono nem de terra, nem de boi, nem de escravo, nem de nada. O senhor, como o senhor mesmo disse, já morreu. Por que não dá sossego para os vivos até o demônio chegar?

– Eu não morri, porque ainda sinto o ódio no meu sangue, ainda tenho forças para apertar a garganta deste malvado general e fazer com que ele sinta a minha ira. Na pior das hipóteses, ele vai esperar o demônio junto comigo aqui onde estou. E não se meta no meu caminho porque contra você eu não tenho nada, ainda! Mas se me provocar vai se acertar comigo também.

– Olha, "seu" Luciano, eu não entendo muito dessas coisas que o senhor está falando, mas pode ter certeza de que não quero o seu mal e, se tudo for verdade, vou procurar fazer as coisas se acertarem – respondia Lucinda, entre a curiosidade e o pânico.

Era jovem generosa e, não suportando qualquer abuso, sempre tomava a defesa dos mais fracos, quando podia fazê-lo.

Os olhos vidrados do pai, abertos durante o diálogo como se o interlocutor quisesse dar testemunho de sua existência olhando nos olhos da jovem com quem falava, agora se desanuviaram e retomaram certo brilho, ainda que avermelhados e envolvidos por vasta olheira que lhe denunciava o estado de abatimento das forças físicas.

Parecia que o estado de delírio se havia diluído, como por encanto.

Retomando o tom de voz natural, o general disse à filha:

– Lucinda, não sei o que está acontecendo, pois pareço delirar. Durmo um sonho, mas que parece não me fazer descansar, pois fico em luta constante com fantasmas que querem me asfixiar. Preciso do padre Geraldo para me benzer e fazer as suas rezas, abençoando esta casa e protegendo a nossa propriedade.

– Papai, calma, agora que o senhor voltou e está mais lúcido. Mandei chamar o Dr. Maurício para que ele possa dar outros medicamentos para diminuírem essa sensação de perseguição que o senhor está sentindo.

– Mas filha, isto não é coisa para remédio, é coisa para padre. Eu fico vendo gente que já morreu e que devia ter tomado o seu rumo. E é gente perigosa, que não se intimida nem mesmo quando falo que vou chamar o batalhão para prendê-los. Eles dão gargalhadas e voltam a me apertar o pescoço.

– Eu sei, pai, mas vamos esperar o médico para ver o que ele aconselha. Depois nós chamaremos o padre Geraldo, porque rezar é sempre muito bom para todo mundo, pedindo a Deus que nos ampare, que possa restituir-lhe a saúde e proteger todos os que sofrem, inclusive essas almas penadas a quem o senhor se refere. Procure dormir um pouquinho que eu estarei aqui do seu lado.

– Não consigo dormir, filha, pois tão logo me vejo repousando o corpo, essas assombrações me aparecem e eu, que já vi muita coisa feia por esse mundo afora, posso dizer que não consigo controlar o medo dentro de mim.

– Tome essa xícara de chá, papai, ela ajudará o senhor a se acalmar e vai repor um pouco da água que se perdeu através do suor nos momentos de crise – falou Lucinda, estendendo o recipiente com uma beberagem caseira que acalmava os nervos, segundo a tradição da farmacêutica de fundo de quintal daqueles tempos.

* * *

O general se via vitimado pela própria semeadura que, agora, regressava na forma de espinhos agudos que lhe feriam a carne.

Inconformado com o destino da esposa, o antigo proprietário da fazenda jurara-lhe a vingança pessoal uma vez que tudo conhecia e sabia onde se encontravam as fraquezas daquele homem que parecia inatingível.

Mantendo-se colado à mente do referido personagem, o espírito de Luciano aguardava as oportunidades adequadas para fazer-se sentir mais de perto, produzindo os fenômenos que a sua revolta poderia gerar na estrutura física e espiritual daquele que se sintonizava no mesmo padrão de maldade.

Sim, porque a maldade representa descarga de forças negativas que é arremessada na direção em que a vontade sinaliza e, ao atingir o alvo pretendido, instala-se sobre a vítima se não estiver ela em outro padrão de pensamento ou vibração.

Sentindo-se atingida pelo dardo envenenado e, em face de não se achar com os sentimentos elevados e com a vivência dos postulados nobres transformados em atitudes protetoras, a vítima se vê enredada nas teias do mal e, se reagir no mesmo padrão de ignorância – como costuma acontecer em muitos casos – assimila-o e, abandonando a condição de prejudicado, passa à condição de reprodutor da maldade, sofrendo-lhe as conseqüências igualmente.

Assim, agindo de forma mesquinha e utilizando-se de caminhos ilícitos para atingir os seus objetivos, mesmo sem o conhecimento dos outros, o general atirou de si mesmo a carga de maldade visando obter aquilo que não lhe pertencia e que atingiu, no plano físico, a estrutura delicada da viúva Leontina a qual, sem outra opção, aceitou "vender-lhe" as terras, não sem antes sentir o medo e a dor de se ver alijada do seu último refúgio, ainda mais na condição de mulher sem o marido.

No entanto, o mal se espalha para todos os lados e encontrou, do lado espiritual da vida, aquele que se achava apegado aos bens que deixara na terra, e que não aceitava nenhum tipo de ameaça à sua propriedade.

Luciano-espírito fora um homem igualmente sem escrúpulos para conseguir o que desejava, quando entre os encarnados.

Sabia dar ordens de perseguição aos que não lhe aceitassem as ambições e não lhe cumprissem os desejos.

Preso aos seus verdadeiros bens e vendo a sua mulher deles espoliada, muito mais por amor ao patrimônio do que à esposa, Luciano assimilou a maldade de Alcântara e passou, da condição de vítima do mal que semeara igualmente tantas vezes, a agente da ignorância, pretendendo defender aquilo que já não mais lhe pertencia, com a força interior que julgava ter.

Por sua vez, o general causador de todas estas coisas, por não possuir qualquer proteção verdadeira que lhe pudesse servir de escudo a ser utilizado pelos amigos espirituais no processo de auxílio, se viu à mercê dos que lhe receberam a carga negativa de vibrações em desequilíbrio, recebendo o que se poderia chamar de "golpe de retorno".

Na maioria dos casos, as criaturas que se acham em razoável estado orgânico, absorvem essas reações sem que se vejam fisicamente atingidas de imediato.

Inicialmente, é o mal-estar físico que se instala, uma dor de cabeça sem causa aparente e que uma medicação simples resolve, ou então, o estado de sono incontrolável que se apodera do indivíduo levando-o a um necessário repouso físico, do qual acorda sem se sentir descansado.

No entanto, em face da ausência de proteção mental e de comportamentos elevados que lhe possam servir de anteparo, essa vibração de baixo teor é assimilada, se instala e passa a ser a constante companheira do indivíduo invigilante, até o momento em que um desequilíbrio emocional mais intenso, ou mesmo um abatimento orgânico permitem que ela se instale plenamente no corpo físico e produza todos os prejuízos que a sua natureza negativa permite.

Por isso, estando o general constantemente pensando de forma a prejudicar alguém, segundo os seus interesses mesquinhos, recebeu a maldade respondida pelas vibrações dolorosas de Leontina e, sobretudo, pelos pensamentos de ódio partidos de Luciano, que se instalou no antigo lar usurpado, usurpando por sua vez as forças daquele militar que se sintonizava com o mesmo padrão.

Não se deve esquecer, também, que Luciano não era o único

adversário do despótico enfermo, que era pródigo em ofender subordinados e punir a todos os que não lhe faziam os caprichos.

Daí ter o espírito encontrado plenas condições de se instalar junto do invigilante homem das armas, aproveitando-lhe as tendências negativas do caráter para, usando-as, atingir o seu objetivo que era o de vingar-se da agressão desferida pelo doente.

Luciano, pois, era a doença de Alcântara, o qual assimilava as suas emanações como uma esponja assimila a água que a envolva.

Neste contexto, a ausência de elevação pela prece permitiu que todas as vibrações compartilhadas se transformassem em sofrimento recíproco.

Todavia, tivesse um dos agentes aberto o coração ao arrependimento e abandonado os propósitos de seguir no caminho do mal e o destino de ambos ter-se-ia mudado.

Se tivessem permitido que Jesus orvalhasse os seus corações e pensamentos com as bem-aventuranças, o bem avassalaria o mal e o sofrimento não precisaria ser o salário amargo a ser pago pelos algozes reciprocamente.

Longa caminhada de urzes e dificuldades ainda os aguardava, no processo pedagógico instaurado no Universo que usa dos filhos para educar os próprios filhos, do mal para combater a maldade, da mesma forma que, do veneno da áspide, se extrai o antídoto para a sua própria mordida.

4

A oficina mental

Sobre a sua montaria, o capitão Macedo tentava conciliar o galope do animal aos solavancos constantes das suas idéias.

Estava ele na condição do homem que buscara receber as orientações para a conduta diante de muitas circunstâncias complexas e que se vira privado dos alicerces que almejava.

Mas os problemas continuavam em todos os sentidos e era urgente adotar alguma postura para que não se perdessem as rédeas.

Inicialmente, existia a ameaça de conflito na região, fomentada por pessoas que não admitiam mais o despotismo como forma de autoridade.

De tempos em tempos a região era sacudida por revoltas da população que, sem recursos e sem ajuda, não possuía outra maneira de se manifestar senão através da agressividade longamente assimilada.

Naquela época, as criaturas não eram abençoadas por uma mais justa e equilibrada divisão social, de tal forma que alguns exerciam cargos por descenderem de famílias abastadas, mantendo ou aumentando a própria riqueza. Outros enveredavam pela via clerical buscando certa autonomia e, se é certo que muitos pretendiam seguir um chamamento íntimo, certo é também que muitos se achavam envergando batina mais por conveniências pessoais ou sociais do que por ideais enobrecedores.

Por fim, restavam a condição de escravo e a de povo, a grande maioria, quase sem trabalho, vivendo de artesanato, sem vida cultural ou conhecimento, recebendo deficiente educação e sem perspectivas futuras.

Tendo de suportar tais desafios, os que envergavam os uniformes militares encontravam-se obrigados a serem os mantenedores de uma estrutura injusta que, constantemente, favorecia os mais importantes em detrimento dos mais fracos.

Os integrantes da caserna não contavam com o respeito dos

representantes da casta social mais abastada, uma vez que eram tidos como os cumpridores de ordens e apartadores de brigas.

Da mesma forma, eram detestados pelas pessoas do povo a quem constantemente tinham de punir e intimidar.

Somente alguns poucos militares graduados encontravam certo prestígio, derivado mais do temor dos males que poderiam causar do que de um respeito que fizessem por merecer. Essa desconsideração geral levava a que cada um deles, como pessoa, se valesse da oportunidade para exercer com mais rigor e violência o seu encargo, forma natural de dar vazão aos seus recalques e ao desejo inconsciente de ser reconhecido como parte integrante do contexto social.

Pela ausência de vínculos positivos com a coletividade, deixavam-se levar pelas tendências negativas de que eram portadores e por outras que lhes iam sendo inculcadas ao longo da vida de frustrações constantes, em convívio com tal situação.

De tempos em tempos surgiam escaramuças ora sem importância, ora mais graves, todas elas reprimidas pela força, não sem antes deixarem um rastro de violência e de sangue.

E nessa estrutura se achavam inseridos o general Alcântara, responsável pela guarnição e por toda a região sob o seu comando, bem como o capitão Macedo que lhe era fiel subalterno e, ao mesmo tempo, cúmplice.

Desenhavam-se no horizonte, entretanto, os contornos de crise mais séria.

Tão séria que o general recebera instruções urgentes através dos despachos diretos que o próprio Macedo houvera encaminhado e aos quais nem mesmo ele tivera acesso.

O que ele sabia é que um grupo bem treinado de homens se preparava para iniciar provocações às tropas do general, como forma de oposição à sua maneira despótica de conduzir a coletividade sob sua direção, além de se valer desse descontentamento para incutir a idéia do fim da escravidão, o que fazia com que os inúmeros integrantes da população e dos cativos descontentes manifestassem seu velado apoio a tal movimento.

Denúncias anônimas ou mesmo relatos de pessoas infiltradas nas áreas mais densamente povoadas, falavam desse movimento, alertando as autoridades militares do perigo e da simpatia do povo pela causa.

Macedo sabia da emergência em que se achava e, dentro de seu espírito imaturo e sem elevação, pensava:

– É preciso interferir logo nos homens desse povo ignorante, pisoteá-los com a pata do cavalo, colocar medo para que não se animem a ajudar os revoltosos. O general Alcântara não podia estar de cama justo hoje. Ele é quem deveria ordenar essa atitude...

Como se pode sentir, Macedo era o homem que aprendera a viver na sombra de outro, com um servilismo que não se encontrava nem mesmo na senzala da pior de todas as fazendas da região.

Era escravo sem correntes e cativo por opção, já que tinha interesses materiais que o dominavam e desejava atingir prosperidade a qualquer preço, rapidamente. Não desenvolvera raciocínio próprio e independente, nem espírito de liderança, pois tolhera em si toda e qualquer iniciativa que pudesse demonstrar ao seu superior, alguma tendência a substituí-lo no comando dos soldados.

Fazia questão de empalidecer a sua importância como oficial para que não fosse considerado concorrente do general a quem se ligara como sanguessuga despersonalizada.

* * *

– Mas se o general não melhorar em tempo, serei eu quem vai ter de fazer alguma coisa – continuava o seu pensamento. Eu? Mas eu não posso fazer nada, pois isso pode desagradar ao general. E se eu errar na ordem que deva ser dada aos soldados?

O galope do cavalo embaralhava o seu pensamento que, num turbilhão, ia sendo emaranhado nele mesmo.

– Se for eu mesmo que tiver de tomar alguma atitude, já sei que não posso ser moleirão, nem deixar transparecer qualquer fraqueza para que não me coloquem como soldado sem brio. Vou mandar afiar as baionetas porque vai ser a fio de espada que vou pôr ordem nessa bagunça, enquanto o general não se recuperar.

– Mas até quando eu espero? – nova dúvida surgia no seu cérebro afoito. – Um, dois, cinco dias.... quem sabe?

O caminho seguia empoeirado e, logo a seguir, a figura de Lucinda chegava ao seu panorama íntimo.

– Que mulher linda!!!..... – imaginava Macedo, revivendo a conversa rápida à porta do quarto do enfermo.

– Ela tem de ser minha, a qualquer custo, pois por estes lados não vou encontrar outra como ela. Na verdade, nem fora daqui encontrarei jovem tão bem talhada para ser mãe dos meus filhos. Já conheci muita mulher, mas nenhuma para ser esposa de um capitão e mãe de seus filhos.

Pensava assim e se emproava sobre a cela, estufando o peito, arrumando a farda toda amarrotada, empertigando-se na montaria como homem vaidoso diante do espelho, buscando viver o sonho de ser amado pela mulher de sua predileção.

Era ele um homem de seu tempo, acostumado às aventuras sexuais sem responsabilidade e tão somente para a satisfação de exigências corporais, interpretadas como despóticas ditadoras do comportamento desregrado.

Desse modo, Macedo se comportava pelo padrão baixo da maioria dos homens de todos os tempos que, pretendendo ser senhor e mandar em tudo, não consegue deixar de ser escravo das próprias fraquezas, regozijando-se com elas.

Lucinda era a presa ainda não apreendida em sua rede e que, pela indiferença com que o tratava, mais se impunha ao seu sentimento como um desafio a ser enfrentado, um adversário a ser conquistado, uma revolução a ser vencida.

Deveria agir com cautela, em face de não pretender perder a confiança do ilustre general a quem se dedicava caninamente, utilizando seu prestígio e a cumplicidade em que ambos viviam para que o superior não se opusesse, mas, ao contrário, se orgulhasse com a possibilidade de tê-lo como genro.

– E se Lucinda não me quiser? – volvia o seu pensamento a lhe indagar. – Ora, e lá meninota como ela tem querer? Basta o pai mandar que ela, acostumada à vida da caserna, terá que falar "Amém".

– Puxa vida, e por falar em "amém" eu até que estava me esquecendo do grande aliado com que, estou certo, poderei contar: o padre Geraldo. Na certa que ele não vai se fazer de rogado em sugerir ao general, ainda que de forma sutil, que me conceda a mão de sua filha, afinal, sou eu quem quebra os galhos do padre para conseguir que ele faça as obras na paróquia. Além de tudo, o padre adora ser o confessor dos meus pecados porque, ao me absolver e mandar rezar lá umas tantas Aves Marias pelas almas que prejudiquei, acaba abocanhando uma parte das minhas riquezas, com a desculpa de que só assim, dando para a igreja uma parte do que consegui dos outros é que Deus vai ver meu arrependimento. Eu tenho certeza de que o padre vai me ajudar...

Mas o pensamento sem trelas lhe respondia:

– Macedo, e se ela já tiver outro?

– Será?.....Não pode ser. Ela parece "bigato" de fruta, não sai de dentro daquele casarão. Quem é que vai querer saber dela? Mas se ela tiver algum interessado, eu conheço muito jagunço por aí que pode dar um jeito sem levantar suspeitas. Afinal, o cemitério tem um monte de cruz que não tem nome e a cidade tem um montão de desaparecido que sumiu numa das curvas da estrada sem deixar nenhum bilhete, nenhum rastro....

Lá ia o capitão levando consigo o seu padrão de pensamento,

naturalmente bem escoltado por alguns companheiros espirituais que, sutilmente, se valiam da sua invigilância para conversarem com ele, jogando-lhe na acústica mental toda a série de dúvidas e dirigindo-lhe os passos para o desfiladeiro no qual pretendiam atirar todos os que se juntavam ao general na execução de seus planos.

– E por falar em jagunço, lembrei-me de que preciso falar com o Tião sobre aquele último servicinho lá na terra do Tonho que o general me pediu para dar cabo. Eu preciso andar logo porque a estas alturas, o Tião deve estar por perto do riacho, no seu esconderijo.

Desta vez o Tião não pode bobear na brincadeira, porque o homem – falando do general – está uma fera com ele. O general já me falou que se o Tião não fizer o Tonho da Conceição pagar as dez vacas que cobrou para continuar dando proteção, quem vai acabar sendo preso é o jagunço.

Coitado do Tonho, que já perdeu mais da metade do rebanho, ora para a seca, ora para o general. Desse jeito ainda vai acabar perdendo até a terra ... espero que para o general... – pensou consigo, dando uma risadinha sarcástica.

* * *

Interessantes os meandros do pensamento invigilante que fizeram o **homem-dever,** co-responsável pela ordem em uma comunidade, preocupado com os rebeldes que prometiam atentar contra o poder organizado passar à condição de **homem-desejo,** procurando realizar as conquistas amorosas que o seu capricho inescrupuloso lhe aconselhava para, ato contínuo, ceder à condição de **homem-delinqüente,** realizando conchavos trevosos para obter vantagens indevidas, na sombra dos esconderijos dos próprios malfeitores de quem se servia para cumprir as vontades tanto próprias quanto do seu comandante.

Ali se achava um ser cheio de contradições e, sem qualquer vigilância ou domínio de si mesmo, vítima de suas próprias criações mentais e da má companhia espiritual que o seu padrão de pensamentos atraía.

Em tudo o que fazia, sentia ou pensava, ao seu sentimento se mesclava a sua inferioridade, instigada pela companhia espiritual afim que o acompanhava e que lhe votava uma fidelidade tão ardorosa quanto a dele para com o general Alcântara.

Se pensava na ordem pública, logo lhe vinham as idéias de opressão, lembrando-se de coibir o povo à força de pata de cavalo e fio de espada.

Se pensava no amor de Lucinda, logo lhe vinha a necessidade de impor-se a ela, mesmo contra a sua vontade, valendo-se de ardis, mentiras, artifícios que só não respeitavam a vontade da escolhida.

Se pensava no general, seu superior, logo lhe afloravam à mente as ordens iníquas às quais cumpriria sem nenhum pudor, procurando dar mostras de obediência cega, custasse o que custasse.

A sua mente mais se assemelhava a um compartimento ou oficina cheia de entulhos que se prestava a qualquer coisa, dependendo do momento, mas sem nenhuma qualidade de limpeza, de ordem e de respeito a princípios.

Se a casa mental se convertia em prisão, não era apenas para ensinar a disciplina aos carentes de respeito, mas para se tornar calabouço de torturas e flagelações.

Se a mente funcionava como altar, não representava o local santificado do exercício do sentimento, mas sim o patíbulo no qual a criatura se colocava forçadamente, como quem aguardava o sinal do carrasco para que a execução se consumasse.

Se a mente pensava nas ordens superiores, não se punha a dar-lhes cumprimento dentro dos padrões de correção e sabedoria que deveriam exprimir. Apenas as executava, aliando-se aos desatinos de que eram portadoras para beneficiar-se deles, como o carrasco que depois da execução espoliasse a vítima, retirando-lhe os bens valiosos do corpo inerte.

Desse modo, o seu pensamento era dirigido pelos amigos espirituais de idêntico padrão vibratório com os quais se afinizava, o que lhe impunha uma miopia a respeito da realidade, distorcendo os fatos, os sentimentos alheios e as suas próprias possibilidades pessoais, crendo-se um ótimo soldado, um ótimo partido e um ótimo cúmplice.

Nenhum sentido de ordem elevada lhe balizava as idéias, única forma de se encontrar proteção e paz para as adversidades da vida.

Não lhe assistia nenhum pensamento de religiosidade, conquanto julgasse ser homem religioso por comparecer aos cultos que o formalismo de todos os tempos impunha e impõe às pessoas como exercício de sua fé.

Ouvia sermões provindos dos lábios de um sacerdote conhecido por seu interesse nas vantagens materiais que ele mesmo conseguia de forma sabidamente ilícita.

Sem nenhum outro recurso a lhe servir de exemplo de nobreza, acreditava estar fazendo o que era certo, apesar de a consciência, muitas vezes, fazer-lhe perder o sono diante das acusações veladas das lágrimas das vítimas defrontadas pela sua frieza.

Muitas vezes, via-se em sonho, no mesmo cárcere onde torturara um ou outro pobre coitado para lhe dar uma lição, vendo o sofrimento do preso e sentindo a injustiça da punição aplicada pelo algoz que lhe aparecia encapuzado, de chibata em punho.

Nessas ocasiões, tentava impedir que o braço pesado do agressor pudesse atingir, covardemente, a pele desnuda da vítima enfraquecida e amarrada, colocando-se entre algoz e agredido, ordenando que parasse.

Mas nada ocorria e o mascarado violento continuava a chibatar sem dó.

Macedo se angustiava diante daquele quadro, sentindo-se impotente para impedir a flagelação.

Era um pesadelo que lhe causava muito mal-estar.

Mas esse incômodo era pequeno perto do frio na alma que sentia quando, ao ver o agressor retirar a cobertura da cabeça, Macedo constatava para seu espanto e confusão, que aquele homem truculento e rude que manejara a chibata no castigo injusto e violento, era ele mesmo.

Acordava banhado em suor frio e, ofegante, procurava uma caneca d'água para beber e para se refrescar um pouco, atenuando a má impressão.

Nessas ocasiões procurava conselho com o sacerdote, a quem relatava o ocorrido durante a noite, esperando receber uma explicação e um conselho justos, mas dele recebia a absolvição, desde que fizesse certo número de rezas e contribuísse com a obra de Deus, que lhe relevaria as faltas e deixaria a tranqüilidade voltar.

Assim, Macedo acreditava que sua vida se achava bem ordenada, cumprindo o dever para com a farda, para com o mundo e para com Deus, não devendo nada para ninguém, o que lhe permitia continuar vivendo do mesmo jeito, sem nenhuma mudança significativa nos seus métodos nocivos de viver em comunidade.

No entanto, diante da verdade do Universo, ele iria constatar que a alforria de seu espírito só poderia ser obtida perante o tribunal da consciência reta e imaculada, dentro de si mesmo.

* * *

Com os pensamentos nesse galope desenfreado, Macedo chegou ao seu destino, não sem antes ter-se desviado parcialmente da sua rota e se acercado do jagunço para dar-lhe as ordens derradeiras daquele general que, segundo era do conhecimento da maioria, não deixava no esquecimento uma falha no cumprimento de suas determinações.

O povoado denominado "Barreira de Pedra" via chegar o anoitecer e, com ele, o empoeirado militar que regressava ao destacamento, buscando a água fria de um banho que lhe pudesse esfriar o calor do corpo e dos pensamentos.

5

O início do tratamento

Tendo sido conduzido por Olívia à ante-sala, o Dr. Maurício aguardava a continuidade dos acontecimentos, já que a velha negra fora avisar a senhorinha de sua chegada.

Portador de certas percepções mais aguçadas, enquanto aguardava avistar-se com o enfermo, pensava em Deus, rogando-lhe as inspirações necessárias ao bom e fiel cumprimento de seu ministério.

Com certeza, era pelo seu talento e pelo amparo superior que o Dr. Maurício conseguira muita fama naqueles rincões, já que seus doentinhos costumavam dar-se muito bem com os tratamentos por ele recomendados.

Nesse instante de elevação, começou a vislumbrar uma sombra conhecida, uma entidade que já tinha desencarnado e que se achava ali, em péssimas condições vibratórias, já que emanava de si uma atmosfera que se assemelhava a uma espessa capa de lama degradada.

Trazia ela a vestimenta empapada de um fluido viscoso que seria uma mistura de lama e panos rotos que davam a perceber ter sido uma veste nobre, pelos contornos do punho, do pescoço, pelo resquício do lenço fino que prendia o colarinho da camisa, à guisa de gravata.

Ao se deparar com tal visão, o médico teve um ímpeto de recuar assustado, uma vez não se achar muito afeiçoado a esse tipo de presença ou a experiências desse porte.

Não obstante, pela nobreza de seu caráter e correção de suas atitudes, ao seu lado também se achava um espírito amigo que lhe seguia os passos constantemente, fortalecendo-o para que continuasse a cumprir com os seus deveres, da forma como sempre rogava.

Ao presenciar o impacto de tal visão no espírito do jovem facultativo, acercou-se dele e soprou-lhe aos ouvidos:

– Não tema, você não está sozinho!

Maurício captou aquelas palavras como se fosse um eco de seus próprios pensamentos mas, ao mesmo tempo, sentiu uma força intensa a lhe vitalizar a região do estômago, acalmando-lhe as reações adversas, diante de visão tão repugnante.

Sobre a região do plexo solar, a entidade veneranda que o assistia impunha suas mãos espirituais, compensando e neutralizando as impressões adversas daquele momento, para que Maurício pudesse prosseguir na tarefa.

– Você pediu inspiração e ajuda para que pudesse ajudar. Deus não é surdo e permitiu que você percebesse o que ocorre neste lar, o que em breve ficará constatado com os teus olhos e ouvidos físicos – falou-lhe na acústica mental a entidade amiga que o amparava.

Enquanto pensava com seus botões, captando as advertências dessa entidade generosa que o protegia, não percebeu a chegada de Olívia.

– Sinhozinho Dotô, sinhá Lucinda tá *esperano* vosmecê lá no quarto do Sinhô general – disse-lhe Olívia, no seu jeito próprio de se expressar.

Colhido de surpresa por novo susto, este de proporções bem menores, o médico se recompôs, a fim de não parecer impressionado e dirigiu-se para os aposentos referidos.

Quando chegou, foi recebido por Lucinda a um canto do grande quarto para que pudessem conversar sem atrapalhar o descanso de Alcântara que, à custa dos chás caseiros e depois de ter dado vazão às revelações de Luciano, conseguira adormecer de forma menos agitada.

– Dr. Maurício, mandei chamá-lo para que o senhor pudesse saber o que está acontecendo – disse a jovem filha-enfermeira.

– Pois fale, senhorita Lucinda.

– Depois que o senhor saiu, doutor, meu pai teve sucessivas crises febris, durante as quais falava coisas sem nexo e sem qualquer possibilidade de entendimento. Na verdade, eram sons guturais, gemidos, pequenos grunhidos, levados à conta de reações do corpo ao estado febril.

– Sim, senhorita Lucinda, a febre produz este tipo de alterações, mormente se se tratar de febre mais elevada. Já ensinei como combater essa alteração de temperatura, fazendo-a baixar até com um banho frio, se não houver outro recurso – respondeu o doutor.

– É verdade, doutor Maurício. Mas o que ocorre é que, nas duas últimas crises, meu pai não era meu pai.

Maurício olhava para aquela jovem com um certo ar de preocupação, pois via-lhe o cansaço e a tensão estampados na face.

Diante desse olhar mudo e da expressão do médico, Lucinda continuou:

– Não, doutor, eu ainda não peguei a doença do meu pai, não. Eu sei que posso estar cansada, mas o que vou lhe dizer foi o que se passou aqui dentro, na conversa que tive com alguém que se diz ser do outro mundo. Era um tal de Luciano Salviano...

– Dos Reis, completou o médico.

– Isso, doutor, disse a moça assustada. Como é que o senhor sabe?

– Depois eu lhe conto, Lucinda. Continue a relatar o ocorrido.

– Então, doutor Maurício. Esse tal aí que o senhor parece que conhece, se pôs a falar pela boca do papai, dizendo que esta casa era dele, que depois que ele morreu meu pai espoliou a viúva, usando de artimanhas para aterrorizá-la, até comprar a fazenda por preço baixo. Que dona Leontina, a viúva, hoje passa por dificuldades e está quase na miséria e que ele vai se vingar do meu paizinho.

– O que mais ele disse? – perguntou Maurício.

– Ah! Ele falou também que não tinha nada contra mim, mas era para eu não me colocar no caminho dele, porque senão ele iria me atacar também. E não adiantou nada eu falar para ele ir embora, já que esse negócio de fantasma é para ser vivido no outro mundo e não aqui. Mas não adiantou nada.

Continuava o médico observando a revelação de Lucinda, agora não mais duvidando de seus relatos, já que ele mesmo vira o espírito de Luciano na ante-sala.

– Aí, doutor, sem entender muita coisa do que estava acontecendo, meu pai reapareceu nele mesmo e começou a dizer que era perseguido, que tentava se defender mas não adiantava nada, que ele queria ver o padre Geraldo para que fizesse alguma reza aqui dentro para afastar assombração, etc. Mas como o senhor sabe da doença do papai, antes de atender aos seus pedidos de rezação, preferi chamar o senhor para ouvir a sua opinião como médico.

Ouvindo o seu relato sincero e espontâneo, Maurício começava a entender alguma coisa de todo o problema do general.

– Sabe, Lucinda, estas coisas são realmente estranhas e, para que eu possa avaliar melhor e tirar conclusões mais firmes, precisaria estar presente para ouvir uma dessas crises do seu pai a fim de lhe dar a medicação adequada.

Mal terminara de falar isso, ouviram ambos uma voz estentórica e diferente gritar:

– Não tem remédio que salve este maldito, não.... – bradara Luciano, novamente, utilizando-se do militar enfermo para responder pessoalmente ao médico que ali estava.

Acercaram-se os dois palestrantes para melhor ouvirem e conversarem, se possível.

– Não adianta dar remédio não, porque o único remédio para ele é receber o sofrimento que fez muita gente passar. Não pense o senhor que só porque está aqui com as suas idéias fajutas, eu vou arredar pé, porque é mais fácil o doutor morrer de alguma doença do que conseguir curar esta peste de homem.

– Seu Luciano, não faça isso – disse, com calma, o médico – pois o senhor também está doente.

– Sim, seu doutorzinho, eu estou doente de ódio e essa doença não tem cura. Por isso, pode ir embora com a sua maletinha, porque seu trabalho aqui não vai render não.

– Mas é preciso esquecer, Seu Luciano, porque ninguém é perfeito e ninguém pode julgar os outros.

– Eu posso me ajuntar a quem é igual a mim porque este traste prepotente não pode esperar outra senão a carroça que vai levar a gente para o inferno.

– Que inferno, seu Luciano? Isso não existe mesmo.

– E agora o senhor é padre também, doutorzinho de meia pataca? O padre Geraldo não sai por aí fazendo consulta para doentes porque ele não se formou em medicina. E o senhor se formou em alguma igreja para ficar falando do que só a igreja conhece?

– Não precisamos de nada mais além da observação para sabermos que não pode existir o diabo, nem o inferno como o senhor está falando.

Lucinda ouvia o diálogo algo impressionada pelos conceitos novos e pela forma diferente com que o médico tratava do caso.

– Veja, senhor Luciano. Tudo na vida tem uma função que procura construir e completar as outras funções exercidas pelas outras criaturas. O senhor, como fazendeiro que foi, ...

– Que sou – respondeu-lhe o espírito.

– Está bem, Luciano, como fazendeiro que é, sabe muito bem da importância dos resíduos do curral para melhorar a germinação, o crescimento e a produção das sementes. Tanto é verdade que, para ganhar mais dinheiro, o senhor mandava um feitor junto de alguns de seus escravos percorrerem as fazendas próximas, pedindo as sobras e se oferecendo até para limparem os estábulos, informando que se tratava de punição imposta pelo senhor, enquanto também fazia uma política de boa vizinhança. Na verdade, tudo era mentira. O senhor estava buscando apenas pegar o esterco para colocar nas suas plantações, não é mesmo?

– Eta povinho fofoqueiro. Essas línguas não respeitam nem a

memória de um morto e já saem a falar da sua vida por aí, como se ele fosse pano de remendo que pudesse rechear a falta de assunto de gente à toa.

– Mas então, Sr. Luciano, não era de se esperar que o esterco desconsiderado por todos, nada tivesse de bom para oferecer? E o senhor mesmo sabia que, graças a ele, tudo iria produzir mais, melhor e mais rápido, certo? Do mesmo modo, a sabedoria de Deus também estabeleceu virtudes para todas as coisas, mesmo para aquelas que, a nós, parecem não terem nada de bom para oferecer.

– Médico é médico, padre é padre – gritou Luciano, impaciente e reiterando seu estado de rebeldia.

– É claro que sim – disse o médico, envolvido desde algum tempo pelo pensamento claro e objetivo daquele espírito amigo que o protegia de perto. – Veja você, entretanto, que o padre não deixa de ser médico da alma, invadindo, por dever de ofício, a seara para a qual não se diplomou como forma de ajudar a ovelha, chegando mesmo a ponto de receitar este ou aquele tipo de chazinho para que o enfermo possa encontrar alguma melhora para o estômago aflito ou para a falta de vontade de comer. Semelhantemente, o médico também, para poder medicar o estômago doente, muitas vezes precisa entender o coração amargurado que, ferido pelo amor perdido, cai no desânimo, no desespero e na falta de apetite, de forma a ter que dar esperança, confiança e paz como remédios mais rápidos e potentes, antes de receitar remédios de farmácia. Logo, não estamos nós todos impedidos de fazer o bem ou de falar em Deus apenas por não termos ido aos bancos eclesiásticos.

– Mas para meu ódio, não tem remédio de nenhum tipo, porque eu não quero sarar até que este maldito sofra e pague tudo o que me deve.

– E enquanto isso, – respondeu o médico – você continua enfermo, doente, sofrendo?

– Eu estou ótimo e não estou precisando de médico algum, muito menos do senhor e dessa pamonha no tacho quente aí do seu lado.

Lucinda só sabia chorar, numa mistura de confusão e medo e rezar a Deus e à sua mãezinha pedindo ajuda.

– Mas como médico, – continuou Maurício – que conheci o senhor e algumas vezes tratei de seus achaques, posso diagnosticar a sua enfermidade até mesmo com meus próprios olhos, sem precisar de nenhum aparelho.

– Bem que eu falei para não entrar aqui neste quarto, assim que você chegou – respondeu Luciano.

– É, deu pra perceber a recepção “amistosa” que o senhor me deu ali fora. E foi por causa disso que eu reafirmo a sua doença. Vendo o seu estado geral, posso afirmar que se trata de verdadeira gangrena.

– O que é isso, doutorzinho? Amalucou de vez? Veja bem que meu corpo já foi jantado, só restando os ossinhos para os bichos palitarem os dentes. Que gangrena o que!!

– Sim, Luciano, gangrena da alma. Seu espírito está se apresentando num estado de podridão que exala odor mais forte e pestilento do que todos os excrementos que você já ajuntou para pôr na sua lavoura. Suas roupas estão podres, esfarrapadas. Sua pele descama, seu cabelo parece rabo de burro velho e sem trato, cheio de nós e todo enlameado.

– Não é verdade, seu impostor. Eu sou o fazendeiro Luciano Salviano dos Reis, dono desta fazenda e não uso senão as melhores roupas que minha condição me faculta. E tem mais. Já estou cansado dessa conversa de sacristia e vou-me embora avisando a todos vocês: Preparem-se, porque as coisas vão ficar muito piores. Pode dar todos os remédios que o senhor quiser, doutor. Eu sou a doença dele, e a mim, os seus chazinhos e formulinhas não atingem.

Afastou-se o espírito de Luciano, deixando o general estafado, como quem lutou muito tempo em vão e sem descanso contra uma força muito maior do que a sua.

Empapado em suor frio, Alcântara voltava a si e reconhecia a filha ao seu lado.

– Lucinda, minha filha, me acuda, pois aquela coisa me pega pela garganta e eu sinto que vou morrer.

– Calma, papai, o doutor Maurício está aqui e vai tratar muito bem do senhor, não é, doutor? – disse a filha, olhando com esperança para o médico.

– Claro, general, estamos mais preparados agora para entendermos o que está acontecendo e, tão logo o senhor possa descansar, estarei aqui para retomarmos o tratamento que já começou hoje.

– E o senhor acha que esses remédios vão fazer efeito logo, doutor? Eu preciso voltar para a guarnição, pois tenho sérios problemas a solucionar.

– Depois que o senhor descansar um pouco, amanhã logo de manhãzinha, estarei aqui para explicar o que se passa e para continuar o tratamento. Agora, durma um pouco.

Levantando-se, instruiu Lucinda para que trocasse as roupas de cama e o pijama do pai, providenciando-lhe um banho morno, ali mesmo no quarto, para que, relaxando os nervos e músculos, pudesse se sentir mais confortável e dormir um pouco. Como sucedera antes, após as crises alucinatórias, ocorria uma melhora no estado do general, o que lhe permitia um descanso mais prolongado, refazendo-se mais.

Isso providenciado, deixaram o general entregue aos cuidados dos serviçais que o ajudavam na higiene pessoal e saíram do quarto para conversarem sobre os fatos.

Lucinda estabeleceu as linhas gerais de suas preocupações, desejosa de se informar sobre o novo tipo de enfermidade que ela nunca tinha visto ou ouvido falar, mas que, pela reação do médico, já era doença conhecida por ele.

Ao ouvir-lhe essas perguntas sucessivas, Dr. Maurício respondeu-lhe:

– Para mim, Lucinda, não me parece ser algo muito grave, apesar de seu pai apresentar um quadro de cansaço depois das crises. Não acho que você deva ficar impressionada com as ocorrências que presenciou há pouco, além do que, tudo o que foi dito ali dentro deverá ficar guardado em sigilo conosco, não devendo ser comentado nem mesmo com seu pai, que não tem conhecimento do diálogo que tivemos.

Quando ele se achar mais fortalecido, nós iremos tratar do assunto de forma mais direta. Agora, deixe-o dormir e você também precisa se recolher, já que é tarde e não há mais o que se fazer.

– Sim, doutor, o senhor tem razão. Mas como já está muito escuro e a cidade fica longe, insisto para que repouse conosco, no quarto de hóspedes que já mandei arrumar para que não lhe falte nada.

Não pretendendo aceitar tal convite a princípio, acabou convencido de que, ali permanecendo, poderia estar perto do doente para atendê-lo em alguma nova crise, além do fato de que, no dia seguinte deveria voltar para dar continuidade ao atendimento.

– Diante do estado de coisas, aceito de bom grado o convite e aqui permanecerei até o amanhecer, devendo ser determinado a quem pernoitar junto do Sr. Alcântara que me chame ao menor sinal de inquietação do seu pai, combinado?

– Ótimo, doutor, com o senhor por perto, estarei mais confiante e descansada – disse Lucinda, com um sorriso de alívio.

Só tenho uma pergunta para o senhor, antes de me recolher.

– Pois sim, senhorita, pode fazê-la.

– O que é que eu faço com esse tal de Luciano se ele vier à noite me atrapalhar o sono? Como é que eu me livro de alma penada?

– Ora, Lucinda, você teve uma mãe previdente e generosa. O que ela ensinou?

– Ela me ensinou a rezar, apenas. Não falou nada de fantasma – disse a moça.

– Pois é a mesma coisa, senhorita. A oração junto ao leito na hora do descanso propiciará à sua alma a proteção necessária, além da companhia de outros amigos que os seus olhos não enxergam, para que o descanso noturno seja tranqüilo e repleto de boas lembranças. Basta que seja feita com o coração cheio de ternura e gratidão a Deus, pedindo-lhe a proteção que Ele a ajudará a perceber as boas companhias espirituais que já estão próximas do seu coração, preparadas para amparar o seu repouso.

– Mais fantasmas, doutor? – perguntou ela assustada. – Do que vai adiantar me livrar de uma alma penada me mandando mais uma porção delas?

– Não, Lucinda, almas amigas que a protegem de todos os males produzidos por estas chamadas almas penadas. Ou você considera que sua mãe virou alma penada?

– Claro que não, doutor! Mas como é que eu vou saber que se trata da alma de minha mãe e não de uma outra qualquer?

– Veja, Lucinda, as almas boas ou os bons espíritos – vamos chamá-los assim – comunicam a nós uma atmosfera de paz, tranqüilidade, serenidade, de tal modo que a nossa reação interior poderá servir para avaliar o estado do espírito que se aproximou de nós. Quando se tratam de espíritos queridos, não temos sustos, dores, medos, etc. Quando, ao contrário, se achegam espíritos sofridos – as tais almas penadas – causam em nós reações contrárias que são identificadas com os sonos difíceis, pesadelos, más idéias, etc.

– Com isso, então, eu sei quem é alma penada – ou espírito ruim como o senhor fala – e quem é espírito amigo? – perguntou a jovem.

– Isso mesmo, Lucinda, esse é um dos meios mais simples de se perceber e que qualquer um pode fazê-lo.

– Mas, olha aqui, doutor Maurício, se esse tal de Luciano penadíssimo me aparecer, eu vou dar um grito daqueles, porque pelo que o senhor conversou com ele, o tipo deve ser de assustar até coveiro. Se ouvir um grito de mulher, vou dar ordem para Olívia trazê-lo ao meu quarto, porque vai que o tal Luciano resolva usar a minha boca pra falar como fez com papai... Aí, só o senhor é que entende desse caso para ajudar e me trazer de volta pra usar minha boca novamente, combinado?

– Está bem, Lucinda – disse Dr. Maurício, sorrindo das preocupações da jovem e bela filha de seu paciente. – Mas fique tranqüila que nada disso vai acontecer . Só não se esqueça da oração sincera a Deus. Vá dormir agora, pois longo foi o dia e curta será a noite.

– Até amanhã, doutor, e bons sonhos com almas penadas para o senhor – disse a jovem, sorrindo alegre, indo em direção ao seu quarto, no qual dormia Olívia, já preocupada com o tipo de assunto que estava ouvindo.

– Até amanhã, Lucinda, deixe os fantasmas comigo. Eles “morrem” de medo de injeção...

6

Péssimas notícias

Efetivamente, no dia seguinte, como o médico houvera previsto, o general erguera-se do leito como de costume, surpreendendo a todos os integrantes da família.

Os serviçais que lhe fizeram companhia durante a noite pretendiam cumprir as determinações de Maurício, convocando-o para que viesse até os aposentos do enfermo, no que foram impedidos por este, acostumado a receber ordens apenas de si mesmo.

Depois de ter realizado a toalete normal, dirigiu-se à sala principal do casarão, na qual era servido o café da manhã, regularmente.

O que é certo é que os galos ainda não haviam despertado o galinheiro para o novo dia, mas o general já se levantara, varando as sombras da madrugada para aguardar o nascer do Sol.

Estava bem disposto, apesar de ainda não compreender bem a causa de sua moléstia, nem imaginar como fazer para que ela recebesse o tratamento adequado.

Tinha uma vaga lembrança da presença de sua filha, Lucinda, do médico Maurício e nada mais.

Logo após o reforçado café, demandou o escritório com idéia de retomar o trabalho interrompido, reassumindo o comando da guarnição e elaborando as ordens indispensáveis ao cumprimento das determinações superiores.

Ao dar entrada em seu gabinete de trabalho, observou que nada fora mexido e que tudo continuava conforme os seus hábitos, disposto com correção e acerto, com exceção de uma já conhecida bolsa de mensagens que fora depositada sobre pesado móvel que aparava diversos livros, colocado à frente de sua escrivaninha.

Tal era a bolsa que continha as mensagens trazidas pelo capitão Macedo e que a ele não puderam chegar, em face de sua inconsciência.

– Minha nossa, esta bolsa aqui e eu sem saber-lhe o conteúdo.

As coisas estão piorando e eu preciso agir depressa – foi o seu pensamento imediato.

Ato contínuo, sacou do seu interior todos os documentos lacrados que lhe haviam sido remetidos, com os timbres dos seus superiores, contendo inúmeras informações e determinações.

Entre elas, havia a notícia de que os revoltosos e insufladores estavam buscando denegrir-lhe a imagem e, valendo-se de rudimentar impressora manual, estavam distribuindo folhetos que, segundo as interpretações superiores, aviltavam as instituições garantidoras da ordem pública, atacando a conduta de inúmeros representantes da farda, além de se referirem ao clero organizado, apontando-lhe nomes e situações de venalidade diante das quais, qualquer um que viesse a ler, poderia conferir a veracidade dos fatos.

Obviamente, não é preciso dizer que Alcântara se via envolvido nos relatos em função de sua longa e perseverante carreira como um militar intransigente e construtor de inimizades, bem como – o que era mais grave – como autoridade que, de uma forma ou de outra, extorquia o patrimônio de pessoas mais vulneráveis ou de adversários.

Os despachos apontavam aquela região como sendo a sede de onde partiam todos estes panfletos que se espalhavam por toda a região.

Naturalmente, pode-se imaginar que os mais abastados que faziam parte dos apaniguados amigos do militar e a quem este protegia e incensava, haveriam de classificar de mentirosas e caluniadoras todas estas notícias.

No entanto, os mais pobres, os que suportavam todo o peso do seu comando, os que não tinham qualquer realce político ou social, os que eram encarcerados sem motivo, passando noites e noites longe da família, recebendo tratamento violento, todos estes faziam uma outra idéia de seu caráter.

– Isso tudo é uma afronta à minha pessoa – pensava acaloradamente o ex-enfermo.

Andando de um lado a outro, carregando a mensagem e um exemplar do folheto que desnudava a sua conduta, bem como a dos demais integrantes de sua estrutura social, como o padre Geraldo, o capitão Macedo, os jagunços contratados, o general parecia um tigre enjaulado.

Logo imaginou inúmeras formas de conseguir pôr termo a isso tudo, acabando com as suspeitas sobre a sua conduta.

Mas os documentos ainda não tinha sido abertos, em sua totalidade.

Um relato mais grave aguardava a sua vez.

No seu conteúdo se achava descrito, de forma pouco detalhada mas rica, o necessário para fazer gelar o estômago do militar.

O documento informava que uma concentração de informações de diversas fontes infiltradas, revelava que o movimento tomava uma dimensão e um rumo quase que incontroláveis, afirmando que os insatisfeitos com todos os fatos pregavam a libertação de todos os presos retidos no quartel, a devolução dos seus bens, a punição dos responsáveis com o afastamento de suas funções e, de forma inexata, dizia possuir indícios de que os rebeldes se organizavam como uma verdadeira milícia, portando inclusive, armas de fogo.

Era um caso grave.

Tanto que a manhã chegou com os seus barulhos costumeiros sem que o general se apercebesse.

Com ela, além dos pássaros bulhentos e felizes que buscavam pela sua primeira refeição, também vieram Lucinda e Maurício que, acordados, foram cientificados de que o general estava de pé.

– Papai, bom dia! O que o senhor está fazendo aqui, assim, quando deveria estar deitado ainda? – perguntou a filha, entrando sem cerimônia no seu gabinete pessoal, no qual, além dele, nenhuma outra pessoa a não ser ela e Olívia punha os pés.

– Filha, não se preocupe, pois o sono e os seus cuidados recuperam até mourão apodrecido. Eu estou muito bem. Não me recordo de quase nada, mas seu zelo pode me fazer sentir bem disposto nesta manhã. Além disso, estou tomando conhecimento de graves informações contidas nos documentos que me foram remetidos e que, acredito, você tenha colocado aqui para que eu pudesse tomar conhecimento deles.

– Sim, papai, não permiti ao capitão Macedo fizesse a entrega pessoalmente, como de costume, pois ao chegar aqui, o senhor se encontrava em plena crise. Desse modo, resguardei os documentos em seu gabinete, bem protegidos, para que o senhor os conhecesse quando se recuperasse.

– Pois isto já aconteceu, Lucinda, e as notícias não são de tranqüilizar. Precisarei me ausentar por alguns dias, tomando algumas medidas mais sérias e você deverá resguardar-se por aqui a fim de que não se torne grande demais o problema, para o qual toda a solução fica complicada.

– Sim, papai, mas o senhor se julga em condições de fazer o esforço necessário? Não seria melhor instruir o capitão Macedo para fazer o que é preciso?

– Não, Lucinda. Do mesmo modo que é a grávida que dá à luz sem mandar outra em seu lugar, é a mim que se impõem tais obrigações. Além do mais, o Macedo não sabe fazer nada sem me consultar, não possuindo a iniciativa necessária para adotar as medidas que só o meu prestígio poderá impor.

– Sim, papai, mas que problemas são estes?

– Baderneiros desocupados estão organizando um movimento de rebeldia contra os comandos de ordem e disciplina, ao mesmo tempo que saem arrebatando os descontentes dentre os miseráveis que deveriam agradecer por dormirem algumas noites na prisão e não no sereno da noite. Não contentes, estão espalhando folhetins atacando a todo mundo, inclusive a mim, ao padre Geraldo, e isso não pode ficar assim.

– O que eles falam de tão grave contra vocês, homens tão corretos, cumpridores de suas obrigações? – indagou a filha surpresa com tais fatos.

– Veja você mesmo! – afirmou o pai, estendendo o folheto para ser lido pela filha a qual deveria ser informada de todos os detalhes do ocorrido para que avaliasse a necessidade do afastamento do genitor e a gravidade das acusações.

Pretendia o general encontrar nela uma aliada de sua honra pessoal ultrajada pelas pretensas aleivosias que lhe eram imputadas.

Lucinda lia o documento apreensiva, nervosa, descobrindo no seu conteúdo a verdade que ela não soubera senão no dia anterior, lembrando-se do diálogo que tivera juntamente com o médico e no qual Luciano-espírito acusava o genitor, para surpresa de Lucinda, de condutas muito semelhantes ao conteúdo do folhetim incriminatório e anônimo que tinha em suas mãos naquele instante.

Não obstante, manteve-se na condição de filha que se arroja a defender o pai contra o qual julga nada haver de desabonador.

– Nossa, papai, isto é muito duro – exclamou ela.

– Não, isto é muita mentira – respondeu o general, exasperado com a reação não tão indignada da filha diante dos termos ali utilizados.

– Sim, sim, claro... é isso que eu quis dizer – corrigiu-se a jovem a fim de que o genitor não interpretasse de forma incorreta a sua reação.

Devolvendo-lhe a publicação, voltou-se para o general e acrescentou:

– Não se esqueça, papai, que o senhor acaba de se levantar do leito onde, até algumas horas antes, ardia em febre e delirava. Procure não se contrariar tanto e tenha calma para não tomar atitudes que venham a transformar em verdades toda esta mentira de que o folheto o acusa injustamente, dando mais razão aos que o caluniam.

Ali estava a jovem falando coisas que nem mesmo o general houvera pensado, não por ser portadora de sabedoria mágica mas porque, ao mesmo tempo em que seu próprio espírito, mais maduro, lhe permitia uma melhor visão das coisas, ali se achava a entidade amiga que envolvera Dr. Maurício e que agora se acercava dela, procurando transmitir ao militar alguma palavra de moderação e de precaução para com os fatos que iriam se desenrolar.

Lucinda não sabia disso, mas sentia uma inspiração natural para dizer o que dizia, fazendo com que o pai, se não concordasse com ela, ao menos ouvisse os seus argumentos e se acalmasse um pouco, antes de tomar as medidas que já desenhava em sua mente.

Repentinamente, a jovem lembrou-se do médico que, lá fora, aguardava para examinar o enfermo do dia anterior.

– Papai, desculpe-me, mas estava esquecendo o que me fez entrar aqui.

– Pode falar, Lucinda, o que é?

– Depois de sua última crise mais forte, pedi para que trouxessem o médico a fim de que ele estivesse perto quando outra sucedesse. Assim foi feito e, quando de sua derradeira ausência, ali estava o Dr. Maurício presenciando os fatos e procurando medicá-lo. Como isso se deu já no adiantado da noite, pedi a ele que pernoitasse no quarto de hóspedes para estar próximo caso tudo se repetisse, além de ele mesmo pretender examiná-lo na manhã do dia seguinte. Assim foi feito, de modo a acolhermos o médico aqui em casa nesta noite, já que o mesmo não possui família em outro local, para que, agora, possa observar-lhe a melhora. Foi por isso que entrei aqui. Vim pedir-lhe que permita ao Dr. Maurício conversar rapidamente com o senhor, a fim de constatar melhor o seu estado e tirar algumas de suas dúvidas.

– Ora, filha, você mesma pode ver como eu estou bem!

– Sim, papai, mas eu mesma pude ver ontem como o senhor não estava bem! Por isso, para me tranqüilizar, gostaria muito que Maurício pudesse falar com o senhor.

– Está bem, Lucinda. Mulheres, mulheres, sempre preocupadas. Mande-o entrar e diga que não tenho muito tempo.

Saiu a filha em busca do médico que se achava sentando no salão próximo, esperando o retorno da jovem.

Conduziu-o à presença do genitor e deixou-os a sós.

– O que eu tive, doutor? – perguntou de chofre o dono da casa.

– Bem, senhor general, o seu quadro apesar de não ser muito grave, é complexo. No entanto, posso dizer que o senhor estava em um estado de afastamento temporário de tal modo que não deve se recordar de muita coisa ocorrida.

– Isso mesmo, homem. Não me lembro de quase nada. Apenas

de alguma sensação de incômoda pressão no pescoço, como se estivesse usando um laço muito apertado ao redor do colarinho.

– Pois é provável que, daqui por diante, tais crises se repitam, de forma que o senhor precisará estar atento para que isso não aconteça em situação desagradável – orientou-lhe o facultativo.

– Mas como é que vou controlar isso? Estou ficando de cabeça mole? – indagou Alcântara.

– Não, general, o senhor não está doente da cabeça ou do corpo. Provavelmente, sua enfermidade esteja enraizada mais profundamente no seu interior, de tal forma que, quando o seu estado de alma permite, ela aflora e o seu critério de avaliação fica comprometido pela sua ausência.

– Esse negócio está me parecendo doideira. Tem remédio pra isso, Maurício? – perguntou-lhe o paciente.

– Tem e não tem, general.

– Como assim, homem?

– Eu explico. O senhor poderá adotar algumas cautelas para que tal estado não volte a acontecer tão em breve. No entanto, essa ocorrência vai se repetir e dependerá do senhor ser ela mais ou menos branda, pois tudo isto está ligado ao íntimo de sua alma. Todas as vezes que o seu interior estiver atribulado com pensamentos ruins, preocupados, abatidos, esse estado tende a apossar-se do senhor e produzir essas reações. E isso poderá se dar em qualquer lugar, se o senhor não estiver vigilante. Por isso, o melhor remédio inicial que o senhor poder usar, é a oração.

– Ora, Maurício, eu não sabia que você também era teólogo, além da sua formação médica.

– Não o sou, general. Apenas tenho me informado de algumas ocorrências recentes, de algumas doutrinas novas provindas da Europa e que explicam algumas coisas de forma não dogmática. E o seu problema, quer me parecer se acha inserido nessa dimensão. É problema da alma, também conhecida como espírito, que repercute no corpo de forma a prostrá-lo no leito por algum tempo.

– E você acha que eu lá tenho tempo para essa rezação quando tudo depende de mim, quando tenho que ver, mandar, controlar, punir e fiscalizar tudo? Por isso é que existe o padre Geraldo. Eu pago e ele reza as missas de que preciso. Desse modo deixo felizes ao senhor que me manda rezar para não adoecer e ao padre que é louco por colocar moeda nova no velho cofre da paróquia.

– É, general, mas isso não lhe vai resolver o problema, pois quem está doente procura o médico, não manda o seu vizinho pedir o remédio. As orações, quando feitas com amor e sinceridade sempre atingem o seu objetivo, respeitada a vontade de Deus. No entanto, feitas por alguém sem interesse outro que não contá-las nas contas de um rosário para que o volume corresponda ao montante que foi pago, não surtirá nenhum efeito sobre o problema. Por isso, me sinto no dever médico de lhe informar que se o senhor não tratar de si mesmo, por conta própria, ninguém conseguirá auxiliá-lo. Nem o padre Geraldo, nem o médico Maurício, nem mesmo Deus que quer, em última análise, que cada um ande com suas próprias forças traçando o seu próprio destino e fazendo o que é necessário fazer.

É importante que, apesar de todos os seus compromissos e responsabilidades, o senhor possa encontrar um momento para que, mesmo lá na guarnição, se recolha e pense em Deus, transformando suas inquietações íntimas e criando, assim, uma barreira protetora para que as mazelas da alma não mais possam comunicar-se com facilidade e fora de hora ao corpo.

Mas, lembre-se, isso continuará a ocorrer. Vai depender da sua conduta, transformar essa ocorrência em algo mais espaçado e tranqüilo ou seguir nessa toada que surpreende a qualquer hora e que prostra o corpo num acesso de febre sem controle.

– Está bem, doutor, já ouvi os seus conselhos e, como isso não é remédio que se mande aviar em lugar adequado, confiarei ao médico o tratamento com remédio e ao sacerdote o tratamento com reza. Afinal, existe padre para fazer o seu serviço, senão Deus não os deixaria continuarem onde estão e como estão, não é? – perguntou o militar como que encerrando a entrevista. – Agradeço o seu cuidado para conosco e mandarei alguém levá-lo para a sua casa. Mandarei buscá-lo assim que for necessário. Na saída, converse com Lucinda e diga o valor dos seus serviços para que ela passa pagar-lhe corretamente – completou o general.

– Obrigado, senhor! Estarei à sua disposição – respondeu o jovem médico, retirando-se do gabinete.

Deixava em seu interior um homem de corpo sadio e alma atormentada não pelos conselhos recebidos da filha e de Maurício, mas pelos informes obtidos nas mensagens escritas que já fomentavam em seu interior doente as tumorações mentais de vingança e repressão que lhe eram tão comuns e foram sempre a sua marca pessoal nas diversas situações da vida.

* * *

A saúde seria tão fácil de se manter se o homem tivesse ouvidos de ouvir e olhos de ver.

Se não se reduzisse a um amontoado presunçoso de preconceitos e atitudes mentais acomodadas e escapistas, ser-lhe-ia fácil não cair no abismo escuro das próprias decepções.

Mas cada qual trilha a sua estrada pavimentando-a com o material que escolhe para isso, tirado de seu próprio interior.

Ali estava um homem que se tinha em alta conta como alguém capaz, competente, lúcido e que havia recebido dois tipos de mensagens: a espiritual, representada pelos valiosíssimos conselhos ouvidos das bocas de pessoas amigas e que buscavam auxiliá-lo na própria recuperação – mas aos quais não prestara atenção nem dera nenhum valor – e a material, representada pelos despachos escritos, os únicos que lhe importavam e que, por não observá-los segundo o critério contido na primeira – espiritual – que lhe balizaria bem a conduta, não iria encontrar acerto para resolver a segunda – a material – o que lhe causaria, no futuro, profundo arrependimento.

Recebera de graça as luzes no caminho, mas pretendia seguir ostentando a própria escuridão como seu farol.

Pela frente havia muito buraco, pedra e espinho....

7

O general em ação

Naquele dia, o sangue parece que voltava a correr pelas veias do corpo do militar com velocidade redobrada.

Levantara-se do leito disposto a retomar as suas atividades normais e, agora, tinha motivação extra para fazê-lo.

Logo após o café da manhã, despediu-se da filha, recomendou as tarefas e cuidados de sempre e mandou chamar os seus capatazes.

Assim que deram entrada na casa senhorial, dirigiram-se para a copa, local onde, como de costume, o proprietário lhes dirigia a palavra com as determinações correntes e ali esperaram até o aparecimento do general.

Alguns minutos se passaram, o suficiente para que Juvenal e Damião se pusessem a pensar que o patrão voltara a adoecer ou piorara da enfermidade.

Mas não chegaram a completar as idéias quando ouviram os passos firmes no assoalho da casa, indicadores de que alguém caminhava de forma estrepitosa, parecendo marchar e não andar. Só podia ser ele, o general.

– Juvenal, preciso dos seus zelos – disse imperativo o militar.

– Pois nem precisa pedir, patrãozinho, que aqui está o seu escravo a esperar pelas determinações – respondeu-lhe o empregado desejando parecer submisso e fiel.

– Se assim é, quero que saiba que me ausentarei por tempo não determinado e Lucinda ficará cuidando dos negócios da casa, como de costume. Você cumprirá as determinações que ela indicar e tratará dos escravos como já está acostumado. Nada se alterará durante a minha ausência, a não ser em caso mais grave que, então, deverá ser buscada solução junto a mim mesmo, lá na guarnição.

– Entendido, meu senhor. Todavia, sinhazinha Lucinda tem muito boa cabeça e acredito não ser necessária tal preocupação. Apenas gostaria de saber se posso manter as coisas como de costume, no que diz respeito à disciplina tão ao gosto do patrão.

Referia-se o feitor aos castigos que, de costume, impunha aos escravos em face de pequenos deslizes ou contrariedades ocorridas, às vezes, sem qualquer culpa dos cativos. Na ausência prolongada do general e, sabendo dos modos brandos da filha do fazendeiro com os quais não concordava, Juvenal pretendia obter autorização expressa para fazer o que seus impulsos violentos realizavam às escondidas.

Afinal, pensava ele que, na ausência do chefe da casa, era a outro homem que o comando deveria ser dado.

Esperando a resposta, antecipava o efeito de suas palavras que tocavam bem no ponto característico de Alcântara, ou seja, a rigidez da disciplina e da ordem em seus domínios.

– Claro, Juvenal, você sendo o mais antigo e o mais afeito aos serviços da fazenda, deverá manter o curso das coisas dentro do padrão da correção que já é de seu conhecimento. No entanto, não se esqueça de que Lucinda não deverá ser contrariada com as questões que não sejam importantes e, se alguma coisa precisar ser feita com mais rigor, que o seja longe dos seus olhos, a fim de que ela não se fira nem adoeça.

– Sim, meu senhor – respondeu Juvenal, com a autorização expressa que desejava obter, interpretada pelo seu pensamento como sendo carta branca para realizar o que desejasse.

– Ah! ia me esquecendo do principal – voltou o militar para ambos.

Os dois, de chapéu na mão e gestos fingidamente humildes, levantaram a cabeça na direção do patrão que lhes determinou:

– Juvenal e Damião, que na minha ausência não falte segurança à Lucinda e a esta casa, seja de dia, seja durante a noite, pois aqui não estando eu, deverá estar sempre alguém que providencie proteção e vigilância enquanto me aguardam o regresso. Por isso chamei os dois aqui, pois enquanto um cuida das coisas do campo e da senzala, o outro estará atento às questões da casa e da sinhazinha. Não quero, todavia, que criem embaraço ou constrangimento na tentativa de proteger a casa e minha filha. Fiquem à distância, mas estejam próximos.

Entreolharam-se os dois, diante de uma ordem tão contraditória, mas entenderam o que o patrão lhes determinara.

Deveriam montar guarda sem entrar na fortaleza.

– Seremos vossos olhos e vossa espada na vossa ausência, meu senhor – respondeu Juvenal, seguido por Damião, notoriamente subordinado ao companheiro mais velho no serviço.

– O campo aguarda e o Sol não interrompe o seu trajeto. Cumpram os deveres que esperam o cumprimento neste dia. Estão dispensados. Mandem alguém me trazer o cavalo pronto, pois não tardo em partir.

– Sim senhor – responderam ambos e tomaram o caminho da cozinha, para saírem pelos fundos da casa.

Lá dentro, Alcântara se paramentava com o uniforme regular do seu posto para a época, colocando a cinta, o barrete, calçando as botinas e as polainas e reunindo os documentos para tomar o rumo do quartel que, como já vimos, distava uma boa cavalgada da sede de seus domínios.

Beijou a filha, dando as recomendações finais e partiu, fazendo a montaria levantar a poeira ao ritmo do galope acelerado.

Pelo caminho, Alcântara delineava na sua mente preocupada os traços de seu plano para coibir toda aquela situação que envolvia o seu nome e punha em risco a segurança de toda a estrutura de seus negócios.

Tão logo atingiu o posto onde exercia o comando, mais de hora de cavalgada, entregou a montaria ao soldado que o recebera empertigado numa continência rija e entrou em seu gabinete, não sem antes determinar se apresentasse a ele o capitão Macedo.

Este último se encontrava pelas dependências do quartel, nos serviços rotineiros a que se achava afeiçoado e foi com agradável surpresa que ficou sabendo do regresso de seu comandante o qual iria tomar todas as medidas necessárias ao andamento da vida na caserna sem que ele, Macedo, tivesse de gastar seus miolos naquele caso.

Não se fez esperar.

– Capitão Macedo se apresentando, senhor! – falou imperativo na presença do general, acompanhando as palavras com a continência firme e a estrepitosa batida das botas.

– À vontade, capitão.

– Fico muito feliz, senhor, por vê-lo recuperado. Estava pensando no que seria deste destacamento sem a sua direção.

– Ora, Macedo, você está por aqui e sabe perfeitamente como se conduzir. Afinal, estamos juntos há muito tempo, não? – falou em tom mais ameno o comandante.

– Sim, general – respondeu o subordinado, com um sorriso de intimidade mal disfarçado. Mas é que o senhor é sempre quem sabe melhor o que fazer. Por isso chegou até a general...

– Não é apenas o cumprimento do dever que nos garante estrelas, Macedo. Há muitas outras coisas envolvidas nisso, que não vêm ao caso agora, pois o momento é grave.

Falando isso, retirou do interior da pasta dos despachos o conteúdo que Macedo lhe houvera feito chegar às mãos e entregou-lhe para ser lido, no que foi atendido incontinenti.

A face do capitão ia se avermelhando à medida que seus olhos corriam o papel, revelando crescente indignação e aumento dos batimentos cardíacos, num acesso de nervosismo contido pela sua disciplina física.

Lá estavam as acusações acerca dos atos que praticavam aqueles dois homens, crentes, no entanto, de que ninguém teria coragem de denunciá-los.

Ali se delineava a estrutura de suas atividades escusas, apontando os agentes e a forma pela qual faziam as coisas, precisando ser tomada alguma atitude enérgica para que isso não se espalhasse, denegrindo-lhes as imagens.

– Bandidos, safados que se escondem atrás de um papel sem assinatura de alguém que conheçamos e que possamos prender para que não fique aí denegrindo o seu nome e a nossa farda.

– Concordo com você, capitão. Por isso, chamei-o aqui para tratarmos de interromper essa corrente de notícias, já que outras ordens dão conta de que tal publicação parte desta região, senão desta cidade.

– Sim, general, também ouvi à boca pequena, lá na taverna da esquina, comentarem que há pessoal se reunindo por estes lados, visando implantar uma revolta. Mas como não deram nomes e detalhes, preferi voltar outro dia, novamente sem a farda e ficar por ali como quem não quer nada, ouvindo mais do que falando, entre um e outro copo de cachaça. Mesmo assim, determinei que, em suas rondas, os soldados estivessem de olhos e ouvidos abertos para identificarem movimentos estranhos e trazerem as informações a esta sala de comando.

– Ótimo, Macedo, mas isso ainda é muito pouco, perto da atitude que nos compete adotar. Determinarei aos soldados uma devassa em todas as casas da cidade, não deixando de vasculharem nenhum centímetro de terra, entrando em todos os cômodos e prendendo todos os suspeitos.

– Sim, general, mas e se as pessoas não concordarem?

– E quem precisa da concordância de baderneiros e ignorantes para cumprir o seu dever? Nós temos as ordens superiores aqui contidas nestes documentos, que mandam que adotemos as medidas para vigiarmos, pois suspeitam que há revoltosos que se acham, inclusive, guardando armas de fogo para o momento em que o movimento deflagrar a sua ação.

– Entendo, general...

– Prepare a tropa para iniciarmos, o mais cedo possível, a devassa no vilarejo. Alguns exemplos de força bastarão para intimidar o populacho e tirarão das suas mentes qualquer idéia de descontentamento. Determine que os homens levem seus fuzis com baioneta calada, a fim de que se protejam de reações mais impetuosas. Limpe as baias vazias e faça uma vistoria no cárcere da guarnição, pois, pelo que sinto, precisaremos de espaço para guardar, aqui dentro, a escória que será presa.

* * *

Importante lembrar que naqueles tempos não havia autoridade constituída que viesse a se opor às ordens de tão elevada liderança. Naquele período, os militares exerciam papel de polícia de rua, delegado, comissário e até mesmo, na prática, o de juiz que decidia que destino dar a uma controvérsia.

Por este motivo, ninguém ousava se opor às ordens do general, que não se sentia subordinado a ninguém, dando largas aos seus intentos pessoais, o que o levara a exercitar o cargo em benefício próprio.

Só ao padre Geraldo é a quem, às vezes, ele se dirigia, muito mais para obter a absolvição de Deus do que em face de se submeter aos conselhos do pároco.

Comprava-lhe a absolvição com algumas peças valiosas que oferecia para a irmandade e voltava falsamente aliviado para a continuidade de suas arbitrariedades.

Assim, iniciaram-se os preparativos para a operação urgente dos dias seguintes, que prometia ser muito ativa e cheia de dificuldades.

Os planos estavam traçados, as ordens eram claras e os soldados tiveram todas as folgas canceladas para que, no dia marcado, a operação pente fino pudesse atingir o sucesso esperado, mesmo ao preço de muitas dores para os inocentes que seriam as vítimas da grande empreitada militar.

Ao lado do general, colado à sua mente física, achava-se o espírito de Luciano que lhe jurara vingança e que trouxera para tal exercício um considerável número de amigos espirituais de teor vibratório semelhante ao seu, conquanto não tão visceralmente enredados no drama da vingança.

Ativando-lhe as tendências e a personalidade vaidosa, Luciano se valia de todas as tomadas mentais que conhecia naquele homem invigilante para que, através delas a sua ação pudesse atingi-lo e produzir nele o sofrimento que o espírito vingador de Luciano julgava indispensável à reparação de todas as afrontas sofridas por ele e sua esposa Leontina.

Por isso, Luciano estimulava e fazia crescer dentro da mente do militar o sentido de indignação, de calúnia a atingir a sua honra militar, criando convenientemente a falsa idéia de que tudo o que se dissera a seu respeito fazia parte de um complô de pessoas perigosas.

Na sua condição de homem espiritualmente enfermo e sem autocrítica, Alcântara preferia, realmente, acreditar nessa possível conspiração a reconhecer que o que fora dito a seu respeito era verdade impondo uma modificação de seu padrão de conduta.

Ali estava o homem aceitando como verdade aquilo que lhe convinha ouvir e acreditar, como costuma acontecer com muitos dos homens de todos os tempos, verdadeiros cultivadores da ilusão que os embevece e embriaga, ao invés da verdade que exigiria deles uma modificação de conduta, pensamentos e palavras.

Por esse motivo, o espírito de Luciano se sentia tão à vontade junto daquele homem rigoroso nos seus padrões de dirigir os outros, conduzindo-o para o abismo no qual pretendia projetá-lo sem dó.

Alcântara absorvia-lhe as intuições como se fossem seus próprios pensamentos, suas próprias considerações, dando-lhes foro de verdade absoluta e, a cada passo, fixando a idéia de que a única saída para resolver o problema e cumprir as ordens superiores era intimidar as pessoas com violência.

Luciano, assim, afrouxara um pouco o controle sobre os centros nervosos de Alcântara, para que este pudesse agir por si mesmo, com aparente liberdade de escolha, mas totalmente manietado pelo pensamento destrutivo de seu hóspede espiritual que, por falta de vigilância e oração do hospedeiro, sentia-se à vontade para continuar agindo.

O general, por sua vez, fizera da oração, artigo de nenhum valor, a não ser quando em companhia do padre Geraldo a quem incumbia de distribuir ou "vender" a absolvição dos pecados.

Longe ficara a figura materna que, na infância, lhe ensinara as primeiras letras e os primeiros conceitos elevados acerca da existência de um Deus bom, amigo, sério e conhecedor de todas as nossas atitudes mais secretas.

E, por isso, a única proteção para que não viesse a fracassar na conduta como líder de uma comunidade não pôde ser utilizada por ele, já que não pretendia deixar as suas lúcidas cogitações racionais em troca de uma conduta própria dos homens de saia, como se referia costumeiramente à roupa dos sacerdotes. O conselho de Maurício acerca da oração havia sido ignorado por completo.

Sem a elevação interior, as conexões mentais e energéticas com os espíritos de padrão similar eram inevitáveis, deixando-os à vontade para a continuidade do plano sinistro.

Apesar de deixar o militar mais livre, Luciano não perdera o controle direto sobre a sensibilidade do seu perseguido, o qual estreitaria novamente na hora adequada, para dar curso aos passos subseqüentes do seu ódio.

* * *

Naquela noite, no alojamento especial a que se recolhia, pegado ao seu gabinete de trabalho, um homem ansioso dava curso aos seus pensamentos de euforia e preocupação, antevendo cada passo a ser dado, cada palavra a ser pronunciada e cada ordem a ser cumprida, como se de seus lábios emanassem as regras do universo.

Ao menos do universo pequeno representado pela comunidade de Barreira de Pedra, Alcântara se colocava como o Deus que decidia o futuro de outros irmãos, olvidando que ao lavrar sentenças, sentenciava-se aos mesmos destinos.

A noite ia alta, quando o general conseguiu conciliar o sono, única forma do dia seguinte chegar mais depressa.

8

O início da operação

Chegara, enfim, o dia do início das operações emergenciais que Alcântara programara com todos os detalhes que sua experiência aconselhava.

Madrugada escura e no interior da guarnição já se observava movimento diferente e fora dos padrões normais da rotina da caserna.

Sob o comando do capitão Macedo, todos os soldados e grupamentos se acham em alvoroço, cada um procurando aviar-se de forma rápida e correta, dentro dos padrões determinados pelo comando, retirando uniformes do armário, preparando os equipamentos e, para surpresa de muitos, limpando baionetas que, em geral, empoeiravam-se por falta de utilização.

Por ordem do general Alcântara, naquele dia todos se levantaram antes da costumeira alvorada e, não obstante julgarem ser um exercício tão comum nos padrões militares, nada fora dito aos soldados acerca dos objetivos pretendidos com tais preparos.

O certo é que, retirados da cama antes da hora, para muitos se tratava de coisa grave, para outros era alguma forma de exercício de disciplina tão ao gosto do comandante rigoroso e, para outros, era brincadeira de mau gosto.

Não imaginavam, entretanto, as ordens que iriam receber já que, por determinação do general, nada lhes fora revelado anteriormente para que a operação não se frustrasse em face de algum vazamento de informações para fora do quartel-general, principalmente pelo fato de inúmeros soldados residirem na localidade, com suas famílias e parentes próximos.

O elemento surpresa era essencial para o sucesso da operação.

As ordens foram compartilhadas tão somente pelo comandante que as elaborara em seus mínimos detalhes e por Macedo que, na condição de oficial de confiança, seria o responsável pela sua observância rigorosa, estabelecendo os preparativos gerais, ordenando às praças as formações a ajustes necessários de uniforme, material e disciplina.

Para melhor cumpri-las, tão logo foram efetivados os preparativos gerais, reuniram-se no gabinete do general, por sua própria convocação, além de Macedo, alguns oficiais mais novos e alguns sargentos e cabos que comandariam efetivamente a operação.

Enfileirados e em silêncio, assumiram a posição de sentido assim que o comandante ingressou no recinto, trajado igualmente em uniforme de campanha, trazendo no semblante uma mistura de preocupação e de prazer pela chegada de um momento desafiador.

Afinal, o ser humano teme a batalha por expor-lhe a vida, mas alguns, apesar de sentirem o frio a percorrer-lhe o corpo, dele tiram o prazer mórbido de se realizarem através da elaboração de táticas, do comando de tropas, da observância de estratagemas para vencer o adversário, perdendo-se de vista o efetivo foco de crueldade que uma guerra representa sempre.

No exercício de seu talento natural, Alcântara sentia ao mesmo tempo a ansiedade diante do inusitado e a euforia de pôr em prática táticas e projetos como quem comandaria um ataque à fortaleza entrincheirada do inimigo.

– À vontade, senhores, falou ele com voz firme querendo aparentar determinação e vontade férreas.

Certamente que a maioria dos senhores está a estranhar este inusitado movimento e se indaga do que se trata. Por este motivo, convoquei esta reunião de esclarecimento e espero poder contar com a fidelidade que todos têm demonstrado ao sentido de patriotismo que os trouxe até este quartel, na condição básica de soldados. Para nós, defensores da ordem pública e cumpridores das ordens superiores, não é dado questioná-las ou cumpri-las apenas em parte. Sobre nós paira a expectativa de uma nação, cujo Imperador, apesar de distante e idoso, tem procurado dirigir dentro dos padrões de ordem e respeito, tolerância e disciplina. Por isto, não nos cabe nenhuma outra conduta além de acatarmos os informes recebidos e cumprirmos, como se fôssemos a "longa manus" daquele que nos dirige os destinos, todas as ordens da forma mais séria e profunda ao nosso alcance. Conforme estes despachos recebidos recentemente, observações de colaboradores infiltrados e que estão investigando os diversos movimentos desta região, dão conta de que há uma rebelião a caminho, nascida neste meio e habilmente ocultada pelos próprios integrantes da comunidade que, como sempre, insatisfeitos e ingratos, se acumpliciam com os descontentes mais corajosos para acobertá-los e colaboram, assim, de maneira a que o movimento ganhe forças.

À medida que ia falando, enfatizando com estudada gesticulação todas as suas palavras, o experiente comandante ia observando os seus subordinados para reconhecer neles os mais propensos a seguirem-lhe cegamente as determinações.

Observando-lhes a reação facial, ia avaliando o poder de impressionar e dirigir aquele grupo de homens, de quem dependeria o cumprimento de todas as ordens, as mais duras e absurdas que ele houvera dado até aquele momento.

E a reação não poderia estar sendo melhor, em face de uma convocação direta ao brio do soldado, como se estivesse em jogo a garantia da ordem da nação inteira, ou até mesmo, a própria vida do Imperador.

Assim observando, após breve pausa que criava um clima de expectativa, Alcântara deu continuidade à sua explicação.

– De acordo com estes despachos, o referido movimento foi ganhando apoio e força que já preocupa nossos superiores a ponto de terem procurado se certificar, da forma que lhes é mais conveniente, do seu efetivo tamanho. Em face disso, descobriu-se que os rebeldes já contam com pequena máquina de imprimir que está sendo usada para elaborar folhetos e informes injuriosos contra nós, os responsáveis pela ordem pública, a fim de que a população ainda mais se acumplicie com os seus objetivos de anarquia social. Juntam aos seus lemas baratos, palavras de ordem que pregam a insurreição popular e, até mesmo, a absurda liberdade dos cativos sobre cujo trabalho se fundamenta a estrutura da nossa economia e o progresso do nosso país.

Com isso, os senhores podem ver que o objetivo é o de produzir a anarquia no meio do povo para que, depois, os líderes revoltosos consigam dominar e obter as vantagens que, no fundo, sempre movem os interesses humanos. O que é mais grave, no entanto, é que os informes recebidos dão conta de que os integrantes do movimento estão organizando verdadeiro exército de militantes armados, valendo-se de todos os artefatos de agressão direta, armas de ataque e de defesa, garruchas, espingardas, facas, espadas, tudo o que lhes chega às mãos.

Este comportamento nos causa grande preocupação, já que além da influência panfletária que empolga os inconseqüentes, não estamos diante somente de um movimento de idéias contrárias à normalidade, mas sim de um movimento que pretende se impor aos demais ou produzir conflito real, envolvendo os incautos e trazendo insegurança à população que nos cabe defender.

A esta altura, o espanto dos integrantes da reunião era indisfarçável.

Nos mais afoitos, já era indignação. Nos mais comedidos, um sentimento de incredulidade ao lado de um amargor e de uma decepção.

Mas o general ainda não houvera terminado.

– Para nós, senhores, o que é mais lamentável, é que tal núcleo revoltoso, tal ninho de serpes venenosas, se acha situado exatamente em nossa jurisdição...

Uma bomba que tivesse sido detonada ali no meio não teria feito maior estrago.

– O quê?... – falaram quase que ao mesmo tempo todos os ali reunidos, não querendo acreditar.

– Não é possível que isto seja verdade, Senhor! – exclamou o tenente Almeida. – É um absurdo que essa corja esteja escondida justamente neste fim de mundo.

– Pensei a mesma coisa, senhores – respondeu o comandante, compartilhando da reação dos seus homens, a fim de obter deles o empenho que ele mesmo ofereceria de si. No entanto, depois de muito refletir, pude constatar que quem nos informa, sabe o que diz, de tal maneira que, se nos informou é porque a nós compete tomar alguma atitude, adotar alguma providência e, ao menos, nos certificarmos de que estas informações não são corretas. Mas para isso, precisamos agir. Estão de acordo?

Todos entreolharam-se como a identificar nos seus íntimos uma reação que pudesse assemelhar-se para que, apoiados em um sentimento comum, sentissem uma força mais determinada, na resposta que o comandante aguardava de todos.

– Falem, homens!

E um por um, todos externaram a concordância, ora mais empolgada, ora mais comedida, com a necessidade de se adotar alguma atitude.

Satisfeito com a reação unânime, retomou o general o comando do pronunciamento.

– Muito bem, senhores. Estamos de acordo com o ponto básico que nos reuniu aqui. Assim, determinei que se processassem neste quartel os preparativos para uma operação delicada e muito séria, a ser iniciada ainda antes do nascer do Sol, que irá vasculhar casa por casa, quarto por quarto, até encontrarmos o que estes despachos nos afirmam existir ou até nos certificarmos de que o que foi informado não é verdadeiro.

Sairão os grupos de soldados que se colocarão nos cruzamentos públicos, impedindo a passagem das pessoas enquanto que, dois a dois, se colocarão na porta das casas de ambos os lados da rua.

Como se trata de medida de emergência, emiti ordem escrita, reproduzida em diversas cópias igualmente assinadas por mim, que serão levadas pelos senhores.

Organizada a primeira parte da abordagem, aproveitando-se do elemento surpresa, destacarão os senhores um grupo de soldados e praças dos mais experientes e argutos para que entrem nas casas com o menor tumulto possível e lá dentro procedam à revista de tudo, sem exceção.

Não se esqueçam de que os integrantes do movimento são espertos e sabem ocultar as provas de seu comportamento bem como os objetos que os incriminariam.

Por isso, não se pode usar de muita placidez e diplomacia, mas sim de energia e rapidez, estando, pois, alertas para quaisquer reações agressivas que não deverão intimidar os soldados. Deste modo, a equipe de revista deverá constar sempre de, no mínimo, dois homens por cada casa, além dos dois que ficarão na porta, impedindo qualquer fuga ou saída de moradores ou de suspeitos.

Para qualquer problema mais sério, os que fazem a revista interna poderão convocar um dos soldados à porta, devendo, entretanto, permanecer sempre um deles no passeio, até que toda a rua seja vasculhada, casa por casa.

Cada um dos senhores se responsabilizará por uma região da cidade, de molde que ainda que o dia amanheça, que chegue o horário de trabalho, não haverá suspensão de nenhuma das ordens até o final da busca. O capitão Macedo irá distribuir as ruas e os contingentes e cada um dos senhores tem carta branca para prender qualquer do povo que for suspeito, que for flagrado em atitude agressiva ou que representar ameaça à ordem pública que nos compete preservar. Com a prisão, o sujeito será trazido para o quartel com escolta de dois homens, será colocado no cárcere e, se não for mais possível por falta de espaço, serão, os prisioneiros, alojados nas baias dos cavalos que já mandei esvaziar e limpar.

Por ser operação delicada, determinei ao capitão Macedo que providencie o armamento e munição real para todos os soldados, da mesma forma que os que possuem parentes na cidade, ficarão alguns de serviço aqui no quartel e os outros serão incorporados em grupos localizados à distância de suas casas, em outras regiões da comunidade, evitando-se proteção indevida ou acobertamento prejudicial ao cumprimento do nosso dever.

Reforço a advertência de que estamos lidando com gente que não tem nada a perder e que, por isso, a nossa vigilância e cuidado devem ser redobrados. Não devem se intimidar sendo necessário que, para a tarefa de busca no interior das casas, os senhores escolham homens corajosos, fortes, que não se intimidem diante de nada e que sejam, ao mesmo tempo, espertos e sagazes como felinos. Com isso, poderemos descobrir o que procuramos ou nos certificarmos de que não passa de ilusão a notícia contida nestes despachos.

Tudo parecia perfeitamente planejado, nos seus mínimos detalhes.

Os subordinados que ouviam o relato e as ordens sabiam que se tratava de algo inusitado, que nunca havia sido feito e, assim, algo extremamente perigoso.

Da mesma forma, sabiam que as ordens não se discutiam. Eram determinações com que teriam de se conformar ou serem presos por insubordinação, segundo a velha cartilha da caserna.

Afinal de contas, todos haviam concordado que era preciso fazer alguma coisa diante daqueles fatos. E as coisas estavam definidas dentro do planejamento detalhado que a visão daquele homem experiente sabia costurar, sem deixar linha sobrando, trama sem fio.

O que preocupava era o fato de que, bem fundamentado ou não, aquele era um ato de arbítrio, com a invasão à intimidade das pessoas, dos seus lares, sem aviso. Era algo que nenhum dos que comandaria desejava que ocorresse com a sua família e que os iria deixar marcados perante a comunidade, como se todos os moradores lhes fossem inimigos.

Além disto, existia o perigo de qualquer reação dos próprios militantes do movimento, pegos de surpresa, o que poderia causar muitos riscos e constrangimentos ainda maiores.

Melhor seria ficar de plantão durante um mês inteiro no quartel do que passar um dia apenas cumprindo ordens de tal impopularidade.

Enquanto todos pensavam em silêncio nas conseqüências e nas dificuldades que enfrentariam, o general deu continuidade às explicações.

– Certamente concordo com os senhores de que são ordens inusitadas e duras, mas pensei muito e não vislumbrei outra saída. Além disso, se forem elas cumpridas de acordo com estas orientações e sob a vigilância severa e pessoal dos senhores, conseguiremos diminuir os riscos da operação, já que os soldados serão controlados pelos vossos olhos, evitando-se quaisquer abusos. Não preciso dizer que se ocorrerem saques ou furtos por parte da tropa ou mesmo qualquer comportamento da soldadesca que signifique abuso de confiança ou atitude inadequada para com mulheres ou crianças, serão severamente punidos imediatamente.

Contudo, não deverão se intimidar na revista dos cômodos, afastando armários, abrindo portas, levantando objetos, abrindo gavetas, retirando coisas penduradas, vasculhando forros, alçapões, porões, etc.

Tudo o que for suspeito e que puder ser tido à conta de objeto potencialmente perigoso, com exceção de facas de cozinha, tesouras e apetrechos similares, deverá ser retirado do interior, anotando-se numa cautela o número da casa, o nome da rua, o nome dos moradores e o objeto que foi apreendido, com suas peculiaridades para que, em sendo recolhidos ao quartel, possamos saber a quem pertenciam tais objetos, como armas de fogo, espadas, material explosivo, material de propaganda, uniformes, botinas e coisas parecidas.

Recolhidos ao quartel, serão guardados na sala das armas e,

depois, avaliados um a um, convocando-se os seus efetivos donos para que aqui venham se explicar sobre a sua existência e, se for o caso, levá-los embora.

Os cavalos deverão ser atrelados às peças de artilharia, aos canhões, que serão levados à rua como forma de intimidação de qualquer morador mais acalorado que não se conforme com as determinações, enquanto que cada um dos oficiais deverá se utilizar de uma montaria para fiscalizar com maior agilidade e rapidez as ocorrências ao longo do trecho sob a sua vigilância.

As praças graduadas, como os sargentos, deverão deslocar-se ao longo da linha de casas que estão sendo pesquisadas, de forma que qualquer ocorrência emergencial lhe seja notificada de imediato e encaminhada ao oficial responsável que tomar as medidas cabíveis no ato e depois relatar ao comando geral da operação em minucioso relatório todas as alterações ocorridas.

Se forem eficientes como já deram prova de que são, nosso trabalho se encerrará antes do pôr-do-sol e não deixará brechas para fugas ou ocultação de objetos ou pessoas. Pegaremos todos os suspeitos.

Alguma dúvida? – perguntou Alcântara, como que dando por encerrada a reunião passando ao capitão Macedo as ordens por escrito e os documentos copiados e assinados pelo comandante, dando a cada oficial os poderes para, em nome da manutenção da ordem, poderem entrar nas moradias do povo.

O silêncio total era de esfriar a alma e permitia ouvir o zumbido dos insetos voando perto das lamparinas de campanha.

O dia ia ser longo...

9

A semeadura do mal

Reunida no pátio da guarnição sob o comando de Macedo, estava toda a tropa destacada para aquela região interiorana do Brasil imperial.

Mais de quinhentos homens se acotovelavam em filas cerradas à espera das determinações para aquele dia tão diferente.

Diante deles, os oficiais perfilados aguardavam a chegada do comandante que determinaria o início da operação tão secretamente organizada e com finalidade tão radical.

Ao toque do clarim que anunciava a chegada do comandante, todos adotaram a posição de sentido sob o comando do capitão Macedo que, ato contínuo, entregou a condução da operação ao seu superior imediato.

O general tomou a palavra e incitou a tropa a cumprir as ordens que receberiam sem titubear, pois deles dependia o sucesso da operação, a continuidade da integridade do exército nacional e a segurança do Império.

Destacou que os mais fiéis e corretos no cumprimento do dever seriam agraciados com licenças e medalhas, com citações meritórias nos seus prontuários, visando futuras promoções.

Explicou que revoltosos se achavam infiltrados naquela região, ameaçando a paz e divulgando palavras de ordem contra todos os que ali se achavam trabalhando honestamente, a serviço da pátria e da segurança dos próprios rebeldes.

Sabia instigar com meias verdades e colher a indignação dos comandados com palavras habilmente costuradas no sentido da instalação do ânimo adequado no espírito cego das massas que comandava.

Estava produzindo um sentimento de antagonismo entre os soldados e os moradores daquela localidade pacífica, a fim de que todos os cidadãos fossem vistos como potenciais rebeldes infiltrados ou suspeitos, de forma a não permitir que simpatias anteriormente constituídas com os residentes daquelas ruas e casas interferissem na sua obrigação de vasculhar tudo e a todos.

Eram eles, os soldados, os homens honestos injustiçados por campanha difamatória, enquanto que os moradores eram cobras peçonhentas que acobertavam aquele tipo de calúnias dando apoio aos revoltosos.

Falou ainda que as notícias recebidas de seus próprios superiores informavam que os responsáveis pelo movimento se achavam estocando armamentos, de molde a que deveriam ser confiscados todos os objetos suspeitos que pudessem servir como arma de ataque, trazendo-os para o quartel.

Se qualquer do povo opusesse resistência, tinham autorização para levarem ao conhecimento de seu superior imediato e efetivar a prisão do morador imediatamente.

Assim falando, Alcântara entregou o comando dos respectivos grupos de militares aos seus respectivos oficiais e praças para que a operação tivesse início.

Enquanto isso, o povo dormia ao som dos galos que, vez ou outra, sonolentos, emitiam os seus cantos madrugadores.

Naquele dia, os moradores iriam acordar de forma jamais experimentada antes.

* * *

Tão logo fora dada a ordem de início, saíram à rua os batalhões espalhando-se pelas diversas vias da cidade que, em face de ser de porte reduzido, logo foi ocupada pelos soldados, vigiada em toda a sua extensão urbana, na forma de dois soldados na porta de cada casa, de baioneta calada e de fuzil carregado.

Tudo efetivado no mais absoluto silêncio, ressalvado, por óbvio, o rumor natural do deslocamento dos animais e canhões que iriam compor o cenário de intimidação.

Quando tudo estava preparado, os grupos de soldados já escolhidos para iniciar as buscas, tomaram posições aguardando ordem superior para iniciarem a ação.

Assim que o comando geral foi informado de que todos os postos estavam preparados, Alcântara deu o sinal, acordando os moradores com uma salva de canhões, facilitando o trabalho da tropa.

Com o estrondo, muita gente pulou da cama surpresa e assustada, procurando abrir janelas ou portas para ver o que se estava passando.

Era o bastante para instalar-se nos espíritos o sentimento do terror.

Soldados armados na porta de casa, canhões na rua, barricadas nas esquinas, tudo lembrando um campo de batalha.

E então, começou a invasão dos domicílios pelos homens designados. Cada grupo levava consigo cópia da ordem de Alcântara que, naquele local se erguia como a autoridade máxima contra a qual ninguém ousava contestar-lhe as determinações. Não obstante o medo de muitos e a repulsa da maioria, a operação teve início.

As primeiras casas foram abertas e no seu interior os soldados reviravam tudo, intimidando os moradores com as armas que portavam e com as ameaças que faziam. Pessoas inocentes se viam colocadas na condição de bandidos procurados, sem direito à privacidade e à liberdade de pensamento. Objetos eram recolhidos, pessoas eram inquiridas sumariamente, tinham seus nomes anotados e, casa após casa, ia ficando o rastro de coisas reviradas, desordem e choro de crianças amedrontadas.

Logo começaram a aparecer os que não aceitavam aquele tipo de comportamento, por se acharem cidadãos honrados e cumpridores dos deveres. Ao menor sinal de contrariedade, contudo, eram detidos e enviados em carroção fechado de tração animal, ao quartel, onde eram aprisionados como bandidos comuns.

Mais adiante, quando o dia já amanhecido começava a ficar aquecido pelo sol forte, os ânimos foram sendo, igualmente, acirrados.

Em uma casa modesta, um dos soldados encontrou antiga e enferrujada garrucha que foi considerada instrumento perigoso, mesmo estando com problemas e não se prestando sequer como instrumento de decoração. Foi ela, contudo, catalogada como prova de que naquela casa residia gente "deles", como diziam entre si os próprios militares.

Mas o morador não se conformava com isso, e insistia em dizer que aquilo não lhe pertencia mas sim era do velho pai que estava fora, passando temporada na casa de outro filho, em outra região.

– Todos têm as suas invenções e as suas mentiras para fugirem às responsabilidades, quando pegos em flagrante, não é? – falou ríspido um dos soldados.

– Mas não é minha e, além disso, não serve pra nada – respondeu o morador que, trêmulo, antevia a sua catalogação como reles salteador sumariamente condenado.

– Seu nome, rápido! – ordenou o militar.

– Pra quê? Eu não fiz nada de errado.

– Está preso por atrapalhar nosso trabalho. Vista-se já, pois você será levado para o quartel e lá vai dar as informações que aqui não quis fornecer.

– Meu nome é Juvenal, Juvenal...

– Agora não adianta, não. Vamos andando.

– Não, seu soldado, não faz isso comigo não. Eu sou pessoa pobre, mas nunca fui preso porque sou honesto.

– Tudo na vida tem uma primeira vez... – respondeu o soldado insensível.

Eram as palavras do general que faziam efeito.

À medida que o dia corria, eram recolhidos ao quartel mais e mais pessoas que iam lotando os cárceres e, agora, começavam a ser alojadas nas baias dos cavalos.

Do mesmo modo, a revolta ia se avolumando no coração dos moradores, que eram tratados sem nenhum respeito ou consideração.

Essa falta de respeito se observava pela conduta dos homens que efetuavam as buscas, os quais aproveitavam os momentos para fazerem justiça com as próprias mãos, prejudicando pessoas com as quais não se simpatizavam, perseguindo com ordens iníquas os que não lhes eram caros, efetuando prisões de antigos desafetos que não tinham sido vingados mas que também não tinham sido esquecidos.

Os soldados, na condição de cumpridores de ordens tão insólitas, se viam elevados na sua importância e isso fazia com que viessem à tona todas as fraquezas de seus espíritos recalcados por terem de obedecer durante toda uma vida.

Tal importância lhes foi atribuída pelo comandante para preservar os oficiais e ele próprio desse incômodo trabalho, que os desgastaria ainda mais, se tivesse de ser feito pessoalmente por eles mesmos.

Alcântara pensava em tudo.

Sabendo que tal operação iria ferir os moradores do lugar, pensou que seria melhor deixar os soldados e praças sem muita qualificação efetuarem as buscas diretas, evitando, assim, aparecer como o cumpridor de tão impopulares determinações.

Nada até então havia sido encontrado que pudesse ser tido como prova da existência da conspiração armada que os superiores lhe haviam indicado.

Foram recolhidas algumas armas brancas, punhais ou espadas corroídas, algumas espingardas de caça sem uso e nada mais.

Algumas escaramuças entre os militares e os moradores foram aumentando a tensão entre os cumpridores das ordens e o povo.

Aqui, um dos soldados desacatados por um velho morador deu-lhe um empurrão que o jogou ao solo, provocando uma fratura óssea.

Ali, um outro soldado inescrupuloso que, aproveitando-se da sua condição de invasor oficial, efetua devassa e se apropria de pequenas jóias carregadas em seus bolsos sem que ninguém o percebesse.

Mais além, jovens, moças ou adolescentes são provocadas por homens fardados que se aproveitam da condição para se insinuarem sem nenhuma cerimônia ou respeito.

Favores são concedidos às mais belas ou às mais astutas visando uma complacente averiguação que não lhes destruísse os bens nem prejudicasse a vida da família em troca de acertos amorosos posteriores.

Tudo isso ia ocorrendo fora das vistas dos comandantes que nada sabiam destes fatos por não poderem controlar todas as circunstâncias.

Mas as pessoas sabiam e se estavam revoltando de verdade.

Após a revista, as famílias tinham de se manter dentro de casa para que as buscas não fossem atrapalhadas pelo trânsito de pessoas na rua. Só poderiam sair ao final de toda a operação. Para os casos emergenciais que envolviam saúde, remédio, alimentos a serem adquiridos, os oficiais responsáveis eram postos a par das circunstâncias e, pessoalmente, avaliavam, autorizando ou não.

No entanto, os ânimos exaltados e as detenções estavam crescendo na mesma proporção.

Os primeiros iam sendo contidos pela intimidação das armas. As segundas, nada continha.

Começaram, então, a cair algumas pedras sobre os soldados, vindas de algum lugar não identificado e atiradas, com certeza, por pessoas que se ocultavam em árvores mais altas nos quintais das próprias casas.

Caíam sobre as cabeças protegidas dos militares e causavam-lhes indignação pela ousadia, julgando tratar-se de ato produzido pelos revoltosos que se achavam acuados.

Mas as buscas prosseguiam enquanto o calor aumentava.

Tudo estava sob controle relativo, até o instante em que o inesperado aconteceu.

Em uma das ruas mais populosas da localidade, uma pedra atirada do alto de uma árvore atingiu o solo logo à frente de um soldado que montava guarda em seu posto de vigia, junto ao tenente Almeida.

Pela força do impacto a rocha foi partida em vários estilhaços, alguns dos quais atingiram o corpo do soldado, ferindo-lhe de leve a perna enquanto outros atingiram o rosto do tenente Almeida, que se achava sentado em sua cadeira de campanha lendo relatórios da operação, ferindo-lhe a vista e produzindo-lhe inúmeros cortes e sangramentos.

Imediatamente criou-se um alvoroço entre os militares.

Achavam que estavam sendo atacados por rebelados que se escondiam, os mesmos que estavam procurando.

Pela direção de onde teria partido o objeto atirado – algumas árvores altas situadas no fundo de casas vasculhadas naquela rua, – os soldados organizaram-se em alguns grupos para produzirem um cerco dos arvoredos e prenderem os agressores.

Os ferimentos no soldado e no oficial fizeram com que Alcântara mais revoltado se tornasse, expedindo ordens a todos para que redobrassem o rigor e não permitissem quaisquer atos desse tipo, já que aquele era um comportamento que teria de ser coibido e vingado.

À sombra do general, contudo, estava o espírito de Luciano, instigando-lhe os sentimentos violentos e estimulando no militar as reações que já eram naturais de seu interior arbitrário e orgulhoso, aumentadas agora pelas solertes intuições recebidas pelo cérebro humano invigilante que Luciano tão bem conhecia.

Fazendo crescer o sentimento de reprimenda aos agentes desse fato, o próprio general foi ao local onde tudo tinha ocorrido, determinando o cerco ao quarteirão e convocando os melhores atiradores do quartel para que se perfilassem à frente das casas como forma de fazerem aquela reprimenda servir de exemplo.

Nova chuva de pedras caiu sobre eles, partida da mesma direção, tendo que se protegerem dos artefatos voadores para que os mesmos não lhes atingisse as áreas a descoberto do próprio corpo.

Aquilo era mais insulto ao comandante. Ser recebido a pedradas, ainda mais vindas de agressores ocultos no meio dos arvoredos, o que lhes dificultava responder aos ataques de forma eficiente.

Mas Alcântara não era homem de deixar sem resposta uma ofensa à sua pessoa, ao seu orgulho ou aos seus subordinados já que estava acostumado a se impor perante todos com os seus próprios argumentos.

Ali estava, também, a influência do espírito de Luciano, o seu algoz mais próximo, que iria encaminhar o general ao matadouro, com as próprias pernas.

– Atenção, homens. Vocês são testemunhas de que estamos sendo covardemente agredidos por inimigos que se ocultaram no meio dos galhos e estão a nos atingir, já tendo ferido dois de nossos valorosos homens – gritava nervoso o oficial maior. Tal conduta é uma agressão contra a qual qualquer resposta se enquadra, perfeitamente, no conceito da defesa legítima da própria vida. Não podemos, igualmente, deixar que continue esse estado de coisas, sem que nenhuma atitude seja tomada, mormente para intimidar os rebeldes e fazer com que cessem este comportamento, além de capturarmos os seus responsáveis para que possam pagar pelo crime que vitimou nossos homens, agora recolhidos à enfermaria do quartel.

Nova chuva de pedrinhas caiu sobre o general e os atiradores que ao lado dele se achavam, o que o levou a interromper o discurso feito aos gritos para que todos escutassem, com a ordem:

– Soldados, apontem os fuzis para o alto das árvores de onde parece que vêm os ataques contra nós e descarreguem a carga. Ali estão alojados os integrantes da camarilha que estamos procurando.

Não precisou esperar muito. Os soldados ali hipnotizados pela sua presença imperiosa que ordenava tal atitude, dirigiram suas armas para o alto das árvores, aguardando o que viria depois.

– Fogo!!! – gritou estentoricamente o general.

À sua ordem, uma nuvem de fumaça cheirando a enxofre cobriu a calçada, partida da boca dos fuzis que projetavam os artefatos disparados na mesma direção, sucessivas vezes, enquanto que o barulho forte dos disparos fez um silêncio aterrorizador tomar conta de todos os corações, inclusive dos próprios soldados.

Ao mesmo tempo em que inúmeros galhos eram decepados com as folhas inocentes caindo ao vento, como que feridas de morte pelos projéteis, ouviram-se gritos que foram seguidos por fortes baques no solo.

Todos correram para ver o efeito dos disparos, já que parecia que alguns dos revoltosos haviam sido feridos e, sendo detidos pelos militares, poderiam dar notícia dos demais.

Ao mesmo tempo em que os militares invadiram a residência para se dirigirem aos fundos de onde parecia estarem vindo os gritos, os moradores da casa fizeram o mesmo, correndo para a parte posterior da moradia, em desespero.

E quando todos chegaram ao local, ali estava o resultado da ação contra os rebeldes infiltrados, atiradores de pedras e perigosos integrantes dos grupos ameaçadores das instituições: dois garotos de 13 e 14 anos estavam estirados no chão, ensangüentados pelas balas dos fuzis que os atingiram em cheio, trazendo nas mãos as atiradeiras rudimentares de que se serviam para efetuarem os ataques.

Eram o filho do morador daquela casa e o seu amigo vizinho que, na condição de vítimas do comportamento indigno dos militares que lhes vistoriaram o lar, humilhando os seus pais na frente de todos os parentes, se viram na obrigação de responderem utilizando-se das armas de que dispunham, já que estavam na fase dos folguedos e caçadas aos passarinhos da região.

O general, com o sangue-frio que lhe era característico, ordenou a vinda das padiolas, enquanto que os gritos de desespero dos pais de ambos os garotos se misturavam ao espanto e à inércia dos outros soldados, que assistiam a tudo com a consciência a lhes acusar de uma culpa que carregariam pelo resto de suas vidas.

Ordenou a retirada de todos os militares daquela casa, enquanto se aglomeravam os oficiais que haviam ouvido os tiros, na porta da moradia, aguardando alguma notícia do acontecido.

Todos estavam apreensivos.

Duas macas de campanha saíram carregadas por soldados, com os corpos dos dois jovens em direção do quartel, que contava com aparato médico para emergências desse tipo.

Bastou a visão das padiolas e dos corpos feridos sendo levados em disparada pelas ruas e todos os moradores sentiram a revolta amarga subir-lhes à garganta, não podendo, contudo, responder à altura da agressão, ao menos até aquele momento.

Alcântara, surpreendido pelas ocorrências que não houvera previsto, enceguecido pela idéia de que estaria respondendo aos agressores, agora tinha a mente confusa e trabalhando desesperadamente para obter uma equação que pudesse contornar todos os problemas.

– Afinal, são dois moleques que mereceram os tiros já que estavam atacando o próprio exército – pensava ele querendo se defender da acusação da própria consciência que lhe dizia ter feito o que não lhe cabia fazer.

Voltou rápido ao quartel e enquanto procurava notícias do estado dos feridos, determinou o encerramento das operações com o retorno de todo o destacamento às dependências do quartel para que fossem feitos os levantamentos sobre todos os fatos ocorridos ao longo do dia.

No entanto, as coisas já não eram mais tão simples como pretendia fazer o raciocínio prático do militar arrogante.

A sementeira estava lançada no coração de toda uma comunidade. Sementeira de ódio, humilhação e revolta que tinha nele, general, o maior algoz.

Principalmente agora que, como fruto de tão funesta iniciativa, teria a apresentar como revoltosos que conseguiu apreender e que ameaçavam o exército de Sua Majestade Imperial, duas crianças com estilingues na mão.

Ambas, agora, mortas!

10

Esclarecendo

A sabedoria divina se manifesta em todos os detalhes da criação, de tal maneira permeando todas as coisas que não há como negar que tudo traduz algo da perfeição do Pai.

Ao renascer, o ser humano é dotado de todos os recursos para enfrentar as dificuldades que terá diante de si, pois seu espírito já recebera, no Mundo Espiritual, as lições indispensáveis para volver ao mundo e enfrentar aquelas condições de dor, sofrimento, desafio, alegria, trabalho que consistem para ele, ao mesmo tempo, oportunidade de resgate e de reconstrução.

A Pedagogia Divina não poderia ser diferente.

Se regressa depois ao Mundo Espiritual na condição de endividado e descumpridor do que lhe cabia realizar, isso se dá por descuido pessoal, por falta de vontade própria, por fraquezas derivadas da carência emocional, da autocomiseração, da repetição de vícios, da manutenção de suas tendências.

De um modo ou de outro, desprezou todas as dádivas celestes anteriores à sua encarnação e todas as forças recebidas ao longo da vida física, para superar os desafios da sua jornada material.

Como falara Jesus, "o Pai não dá ao filho um fardo mais pesado do que as forças que possua para poder carregá-lo".

Assim ocorre com todos nós, sob pena de Deus não ser prudente, sábio, bom e, por isso, ... não ser Deus.

* * *

Este era o caso do general Alcântara.

Viera à Terra para exercitar as suas tendências dentro das suas características de espírito ativo e de liderança, tendo enveredado pelos caminhos da caserna, graças à influência paterna, antigo companheiro em outras encarnações.

Visando municiar-lhe o espírito com temperança e prudência, vigilância e amor, foi ele colocado igualmente ao lado de uma mulher que, na condição de mãe amorosa, exercera influência positiva sobre o seu caráter para que ele recebesse no berço familiar todos os componentes básicos para o exercício da sua função de liderança dentro dos padrões edificantes.

Não obstante todo o preparo e todo o zelo espirituais, chegou o dia em que Alcântara teve de se ver comandado por si próprio, o que passou a fazer tendo por conselheiros os interesses mesquinhos de que era portador.

Não olhara para o futuro com olhos de alguém que pretendesse semear boas sementes para recolher colheita proveitosa.

Fora convocado a preparar a terra, semeá-la para colher os benefícios do progresso de todos.

Limitara-se a ser, apenas, explorador do terreno, cavocando-lhe as entranhas para tirar aquilo que não lhe pertencia, deixando-o semeado de buracos e valetas, quais profundos cortes que não se cicatrizariam senão com o seu próprio sofrimento.

Pelo caminho que seguia, o que se via não eram lavouras verdejantes, constituídas de homens felizes e criaturas em processo de crescimento.

Viam-se apenas galhos decepados, troncos fumegantes, buracos e cinzas.

Com isso, o nobre general cuja farda ostentava as insígnias que os homens se outorgam mutuamente na satisfação de suas vaidades, era um espírito extremamente endividado, trazendo na alma as insígnias que o seu demérito foi construindo, representada por um perispírito cuja luz interior se achava eclipsada por sucessivas camadas de fluidos densificados que o tornavam verdadeira sombra, sobre a qual inúmeros espíritos de igual teor imperavam, comandando-lhe os sentidos e se acumpliciando com o seu modo de ser para dele tirar maior vantagem.

O espírito de Luciano era um dos que se aproximavam no intento de vingar-se, encontrando todas as tomadas mentais e todas as brechas para fazê-lo sem dificuldade.

Ao invés de agir com a sabedoria do homem que precisava valorizar os outros que lhe eram subordinados, acreditava-se superior aos demais, apenas por trazer patente que o colocava em situação de relevo.

Acostumado à exaltação de sua personalidade, à bajulação e aos falsos amigos que dele se acercavam para envaidecê-lo e para se aproveitarem de sua importância, cultivara o orgulho como conselheiro, ao mesmo tempo em que foi relaxando o controle sobre suas deficiências de caráter, passando a se achar acima de tudo, tanto das pessoas quanto das leis que ele deveria cumprir e defender o cumprimento.

Por isso não lhe pesava nenhuma culpa por estar usurpando os bens materiais daqueles de quem invejava as posses eis que, na sua conduta mental, julgava-se merecedor daqueles bens por ser melhor, mais inteligente e poderoso do que os outros.

Não possuía mais padrões éticos para dirigirem-lhe a conduta e, se é certo que sabia dissimular e comportar-se socialmente de forma adequada às circunstâncias, não menos certo é que era verdadeiro lobo voraz, pronto para dar o salto sobre a presa.

Com isso, Alcântara abriu todas as comportas dos sentimentos mais inferiores, expondo a sua vida ao padrão baixo de seus pensamentos e sentimentos, sem que os espíritos superiores que lhe tutelaram a reencarnação pudessem fazer qualquer coisa a fim de que a sua experiência terrena, sob a personalidade daquele general, pudesse ser aproveitada pelas coisas boas que poderia edificar. Ela ser-lhe-ia útil pelo cálice de amargura e sofrimento que teria de suportar, em face das escolhas empreendidas.

Visando ajudá-lo no sucesso dos seus projetos reencarnatórios, os espíritos amigos situaram-lhe os passos junto de amorosa companheira, Lúcia, mulher distinta e de elevados sentimentos e de filha carinhosa, Lucinda, a única flor cujo perfume chegava ao coração do militar.

Era, o militar, como um rio caudaloso e de águas revoltas, contido por duas valorosas margens que o dirigiam ao destino que escolhera. A presença da esposa era um freio natural para os seus desatinos de homem vaidoso, já que a mulher o conhecia e sabia como dominar-lhe os impulsos mais inferiores. E a doce companhia da filha representava para ele um refrigério e um conforto que ele não conhecia em nenhum outro lugar.

No entanto, o desaparecimento da esposa vitimada por um estranho acidente, privou o rio de uma de suas margens, permitindo que as suas tendências instintivas se alargassem, extravasando os seus ímpetos agora já não mais contidos.

Restava Lucinda, o amor de seu coração, a jovem filha que era o verdadeiro oficial superior a quem o general se submetia. Ela, contudo, era dócil e carinhosa, não exercendo sobre o pai o poder de intimidação que a mãe, Lúcia, possuía sobre o marido.

E isso deixou Alcântara à vontade para fazer o que estava acostumado.

* * *

O acúmulo do mal, no entanto, deverá desencadear respostas que possam aliviar as tensões causadas pela carga de maldade que se vai avolumando no espírito do ser invigilante.

Algumas vezes, estas situações de acúmulo energético negativo se canalizam para diversas enfermidades físicas ou mentais, permitindo que o espírito acabe drenando para seu corpo de carne as descargas de vibrações deletérias que vai juntando.

No entanto, no caso em questão, Alcântara começava a sentir as conseqüências funestas de todas as atitudes inferiores sucessivamente aglomeradas sobre a sua consciência, de tal forma que todo o mal acumulado, qual uma represa repleta de detritos, começava a romper o dique de contenção e iria despejar o seu conteúdo sobre o seu próprio construtor.

Por esse motivo, as inúmeras parábolas do Divino Mestre convocando o homem a reconciliar-se com o seu irmão enquanto estivessem a caminho; a deixar a sua oferenda ao lado do altar e ir, primeiro, desculpar-se com o seu adversário; a perdoar sempre e sem limitação; a oferecer a outra face e entregar também a blusa a quem lhe pede a capa, etc. Todas estas condutas mentais e físicas, aliviam o conteúdo do reservatório das próprias iniqüidades, fazendo com que o homem não seja surpreendido pelo mal que produziu, de regresso à fonte que o gerou.

Ao contrário, as palavras de Jesus aconselham a prática de condutas interiores que, aglomeradas e acumuladas no coração e no pensamento do indivíduo, só poderão trazer ao agente as benesses oriundas da boa sementeira.

Daí Ele ter proposto acumular o homem tesouros no céu; a amar o outro como a ele mesmo, a dar comida a quem tem fome, visitar o enfermo, o preso, dar abrigo ao abandonado, ser o último se desejar ser o primeiro, ser um bom samaritano exercitando a misericórdia.

Estas formas de agir acumularão eflúvios positivos que, longe de se transformarem em uma avalanche de detritos, se converterão em perfumado orvalho a cair em silêncio sobre a fronte que o espalhou, refazendo-lhe as forças e estimulando a continuidade da tarefa.

Desencadear o bem, eis o dever do homem de bem.

Suportar o mal, eis a conseqüência para o homem invigilante que o produziu.

Dar para receber!

Receber o que deu!

Entregar o que se possui!

Possuir, apenas, o que entregou!

Eis a lei do Universo.

***

Lá estava Alcântara, com os corpos de duas crianças a pesarem sobre a sua responsabilidade, como que ouvindo a consciência a lhe acusar de que era um preço muito alto que estava lhe sendo cobrado.

Revivia o instante em que ele mesmo gritara "Fogo", imaginando poder voltar atrás, apenas alguns minutos, para que tudo estivesse transformado e que a sua conduta não redundasse em uma tragédia tão grande para aquele vilarejo.

No entanto, o tempo só anda para frente.

Naquele ponto o dique de maldades iniciava o rompimento de todas as barreiras e o mal acumulado por sucessivas atitudes inconseqüentes iria levantar-se diante daquele que o havia juntado avaramente.

Na cidade, a revolta tomara conta de todos os moradores, que não se conformavam com aquela devassa abusiva de sua intimidade, agravada pela desastrosa operação que levou à morte de duas crianças inocentes.

As famílias de ambos os jovens recolheram os corpos para dar-lhe sepultamento, sem ocultarem a inconformação e o ódio daqueles soldados que foram a desdita de toda a comunidade naqueles dias.

O padre Geraldo encomendou os corpos, tomando todos os cuidados para não acusar o general ou qualquer outro soldado de atitude irresponsável, já que não pretendia ver-se em más relações com Alcântara e Macedo, nem instigar mais ódio nos corações sofridos dos entes queridos, já por si mesmos tão desamparados.

No dia e hora do sepultamento, uma grande multidão foi ao campo santo para orar pelas almas daqueles mártires da resistência, ainda imberbes. Os únicos que, naquela manhã de arbitrariedades, ousaram agir contra o despotismo das armas, foram enterrados com as atiradeiras no peito, triste homenagem à sua coragem arrebatada, numa reprodução grotesca e às avessas do embate entre Davi e Golias.

Neste duelo, Golias vingara a atiradeira.

Afinal, Golias tinha fuzil.

Seria, no entanto, de triste lembrança para o comandante, como ele mesmo iria perceber mais tarde.

11

Os Rebeldes

A grande operação montada em Barreira de Pedra teve a finalidade de capturar os revoltosos, uma vez que havia notícia de sua existência e de suas atividades de natureza libertária.

O movimento, na verdade, não possuía nenhuma organização mais complexa que pudesse gerar receio por parte dos grupos dominantes.

Era um amontoado de pessoas, em geral homens jovens, que se reuniam ao redor de ideais nascentes que envolviam a libertação dos escravos, o rompimento definitivo com o passado lusitano, a implantação de um novo regime político, tudo isso congregado em palavras de ordem que eram divulgadas através de folhetos clandestinos.

Apesar de possuir uma natureza liberal, o velho Imperador se achava muito distante para poder agir com o seu espírito conciliatório.

Os que defendiam as estruturas estatais em seu nome, ou seja, os governos provinciais e as guarnições militares tinham o perfil do caráter de seus comandantes, ora mais liberais conforme o próprio Imperador, mas, em sua maioria, despóticos e firmes, avessos a quaisquer riscos de mudança, que lhes comprometeria a situação política pessoal ou as regalias já conseguidas.

Para exercerem influência social, os chamados revoltosos tinham necessidade de fazerem veicular as suas idéias, o que conseguiram realizar a muito custo, com a aquisição de uma velha máquina impressora manual que trabalhava dia e noite imprimindo notícias, fazendo o papel de voz dos idealistas.

Ao movimento se reuniam pessoas de mente rejuvenescida pelas novas tendências que iam surgindo a partir da revolução francesa, ganhando força com a revolução industrial e alavancadas pelas pressões políticas de países como os Estados Unidos da América, desejosos de favorecerem a abolição da escravatura para que a mão de obra barata, aqui existente, não fosse obstáculo para a sua prática comercial, na competição entre os mercados de produtos agrícolas ou pequenas manufaturas numa indústria emergente.

Ao mesmo tempo em que as idéias novas cativavam o espírito empreendedor e idealista, naquele lugarejo havia um outro motivo que se somava para que o movimento fosse mais intenso e preocupante.

Era o general Alcântara, com seus métodos pouco corretos de administrar a comunidade, gerando sucessivos descontentamentos ao mesmo tempo em que sabia preservar as amizades importantes e contar com o seu apoio incondicional.

Ao longo do tempo, depois do falecimento de sua esposa, o general conseguira criar muitas inimizades no coração de gente mais simples que lhe fora vítima das ambições.

Tais criaturas, vendo-se espoliadas pelos métodos espúrios e mal escamoteados do militar, não possuindo formas de se defenderem ou de fazerem valer direitos contra a força, iam se aglomerando ao redor de líderes liberais, com aquele discurso que representava uma resposta ao autoritarismo exercido por aquele homem arrogante e orgulhoso.

Assim, em Barreira de Pedra, o movimento que surgiu modesto espalhando panfletos de porta em porta durante a madrugada, passou a ganhar adeptos que se simpatizavam com a causa, exatamente como forma de buscarem a vingança contra aquele militar que os vinha prejudicando.

Deste modo, as reuniões passaram a ser mais concorridas e, para se evitar a desagradável surpresa de serem todos presos de uma só vez, os responsáveis iniciaram uma prática de, a cada reunião se congregarem em um local diferente, nas casas mais distantes do quartel e só admitindo que parte do grupo ali se reunisse.

Além disso, uma vez por mês, todos se reuniam em uma propriedade rural mais retirada, sempre ao cair da noite, para avaliação do movimento.

Nessa propriedade, cujo proprietário era homem também pertencente ao movimento, achava-se a máquina copiadora que, distante da cidade, permitiria trabalharem os intelectuais do movimento sem chamarem a atenção.

Depois de compostos os tipos e impressas as mensagens, eram elas levadas em pequenos pacotes, sem chamarem a atenção, para distribuição na cidade.

Iniciado por homens de letras e de idéias, o movimento ganhou força com a adesão das vítimas do general que pretendiam, mais do que apenas influir com as idéias, transformar aquilo em um movimento que afrontasse a caserna, preparando uma rebelião mais ampla que pudesse atingir a pessoa daquele homem frio e que ninguém conseguiria retirar do comando e da direção da localidade.

Por isso, os mais feridos e prejudicados, passaram a se preocupar com a reunião de recursos armados, ficando de arrumar revólveres, espingardas, facões, punhais, espadas, munição, pólvora e tudo o que fosse possível para um eventual e desejado enfrentamento.

Os líderes intelectuais do movimento não viam como impedir tais reações, já que precisavam de gente para difundir as idéias e, uma vez espalhadas, as manifestações dos homens da velha ordem deveriam ser violentas.

Preparar-se para a guerra, talvez fosse o único meio de garantir a vitória e a sobrevivência dos princípios defendidos.

Os intelectuais, contudo, não se maculavam com armas ou desejos de matar. Queriam mudanças que fossem aceitas e implementadas por todos. Sonhavam, como o fazem todos os idealistas, com a obra acabada, sem conseguirem imaginar a amplidão da luta para atingirem o estágio de implantação completa.

Os outros integrantes do movimento eram responsáveis por arrumarem os recursos e darem suporte logístico e, agora, bélico ao movimento.

No entanto, por mais que se dedicassem no angariar armamentos, o que conseguiam não era de animar.

Naquele rincão distante, tudo era difícil.

Eventualmente, alguém viajava e no regresso trazia tinta, papel, alguma arma usada e pouca munição.

Quem mais colaborava era o fazendeiro Armando, proprietário da área usada pelos líderes intelectuais do movimento, um dos quais, de nome Luiz, se houvera consorciado com sua filha.

Simpatizante das idéias do genro, Armando não mantinha mais cativos em suas terras. Ali, todos tinham suas modestas casas e, os que não haviam ido embora quando a liberdade lhes fora concedida, trabalhavam na fazenda, alguns recebendo salário, outros recebendo pequenos tratos de terra para cujo pagamento iam doando serviço ou ainda recebendo como pagamento parte da colheita que ajudaram a semear.

Armando e seu genro Luiz eram os maiores entusiastas dessas idéias, já que haviam visto o resultado prático ocorrido na fazenda, com a felicidade imperando no coração de homens livres, que trabalhavam sem o peso do chicote e que davam rumo às suas vidas com autonomia e respeito.

Luiz era talentoso escritor e, graças aos estudos realizados em cidades distantes, centros de grandes idéias renovadoras, incorporou-as ao seu caráter jovem e dinâmico, trazendo-as para aquele lugar e ali ficando em face de ter-se apaixonado pela filha do fazendeiro, de nome Carolina, com quem acabou consorciado.

No entanto, apesar de todos os cuidados, o movimento foi crescendo e as notícias a seu respeito também.

Os homens da cidade, preocupados em arrumar recursos armados, muitas vezes falavam deles abertamente, nos bares onde se embriagavam e discutiam em altas vozes, depois que o álcool lhe havia retirado os freios da prudência e do sigilo.

Falavam alguns de breves tempos que se aproximavam, nos quais não haveria mais Império nem militares.

Ouviam essas conversas outros bêbados que se divertiam mas, ao lado deles, um que outro integrante da guarnição ali se achava divertindo-se com o copo de aguardente nas horas de folga e, ouvindo tais bravatas, levavam-nas ao conhecimento dos superiores.

No começo foram tomadas como conversa de bêbado.

Mais tarde, com a repetição de fatos como esse, passaram a perceber que a coisa era mais séria.

Quando os folhetos começam a ser distribuídos, a certeza chegou.

Havia um movimento organizado.

Alcântara, então, levou ao conhecimento de seus superiores e solicitou uma investigação mais profunda sobre a situação. A resposta chegou no alforje que Macedo levara à fazenda do general naqueles dias passados.

Realmente, tudo estava confirmado, depois de alguns meses de investigações. Inclusive o projeto da rebelião armada. Só não sabiam dizer em que local se achava a impressora e o arsenal reunido pelos revoltosos.

Fora isso o que o general procurara naquele dia que culminara com a morte de duas crianças e o crescimento do ódio no coração de todos.

Até aquele momento, os ideais defendidos pelo grupo eram tratados como algo curioso com o qual boa parte da população não queria se comprometer. Só os mais corajosos se aventuravam de forma arrojada.

A partir daquela manhã e graças ao general Alcântara, o movimento ganharia a força de muitos outros braços e mentes que, unidas, pretendiam vingar a morte dos garotos, a começar dos integrantes de suas famílias.

Ao mesmo tempo em que crescia o número dos simpatizantes, aumentava a pressão dos insatisfeitos clamando pela necessidade de se fazer alguma coisa que pudesse dar uma lição naquele militar, homem sem limites para agir.

Os intelectuais tentavam acalmar os ânimos, mostrando que a

hora não havia chegado, mas os mais revoltados, principalmente os pais dos jovens assassinados, tinham desejo de sangue para que a perda dos filhos não ficasse sem resposta.

Os argumentos racionais sempre perdiam diante dos argumentos da emoção ferida. As reuniões se achavam tumultuadas, quase que perdendo o controle.

Para se evitar um deslize que pusesse o movimento a perder, Luiz e Armando optaram por adiar novas concentrações até que a poeira baixasse e os desejos se pacificassem, deixando de realizar a reunião mensal na sede da fazenda, sob o pretexto de que precisariam viajar.

Com isso, pretendiam dar maior tempo para que as coisas se acalmassem, enquanto buscariam nos centros urbanos mais distantes, mais material para a continuidade de seus projetos.

Iriam ficar fora por algumas semanas, durante as quais não participariam das reuniões e, por isso, pediram para que elas fossem suspensas até que regressassem.

Apesar de serem os líderes das idéias, o movimento já não estava vivendo mais de idéias e filosofia libertária.

Nele se misturou o sentimento retrógrado do "olho por olho" e, utilizando-se de sua plataforma arrojada, as pessoas passaram a desejar ferir quem as ferira, pouco se preocupando de estarem usando os mesmos métodos e as mesmas posturas que, a princípio, combatiam.

Seria muito difícil conseguir falar a uma multidão de pessoas sedentas que deveriam ir à fonte com moderação e ordem, para que não fossem confundidos com meliantes ou bandidos comuns.

Afinal, o movimento nascera com o caráter filosófico da busca da liberdade e da luta contra todo o tipo de opressão.

Não poderia usar a pólvora para lutar contra o canhão dos opressores nem da chibata para lutar contra a chibata dos senhores escravocratas.

Isso, no entanto, não entrava na cabeça daquele povo revoltado, o que representava um problema muito sério que precisava ser contornado para que a caminhada da liberdade não fosse interrompida por um abortamento violento.

Luiz, mais carismático, reunira os líderes da facção armada para entrarem em acerto.

– Mariano, preciso de seu apoio. Você sabe que não é o momento de nenhuma atitude mais agressiva, pois ainda estamos muito enfraquecidos e não poderemos suportar a força dos nossos adversários, bem mais poderosos do que nós, falou o jovem pensador.

– Sim, seu Luiz, a gente sabe que a coisa não pode explodir agora, mas está difícil segurar o povo. Depois do que ocorreu semana passada, um gosto de sangue está na boca de muito pai e mãe. Eu não sei se essa é uma boa hora para o senhor viajar, não.

– Mas Mariano, você é quem eles ouvem. Fale pra eles que a situação está perigosa. Que os homens do quartel não vão titubear em matar mais gente se nós dermos motivo para isso. Vão matar achando que estão cumprindo o dever de se protegerem de nossa agressão.

– É, seu Luiz, para a sua cabeça de moço estudado, até dá pra entender. Mas vai botar roupa nova na minhoca que existe na cachola desse povo. Idéias e palavrinhas bonitas não têm força para conter o sofrimento que pede reparação. Enquanto o general tirava casas, terrenos, terras, ainda se aturava o seu comportamento desonesto, porque a vida da vítima estava preservada. Mas, agora que ele começou a tirar a vida de gente inocente, garoto que não fazia mal nem pra passarinho, já não existe mais o que se possa dizer para o pai que vê seu filho furado de bala.

– Mariano, eu entendo o sentimento que vai no coração dessa gente. Só que tudo vai ficar muito pior do que está. Fale para todo mundo esperar a nossa volta e, então, iremos todos nos reunir para traçarmos um plano que permita o sucesso com o menor prejuízo para as nossas idéias. Esse homem vai pagar caro por tudo o que fez. Só que vai pagar no tempo certo e com o sofrimento adequado à sua condição de pessoa sem escrúpulos.

– Eu vou tentar, seu moço, eu vou tentar ver se convenço a essa gente. Só que eles não estão mais tão preocupados com idéias e com pregação de direitos. Querem, isso sim, fazer valer seus direitos ao menos uma vez na vida, contra aquele que vive tirando deles os tais "direitos" e que tinha por dever defender todo mundo. Contra ele é que se está lutando. Ninguém fala mais em liberdade de escravo, em respeito à condição de ser humano. Todos falam é de colocar mais uma medalha no peito daquele general safado, uma medalha bem afiada e que fique com o cabo bem enterrado no seu peito. Vou ver o que eu posso fazer.

– Veja lá, Mariano. Não somos bandidos, somos libertários. Se nos transformarmos em bandidos, será o nosso fim e o final das nossas garantias de respeito e de correção nas denúncias que estamos fazendo. Eu já tenho permitido que os que foram vítimas desse homem denunciem o que ele faz. No meu último artigo falei de seus métodos, denunciei o que ele vem realizando, citei nomes, tudo para desmoralizá-lo e para compensar os prejuízos que ele vem produzindo nas suas vítimas. Com certeza, esse folheto lhe caiu nas mãos, já que foi espalhado por toda a região e, inclusive, foi mandado para o quartel general na capital, para que os seus superiores conhecessem os seus métodos. Isso pode ter causado nele a revolta que nós pudemos perceber na busca que fez em todas as casas, coisa que nunca foi feita neste lugar, nem quando se procurava jagunço matador escondido por aí. Estamos tratando com um homem que não vê limites para continuar a ser desse jeito. E se nós dermos um motivo, mesmo pequenino, ele vai continuar a matar mas, a partir daí, cheio de razão por estar defendendo a pátria de um bando armado de revoltosos e descontentes anarquistas. Veja lá, hein!!?

Despediram-se. No entanto, a separação de ambos não produziu nenhum alívio ao coração do jovem Luiz que deveria se afastar do fogo justamente no momento em que os incendiários se aproximavam da fogueira.

Era o preço a ser pago quando se inicia um movimento.

Ninguém lhe é o pai para sempre. Chega o dia em que o filho cresce e toma o rumo do mundo guiado pela maioria.

Isso, Luiz não iria poder impedir. Teria de conviver com os resultados já que um dos envolvidos, o general, resolvera apagar o fogo com gasolina.

Dali para frente, tudo parecia que ia esquentar.

12

O plano de Macedo

Naquele dia fatídico, o quartel general encheu-se de maus presságios.

Com a morte das duas crianças e as pequenas apreensões de materiais feitas em operação tão grande, no coração de todos um aperto profundo noticiava a desnecessidade de tudo aquilo.

Os oficiais guardavam silêncio para não se verem envolvidos em crítica ao superior que, ao que tudo indicava, desta vez estivera errado na sua avaliação.

A soldadesca, mais distante e mais descomprometida com a cadeia de comando falava a boca pequena que tudo aquilo tinha sido uma desgraça para a tropa.

O general também não se enganava. Alcântara sabia que as coisas não melhorariam e que, ao contrário, passariam a ser mais difíceis, já que dois pequenos mártires haviam caído pelas balas agressivas disparadas pelos seus próprios soldados.

O seu interior frio, no entanto, pretendia agir de forma racional, pesando o lado contrário e balanceando-o com o lado favorável de tudo aquilo.

Com todos os erros cometidos, o seu pensamento justificava a ação como forma de intimidação da coletividade para que não se deixassem levar por pessoas ou idéias perigosas.

Era o raciocínio do tirano, acostumado a viver pela intimidação.

Era também a presença de Luciano que, em espírito ao seu lado, mais e mais ia apertando os laços de sua perseguição, a fim de que Alcântara fosse caindo no buraco que a sua personalidade cheia de defeitos ia cavando.

Ao largo de todos esses acontecimentos, Macedo ia planejando uma forma de se aproximar de Lucinda para o cortejar de seu coração precisando, então, de uma desculpa para se fazer possível atingir o âmago da questão.

Precisava ele de uma brecha nas preocupações tão amargas de todos, para que as suas pretensões não fossem colocadas em hora inadequada.

Assim, deixou o tempo correr enquanto pensava no que deveria falar para que se aproximasse da jovem.

Passados os dias sem que o general se ausentasse do comando, criou coragem e se dirigiu ao superior, respeitoso:

– General, diante de todas as suas preocupações, gostaria de abordar um assunto que, talvez, lhe interesse e para o qual o senhor ainda não tomou nenhuma atitude direta. É sobre algo que lhe diz respeito e, pelas atribulações que vêm lhe carregando o pensamento, não lhe ocorreu atinar.

– Vamos, Macedo, fale logo do que se trata! – disse imperativo o superior.

– É sobre a segurança de sua fazenda – falou Macedo, não se referindo logo de início à filha Lucinda para que não parecesse ao pai que ele estava interessado na moça.

– Sim, continue.

– Depois de tudo o que ocorreu e, sendo verdade que existe esse tal movimento cujo foco não foi identificado, com a morte dos jovens em circunstâncias tão complexas, fiquei pensando que a sua pessoa bem como o seu patrimônio poderiam ser objeto de qualquer ataque.

– Mas a fazenda está longe daqui. Você acha isso possível?

– Ora, general, para quem pretende fazer o mal, quanto mais tenha de andar, mais tempo tem para preparar o plano da maldade no pensamento.

– É, Macedo, você não está de todo errado.

– Além disso – continuou o capitão, estimulado pela reação favorável do superior – o senhor tem a sua filha, a bela jovem que lá se acha praticamente desprotegida e quem se lhe incumbe o dever de homem em proteger e o de pai em amar.

Nesse ponto da conversa, o general sentiu uma forte emoção no peito e uma sufocação interior que quase o levou às lágrimas. Não havia pensado em Lucinda, tão desprotegida pela distância, como o único tesouro que lhe restava.

O capitão interrompeu por instantes a sua fala para que o pensamento do general pudesse assimilar todos os pormenores daquela situação.

– Você, falando assim, homem, dá-me calafrios na alma só em pensar nisso tudo – respondeu o militar.

– Desculpe, general, minha intenção não é a de causar mais

aborrecimentos. No entanto, nutro pela senhorita Lucinda, profunda e sincera admiração, superiores até à admiração natural que todas as jovens virtuosas nos merecem. Por isso, julgo imprudente não adotar nenhuma medida que possa protegê-la diante do futuro incerto. Por aqui nós temos os muros, as armas, os soldados, mas por lá, quem poderá exercer a vigilância? Só os capatazes despreparados que estão sempre ocupados, seja com a bebida, seja com as aventuras com alguma mulher, seja com o chicote.

Falando assim, o capitão começava a demonstrar a ponta de seus sentimentos e de suas pretensões àquele que, em última análise, deveria ser quem autorizaria qualquer aproximação.

Surpreendido pela postura de Macedo diante da filha, Alcântara sorriu e respondeu:

– Pois então eu bem vejo onde está a cabeça dos meus homens na hora em que os canhões estão na rua... – falou sorrindo, zombando da maneira tímida com que o seu subordinado se referia à jovem, o que o deixava enrubescido.

– Não é isso, Senhor. Estou realmente preocupado pelo que possa ocorrer a tão bela jovem, como possível represália que possa atingir ao senhor. É verdade que meu coração anda bem longe das minhas atuais obrigações, o que não me impede de ser fiel cumpridor dos deveres da farda. Apesar disso, manifestei-me para que o senhor pensasse no assunto e tivesse a preocupação com uma jovem inocente, vulnerável à violência de qualquer desses vingativos de plantão.

– Veja, Macedo, apesar dos seus sentimentos merecerem meus respeitos e, de certa forma, representarem uma tendência que poderia exagerar na cautela e na avaliação dos riscos, reconheço que não é infundado o seu zelo. Falando agora, depois que tudo já passou, concordo com os riscos a que a ... "fazenda" ... e tudo o que está dentro dela está exposta. Quanto ao seu sentimento, contudo, não me compete decidir ou aprovar, já que minha filha tem seus próprios desejos íntimos e, sobre eles, eu não determino. Para ser bem sincero, não pretendia vê-la casada com algum militar, em função da vida dura que levamos, tendo de mudar de cidade a cada novo posto de comando ou a cada promoção. Perde-se a raiz em cada terreno, o que vai gerando constante frustração por nunca se poder estar com amigos e nos locais que se vai aprendendo a gostar. Eu, contudo, não decido sobre os sentimentos de Lucinda, já que ela é madura para avaliar por si mesma. Apenas não permitirei que ela seja molestada por nenhum cortejador aventureiro que a possa entediar ou fazê-la sofrer.

Vendo a reação não muito favorável do pai, Macedo tratou de amenizar a situação, procurando deixar uma impressão positiva.

– O senhor está com toda a razão. A nossa vida é dura para a rotina de uma mulher. De toda maneira, nunca pretendi pressionar a jovem Lucinda para que me fosse favorável. Aliás, é bem provável que ela nem mesmo saiba dos meus sentimentos, pois nunca feri o assunto diretamente. Pretendia, antes, dirigir-me ao Senhor que é pai, é meu comandante e, na minha forma de ver, precisa saber disso tudo antes da própria interessada.

– Pois bem, Macedo, estou ciente agora. Desejo para minha filha, um homem honesto, corajoso, que a possa proteger e mereça dela o respeito e o afeto naturais. Se ela tiver isso por você, não me oporei. Mas se ela não desejar qualquer aproximação, não pense que irei forçá-la a aceitá-lo – falou franco e direto, o pai e superior de Macedo.

– Sim, senhor. Eu agradeço.

– Quanto ao que o preocupa, determine a quatro soldados de sua confiança que sigam consigo para a fazenda o mais rápido possível e estabeleça lá uma defesa, aproveitando-se dos capatazes Juvenal e Damião que lá se acham e de alguns escravos mais fortes, a fim de promoverem uma ronda durante a noite e uma vigilância durante o dia. Depois que tudo estiver organizado, volte para cá, pois preciso de você por perto.

* * *

E assim foi feito.

Macedo escolheu entre os soldados, os que lhe eram mais submissos para que suas ordens fossem cumpridas cegamente e para que, mais do que subordinados, na fazenda, ele colocasse verdadeiros cúmplices subservientes, soldados que já estavam acostumados com as suas práticas ilícitas e que se beneficiavam delas igualmente.

Seriam eles vigias que protegeriam a fazenda, a jovem desejada e, ao mesmo tempo, fiscalizariam a rotina da casa, avaliando quem entrava, quem saía, se havia algum outro jovem pretendente que, aproximando-se dali, demonstrasse seus sentimentos, mesmo sem a presença do genitor.

– O general, duro com os soldados, é muito diferente com a filha. Um homem desses deixar que uma quase criança decida quem vai aceitar como seu pretendente. Manda no mundo e não comanda a filha. Como isso é possível? – perguntava-se Macedo.

Dirigiu-se para as terras do general naquela mesma tarde, levando os soldados, armas e alguma munição, já que precisariam estabelecer uma defesa que, ao menos pudesse ter recursos mínimos para exercitar uma reação a um ataque.

Durante a viagem, deu as ordens de como seria a defesa do local. Falou também que deveriam comunicar a ele toda e qualquer aproximação de pessoa estranha à fazenda.

Além disso, Macedo voltaria ao local com regularidade para saber detalhes da rotina da casa e da filha do general, a fim de avaliarem se ela não se expunha a riscos maiores.

Essa era a desculpa para que os soldados vigiassem os passos da moça desejada.

* * *

Novamente, Macedo fez soar a sineta na entrada da fazenda chamando alguém no seu interior.

Olívia veio atender.

– Boa tarde, seu capitão...

– Boa tarde, Olívia. Onde está a sinhazinha Lucinda? – preciso falar com ela sobre um assunto urgente a pedido de seu pai.

– Entra aqui, seu capitão, que eu *vô chamá* ela pra vosmecê – respondeu a negra no seu jeito típico de se expressar.

Os soldados ficaram lá fora enquanto que Macedo ingressou na casa grande esperando pela jovem.

Não tardou muito e a filha de Alcântara deu entrada no salão onde Macedo a esperava.

A distância tinha feito o capitão esquecer de alguns dos encantos que aquela mulher exercia em sua alma, os quais foram imediatamente reavivados, fazendo o seu coração pulsar mais forte e o sangue circular com pressa por suas veias.

Como aquela moça era bonita!

Seu pensamento perdeu o rumo por alguns momentos na contemplação de Lucinda que, entre curiosa e pensativa, esperava que ele lhe dirigisse a palavra.

– Boa tarde, senhorita Lucinda – disse, enfim, o capitão, recompondo-se interiormente.

– Boa tarde, capitão – respondeu-lhe a jovem, traindo nas suas palavras a preocupação de que alguma coisa estivesse ocorrendo com o seu pai.

– Não se preocupe, senhorita, seu pai não teve nenhuma recaída. No entanto, mandou-me aqui trazer alguns soldados que ficarão guardando a propriedade e a senhorita de qualquer agressão, já que a situação dos revoltosos corre o risco de ser agravada. Com o general distante, poderia este ser um alvo muito fácil para a investida dos rebeldes.

– Mas será necessário mesmo, capitão? Estamos aqui tão em paz, sem qualquer problema!! – exclamou a moça um pouco preocupada.

– É melhor aceitar, Lucinda, disse Macedo, querendo estabelecer um tratamento mais pessoal e menos formal entre ambos. Tudo o que se fizer necessário para a defesa desta casa e para a sua proteção eu não medirei esforços para realizar. Afinal, não apenas a propriedade é valiosa. O que ela abriga é ainda de maior valor... – falou Macedo em tom mais emocional e indireto, que foi notado pela jovem pouco interessada.

– Eu agradeço a sua preocupação no cumprimento das ordens de meu pai, senhor capitão. Posso afirmar-lhe que não vejo necessidade de estabelecer um quartel nesta propriedade. Mas se meu pai pretende que isso se dê enquanto não regressa, aceito as suas determinações, com algumas ressalvas.

– Pois não, senhorita, quais são elas? – perguntou o capitão.

– Os soldados deverão permanecer na parte externa da casa. Não poderão se misturar com os escravos nem lhes intimidar a qualquer título. Deverão acatar as minhas determinações e obedecer como se estivessem diante de meu pai. Irão tomar a refeição na cozinha, no horário do almoço ou do jantar e poderão utilizar as acomodações próximas para descansarem ou dormirem quando não estiverem na hora da ronda. Não poderão impedir a entrada de quem eu autorizar. Essas são as minhas condições.

– Pois estão todas aceitas, senhorita. Voltarei aqui, periodicamente, para avaliar como estão se saindo e para recolher as suas impressões sobre a rotina estabelecida, de tal maneira que, se algo não estiver a contento, pode reclamar pessoalmente para mim. Agora, se a senhorita me dá licença, preciso mostrar aos soldados os locais mais vulneráveis e onde eles deverão se postar durante os horários dos turnos.

– Está livre para isso, capitão. Muito obrigada – foi a resposta daquela moça, agora impulsiva e distante, retirando-se da sala antes mesmo que o capitão terminasse a costumeira reverência.

Não deixou ele de notar a sua indiferença perante os seus cuidados e as suas indiretas. Com certeza, a moça não se afeiçoara a ele, pois era nítida a pouca simpatia com que recebia os galanteios verbais.

Com a alma contrariada, Macedo saiu a percorrer os arredores da casa da propriedade, a qual ficava em um terreno um pouco mais elevado do que as demais áreas circundantes.

A casa senhorial era envolvida por um terreno plano, trazendo em um de seus lados um muro de pedras sobrepostas, no qual plantas silvestres cresciam nas frestas e velha ramaria estabelecia complicado entrelaçado de galhos no meio dos quais se escondiam os passarinhos. Esse muro possuía uma passagem protegida por um portão que dava acesso à parte do terreiro, caminho natural que descia em direção à senzala antiga, agora transformada pelo zelo da jovem filha do general.

No lado esquerdo desse terreiro, havia um conjunto de árvores nativas, pertencentes à propriedade e que eram responsáveis pela amenidade climática que ali se verificava mesmo nas épocas mais quentes.

Desse modo, não foi difícil a Macedo estabelecer o caminho da ronda e os postos mais importantes para que a casa da fazenda fosse protegida de quaisquer ataques diretos.

Colocados em suas funções, todos os soldados foram lembrados de que deveriam estar alertas, seja para os revoltosos, seja para quaisquer estranhos que se aproximassem da casa. Não deveriam desafiar a moça que, sobre eles exerceria o comando como se fosse o próprio general. Mas não poderiam deixar passar qualquer relato de visitas a fim de que pudessem avaliar quem eram os possíveis agressores. Essa era a forma de Macedo estabelecer uma vigilância discreta sobre a jovem que pretendia conquistar para si.

Viria a cada dois dias para saber da situação e, ao mesmo tempo, para se reaproximar daquela figura de mulher, cuja indiferença ainda mais lhe aguçava o prazer de conquistar. Estava acostumado a desafios. E quanto mais difíceis eles eram, mais saborosos quando conquistados.

Estava pronto para estabelecer o cerco sobre a jovem e tinha caminhado muito mais do que poderia imaginar.

A partir dali, tudo correria segundo os seus planos para que o general terminasse por lhe conceder o privilégio de desposar-lhe a filha e esta, pela presença mais próxima do jovem capitão, por certo não resistiria por muito tempo ao seu assédio, como era comum acontecer com as inúmeras mulheres com as quais já havia se relacionado ao longo de sua vida.

Todas se faziam de difíceis, mas no fim todas caíam em suas teias de homem sedutor.

A prática fizera nascer no seu íntimo um prazer de estimular-se ainda mais perante uma mulher mais intransigente e que não cedesse aos seus primeiros avanços.

Lucinda não seria diferente.

Já antegozava o momento em que iria arrebatá-la nos braços e unir os seus lábios aos dela, sem oposição, num beijo apaixonado.

* * *

Despedira-se de todos os soldados, dos capatazes a quem dera as ordens que lhes endereçara o general, de Olívia que o acompanhara até o portão de saída e partiu sem voltar a se avistar com Lucinda, para não parecer muito persistente e incômodo.

Pretendia caminhar passo a passo e, assim, executar todo o seu plano de conquista.

O caminho de regresso passou quase sem ser percebido, já que o raciocínio de Macedo estava onde se achava o seu coração.

Ao chegar no quartel, já havia escurecido e o silêncio não o aconselhava a outra coisa senão ao recolhimento e a aproveitar a sensação de bem-estar que a beleza da mulher desejada lhe infundia na alma.

Depois da alimentação, demandou o leito e adormeceu feliz.

13

Na fazenda

Desde a ausência do general, o clima na fazenda regressara à normalidade, tendo Lucinda assumido a direção da casa, supervisionando os trabalhos domésticos e informando-se sobre as demais atividades sob a fiscalização dos feitores Juvenal e Damião.

Naquela região afastada de tudo, não havia muito o que se fazer, a não ser cuidar dos afazeres domésticos. Lucinda, no entanto, procurava ocupar o seu tempo com outras distrações que lhe pudessem completar o espírito indagador de moça em pleno amadurecimento.

Quando da ocasião da enfermidade do pai, em contato com os estranhos fenômenos que se sucediam nas crises que o abateram, interessou-se pelas explicações que lhe haviam sido dadas pelo Dr. Maurício, o jovem médico que fora convocado para auxiliar a sua recuperação.

Por causa disso, recebeu dele alguma literatura que lhe permitia conhecer na fonte as informações mais completas sobre os fatos e as suas explicações.

Mesmo com a ausência do pai, Lucinda mantinha contato com o jovem médico que, usualmente, vinha à propriedade para que pudessem trocar idéias sobre a nova filosofia tão reveladora.

Na presença de Olívia, os jovens conversavam por várias horas, estando sempre ela a perguntar e ele a responder.

Era o facultativo, alguns anos mais velho do que ela na estrutura física. Contudo, na acuidade espiritual podia-se considerar serem espíritos da mesma capacidade e amadurecimento, o que os impulsionava um ao outro de forma natural e serena.

A forma gentil com que Maurício se expressava, o seu modo simples e despretensioso, a sua fala mansa, a sua paciência, representavam exteriorização de seu espírito talhado para as contendas do espírito, utilizando-se das armas adequadas à transformação dos homens.

Não era apenas médico receitista, a oferecer beberagens e remédios para o corpo.

Sempre que se apresentava a oportunidade, lançava os seus conselhos para a saúde da mente e do espírito, através da reforma dos pensamentos, das palavras, das atitudes, o que causava um certo espanto nas pessoas tão pouco preparadas para esse tipo de terapia.

Lucinda, no entanto, começara a encontrar em Maurício o seu ideal de companhia, com quem poderia trocar idéias e ouvir opiniões consistentes, sem qualquer receio de expor-se.

O interesse pela filosofia espiritualista foi sendo completado pelo despertamento afetivo, de sorte que, passados alguns dias da primeira conversa, um sentimento nobre e elevado tomou conta de sua alma, fazendo com que ela, a cada entendimento que se encerrava, esperasse com ansiedade a chegada do novo reencontro.

Com esta rotina, passaram a se falar sempre, até mesmo porque a região não era muito povoada, o que permitia ao médico algumas horas de tranqüilidade para dedicar-se ao que bem lhe interessasse.

Por sua vez, Maurício sentia natural atração por Lucinda, flor no meio das pedras naquele lugar perdido no sertão.

Era, portanto, natural que ambos iniciassem uma aproximação de corações, uma vez que a afinização das suas almas já era algo concretizado.

Nas inúmeras conversas, Lucinda indagava sobre tudo. Sobre a morte como fim da vida, a origem da alma, o destino dos animais, o porquê do sofrimento ante a Justiça de Deus, a criação, as afinidades e tendências de cada pessoa, enchendo a cabeça do médico com porquês de todos os tipos e tamanhos.

Utilizando-se do conhecimento adquirido através do estudo sistemático daquela pouco conhecida Doutrina dos Espíritos, Maurício procurava lhe ensinar com palavras simples a beleza da Justiça Divina.

– Sabe, Lucinda, quando se olha para uma gravura amassada, não se pode compreender os contornos da paisagem que se acha oculta pelo papel amarrotado. Para que se entenda a beleza da representação é necessário desamassar o papel. A cada dobra desfeita, vai surgindo à nossa vista um contorno a mais, uma parte do desenho, uma expressão pequena da beleza do todo. No entanto, as primeiras revelações ainda parecem incompreensíveis, em face do que ainda falta para desdobrar.

– Você quer dizer, Maurício, que as minhas perguntas são tantas porque eu ainda não desamassei a gravura do conhecimento e, por isso, não tenho a idéia do todo? – perguntou Lucinda.

– É mais ou menos isso, sim. Enquanto nós não conhecemos os contornos do todo, temos dúvidas de toda a natureza e as coisas parecem não fazer sentido. Mesmo quando começamos a desamassar o papel, ainda não compreendemos muito porque a gravura nos é desconhecida e não nos faz muito sentido a visão parcial das primeiras linhas. Na medida em que vamos vendo mais e melhor, o quadro se nos descortina de forma ampla e nossos pensamentos ficam iluminados pela grande lógica do desenho que nos impressiona a visão. Na medida em que estudamos, vamos desdobrando a gravura que nos aparece amassada pela nossa ignorância. Conhecendo-a, passo a passo, passamos a entendê-la em sua inimaginável beleza.

– Fale mais, Maurício.

– Por exemplo: muita gente se pergunta, diante da realidade da reencarnação, por que não se lembra o homem do que fez de errado no passado. Lembrando-se, pensam alguns, seria mais fácil suportar as dores do presente. Esse raciocínio é uma tentativa de vislumbrar a gravura amassada, antes de desamassá-la. Eu explico. Pelo pouco conhecimento, a pessoa julga que Deus errou ao permitir que o homem se esquecesse dos motivos que o levam a resgatar em uma vida o mal que semeou antes, alegando que não é justo ter que pagar por uma coisa sobre a qual não guarda nenhuma lembrança.

Esse raciocínio, no entanto, só existe porque a pessoa desconhece os contornos do todo. Ao entender que Deus é Amor e Perfeição, o homem compreende que tudo o que ele planejou é perfeito e é a expressão do melhor. Ao compreender que a Terra é um dos planetas mais inferiores na ordem da criação, a criatura começa a vislumbrar que trazemos ainda o germe da animalidade da qual acabamos de emergir, como quem sai de um lago lodoso ainda empapado de lama. Quando tomamos consciência de que são perfeitas as leis do Universo, descobrimos que Deus já era generoso conosco antes mesmo que nós entendêssemos o que seria generosidade. Ao exercitar a sua pedagogia, o Criador nos poupou da lembrança das atrocidades que cometemos no pretérito lodoso de onde viemos, no qual vivemos, a fim de que a nossa recuperação pudesse ocorrer de forma mais rápida, sem os entrechoques da culpa e da vingança, verdadeiras barreiras na caminhada visando a recuperação.

Que pensar, Lucinda, do enfermo que ao invés de ser informado sobre a melhora a que está se encaminhando, fosse constantemente visitado pelas notícias da doença que o levou para o leito? Além disso, como nossa evolução se dá ao lado da evolução dos nossos irmãos, como relembrar o passado relembrando, ao mesmo tempo, a nossa ação junto daqueles que hoje voltaram a conviver conosco? Como perdoar o pai de agora, encontrando nele o assassino ou o traidor de ontem? Como abraçar o filhinho sem receios se a cada olhar em sua direção viesse à nossa mente tratar-se da reencarnação de uma criatura maléfica que muito nos prejudicou e que retorna para estabelecer um novo laço de fraternidade?

– Só o esquecimento poderia fazer adversários de ontem converterem-se em afetos de agora, na necessária e indispensável reparação. O acaso não está nas leis do Universo como pensam os homens. E apesar do esquecimento consciente, ainda trazemos no imo da alma lembranças arquivadas que se afloram nos sentimentos de antipatia ou simpatia naturais. As tendências inatas para determinados trabalhos, as facilidades para algumas realizações que surgem espontaneamente, quase que sem esforço para uns, enquanto outros têm árduo trajeto para conseguirem resultados medíocres, indica que aqueles já trouxeram a bagagem do aprendizado edificada antes e estes estão aprendendo agora. Entendendo isso, podemos deduzir que se recordássemos do nosso passado delituoso não teríamos nova chance de recomeçar. Seríamos perseguidos pelo espectro de nossos erros clamorosos atirando-nos no desfiladeiro da culpa improdutiva, quando o que importa é a reforma da obra mal executada.

– É verdade, Maurício. Quando você explica as coisas desse modo, tudo parece que se encadeia de forma natural. É o papel que se vai desamassando...

– Sim, Lucinda. Quando as pessoas não pretendem aprender, passam a usar das aparentes contradições detectadas pela sua ignorância como argumentos para a negação gratuita e superficial, demonstrando que, se já são despreparados para pensarem a vida que levam, que dizer para compreenderem a ordem do cosmo? Partindo do pressuposto de que somos todos devedores uns dos outros, a nós nos compete lutarmos e fazermos o melhor para todos, independentemente de nos serem simpáticos ou antipáticos os homens. Estaremos acertando sempre.

– Mas pensando assim, Maurício, não estaremos permitindo que o mal massacre os bons sobre a Terra?

– Veja que sobre tudo paira a Justiça Maior que é sábia e absoluta. Não permitiu ela que Jesus fosse injustiçado pelas criaturas tidas como maldosas? E desse embate, quem saiu vitorioso: os homens que mataram o corpo, ou o Cristo que matou a morte? O mal só pode atingir o que é transitório. Os que forem verdadeiramente bons não podem temer aquilo que só é capaz de arranhar a superfície. Os bons precisarão testemunhar a bondade usando os recursos da bondade. Os maus darão vazão à sua ignorância através dos recursos que lhe são disponíveis, acreditando que poderão fazer algum mal a alguém. Sim, estarão fazendo mal, somente que serão eles as próprias vítimas. Quando as pessoas compreenderem que ninguém sofre sem razão, os que se julgam bons encontrarão na dor que os visita motivo de aprendizado e de teste para o seu progresso. Os homens que ainda não são bons de verdade, encontrarão motivo de ódio e de revolta, instigando-lhes o espírito ainda animalizado às condutas vingativas e destruidoras. Quanto mais evolui o ser, mais reconhece que é preferível ser vítima do mal do que agente dele. Na condição de vítima, resgata ou se fortalece nos princípios que já assimilou. Na condição de algoz, se compromete com a sementeira amarga que terá de ceifar mais adiante.

– Como tudo isso é belo e diferente, Maurício. É uma verdadeira revolução moral nos corações dos homens.

– É verdade. Mas para isso, os homens precisarão desamassar toda a gravura, entendendo o conhecimento das partes para entenderem a beleza do todo, ao invés de julgá-la feia ou distorcida antes de observá-la totalmente aberta. Somente com o estudo e o conhecimento todas as realidades imortais serão compreendidas e desmistificadas no imaginário popular. Quando as pessoas passarem a libertar-se das amarras da ignorância que as levam aos rituais de magia como quem se julgue capaz de reverter a ordem do Universo ao preço de um prato de farinha, de uma garrafa de bebida ou do sangue de um animal, elas poderão iniciar a trajetória ascensional do esclarecimento, alterando a forma de pensar e o critério de agir em relação aos seus irmãos.

– Pelo que você fala, Maurício, os negros que hoje estão na condição de escravos, estariam assim por causas que eles mesmos produziram ontem?

– Sim, Lucinda, não seria justo achar que Deus os teria posto na Terra para servirem como animais de carga por simples deleite. Nenhuma criatura foi criada para ter de suportar tão duro destino.

– Ora, então não seria de se pensar que eles, merecendo o sofrimento, estariam resgatando mais depressa as suas dívidas na medida em que sofrerem mais?

– Novamente aqui, Lucinda, ocorre o problema da distorção por desconhecimento do todo. Muitas pessoas poderão pensar dessa forma equivocada, parecendo que estão sendo coerentes. Isso não ocorre, entretanto. É a lei do Universo que se responsabiliza pela cobrança dos débitos de cada um. Se a criatura, pelos imperativos do mal praticado precisa renascer privada da sua liberdade, como é o caso do negro de hoje, isso não significa que incumbe ao homem branco tornar-se o seu carrasco. Seria o mesmo que acreditar que Deus criou o homem branco para que ele fosse o demônio do homem não branco. Seria o mesmo que pensar que o Criador, bom e generoso fez a sua criatura para produzir o mal e a mesquinharia. Não é um contra-senso?

– Realmente....

– Quando a Justiça do Universo se vale dos homens para educar os homens, não os obriga a se comprometerem com o mal. Coloca os seres sob a sua direção para que os possa tutelar para o bem, aprendendo a semear coisas diferentes. O que ocorre é que o ser humano não gosta de fazer as coisas pelo caminho correto e o que se vê é que criaturas que se ajoelham contritas na soleira das igrejas, logo após, em regressando para as suas fazendas e seus lares, se colocam a distribuir chibatadas de forma indiscriminada. Por esse motivo encontramos no Evangelho a advertência de Jesus, expressa na frase : **"É preciso que o escândalo venha, mas que não seja você a pedra de escândalo."** Essa afirmativa é o claro convite à constante prática do bem, em todas as circunstâncias. Todas as vezes que o homem praticar o mal, se comprometerá com o mal praticado. Se ele utilizar a sua maldade para fazer outros sofrerem, poderá estar sendo utilizado pela Justiça como forma de resgate para o que sofre, mas estará se comprometendo com a desdita que semeia, pois Deus não é o Deus da destruição. Muito menos pretende que aquele que errou pague pela sua queda através do sofrimento. Caberia ao homem educar o seu semelhante pelas leis do amor compartilhado, a fim de que o maldoso se convertesse pelo exemplo da compaixão. Quando alguém, sendo negro ou branco, encontra pela frente um algoz que lhe impõe o ferro em brasa nas costas, sofre as penas do mal que um dia cometeu, mas igualmente, em geral, passa a odiar o seu agressor, estabelecendo uma aparente perpetuação do erro, que só é rompida pela compreensão elevada do significado do perdão. Partindo desse pressuposto, imaginemos, na sua pergunta, que todos os escravos vitimados pelo senhor de engenho despótico conseguissem perdoá-lo sinceramente. O que ocorreria com esse homem arbitrário e violento? Teria se melhorado por causa do perdão de suas vítimas? Obviamente que não. Por ter sido a pedra de escândalo na vida de muita gente, precisará reparar todos os desmandos, através do caminho do bem, em primeiro lugar, renascendo novamente como uma pessoa responsável por reerguer as criaturas. Talvez um professor, um abnegado trabalhador a benefício dos que sofrem, ou coisa parecida. Todavia, como o senhor arrogante e orgulhoso não conseguirá, num primeiro teste, aceitar o caminho de servir ao semelhante em face de ter assimilado a falsa idéia de que é superior aos demais, ao receber nova oportunidade de voltar à Terra se embrenhará por nova jornada de desmandos, que o obrigará a ter de resgatar todas as faltas cometidas anteriormente através da nossa velha amiga, a mestra dor. Candidata-se, pois, naturalmente, à classe dos estropiados da saúde ou dos que são forçados a renascer na mesma condição dos que explorara outrora, como escravo.

– Ninguém, contudo, nasceu para fazer o mal, Lucinda. Se a Justiça Divina determinar que tal criatura precise padecer em face de seus compromissos assumidos antes do renascimento, tudo se encadeará para que as coisas sejam assim concretizadas. Não obstante, ainda que o indivíduo esteja condenado à morte pelos delitos praticados, isso não impede que lhe atenuemos a sede ou a fome, não é mesmo? Essa é a obrigação de todas as pessoas: fazer todo o bem que lhes caiba, pois nenhum de nós é Oficial de Justiça de Deus. Somos todos réus de nossos delitos. Sermos Senhores de Engenho ou escravos no engenho, muitas vezes não é uma questão de casta social ou de privilégio de nascimento. É apenas uma questão de tempo.

Assim os dois passavam horas e horas conversando sobre todos os temas importantes da vida que, para ela, ao mesmo tempo em que eram novidades nunca lidas, se afiguravam conceitos já compreendidos dentro de seu ser, de forma natural, como se a eles já tivesse tido acesso ou já lhes tivesse estudado a estrutura de perfeição e pureza.

Isso a fazia pensar que trouxera todas estas idéias inatas de algum lugar que não da Terra.

* * *

Os encontros dos dois faziam com que esses laços de sentimento fossem se estreitando, até o momento em que ambos se sentiam muito vinculados um ao outro, sem necessidade nenhuma de o dizerem. Sentiam-se destinados à concretização de um grande plano, sem entenderem qual seria ele.

Seus olhares brilhavam enquanto seus corações se esperavam com igual ansiedade.

Todavia, o general não se achava em casa e, por isso, o jovem médico não se animava a adotar qualquer postura mais franca, aguardando a oportunidade para rever-lhe o genitor e, como era tradição da época, manifestar o desejo e pedir autorização para cortejar a filha.

Enquanto isso não acontecia, em face do afastamento do pai em atividade na cidade, continuavam os encontros dos jovens e as longas caminhadas pela fazenda.

* * *

A partir daqueles dias, entretanto, todos os encontros de ambos passaram a ser presenciados pelos soldados que rodeavam a casa grande com a função de protegê-la.

Ao mesmo tempo em que a protegiam, se inteiravam da rotina da jovem Lucinda. Os olhos argutos e maliciosos dos espias de Macedo não deixaram de notar a constante visita do médico e as demoradas conversas que travavam ambos.

Com certeza, ali deveria haver coisa da boa entre eles, comentavam uns com os outros.

Essa era uma informação valiosa que deveria ser passada ao capitão Macedo que lhes pedira relatório pormenorizado sobre tudo o que ocorresse na sede e nas redondezas, além do conhecimento de todas as visitas recebidas na fazenda, a fim de averiguarem os possíveis suspeitos.

Soldados fiéis ao sentido mais baixo da subserviência, procuraram seguir todos os passos do casal dentro da propriedade de forma a permitir uma elaboração minuciosa e precisa dos fatos observados.

Quando o capitão Macedo voltou à propriedade dias depois, buscando demonstrarem zelo no cumprimento das determinações, relataram ao militar não apenas o que viram com os olhos, mas também tudo o que imaginaram com os pensamentos maliciosos que lhes eram peculiares.

Já não era mais o encontro de dois adultos em atitude de respeito recíproco, à luz do dia e diante de todos. Era o passeio pelo meio das árvores, as conversas demoradas, o ar apaixonado de seus olhares, a constância das visitas, tudo envenenado pelos comentários maliciosos.

Lucinda não se importava com os soldados, mormente pelo fato de não ter deixado dúvidas a respeito de que eles não se intrometeriam em sua vida pessoal e pela circunstância de que não estava fazendo nada de mais nem nada que fosse inadequado.

Isso, no entanto, não modificara o juízo maldoso dos homens que estabeleciam para ela um comportamento suspeito, beirando a leviandade.

O capitão ouvira tudo de forma fria por fora, mantendo as aparências de homem controlado. Por dentro, no entanto, estava em ponto de erupção.

Vira que outro já se aproximava perigosamente de seu interessante objeto de cobiça.

E não se tratava de alguém a ser desprezado. Era um doutor cuja reputação era muito mais favorável do que a dele, Macedo. Lucinda não poderia pertencer àquele jovem intrometido no seu caminho. Precisaria fazer alguma coisa para impedir tais encontros.

Não poderia, contudo, agir com pressa. Precisava pensar, planejar, adotar a estratégia mais adequada para que tudo pudesse parecer natural, sem qualquer interferência de sua parte que o pudesse denunciar.

Era um bom aluno das técnicas empregadas pelo general Alcântara. Agora precisaria exercitá-las de forma mais efetiva do que nunca, já que precisava conquistar a autorização do pai para colocar-se como marido da filha e seu próprio genro.

Deu ordens para que os soldados continuassem a observar, sem deixar transparecer o seu interesse pessoal pela jovem, proibindo qualquer interferência, mas determinando uma vigilância constante e o mais próxima possível, para ver se não se tratava de alguma tentativa de infiltração dos revoltosos junto à filha do general.

Essa seria uma boa desculpa, pensava o capitão, para que os soldados de vigia não se afastassem dos dois, nem os perdessem de vista, diante da possibilidade de estarem eles responsabilizados pelo que ocorresse no interior da propriedade.

* * *

Lucinda e Maurício, no entanto, nada sabiam dos desejos de Macedo e da vigilância cerrada de que eram objeto por parte dos guardas.

Levavam vida normal, com os encontros costumeiros e as conversas instrutivas sobre as coisas da Terra e dos espíritos.

14

Ação gerando reação

Os dias foram passando na cidade, como se tudo estivesse voltando ao normal.

No quartel, Alcântara continuava recluso, dando seguimento à rotina, agora preocupado em continuar a caça aos suspeitos bem como com a análise dos objetos e armas que foram apreendidos na operação, com a convocação dos seus respectivos proprietários para avaliar se eram ou não integrantes do movimento.

Relatórios e mais relatórios ocupavam-lhe o tempo, ao mesmo tempo que interrogatórios ríspidos eram feitos sem qualquer senso de respeito.

No entanto, por mais que os dias passassem, uma atmosfera fria envolvera toda aquela organização militar. O ar pesava e todos sentiam que a tempestade iria desabar sobre as cabeças desprotegidas.

No vilarejo, as coisas haviam silenciado apenas na superfície. Mariano era o líder dos mais afoitos.

Se existia uma certa pacificidade no movimento, em decorrência de ter se iniciado com a finalidade de pregar a liberdade do escravo, com as arbitrariedades do general, uma unanimidade passou a surgir nos corações insatisfeitos.

Esse pensamento coletivo falava da necessidade de se combater o adversário com as armas do adversário. Violência operando contra a violência.

Não havia condições de se pensar diferente, num meio hostil e avesso a toda mensagem religiosa construtiva. Além disso, o representante religioso a quem competia orientar pela exemplificação reta e diligente, era incapaz de fazê-lo em face de ter adotado postura de acumpliciamento com o poderio material.

Despreparado para seguir na função mais elevada que alguém possa exercer, ou seja, a de ser ajuda para erguer os caídos, referência para orientar os perdidos, bandeira para proteger os sem ideal de vida, teto para os abandonados, remédio para os enfermos, voz para os mudos, coragem para os fracos, o prelado da comunidade pregava no púlpito o desapego das coisas mundanas para, logo depois, apressar-se para tomar a refeição faustosa na casa de algum dos seus fiéis mais abastados, que lhe forneceria alimentação de primeira, graciosamente.

Não havia, pois, coerência entre as palavras do Evangelho que pregava e as atitudes que tomava.

Com isso, a comunidade se via órfã de um líder que pudesse canalizar as suas aspirações por um terreno menos belicoso, acalmando os mais afoitos enquanto lhes defendesse a fragilidade diante dos mais poderosos.

Sem nenhum líder pacificador, viram as vítimas do arbítrio do militar que a única solução seria aproximar-se dos ideais daquele jovem libertário, já em luta pelas causas dos mais desafortunados.

Todavia, a maioria das pessoas insatisfeitas, pouco se importava com o ideal filosófico da causa.

Desejavam aboletar-se no carro da insatisfação a fim de que, reunidos em maior número, pudessem usá-lo para vingarem-se do general.

O jovem Luiz, sem poder deixar de aceitar mais e mais braços e cabeças para o movimento que crescia, não se dera conta de que iria perder o comando e o controle das coisas, na medida em que mais e mais gente insatisfeita com Alcântara passava a juntar-se ao movimento com a finalidade exclusiva de devolver o mal recebido.

Eram os espoliados, os homens humilhados pelo orgulho do militar, os que foram envolvidos em suas tramas, os que acabaram vítimas do próprio Macedo, os pais que perderam os seus filhos, todos os seus parentes e amigos que pediam vingança, os subordinados que, ao longo do tempo, foram punidos pela arrogância daquele comandante, os que tiveram a sua casa revirada de forma desrespeitosa, os que foram presos injustamente durante a operação de busca, os que foram colocados nas baias dos cavalos, tratados como animais e não como pessoas...

Todos estes eram os que, agora, se encorajavam para, ao menos, dar um basta naquela situação.

Luiz e Armando haviam viajado para longe, em busca de mais material para a continuidade das pregações e, assim, deixaram o movimento em compasso de espera, acreditando que por estarem ausentes, nada sucederia.

Mariano, que conversara com Luiz antes que este partisse em viagem, tentava, a todo o custo, acalmar os companheiros.

Reunidos em local discreto, os líderes se alvoroçavam, procurando conciliar suas atitudes.

– Mas, Mariano, o moço vai ficar muito tempo longe daqui. Não dá pra ficar esperando que ele volte...

– É isso mesmo – diziam muitas vozes em comum.

– Temos de tomar alguma atitude que não seja apenas entregar papelzinho pela rua. Afinal, perdemos dois jovens inocentes pelas mãos desse traste de criatura que já devia estar fazendo companhia ao demo.

– Mas temos de esperar o Seu Luiz e o Dr. Armando, pessoal. Eles sabem o que fazer melhor do que a gente. Afinal eles é que começaram tudo e têm visão de como devemos agir – falava Mariano.

– Que nada. Eles estão falando sempre é de liberdade pros escravos. Nós queremos é respeito para os que são livres. Queremos ser tratados com decência e estamos cansados de receber desse covarde fardado as suas perseguições. Meu filho não morreu em vão. Sua morte vai gerar uma reação que vai explodir com o Seu Luiz ou sem o Seu Luiz.

Era esta a voz de um dos pais que perdera o filho no dia dos desmandos maiores. Todos apoiavam a dor daquelas duas famílias que se preparavam para o pior.

– Depois que perdemos os nossos filhos, nada mais nos resta a perder. Vamos fazer o general sentir o peso de nossa dor. E só há um jeito disso acontecer. Ele precisará sofrer do mesmo modo.

– Apoiado! – responderam em uma quase só voz.

– E você, Mariano, decida logo de que lado anda – desafiaram os mais exaltados. – Ou está do nosso lado ou está contra a gente.

– Claro, povo, estou com vocês. Também fui roubado por esse homem naquilo que representava minha única pousada. Tomou-me o pequeno trato de terra que tinha, pagando preço vil como se estivesse comprando por preço justo. Dali eu tirava meu sustento e o de meus filhos, ainda que com dificuldade. Hoje dependo da ajuda daqui e dali, fazendo coisas sem importância e sem nenhuma segurança de que amanhã terei o pão para pôr na mesa. Esse é o homem que desejo ver sofrendo.

– Pois bem, tenho um plano que não pode falhar – falou um dos pais que perdera o filho.

Dizendo isso, passou a relatar como pretendiam fazer para fustigar aquele caráter indomável. Para tanto, tinham de feri-lo no mesmo local em que eles haviam sido machucados. Precisavam machucar-lhe o coração.

O plano para isso consistia em invadir a fazenda e seqüestrar-lhe a filha, a fim de que longe, da sua presença, Alcântara pudesse sentir o que é a dor de perder o maior tesouro de sua vida. Era o "olho por olho, dente por dente".

Iriam organizar um grupo de assalto, reunindo o maior número de homens fortes e bem armados que se conseguisse naquela região, valendo-se das armas que já tinham guardadas na fazenda de Armando.

Marcariam uma data o mais breve possível, não se dispondo a esperarem pelo retorno do jovem Luiz e do sogro. Quando eles chegassem, apresentariam o troféu de sua vingança.

Não pretendiam matá-la, mas sim afastá-la da companhia daquele que era homem frio mas que, como pai, sentia extremoso afeto pela filha mais nova.

De passagem pela fazenda, ateariam fogo na casa grande para produzir o prejuízo maior que lhes fosse possível, como forma de vingarem as sucessivas flagelações materiais de que haviam sido vítimas. Invadiriam a senzala, libertariam os negros e os deixariam fugir, abrigando-os na comunidade mais distante da cidade, fornecendo roupas e alimentos para que todos os que quisessem se ausentassem para muito longe.

Para manterem o general ocupado, iniciariam uma série de incidentes na cidade, nas proximidades do quartel-general, a fim de que o militar dele não se ausentasse, enquanto que o grosso dos revoltosos se dirigiria para a sua propriedade, de preferência em pequenos grupos e ocultos pelo véu da noite.

Depois de invadirem a casa e raptarem a moça, esconderiam-na em algum local mais afastado, mantendo vigilância constante sobre ela pelo tempo que fosse necessário, até que o general se visse destruído em seu orgulho.

Não pretendiam tirar a vida de ninguém. Contudo, se fosse necessário para garantir o sucesso da operação, ninguém deveria titubear em matar quem se opusesse aos seus projetos.

* * *

Era um plano bem arquitetado e com requintes de detalhes que só poderiam ter partido de uma mente muito ferina, atrelada a um coração muito ferido.

O pai, injuriado pela morte do filho naquele dia fatídico, pretendia devolver o sofrimento, na mesma moeda. Para isso pensara muito em como conseguir. No entanto, não estava sozinho nisso.

Em sua mente agia também o espírito de Luciano que, sentindo-lhe o ambiente de revolta favorável, insuflava-lhe idéias de vingança na mesma dimensão do sofrimento recebido.

Perdera o filho. Deveria fazer o general sentir a mesma perda.

Perderam casas e terras. Deveriam fazer o militar sentir a destruição de sua fazenda e da fuga de todos os seus escravos.

No entanto, enquanto que os pais enterraram os seus filhos, Alcântara não deveria ter corpo para sepultar. Deveria viver na expectativa e no desespero de encontrar a filha amada, transformando o seu dia-a-dia num inferno constante.

Luciano sabia planejar muito bem a sua vingança, usando do ódio espalhado pela própria vítima de seus ataques. O general semeara nos sentimentos alheios todo o ódio que, agora, era usado pelo espírito que o perseguia para fustigar-lhe o coração e o sentimento.

Luciano exultava pressentindo o início do processo de desagregação daquele orgulhoso e altivo homem de farda. Desejava vê-lo reduzido a nada e, agora, reunindo-se aos encarnados revoltados, tinha as mãos, os braços, as forças que faltavam antes à sua astúcia de pensador sem meios para concretizar os pensamentos.

Daqui para frente, o espírito de Luciano podia contar com uma grande equipe. Era só semear as idéias destrutivas na mente e elas seriam adotadas com rapidez e serenidade, como quem escolhe as melhores armas no seu arsenal a fim de dizimar o adversário.

Ninguém ali com o hábito de orar. Nenhum com o pensamento voltado para Deus, apesar de a maioria dirigir-se à igreja por ocasião das comemorações religiosas ou das missas domingueiras. Em nenhuma daquelas almas havia espaço para um pensamento de elevação que pudesse ser utilizado pelos espíritos amigos e generosos a fim de alterarem o rumo dos acontecimentos.

Todos eram vítimas daquele homem que tivera a liberdade de semear e, agora, iria sentir a amargura da colheita.

Ao mesmo tempo, todos passavam à condição de agressores e semeadores do mal com o qual iriam se comprometer para o futuro.

Se tivessem aceitado a situação de injustiçados e procurado dela sair por caminhos outros que não fossem a violência e a agressão, estariam caminhando no sentido da construção da harmonia do Universo e de suas leis.

Contudo, tomavam outra direção.

Daí a advertência de Jesus, contida em Mateus, 18:7, aqui novamente lembrada:

"Ai do mundo por causa dos escândalos! É inevitável que venham os escândalos. Mas ai do homem por quem vier o escândalo."

O sofrimento, neste planeta de prova e expiação é conseqüência natural para a criatura que ignora as leis que a regem e se comporta em desacordo com a sua harmonia e direção.

Como conhece mas não acolhe o conselho dado pelos ensinamentos de Jesus, o homem sabe o que fazer no sentido de agir na direção do melhor, mas não pretende deixar o seu egoísmo a fim de abrir mão de suas próprias regalias.

Deste modo, convivendo o indivíduo mesquinho com outro igualmente mesquinho, ambos sentirão o sofrimento oriundo da mesquinharia.

Isso é natural. Daí Jesus ter dito ser inevitável que os escândalos viessem.

Todavia, todos os que se comportarem em desacordo com os seus ensinamentos na prática do bem em sua conduta serão responsabilizados por isso. Todos os que agirem de forma dolorosa, mesquinha, agressiva ou distante da mensagem do amor serão os veículos do escândalo e, como tal, responderão por ele.

Assim, mais vale ser vítima que sofre em processo de redenção ou de aprendizado, do que agente do mal que se compromete com o sofrimento. Quem sofre, ainda que injustamente, começa a aprender a importância da renúncia, do perdão, da resignação.

Quem se revolta com a dor e passa a pretender justiçar com as próprias mãos o agente que o feriu, dá provas de sua imaturidade de alma, de sua ignorância e de sua similitude ao agente agressor.

E se é verdade que quem agride acaba sofrendo as conseqüências, a vítima que muda de posição e passa à de vingadora, acabará sofrendo as mesmas respostas dolorosas.

Não se confunda organizar a justiça através das leis humanas e ordenações de direito, sempre lícitas e indispensáveis visando a defesa do mais fraco, com a mão pesada do bandido que, seja para agredir ou para vingar uma agressão recebida, age contra todos os cânones legais que a evolução humana conseguiu estabelecer no processo de evolução das relações sociais.

Prender o malfeitor em nome da lei é obrigação imposta pela evolução social. Destruir e raptar pessoas inocentes, ainda que em nome do mal recebido, é ato de selvageria que fere as normas do amor do Universo.

* * *

A maioria aprovou o plano de forma entusiástica.

Iniciaram a discussão sobre a data e os materiais que precisariam para que tudo corresse de acordo com o traçado.

Um responsabilizou-se pelas roupas escuras e pesadas que ocultariam os viandantes na estrada no período da noite, dentro das quais transportariam suas armas.

Outro tratou de providenciar a munição e o combustível para o cerco e para incendiarem a casa.

Mais um terceiro partiu para organizar o local onde seria colocada a vítima do seqüestro, isolada de tudo e sem contato com o mundo exterior.

Todos, no entanto, se comprometeram com o sigilo indispensável para que a operação atingisse seu objetivo sem qualquer obstáculo imprevisto e sem levantar qualquer suspeita do que iria se passar.

Parecia que, no coração de todos, um ânimo novo, um entusiasmo diferente aquecera seus espíritos, uma vez que a longa marcha da vingança tinha iniciado o seu curso para desembocar no objetivo final.

Uma semana depois, tudo estava preparado para começar.

Para isso, um grupo de homens tratou de produzir algumas bombas que foram colocadas em casas próximas ao quartel durante a escuridão noturna e que ao explodirem causariam muito estrondo, acordando toda a unidade, inclusive o seu comandante.

Bombas, que semeavam desconfiança no íntimo dos militares que passaram a ficar em alerta.

Nos dias sucessivos, inúmeras brigas entre pessoas requisitaram a atenção da guarnição.

Mais adiante, um incêndio em uma casa abandonada colocou o povo em alerta, requisitando todo o empenho dos soldados e de seus comandantes para que o fogo não se espalhasse pelas casas da redondeza.

Todos estes atentados iam sendo feitos para manterem a atenção dos militares voltada para tais ocorrências na cidade.

Alcântara tinha certeza de que essa era a reação dos revoltosos e que, assim, a sua tese estava correta, ou seja, havia mesmo o movimento e ele era ativo na destruição que pregava.

Assim, mais e mais o general se enraizava na idéia pretendida pelos envolvidos no processo de vingança. Mais ainda o general permanecia no quartel, dando ordens para que seus oficiais organizassem buscas, efetuassem averiguações, interrogassem pessoas, avolumando-se as suas preocupações que faziam com que se esquecesse do seu mundo pessoal, de sua casa e de sua filha desprotegida.

Afinal, ele tinha Macedo que se preocupava por ele e estava promovendo a defesa da criatura que mais amava nesta vida.

Não tinha qualquer idéia, entretanto, do que o aguardava, nem imaginava que os atentados na cidade não eram mais do que cortina de fumaça para um golpe muito mais certeiro do que as bombas todas reunidas sobre a sua cabeça, explodindo em um único instante.

Pretendia agir com mais rigor com os arruaceiros a quem tratava como criaturas sem qualquer dignidade.

Todavia, desses arruaceiros dependeria o seu futuro como homem, como comandante, como espírito imortal.

15

O prelúdio do ataque

Enfim, os revoltosos mais exaltados haviam determinado o ataque à fazenda do general, para raptar-lhe a filha e destruir-lhe ao máximo o terreno.

Mariano nada pode fazer no sentido de aguardar a chegada de Luiz e Armando, os únicos que poderiam tentar segurar o povo inflamado.

Acompanhado pelos líderes mais agressivos, Mariano compareceu à fazenda de Armando buscando as armas que haviam reunido e que ali se achavam depositadas, bem como a munição que conseguiram juntar para uma situação como essa.

Os pais dos garotos assassinados estavam entre os mais desejosos de dar curso à sua vingança que, como tudo indicava, já não tinha nada de luta idealista.

Obter os bens na fazenda de Armando não foi difícil já que os capatazes que tomavam conta do local na ausência do proprietário e de seu genro sabiam que aqueles homens eram os responsáveis pelo movimento armado.

Difícil mesmo foi trazer para a cidade todos os apetrechos que precisaram ser muito bem disfarçados em caixas de mandioca e de outros produtos agrícolas para que não acabassem vistos por quaisquer outros e levantassem suspeitas. Isso porque os revoltosos pretendiam lançar o movimento em um ou dois dias no máximo.

As vestes e disfarces já haviam sido arrumados, os homens que realizariam a invasão já estavam prontos e escolhidos, o local do cativeiro de Lucinda estava definido e colocado em condições de recebê-la.

A euforia tomava conta dos homens que iriam, depois de muito tempo, lançar a longa e aguardada mão vingadora sobre aquele causador de tantos sofrimentos em suas vidas.

Enquanto estavam em preparativos, Macedo igualmente não dormia.

Na sua cabeça outro tipo de preocupação surgia forte. Lucinda e

Maurício estavam se vendo muitas vezes e isso era sinal de perigo. Afinal, o jovem era médico e havia cuidado do próprio general. Em um eventual interesse afetivo, Macedo acabaria trocado pelo intrometido doutor.

Não poderia permitir que isso ocorresse. Pensava no que fazer para afastar Lucinda de Maurício e, ao mesmo tempo, conseguir obter um jeito de surgir como o homem ideal para ser o genro de Alcântara, conquistando o coração da filha do seu comandante.

Enquanto pensava esfervilhando os seus miolos, um mensageiro procurou-o, entregando-lhe um pequeno bilhete rabiscado às pressas e que não poderia ser entendido por outrem que a ele tivesse acesso. Vinha escrito:

"O bote, parece que será amanhã. O alvo é o castelo das estrelas."

Era um comunicado de um dos seus inúmeros espias que, com ouvidos abertos a todo tipo de conversa de rua, infiltrando-se como se fosse do povo em bares, em esquinas, ficava a par dos movimentos fora do quartel.

Ele avisava em linguagem cifrada que o ataque do movimento dos rebeldes se daria no próximo dia e, o que era mais grave, ocorreria na fazenda do general, identificado no bilhete como o "castelo das estrelas".

Eufóricos com a chegada do dia da vingança e, como se tratava de uma ação longamente desejada pelas vítimas dos desmandos daquele homem, alguns menos prudentes falavam à boca pequena que o dia da revanche tinha chegado. Outros diziam a amigos, que falavam a outros amigos e, de amigos em amigos, a notícia chegava aos ouvidos inadequados. Reunidas todas as informações, os ouvintes puderam chegar àquela conclusão que foi exposta no bilhete ao capitão Macedo.

Essa informação chegou-lhe às mãos na exata hora em que procurava um forma de agir no caso Lucinda. Com ela em sua mente, o rumo das coisas tomou outra direção.

– Sim, por que não? – pensava Macedo. – Era isto o que eu estava precisando. É perfeito para os meus planos e para o meu futuro. O general não poderá fazer nada e eu acabarei como o salvador. Só não poderei aparecer. A culpa tem de cair no ombro desses malditos que querem fazer o mal ao comandante.

Pensando assim, ato contínuo deu ordens convocando alguns soldados de sua confiança para que se deslocassem à fazenda do general em pequenos grupos, durante a noite que se aproximava, pelos caminhos mais escuros, levando os seus armamentos e munição verdadeira. Os transeuntes não deveriam saber que estavam eles tomando aquela direção. Por isso, deveriam camuflar-se utilizando roupas normais, deixando a farda para ser usada somente na casa da fazenda. Ao chegarem por ali, deveriam esperar as novas ordens que daria pessoalmente.

Feito isso, providenciou a montaria mais rápida do quartel e saiu sem destino.

Afastou-se da cidade e demandou os lugares ermos no meio da vegetação pobre daquela região pedregosa. Procurava por alguém seu velho conhecido, fazendo os barulhos costumeiros e que serviam para identificar a chegada de pessoa familiar.

– Boas, capitão Macedo – falou uma voz forte proveniente de local ainda não identificado pelo militar.

– Boas, Tião, mas vê se aparece, homem. Desse jeito me mata de susto...

– Ora, capitão, militar não morre disso.

– É, – disse ele pretendendo se refazer da surpresa – mas prefiro falar com gente que eu veja para não parecer que é alma penada. Ainda mais neste lugar....

– Aqui tô eu, Capitão.

E dizendo isso, saiu de trás de uma pedra que apresentava uma rachadura no seu miolo e servia para que Tião pudesse ver sem ser notado. Era o jagunço conhecido do militar como o seu cúmplice mais fiel e que fazia muitos serviços ilícitos, visando o benefício financeiro dele e do general.

– Pois bem, Tião. Tenho um serviço delicado para você. É capaz de fazer qualquer coisa?

– Sabe, capitão, eu não pego alma do outro mundo, nem mula sem cabeça. Ainda não consigo fazer cair a água do céu nem consegui fazer cobra montar no cavalo sem usar o estribo. Fora isso, é só falar...

– Estou sabendo que existe um movimento de rebeldes na cidade que pretende atacar amanhã.

– Oba, vamos ter barulho... Meu revólver já estava enferrujando por falta de uso.

– Não é nada disso, homem. Espere eu terminar de falar.

– Sim sinhô.

– Pois , amanhã, um grupo de homens da cidade vai até a casa do general para destruir as coisas e matar muita gente. Eu sou o responsável pela defesa da casa, ao mesmo tempo em que devo proteger a vida de Sinhá Lucinda que, como você imagina, poderá correr muito risco, seja de perder a vida, seja de cair prisioneira desses carrascos. Não posso falar-lhe nada porque ela é cabeça dura e não vai acreditar em mim. Já tomei todas as medidas para defender a casa, mas preciso tirá-la de lá para evitar que as coisas se compliquem. Por isso, preciso de você.

– Pelo que tô vendo, vou virar guardador de moça...

– Mais ou menos isso, Tião. Preciso que siga os meus planos sem qualquer erro. Ninguém pode saber que você esteve lá.

– Não vai ser fácil, capitão.

– Vai ser sim, Tião. Escute o que planejei. Amanhã, durante o dia você vai se esgueirar pelo matagal que existe ao lado da casa, perto do muro lateral, aquele que tem uma passagem com o portão de ferro. Quando escurecer, vou deixar uma porta da casa aberta para que possa entrar sem fazer barulho. Assim que a invasão começar e as coisas começarem a ficar barulhentas, você deverá iniciar a operação. Deverá levar este saco de pano preto aqui para colocá-lo na cabeça de Lucinda durante o seu transporte. Tão logo seja possível, sairá carregando o fardo silencioso, já que procurarei fazê-la dormir com uma dose de remédio que tenho comigo e que colocarei em alguma coisa que ela vai comer ou beber.

Logo depois, continuou:

– Feito isso, você volta para o meio do mato e parte para algum esconderijo secreto que deve ser só de seu conhecimento por estas bandas e a deixa lá com algumas provisões, montando guarda. Depois de algum tempo, me procure para dizer onde ela está a fim de que eu possa liderar uma busca e encontrá-la para devolvê-la ao general.

– Com isso o capitão fica famoso como salvador de donzelas, não é? – perguntou rindo o jagunço.

– Pode ser, pode ser isso também, Tião.

Continuando as informações, Macedo falou:

– Por isso não quero que ela o veja, nem que seja aqui que ela fique escondida para não denunciar a sua presença. Entendeu tudo?

– Sim, sinhô. Tudo certo. Pensei que ia ser mais difícil. Vou arrumar o lugar, que já imagino aqui na minha cabeça onde será e farei do jeito que o senhor mandou.

– Muito bem, Tião. Ninguém deve saber de nada para que você não seja acusado de seqüestrador. Aqui está o saco preto, algumas cordas para amarrá-la se preciso, comida e água para alguns dias. Não machuque essa carga tão preciosa pois, mais cedo ou mais tarde, será a minha esposa e preciso dela muito bem preservada.

– Pode deixar, capitão. Cuidarei dela direitinho.

Despediram-se os dois, indo Tião arrumar tudo de acordo com o plano do Capitão e este, voltando para o quartel para dirigir-se rapidamente, após o expediente ter terminado, para a casa da fazenda.

* * *

Sobre as idéias criminosas de Macedo, pairava a mente astuta do espírito Luciano, que ia montando todo o cenário para a sua vingança pessoal. Pretendia, com isso tudo, atingir o alvo certeiro naquele homem que, apesar de maldoso, possuía o ponto fraco no coração que amava muito a filha.

* * *

Macedo chegou ao quartel e foi aos seus aposentos, onde apanhou uma pequena caixa bem embrulhada. Trocou de roupas e, tendo terminado todos os seus afazeres, partiu em direção à casa da fazenda como quem busca cumprir a rotina que estava a seu cargo.

Algum tempo depois, tocou a sineta do portão que lhe franqueou a passagem para o encontro com os homens que já estavam por lá, em turnos regulares e dos que, grupo a grupo, num montante de mais vinte soldados, chegaram aguardando as novas ordens.

Antes, porém, Macedo procurou falar com Lucinda pessoalmente.

Seu coração necessitava daquele encontro para readquirir forças e coragem para fazer o que estava em sua mente.

Ela o recebeu no salão da casa, sem muito entusiasmo a não ser a educação e a cortesia naturais de seu espírito nobre e delicado.

– Boa noite, capitão Macedo.

– Boa noite, senhorita Lucinda. Desculpe incomodá-la a esta altura do dia, pois presumo que já estava se preparando para o descanso. Trouxe mais alguns homens para guarnecer melhor a casa e gostaria de lhe pedir autorização para irmos à cozinha preparar algo para que possam se alimentar, uma vez que a viagem deles foi longa e se acham esfomeados.

– Claro, capitão, pode usá-la à vontade. Minha Olívia ainda está lá preparando o nosso chá da noite. Ela poderá ajudá-lo no que for necessário.

– Muito obrigado, Senhorita.

Ia se retirando quando Lucinda perguntou-lhe:

– Mas, capitão, será necessário trazer mais gente para cá?. Isto está parecendo um segundo quartel!

– Sim, senhorita, estamos preocupados com a segurança deste lugar, pois não desejamos que nada de ruim possa ocorrer com a senhorita e com os bens que fazem parte do patrimônio do comandante. É um dever nosso. Esteja descansada, no entanto, que tudo faremos para não lhe atrapalhar a rotina.

– Está bem, capitão. Boa noite.

Saiu a jovem em direção ao seu quarto, deixando Macedo com o pensamento dirigido para o que viria pela frente. Segundo ele imaginava, mal sabia ela que no dia seguinte tudo estaria muito mudado em sua vida e que ele, agora pouco valorizado como homem, seria o eleito de sua alma, como alguém que lhe salva a vida.

Foram à cozinha da fazenda, onde prepararam rápidas refeições, já que Macedo precisava lhes falar com urgência.

Após o jantar rápido, todos foram colocados a par do que estava para acontecer e, ao que tudo indicava, ocorreria a partir da noite seguinte.

Designaram uma guarda maior, em rondas mais numerosas e dispuseram-se em pontos estratégicos, a fim de que, em caso de ataque, pudessem ser deslocados os soldados imediatamente dos outros locais de vigia para reforçar o flanco que estivesse sendo mais pressionado.

O dia clareou sem maiores novidades, tendo Macedo montado guarda por ali, a fim de dar início à execução de seu plano secreto. Observou a rotina da casa, mediu espaços, garantiu aberturas, viu o movimento dos empregados e escravos, para que tudo pudesse correr de acordo com as suas disposições.

Tudo era feito com a desculpa de que iria estabelecer melhor ângulo de defesa. E para que Lucinda não se opusesse, precisou revelar-lhe parte dos seus conhecimentos, acerca de eventual ataque que poderia ocorrer a qualquer instante. Não lhe deu certeza absoluta, mas falou que esse era um temor que o general possuía e, por isso, não pretendendo arriscar a vida da filha, mandara que ela ali ficasse devidamente protegida.

Isso inquietou-a um pouco, pois não se achava uma presa importante, nem julgava que o pai tivesse tantos inimigos assim.

O dia foi findando sem nenhuma outra ocorrência de maior nota, tendo os escravos se recolhido à hora de costume e os feitores se aproximado dos soldados para que ajudassem na manutenção da guarda.

Macedo precisava estabelecer um plano para que Tião tivesse condições de ingressar na casa sem muitos problemas. Por isso, resguardou bem a frente e as laterais, deixando de guarnecer com muito empenho o lado em que existia o muro, alegando que ali já havia uma proteção natural que não aconselhava a ninguém atacar por aquele lado. Isso liberaria mais soldados para uma melhor defesa dos pontos mais frágeis. Deixaria ali apenas dois homens, um em cada ponta do casarão, para evitarem quaisquer descuidos.

A noite chegou. Com ela, a ansiedade foi se instalando na alma de Macedo.

Todos se recolheram e, como de costume, Olívia serviria o chá a Lucinda antes de dormirem.

Dentro do pequeno bule, no entanto, Macedo conseguira, num

momento em que a escrava se distraía com a comida do gato da família, colocar a medicação que tornaria o sono de Lucinda mais pesado do que o normal a fim de lhe garantir a ação solerte sem muita oposição.

Caía, assim, o silêncio da noite sobre o casarão que, a partir daquele dia não seria mais o mesmo.

* * *

No quartel general, os soldados corriam para aqui e para ali buscando cumprir as suas obrigações e controlar os habitantes que, não se sabe por que motivo, passaram a se meter em brigas que não tinham fim, sucedendo problema sobre problema, o que os obrigava a constantes rondas nas ruas e vigilância mais acirrada.

Em seus aposentos, o general começava a sentir-se envolvido pelos mesmos sintomas estranhos que o haviam prendido ao leito algumas semanas antes. Dores no corpo, dores de cabeça, calafrios iniciavam o processo de atuação sobre a sua saúde de forma misteriosa. Com isso, ele se via mais impossibilitado de agir de forma imediata. Não mandara chamar ninguém pois os seus oficiais não precisavam saber de sua crise passageira, como ele esperava que fosse aquela vertigem.

No entanto, Luciano, auxiliado por outros espíritos igualmente vingadores, se aproximavam de Alcântara para deixá-lo prostrado naquele momento em que se iniciaria o ataque ao que ele tinha de mais caro, evitando-se que a sua fúria fosse provocada ao máximo e que ele conseguisse impedir a concretização dos planos dos rebeldes.

Por algum tempo, os espíritos iriam ser a barreira invisível que o impediria de agir para defender-se. Afinal, eram eles, general e espíritos, entidades que vibravam na mesma sintonia energética, o que lhes propiciava um perfeito intercâmbio de forças que se assimilavam de forma harmônica, a despeito de uma pretender estabelecer o comando da outra.

Luciano espírito se sentia em sua verdadeira casa ao lado de Alcântara homem, ambos ignorantes das leis do Universo, leis de tolerância, de amor e de perdão.

* * *

Como se disse, o casarão não seria o mesmo nas terras de Alcântara.

Isso porque mais de sessenta homens armados com todo o tipo de armas encontradas, entre as quais, algumas armas de fogo bem municiadas, além de tochas, pólvora, facões, espadas, garruchas, espingardas de caça, e tudo o que pudesse se converter em armamentos se dirigiam para a sede da fazenda utilizando-se de atalhos para não serem percebidos nem chamarem muito a atenção dos viajantes.

Ia ter início o embate das forças que pretendiam destruir a arrogância do comandante do quartel.

Tinham o plano de cercarem a casa e atacarem o portão principal com a pólvora que traziam, a fim de explodi-lo para entrarem na propriedade. Isso seria obra de dois homens conhecedores dos delicados caprichos do explosivo e que, sem causarem muito alvoroço, se colocariam prontos para a efetivação do primeiro atentado que daria início ao ataque.

Fariam tudo no mais tarde da noite possível, já que precisavam contar com o elemento surpresa, aproveitando-se do fato de os escravos já estarem dormindo, os feitores encontrarem-se despreocupados e as pessoas da casa grande adormecidas o suficiente para não reagirem aos primeiros embates.

Com muito cuidado, os rebeldes liderados por Mariano chegaram à propriedade na escuridão noturna e, vislumbrando o muro de entrada da fazenda que ocultava, logo a seguir, mais abaixo no terreno, a casa grande, deram início aos passos do plano de ataque. Todos se achavam protegidos por um capuz escuro de forma a não serem reconhecidos pelos moradores da fazenda, evitando-se futuras represálias pessoais. Só o buraco para os olhos permitia aos atacantes uma visão do cenário de suas atividades.

Rastejando como uma cobra bem treinada, os dois homens encarregados do explosivo foram colocá-lo junto ao grande portão principal sem que fossem notados por nenhum dos soldados que, a esta altura da madrugada, igualmente, se achavam sonolentos sem acreditarem que algo ocorreria por ali.

Macedo, em sua pequena rede colocada no fundo da propriedade, próximo de onde os fatos se desenrolariam, não conseguia fazer outra coisa senão passar o plano em revista, observando as possíveis variáveis a serem adotadas para os imprevistos que, esperava, não ocorressem.

Afinal, dera a Tião todas as instruções, inclusive um pequeno desenho dos cômodos internos da casa, nos quais seria mais fácil que ele encontrasse a carga preciosa ao seu coração.

E ali, no meio do mato, oculto pela noite, dois olhos brilhavam como um felino à espreita de sua presa, dois brilhos sinistros davam notícia da intenção cavilosa de alguém que procura o melhor momento para o ataque. Debaixo dos arbustos cerrados e espinhentos encontrava-se o jagunço Tião, pronto para o verdadeiro bote.

E aproveitando da idéia do próprio Macedo, além da cobertura para a cabeça e rosto de Lucinda, Tião providenciara um capuz escuro para a sua própria, igualmente apenas com o orifício para a visão, a fim de não ser identificado por ninguém se algum encontro imprevisto ocorresse.

Faltava, apenas, o início do barulho, pois, do resto, ele daria conta sozinho.

16

A hora chegou

A madrugada ia alta com os seus barulhos costumeiros indicando que tudo corria de forma natural.

Macedo recostado na rede, conseguira cochilar um pouco, enquanto os soldados da guarda ou dormiam esperando a chegada de seu turno ou estavam sonolentos montando vigia no escuro, ansiosos pela oportunidade de recostarem o corpo na cama macia.

Lá fora da fazenda, o sono estava muito longe dos homens que preparavam o ataque.

O barril de explosivo fora colocado na base do portão e o caminho de pólvora estendido por alguns metros para proteção dos que o acionariam. Tudo preparado, Mariano deu o sinal usando pequena lamparina de óleo e o rastilho foi aceso.

Não demorou mais do que alguns segundos e um estrondo inusitado fez tremer o chão e levou pelos ares toda a estrutura do velho portão.

Foi a senha para que a invasão começasse. Todos os atacantes sabiam o que fazer.

Um grupo havia sido designado para ir o mais rápido possível para o interior da casa a fim de raptar a jovem, do que dependia o início do saque e da destruição da sede da fazenda.

Outro grupo se dirigiria aos arredores, incendiando tudo o que pegasse fogo, matando quem se pusesse em seu caminho.

Alguns outros se preocupariam com a segurança dos agentes, montando guarda para evitarem qualquer reação dos moradores ou escravos.

Todos estavam ocultos pelos capuzes.

Tão logo o portão foi rompido, avançaram para dentro como soldados em carga desesperada, dando vazão a todo o ódio e à vingança longamente represados na alma.

Com a explosão, a gritaria e os tiros, todos os moradores da fazenda acabaram surpreendidos.

Macedo acordou do cochilo quase caindo da rede. Os soldados que dormiam mal tiveram tempo para se levantarem dos leitos e vestirem as botinas.

Os que estavam efetuando a ronda noturna, assustados pelo tamanho da explosão, ficaram aparvalhados, em estado de choque por alguns instantes, sem saber muito bem o que fazer ou sem acreditar no que os seus olhos e ouvidos estavam registrando.

As tochas corriam céleres nas mãos dos invasores e iniciavam a sua destruidora tarefa.

Todos os soldados haviam deixado os seus postos para correrem em direção ao foco do ataque, sob os gritos nervosos de Macedo que, apesar de ter sido avisado da invasão, não julgara que seria efetuada por um número tão grande de pessoas. Havia três invasores para cada soldado.

Protegidos por barricadas improvisadas, iniciaram o tiroteio com os atacantes que acabaram também surpreendidos com a existência de uma defesa da casa grande. Não imaginavam eles que havia proteção tão volumosa impedindo-lhes o livre curso de sua agressão. Tiros de ambas as partes, enquanto o fogo ganhava o mato seco que rodeava o lugar.

Aproveitando-se do barulho, Tião colocou o seu capuz escuro na cabeça e preparou-se para fazer a sua parte.

Arrastou-se pelo meio dos arbustos, olhou para todos os lados e tomou a direção da passagem existente no muro que, a estas alturas não estava mais guarnecida por causa do ataque que vinha do outro lado e que requisitava todos os soldados e armas disponíveis.

No interior da casa, assustadas com o barulho, as duas mulheres, Lucinda e Olívia, se achavam meio confusas uma vez que o efeito da droga colocada no chá que tomaram antes do repouso lhes causava forte sonolência, tendo a cabeça lenta no raciocínio e o corpo desejoso de continuar adormecido.

Lá fora, os revoltosos atacantes ganhavam terreno, obrigando os soldados, comandados bravamente por Macedo, a recuarem para posições mais protegidas, abrindo espaço para o avanço dos invasores.

Boa parte da vegetação ardia em chamas.

Aproveitando essa situação favorável, Tião não encontrou dificuldade em entrar na casa e, usando as informações do próprio Macedo, que lhe indicara como chegar ao quarto da jovem, atingiu o interior da ampla moradia seguro do que deveria fazer.

Lá fora, as balas iniciavam o seu devastador reinado, impondo baixas através dos ferimentos que causavam.

Não havia muito tempo para que os rebeldes atingissem o seu objetivo pois temiam que, atraídos pelo barulho, os escravos viessem se juntar aos defensores da propriedade, aumentando em muito o número dos opositores e diminuindo as chances de sucesso.

Daí, um grupo ter se dirigido para as portas da senzala com o intuito de intimidar todos os negros desarmados a permanecerem ali dentro ou morrerem tentando sair.

Os feitores estavam fazendo companhia aos soldados, escondidos atrás dos pilares e objetos, fugindo das balas.

Alguns dos rebeldes mais audazes atingiram o casarão e iniciaram as buscas para conseguirem nele ingressar.

As tochas iam deixando para trás um rastro crepitante, queimando tudo o que estava disponível.

No interior, entretanto, já se achava Tião, forçando a porta do quarto de Lucinda, para que conseguisse bloquear os seus movimentos e evitar a sua fuga em tempo.

Com a porta fechada a chave, o jagunço precisou empregar todo o seu potencial muscular para fazer com que a porta forte do quarto cedesse. Usando da pistola que trazia, rompeu a fechadura e, ao impacto de seus ombros acostumados a invasões desse tipo, atingiu o interior do quarto encontrando apenas pequena lamparina que iluminava o interior e que permitiu vislumbrasse a jovem, ainda em trajes de dormir, abraçada à velha ama, ambas trêmulas de susto sem saber o que fazer.

Mais do que depressa, o invasor retirou a velha negra dos braços da jovem que gritava a todo pulmão, sem poder ser atendida por ninguém que a ouvisse. Olívia, fraca pela idade e amedrontada pela ação violenta do homem encapuzado, nada conseguiu fazer a não ser chorar, gritar e rezar também.

Tião, partindo para o lado de Lucinda, tomou-lhe os braços delicados e os atou com pedaços toscos de corda, prendendo-os às costas. Ato contínuo, amarrou-lhe os pés pelos tornozelos, impedindo qualquer fuga ou defesa física por parte dela.

Retirou das dobras da roupa o saco escuro que Macedo lhe havia fornecido para colocar na cabeça de Lucinda, não sem antes enfiar-lhe um pedaço de pano na boca e amarrá-lo com uma tira na nuca, a fim de que ela não gritasse, denunciando o seqüestro.

Nervosa e ao mesmo tempo confusa por causa do sonífero, julgou ela estar sendo vítima de um pesadelo do qual não conseguia sair. Impedida de concretizar qualquer ato de defesa, acabou desmaiando de medo nas mãos de seu violento raptor.

Tião, vendo o estado de entorpecimento de sua vítima, tomou de uma coberta grossa, enrolou a jovem e colocou-a no seu ombro forte, como se fosse um saco de batatas.

Enquanto isso, os revoltosos já iniciavam o ingresso no interior da casa senhorial, quebrando os móveis vetustos, ateando fogo nas cortinas pesadas, derrubando objetos e saqueando-a de todos os bens de valor. A fumaça invadiu todos os aposentos que começavam a receber a visita dos atacantes bem como do fogo que vinha depois deles.

No meio desse tumulto, Tião e os revoltosos se cruzaram naturalmente, como se fizessem parte do mesmo grupo de homens.

Tanto que um deles, dirigindo-se a Tião, falou exaltado:

– Leva logo esse fardo precioso para fora e para o esconderijo, pois agora o fogo fará o restante.

Todos os atacantes e o próprio Tião estavam protegidos pelos capuzes que, não os identificando, fazia com que pensassem tratar-se ele de algum dos comparsas invasores.

Sem dar resposta verbal, mas abanando a cabeça como quem concorda, Tião logo percebeu que o indivíduo não atinava ser ele o jagunço que ia levar a jovem para outro destino.

Carregando o embrulho, Tião desceu as escadas do fundo da casa e saiu pelo mesmo caminho que havia usado para entrar. Cruzou o muro de pedra rápido como um raio e enveredou pelo matagal. No interior do mesmo se achava a montaria preparada para a carga diferente que deveria transportar.

Na casa grande, o tumulto era imenso. Os soldados de Macedo continuavam a tentar organizar uma defesa, mas eram muitos os atacantes. Enquanto alguns mantinham os militares atirando ou se defendendo, outros conseguiam esgueirar-se até o objeto de sua ira, a construção de pedra que abrigava a sede da fazenda.

Ao ingressarem no local, não pensavam duas vezes. Espalhavam combustível pelas paredes, portas, móveis, tapetes, objetos.

Olívia, vendo as chamas ganharem o interior da casa, arrastou-se pelos corredores no meio dos homens que não lhe impediam a tentativa de fuga, já que estavam seguros de que a jovem filha do general havia sido transportada para longe por mãos confiáveis. A velha escrava conseguiu deixar a casa assustada e aflita, sem saber o que havia acontecido com sua querida menina.

Macedo não sabia dizer se Tião conseguira realizar a sua tarefa, pois tinha deveres para com a proteção do local e os seus soldados estavam enfrentando uma situação para a qual nunca tinham sido preparados. Entre o medo de morrer e a necessidade de matar, cada um deles fazia o que podia, ao menos para salvar a própria pele.

A casa de Alcântara ardia em chamas, elevando rolos de fumaça escura na atmosfera e produzindo um calor que impedia que os homens se aproximassem muito dela.

Macedo, assustado com aquele estado de coisas e já ferido por uma bala que atingira-lhe o ombro esquerdo, ordenou que todos os soldados se afastassem do local, pois já não havia muito o que fazer.

Na senzala, os rebeldes informaram que todos os escravos estavam livres para fazer de suas vidas o que desejassem a partir daquela data e que deveriam ajuntar as suas poucas coisas e sair do lugar que seria, igualmente, queimado por eles.Quem não fizesse o que era ordenado, correria o risco de morrer queimado ali mesmo.

Os invasores desejavam fazer com que tudo o que o general possuísse fosse destruído. As plantações que já se achavam secas a espera da colheita no campo foram queimadas igualmente. Alguns animais foram espalhados, enquanto outros foram mortos, perfurados por facões, espadas ou facas de cozinha.

Impressionados pela agressividade dos atacantes, os poucos soldados nada puderam fazer, além de ferir alguns dos invasores que acabaram carregados por companheiros para fora do tumulto.

Duas horas depois de tudo ter-se iniciado, o saldo era trágico.

O capitão Macedo estava ferido no ombro. Alguns dos seus soldados igualmente se achavam sangrando com balas ou estilhaços espalhados pelo corpo. Um deles perdera a vida graças ao tiro certeiro que lhe atingira o peito.

A sede da fazenda era um verdadeiro braseiro do qual não se conseguia aproximar.

Os escravos, a maioria em debandada eufórica, tomaram o rumo do mundo, restando apenas alguns mais velhos ou doentes que não tinham para onde ir, nem esperanças de recomeçarem as suas vidas àquela altura da existência.

Os animais, mortos ou perdidos.

Era o caos total.

A madrugada caminhava em direção ao amanhecer sem que se soubesse que fim tiveram Lucinda e Olívia.

Esta última, depois que conseguiu sair da casa, caíra desmaiada perto de vegetação baixa que existia no caminho até a senzala, não sendo encontrada por ninguém até que o dia clareasse.

Vendo a obra terminada e pensando terem atingido o objetivo, os rebeldes ouviram o sinal que correspondia à ordem de fugirem dali. Mariano fizera soar um longo apito, várias vezes, indicando que a operação havia terminado ou, ao menos, que os seus agentes deveriam afastar-se.

Deixando o rastro de destruição, os moradores da cidade, agora transformados em destruidores, reuniram-se em local previamente combinado, cerca de um quilômetro da fazenda e, do alto de pequena elevação, puderam regozijar-se com o clarão do incêndio e o sucesso de sua empreitada.

Certificando-se de que tinham ocorrido pequenas baixas caracterizadas por companheiros que se feriram ou foram atingidos por tiros que não chegaram a causar risco de vida, iniciaram todos o retorno para suas bases. Evidentemente, não poderiam dirigir-se de imediato para a cidade, uma vez que a situação era muito delicada e as roupas os denunciariam.

O que importava era que, agora, tinham em mãos a filha do general tão odiado que, a estas alturas, já devia estar bem guardada no esconderijo por eles preparado.

Mariano dirigiu-se ao grupo de invasão da casa, o qual era composto por homens destemidos e pelos dois pais que haviam perdido os filhos na operação feita por Alcântara, perguntando:

– Como é gente, pegaram mesmo a moça?

– Sim, chefe. Eu mesmo a vi nos ombros de um dos nossos e mandei que ele corresse com a encomenda para que ela não acabasse queimada na fogueira.

– Ótimo! – falou Mariano. – Não é que aquele velho bandido tinha montado uma escolta para defender a casa?! Parece que tem pacto com o demo, esse general agora sem estrelas...

– É mesmo, Mariano – respondeu um outro. – Nós quase morremos com os tiros para os quais não estávamos preparados.

– O que importa, agora, gente, é voltar para a fazenda do Seu Armando e trocarmos as roupas. Fonseca vai se encarregar de queimar todas elas para não ficar nenhuma prova da nossa participação. As armas vão voltar para o lugar onde estavam e, tão logo o dia comece a amanhecer, tomaremos o rumo de nossas casas, com o cuidado de não sermos vistos por pessoas suspeitas ou por soldados do quartel.

– E os feridos, Mariano? – perguntou Fonseca.

– Esses, meu amigo, precisarão ficar na fazenda, sendo tratados até que o ferimento melhore e eles possam voltar para casa sem riscos para o movimento. Imagine se logo amanhã, tenha o médico que ser chamado para atender tantos homens com ferimentos suspeitos em suas casas. Qualquer jegue destas bandas iria ter certeza de que os feridos participaram do ataque à casa do maldito militar.

– É verdade – responderam unânimes.

Desse modo, tomaram o rumo, ainda na escuridão da noite, para a fazenda do Armando que, juntamente com Luiz achava-se em viagem, sem nada saberem do ocorrido.

Na propriedade de Alcântara imperava a destruição mais completa.

O capitão Macedo determinou a um soldado que não se ferira, que usasse de uma montaria e corresse ao quartel para informar ao general e aos demais soldados da destruição ocorrida, pedindo reforços e solicitando ajuda médica para os feridos.

Um sentimento de impotência e de derrota avassalava o coração de todos os soldados e do próprio Macedo. Na verdade, aquela bala em seu ombro, longe de lhe causar dores insuportáveis era, ao menos, o salvo conduto de que necessitava para mostrar que expusera a própria vida para tentar salvar a filha e a propriedade de Alcântara. Não poderia ser considerado como covarde. Arriscara-se até quase perder a vida por aquele a quem se dedicava de forma canina.

No seu íntimo, contudo, trazia a quase certeza de que Lucinda estaria em lugar seguro, esperando pela sua mão salvadora. Bastaria aguardar que Tião o procurasse para dizer onde ela se achava escondida. Iniciaria uma busca pela região até encontrá-la e transformar-se em seu herói. Com isso, não haveria mais qualquer oposição para que pudesse desposá-la.

Ao menos, era isso o que ele pensava.

* * *

No quartel, o ataque febril e as alucinações continuaram durante aquela noite. Apenas o médico militar fora chamado aos aposentos do comandante para ministrar-lhe uma medicação calmante sem oferecer a ninguém maiores detalhes sobre o estado geral.

Seria apenas mais uma indisposição.

* * *

Ali estava em ação o plano de Luciano que, servindo-se de alguns de seus ajudantes espirituais, revezava-se entre o que ocorria na sua antiga fazenda e o que estava acontecendo com o homem que perseguia.

– Eu não disse, maldito? Aquela é a minha propriedade. E como dono dela, prefiro vê-la queimando e destruída a dividi-la com você, seu abutre maldoso.

Esse era o pensamento do espírito de Luciano que, acolhendo os sentimentos de apego aos bens que lhe haviam pertencido, preferia vê-los consumidos no meio do incêndio a permitir que outrem se apossasse deles.

O estado de alma apresentado por aquele ser desencarnado era típico dos que, durante a vida, valorizaram mais as coisas da matéria que as do espírito, dando às primeiras um valor absoluto e relegando as segundas a coisas de igreja, uma vez por semana.

Arraigado aos sentimentos de domínio e ferido no afeto que nutria por sua esposa Leontina, despojada da propriedade por atitude vil do general, Luciano resvalou para o desvario, julgando que lhe competia defender as coisas materiais como se ainda lhe pertencessem.

Não entendia que no Mundo dos Espíritos onde se encontrava agora, tais sentimentos eram totalmente inúteis e que, sobre a sua vontade, pairava a ordem do Universo.

Acreditava que possuía poder para proteger e destruir, sem perceber que estava apenas sendo uma pequena peça no grande tribunal cósmico que manda a cada um colher o que plantou. A sua ação só estava prosperando porque tinha ligação íntima com a maldade que os homens acolhiam no coração.

Tivesse Alcântara adotado outro sentimento e procurado cumprir os deveres do seu cargo de outro modo, mais humano, mais generoso, teria colocado em ação as forças do bem que lhe teriam sido anteparos ou escudos invisíveis que lhe afastariam os amargores produzidos pela conduta que ele acabou escolhendo.

Ao ser violento, o homem acaba na companhia da violência. E se hoje ela é a violência que ele exterioriza como agente, amanhã será a violência de retorno, tendo-o na condição de vítima.

As únicas e verdadeiras revoluções são as causadas no íntimo do ser, pelas transformações radicais que ele mesmo se impõe para a melhoria de seu próprio mundo.

As balas dos fuzis, as bombas de extermínio têm poder extremamente reduzido e, enquanto servem como violência de retorno para quem um dia já tenha se servido delas, nesta ou em outra vida e agora tem de suportar o estrago que causaram, são, agora, sementeira amarga da violência para os que as espalham no presente, acumulando petardos futuros que explodirão sobre o corpo, na forma de doenças, acidentes, ou sobre a alma, na forma de sonhos desfeitos e sofrimentos morais.

Os maiores algozes que existiram jazem no pó do passado e, se fizeram algo de que a humanidade possa recolher algum proveito foi terem legado sempre o exemplo nefasto indicativo daquilo que deve ser evitado a todo o custo nas futuras gerações.

Todas as bandeiras de ideais que precisaram ou precisam de escolta armada para serem erguidas, foram içadas em mastro condenado. Na defesa do bem não pode existir o menor resquício de maldade, uma vez que a bondade possui outras armas bem diversas das do mal e da ignorância.

Estabelecer o Império do bem pelas armas do terror é negar-lhe efetividade, não importa qual o objetivo.

Catequizar tendo a escritura doce e terna em uma mão, trazendo a espada, a chibata ou o revólver na outra é anular o poder avassalador do Evangelho que representa sempre o cântico da paz e do pacifismo.

Alcântara e Luciano eram espíritos muito próximos nos métodos e sentimentos, conceitos e atitudes, donde o perfeito entrosamento entre os dois e a ressonância completa fazendo com que ambos colhessem o que semearam um dia e acabassem semeando, pela ignorância, o que iriam colher: o sofrimento.

Esse era e será o preço do aprendizado para espíritos tão teimosos, não importa em que lado da vida se achem situados.

Destruídos os arsenais do ódio através da dor que põe por terra os ídolos transitórios e falsos, que queima toda a matéria deturpada dos sentimentos vis, que arrasa a seara de ervas daninhas acumuladas pela alma invigilante, estará preparado no íntimo do homem arrogante o terreno para que as doçuras do amor possam manar agasalhando-lhe o espírito posto ao abandono pelas suas atitudes insensatas.

Na reconstrução do novo homem, imprescindível romper-se com todos os liames da ilusão, o que só o sofrimento, muitas vezes, é capaz de fazer.

No entanto, não é o Ser Supremo quem escolhe o caminho. Deixa à criatura a liberdade e a responsabilidade de fazê-lo por si própria.

Escolhe o homem a escola, a professora e a pedagogia que mais lhe interesse.

E existirá sempre a palmatória para os que escolherem a professora dor na escola das experiências egoístas.

Quando o professor Amor chegar, os alunos estarão disciplinados para entenderem-lhe os conceitos na escola do altruísmo e da fé.

O Divino Mestre não se esqueceu de alertar:

"A cada um, segundo as suas obras."

17

Angústias maiores

Com o amanhecer do dia chegando, todos foram tendo maior noção dos fatos.

Após a fuga dos rebeldes, organizou-se uma grande operação para apagar o incêndio na casa grande. Todos os escravos que não fugiram e que tinham condições físicas se empenharam para salvar a moradia do senhor e da sinhazinha. Com baldes ou vasilhas improvisadas, faziam longa fila que ligava a casa ao riacho que passava pelas proximidades e que movia o monjolo.

As chamas que se avolumaram durante a noite, ao clarear do dia parecia que estavam sendo vencidas pelo heroísmo daqueles negros.

Macedo, ferido, estava estirado em um canto sob os cuidados dos próprios soldados, aguardando a chegada do médico.

Ao lado, coberto com um lençol, achava-se o corpo do praça que perdera a vida durante a batalha na defesa da propriedade.

Não obstante ferido, Macedo continuava lúcido e precisava saber o que ocorrera com a sua pretendida. Até então não tivera nenhuma resposta sobre o sucesso ou não da empreitada.

Tão logo vencido o incêndio, os servos da fazenda constataram que ninguém havia perdido a vida sob as chamas, o que provocou um alívio no coração de Macedo que temia pela amada que, no meio daquela confusão, poderia ter acabado consumida pelo fogo.

Como se achava ocupado no combate à invasão, sendo esta de proporções muito maiores do que imaginava, não pode ver Tião cumprindo as suas ordens na execução do plano tétrico que sua mente cavilosa engendrara. Estava por ali esperando confirmação do desaparecimento de Lucinda, o que iria permitir que tivesse condições de se transformar em herói que salvaria a mulher amada.

* * *

Chegando ao quartel, o soldado que servira de mensageiro procurou levar o aviso do sinistro até os seus superiores imediatos.

Obedecendo a cadeia de comando, a notícia bateu às portas dos aposentos do general Alcântara.

Este, por sua vez, achava-se em processo de recuperação, pois tivera uma noite difícil, cheia de vertigens e de pesadelos.

Efetivamente, não dormira bem. Envolvido pelas influências de Luciano, foi retirado do corpo e levado junto dele para a sede da fazenda, a fim de que pudesse assistir a todas as ocorrências e presenciar a desdita que começava a se abater sobre sua cabeça.

Enquanto via os lances mais cruentos da escaramuça, Luciano lhe repetia:

– Está vendo, velho avarento, o que é meu eu dou o destino que desejo dar. Prefiro ver destruído e queimado do que nas suas mãos.

Meio atordoado e em agonia íntima, Alcântara gritava torturado:

– Lucinda, Lucinda,... onde está você, minha filha?... Lucinda...

– Grite mesmo, bem alto, pois ela não poderá ouvir. Agora ela me pertence. E será a mim que precisará implorar para que possa vê-la novamente. Veja o que está lhe acontecendo.

E falando isso, apontou para o interior da casa para onde se deslocaram na velocidade do raio.

Lá dentro, um vulto encapuzado estava a forçar a porta do quarto de Lucinda que, cedendo ao peso do homem robusto, permitiu que o mesmo avançasse sobre ela, raptando-a como já foi descrito e levando-a para rumo desconhecido.

Alcântara assistia a tudo como uma fera enjaulada, vociferando, tentando livrar-se da dominação que não conseguia entender. O ódio lhe subia à mente como jatos de ácido que corroíam-lhe o pensamento.

Aquilo era um sonho ou era a verdade? Estaria vendo o futuro distante ou se achava vítima de alucinação causada por sua estranha enfermidade?

– A sua doença, velho asqueroso, é a ruindade – falou Luciano ao seu ouvido, emoldurando as suas palavras com sonora e metálica gargalhada.

Em face do estado emocional produzido pelas visões, pela angústia acumulada, pelo terror que lhe infundiu a risada estentórica do espírito, o certo é que Alcântara voltou do estado de entorpecimento e retomou o corpo físico visivelmente alquebrado.

Tivera um sonho horroroso, pensava. Estava todo molhado pelo suor viscoso e álgido que empapara até mesmo os lençóis.

Seu corpo tremia de frio e seu íntimo trepidava como se tivesse sentado sobre as peças de um moinho de farinha.

Continuava deitado, pois tinha dificuldade de reassumir os movimentos. Precisava esperar algum tempo para que o corpo lhe obedecesse às ordens, já que parecia estar pesando algumas toneladas.

Acordado desse pesadelo, alta madrugada, não conseguiu dormir mais. Tinha medo de que voltasse a sonhar com as mesmas coisas ou sentir a companhia ruim que lhe havia mostrado todas aquelas cenas.

Não era capaz de sentir com intensidade a presença de um espírito amigo e generoso que muito o amava e que procurava preparar-lhe o interior para todas estas ocorrências.

Nesse estado de coisas estava perdido em suas divagações quando a claridade do céu começou a avisar a chegada de um novo dia.

Reuniu as suas forças para levantar-se do leito, o que conseguiu a muito custo. Dirigiu-se ao banheiro para realizar a higiene matinal, procurando, pelo banho necessário, o refazimento de suas energias, uma vez que não poderia comparecer diante da tropa naquele estado.

Com a ação magnética da água, seu corpo conseguiu melhorar o equilíbrio geral. As funções metabólicas foram sendo restabelecidas e a circulação pode acalmar-se dando trégua ao coração desajustado. Com a renovação das forças produzida pela ação do líquido bendito que a natureza concedeu ao homem como se desse a este o seu próprio sangue vivificador, o general retomou certo bem-estar, trazendo no íntimo, contudo, a sensação de agonia e de aperto pelas cenas horrorosas que presenciara, notadamente no que se referia à Lucinda.

Quando terminava de vestir-se, ouviu batidas à porta.

O Oficial de Dia procurava-o para fazer-lhe comunicação de suma importância.

Tão logo autorizado a ingressar em seus aposentos, o jovem tenente relatou ao comandante todas as notícias ouvidas da boca do soldado, acrescentando detalhes supostos e noticiando que Macedo estava ferido, enquanto um soldado da guarda tinha perdido a vida.

Um tiro à queima-roupa não teria feito maior estrago. O militar ficou lívido. Precisou sentar-se para não cair, o que fez disfarçadamente, como quem ia ajeitar o botinão.

Perguntou de Lucinda e, o que era mais grave, ouviu o tenente dizer que sobre ela não tinham notícias. Com certeza, por causa do incêndio, todos haviam deixado a casa e a moça deveria estar escondida em algum lugar até que amanhecesse.

O general queria acreditar nisso, mas alguma coisa mais forte lhe dizia que não era esta a verdade.

Após a primeira reação de susto, a indignação tomou conta do seu ser. O velho orgulho, a vaidade ferida, o amor-próprio agredido, a ousadia dos atacantes que não lhe respeitavam o refúgio, tudo estava lhe causando uma efervescência inigualável.

Ao lado dele, Luciano o estimulava na reação, para que o general sofresse ainda mais.

– Isto mesmo, senhor general. Veja se é possível aceitar que alguém faça isto com as suas coisas. Não respeitam nem um general... – dizia Luciano aos ouvidos do homem a quem perseguia. Você não pode deixar as coisas desse jeito. Precisa tomar alguma atitude. Veja que acinte cometeram contra você...

Essas intuições caíam na alma de Alcântara como uma cantiga de ninar ao contrário. Ao invés de levarem calma a um espírito atormentado, atiravam no fogo lenha para aumentar a fogueira.

Conhecedor das suas fraquezas de caráter , Luciano sabia quais cordas tocar no íntimo do general para fazê-lo reagir segundo os seus planos de espírito vingativo.

– Tenente, – disse enérgico o general – providencie cavalo veloz com escolta imediatamente. Coloque o quartel em prontidão e não permita a saída de ninguém até o meu regresso.

– Sim, senhor. Quantos homens o senhor pretende na escolta, general ?

– Dez homens dos bons...E no meio deles coloque o médico, pois com gente ferida vamos precisar de um. Mande também a nossa carroça hospitalar já que, talvez, precisemos trazer para cá os feridos.

Girando nos calcanhares após a continência protocolar, o tenente deixou o general sozinho em seu quarto.

Sua cabeça fervia, seu coração era uma caldeira fumegante. Não lhe saía da cabeça o teor do sonho que tivera. Aquilo não parecia alucinação nem coisa irreal. Aquelas cenas eram tão cruéis e verdadeiras que ele passou a achar que estivera lá durante a madrugada, sem entender como é que isso seria possível de ocorrer.

Ao mesmo tempo, uma estiletada fria e cortante lhe atravessava o coração quando pensava em Lucinda.

Onde estaria ela, tão frágil, tão desprotegida? Não era possível que alguém tivesse coragem de atacar uma moça incapaz de fazer mal a um inseto...

Mas os agressores não tardariam por esperar a sua ira. – Se alguma coisa tiver ocorrido com ela, – falava o general para si mesmo – aqueles animais vestidos de gente irão ver seus dias transformados num verdadeiro inferno.

Além disso, um soldado morto e Macedo ferido, não se sabia se com gravidade ou não, indicavam que os atacantes portavam armamentos e que aquela fora uma ação organizada. Quem fez aquilo sabia o que desejava.

Pouco tempo depois, Alcântara deixava o quartel general escoltado por dez militares armados e, em disparada, toma o rumo de sua fazenda, distante aproximadamente uma hora de cavalgada.

Na cidade, os ânimos estavam igualmente acesos. À boca pequena corria a notícia do ataque bem sucedido à casa daquele despótico militar.

Os corações fracos sempre vencidos pelo poder daquela personagem, que era a causadora de muita desdita na comunidade, haviam conseguido, ao menos por uma vez, causar dano real para vingarem-se dos males recebidos.

Dentro das moradias, a risada corria solta e o sentimento de que Deus era justo falava aos corações ignorantes da verdadeira Justiça de Deus que jamais quer o prejuízo, a morte e o sofrimento de nenhum de seus filhos.

Entretanto, na fase atual de evolução da humanidade, a carga de vingança que cada um carrega no interior faz com que a Justiça só se pareça justa quando o algoz padeça mais e sofra dor pior do que aquela que fizera alguém sofrer.

Há muita dificuldade para o ser atrasado compreender que a Justiça Divina não se vale da vingança e não tem por escopo a punição.

Deus prefere o trabalho de reconstrução daquele que destruiu já que a finalidade da Sua Obra é educar e não vingar-se.

Mas os corações despreparados dos habitantes daquela região, ao presenciarem a pequena tropa passar em disparada pelas ruas que davam acesso ao caminho das terras do general, puderam gritar de euforia como que confirmando que tudo tinha corrido conforme o planejado.

Todavia, para os revoltosos que se achavam na fazenda do Sr. Armando, uma triste surpresa começava a se delinear.

Reunidos nos cômodos do casarão, depois de adotarem as medidas preventivas que os livrasse de suspeitas, queimando roupas, escondendo as armas, tratando dos enfermos e feridos, na conversação que se seguia, descobriram que não sabiam onde estava Lucinda. Isso porque, passadas algumas horas do final da invasão, chegou às terras de Armando a pessoa responsável pelo cativeiro de Lucinda, que lá não se achava.

Como o tempo tinha passado sem que ninguém tivesse levado a moça para o esconderijo onde ficaria presa, o responsável por ele veio à fazenda saber o que havia acontecido. Procurou por Mariano.

– Seu Mariano, onde está a tal da moça?

– Como assim, Bento. A moça foi retirada da casa e levada para o esconderijo...

– Ah! seu Mariano, isso é que não foi não... Eu estava lá até agora e ela deve ter tomado outro rumo porque lá é que não foi parar. Tanto que eu vim aqui pra perguntar se vocês desistiram do plano ou se não conseguiram raptar a dita cuja...

– Não me diga isso, Bento. Não pode ser verdade uma coisa dessas.

E atônito com essa informação, Mariano deu um grito chamando todos os participantes responsáveis pela invasão que, rapidamente se colocaram à sua volta:

– Quem foi o responsável por pegar a mulher? Falou sério e ríspido.

– Fui eu, seu Mariano.

– Muito bem, Correia. E aí, você a pegou?

– Peguei não é bem o termo.

– Como assim, explique-se!

– É que quando eu cheguei lá dentro depois de muito tiro pra todo o lado, o que acabou dificultando a nossa entrada, eu cruzei com um de nós que já vinha carregando a moça no ombro. Não sei quem era porque ele estava com o gorro na cabeça. Mas falei pra ele levar a carga preciosa imediatamente para o esconderijo, tendo me respondido com um aceno de cabeça que o iria fazer.

– E depois?

– Ora, Mariano, depois que a moça foi roubada nós ficamos revirando a casa, procurando por coisas que tivessem valor enquanto os outros punham fogo nos quartos.

– Pois então, quem foi de vocês que pegou Lucinda no seu aposento e cruzou com Correia no corredor de saída?

O silêncio caiu como uma pedra no meio do grupo. Ninguém podia dizer que era o autor de tal façanha.

– Não foi ninguém? – gritou Mariano descontrolado. – Querem me dizer que nós entramos na casa da cobra e saímos dela sem carregar o mais importante? E então quem foi que carregou a mulher? Alguém aqui está mentindo...

A situação estava delicada, pois ninguém havia entendido o que se passava. Outro confirmou as palavras de Correia afirmando ter visto também um deles carregar a moça para fora da casa, acreditando que o plano deles se achava concretizado.

Ninguém se dera ao trabalho de acompanhar o seqüestrador para ver onde ele iria levar a carga.

Nenhum dos invasores queria acreditar no que estava acontecendo. Passaram a desconfiar uns dos outros, pois não tinham outras hipóteses para imaginar.

– Bento, volte para o lugar e fique lá esperando. Quem sabe não aconteceu alguma coisa no meio do caminho que possa ter atrasado a chegada da mulher no local combinado – falou o líder ao companheiro de tramóias.

– Tá bem, vou voltar pra lá . Mas alguém vai ter que levar comida pra nós até o dia de amanhã!

– Fique sossegado que não lhe faltará o que comer... – respondeu Mariano.

Onde será que tinha ido parar a filha do general?

* * *

Na sede da fazenda, as coisas estavam se normalizando, depois que o incêndio foi debelado.

Macedo, com o braço imobilizado por panos, andava de um lado para outro desejando encontrar vestígios que lhe indicassem ter tudo corrido conforme os seus desejos.

Nenhuma informação, no entanto, conseguira obter até ali.

Depois de andar pelos quatro cantos incendiados da moradia outrora suntuosa, passava para o terreiro, depois pelo monjolo, pela casa do feitor e nada.

O sol estava alto e o calor começava a incomodar. A dor do ferimento crescia com o aumento da temperatura.

Macedo procurou uma sombra para abrigar-se por algum tempo a fim de esperar a chegada da ajuda que tinha pedido pelo mensageiro.

Tão logo se recolheu debaixo de algumas árvores, viu chegando perto dele a velha escrava Olívia, toda descabelada, cheia de arranhões, com a sua roupa tradicional rasgada e suja.

– Olívia, onde você foi parar, mulher?! – gritou Macedo entre feliz e preocupado por informações. Estivemos procurando a manhã inteira por notícias suas e de Lucinda. Onde você se meteu?

– Ara, sinhô capitão. No meio daquela *cunfusão* uma preta *véia* que nem eu num presta pra muita coisa. Depois que *robaro* a sinhazinha o home me deu um safanão que eu perdi o rumo. Nóis duas gritava que nem duas gralha desesperada mas num *adiantô* de nada.

– Então você viu a sinhá Lucinda sendo levada por um homem?

– *Craro,* seu capitão. Eu *tô véia* mas ainda enxergo bem. Depois que ele me deu uma porretada que me jogou longe, eu não vi muita coisa. Quando a fumaceira subiu eu *arresorvi* dá um jeito na vida e, como era *home* pra todo lado e fumaça por todo canto, fui de arrasto devagarinho, com o povo pisando por cima de mim, até que eu consegui sair da casa.

– E aí, o que houve? – perguntou ansioso o militar ferido.

– Aí eu saí andando por esse mundão cheia de medo até que acabei caindo no meio de uma moita de mato onde fiquei até agora, quando acordei com esse *solão* que Deus manda me queimando a cara.

– E Lucinda? E o homem que a levou embora, quem foi? – perguntou o militar esperando que ela confirmasse para ele a descrição de seu comparsa.

– Ora, seu capitão, num deu pra vê nada!

– Como assim? – perguntou mais aflito.

– Ué, *ocê* num viu que esse povão tava tudo com uns pano preto na cabeça? O *home* que *robô* a sinhazinha *tumém* tinha um *treco* desses tampando que só dava pra vê o buraco dos *zóio* e as *venta* meio pra fora.

Um gelo abalou o seu íntimo.

– Você está me dizendo que Lucinda foi raptada por um homem com a cabeça coberta com um capuz?

– Eu num sei *cumé* que é o nome de batismo desses pano que *ponharo* na cara. Só sei que o *marvado* que *entrô* no quarto tinha ele na cabeça. *Pegô* a sinhá que gritava mais do que eu, *enrolô* ela na colcha da cama e saiu que nem quem carrega um saco de batata nas costas.

Macedo estava desesperado. Alguma coisa tinha saído errado com Tião. O que teria ocorrido?

Os encapuzados eram os agressores. Tião não teria capuz. Se Olívia viu um homem com o gorro escuro na cabeça levar Lucinda, a moça estava em poder dos rebeldes.

– Maldito jagunço ignorante. Onde será que se meteu? Por que não obedeceu ao que eu havia determinado? Ele vai me pagar caro essa afronta – pensava irritado o militar.

– E agora, capitão, o que vai ser? – perguntou a negra.

– Não sei, Olívia. É preciso esperar o general para vermos o que ele vai fazer. O que é certo é que precisamos procurar a sinhá por todos esses lugares, antes que ela chegue muito longe, carregada por essa gente má que fez tudo isso que você está vendo.

Dito isto, mandou que ela fosse descansar até que o general chegasse e ficou meditando na mudança inesperada do curso dos fatos, o que dificultaria a sua ação como cavaleiro salvador.

Pensava no risco de Lucinda ser assassinada pelos rebeldes e ficava mais desesperado ainda. Na sua mão ela estaria segura, mas na companhia desse povo violento e vingativo, o que poderia lhe acontecer?

Estava nessa toada mental quando ouviu à distância o tropel dos cavalos que se aproximavam em disparada, entrando na propriedade sem necessidade de maiores cuidados, já que o portão fora feito em pedaços pelo explosivo.

Quanto mais se aproximava, mais impressionado ia ficando o general.

Ao ver a casa fumegante, desceu da montaria e partiu para dentro alucinado. Foi seguido pelos soldados mais antigos que lhe pediam que tivesse calma, pois a casa poderia ruir a qualquer momento. Não poderia ficar por ali correndo tanto risco.

– Onde está Lucinda? Onde foi parar a minha filha? – gritava para todos os cantos. – Macedo, Macedo, onde está você, homem?

Levantando-se todo cheio de dores e procurando manter a altivez do soldado que, mesmo ferido, responde ao seu superior, o capitão se dirigiu à presença do comandante que, a esta altura já tinha deixado o interior consumido da casa e se achava no pátio externo.

– Senhor, aqui estou – disse o capitão.

– E então, o que aconteceu? Conte-me com todos os detalhes! E Lucinda, onde está? – Alcântara falava sem parar e sem dar oportunidade para que Macedo respondesse.

Na primeira pausa que se fez natural, o capitão relatou todos os fatos, na forma como ocorreram. Falou do ataque surpresa, da quantidade muito superior de agressores que de soldados na defesa, da perda do soldado, do ferimento sofrido, da invasão da sede que não foi possível defender, do incêndio.

– Sim, tudo isto eu sei. Mas e Lucinda?

A pergunta do pai desesperado foi sucedida de um silêncio. O capitão baixou a cabeça para que não visse o desespero do comandante na hora de lhe dar a notícia.

– Fala, homem! – sacudiu-lhe os ombros aos berros o general, sem atentar para o seu ferimento que sangrava manchando a farda rasgada.

– Bem, senhor, a senhorita Lucinda não está aqui!

– O quê? Vai me dizer que ela morreu queimada? Que nenhum de vocês, seus inúteis, teve coragem para entrar na casa em chamas para salvar uma indefesa donzela?

– Não, general. A senhorita Lucinda, a estas alturas, se estiver viva, deve estar longe daqui, raptada pelos invasores que a amarraram e a levaram embora para destino ignorado.

A fala de Macedo denunciava um destino pior do que o próprio túmulo para o pai que procurava a filha. Sabê-la morta e sepultada sob o piso, permitiria que o genitor tivesse acesso ao local para conversar com a sua alma, como era costume daqueles tempos. No entanto, sabê-la na mão dos rebeldes, isso era demais.

Descontrolado, pediu um pouco de água para beber.

Tinha desejo de enforcar Macedo com suas próprias mãos ali mesmo, na frente de todos os soldados para que servisse de exemplo.

A ira era avassaladora, principalmente em um homem de grande porte, acostumado a mandar, a ser obedecido e a terem cumpridas todas as suas vontades e determinações.

Lucinda, sua filha, estava à mercê de gente tão perversa! O que seria dela?

E sem mais conseguir conter-se no desespero que vinha sentindo desde a madrugada, quando pudera ver quase todas as cenas durante a sua ocorrência, o general sentou-se num pedaço de tronco ali caído e, colocando o rosto entre as mãos, chorou o choro do desespero de um pai que perdeu o ente mais amado sobre a Terra e não possui sequer a sua sepultura para levar-lhe uma homenagem na forma de uma flor.

Em silêncio, saíram todos os homens para que o general pudesse dar curso às lágrimas sem testemunhas incômodas do seu sofrimento.

Dessa forma, por todos os lados, em todos os corações se instalara a angústia cortante, seja em Alcântara, o pai desesperado, seja em Mariano, o líder da rebelião não completamente vitoriosa, seja em Macedo que se via privado da caça tão avaramente cobiçada.

Eram todos derrotados pelos caprichos da vida que ninguém consegue controlar, por mais astutos que tenham sido os planos da maldade.

Aquele seria um longo dia, prenúncio de um triste amanhã para todos.

18

Surdo aos conselhos do amor

Alcântara estava desolado diante dos fatos.

Não tanto pela destruição do que representava para ele o poderio material, mas por ter sido afastado de sua mais intensa fonte de afetividade.

Lembrava-se da filha querida desde o dia do nascimento.

Vira-a crescer ao mesmo tempo em que sentia a afinidade espiritual aumentar na medida em que os seus pequenos desejos de criança iam dando lugar a comportamentos mais maduros para a sua idade.

Reconhecia, no íntimo, que deixara a desejar na criação dos dois primeiros filhos, Eleutério e Jonas, trazendo no coração a mágoa por ter este último se afastado do lar, antes mesmo do nascimento da irmã.

Com essas cogitações, o general pensava sobre o passado da filha relembrando partes de sua vida sem que tivesse voltado do impacto de tudo aquilo.

Como alguém extremamente ferido, entrara num processo de alienação temporária vitimado pelo choque emocional que representa defesa psicológica do indivíduo que pretende, fugindo do presente, refugiar-se no passado melhor, ainda que por alguns breves instantes.

* * *

Nessa hora, mãos amigas e invisíveis tangiam as cordas mais sensíveis do coração inflexível daquele militar.

Espíritos amigos que acompanhavam todo o desenrolar da vida daquele grupo de encarnados procuravam valer-se desses momentos de extrema sensibilidade, ainda que causados pelo sofrimento, para auxiliar na semeadura e no conforto da criatura abatida.

Assim, também inspiravam ao general pensamentos nostálgicos aproveitando a sua volta ao passado, fazendo com que ele sentisse a felicidade que um dia desfrutara e que, para obtê-la, não tinham sido necessárias coisas materiais ou dores físicas.

Era a recordação do amor da esposa, de sua preocupação e seus zelos. Os folguedos e os abraços dos filhos pequenos, hoje quase todos perdidos.

Todas essas alegrias haviam sido obtidas sem que gastasse um só centavo de seus valores financeiros para comprá-los, uma vez que eles não estavam à venda.

Tudo isso lhe tinha sido oferecido gratuitamente. E essa gratuidade constrange e confunde aqueles que se acostumaram a comprar tudo e a todos.

Valendo-se desses momentos de crise, os espíritos que amam os homens deles se aproximam, envolvendo-os em uma atmosfera doce e contagiante, objetivando fazer renascer no íntimo de cada um aquilo que o ser possui de mais nobre no seu caráter, nos seus sentimentos.

Isso ocorre porque, estando o Criador em ligação constante com a sua criatura, ainda que esta se ache dele apartada pela ausência de fé, de credulidade em alguma religião específica, todas as coisas que ocorrem com ela são com a finalidade de erguê-la para uma vida mais digna.

Não fosse assim e Deus não seria bom, não seria Pai, não seria sábio e, por isso, NÃO SERIA DEUS.

Mesmo o que aparenta ser a desdita nos caminhos de cada um, representa escalada dolorosa para a qual nosso espírito já foi previamente preparado para enfrentar com todas as condições de vencê-la. Precisará enfrentar o sofrimento de uma enfermidade lutando para vencer tais obstáculos com resignação e coragem. Será convocado a afrontar os desafios das catástrofes físicas que se abatem nos lugares onde vive tais como terremotos, incêndios, furacões, etc, retirando dessas experiências lições de solidariedade e ajuda mútua. Talvez necessite suportar a prova áspera da riqueza e do poder para aprender a exercitá-los com decência a benefício de todos, vencendo o egoísmo e o orgulho.

Não importa qual a causa.

O que interessa é que todas elas estarão no caminho da alma como convite do Criador à auto-superação e à melhoria.

Mesmo o mal, ocorre na vida sob a supervisão indireta dos espíritos amorosos que, obedecendo às leis do Universo, acompanham-lhe os desatinos até o instante em que se faça necessária a intervenção superior para a correção definitiva dos caracteres em processo de amadurecimento e de purificação.

Dessa forma, ao lado de Luciano que se comportava como já foi indicado, buscando a vingança, intuindo negativamente os integrantes do agrupamento, reencarnados para as elevadas atividades do crescimento comum, a bondade de Deus colocou as generosas mãos brilhantes de nobres entidades que, aproveitando-se das brechas nas horas adequadas, semeiam idéias e sensações para que, com o tempo elas possam frutificar.

Estes amigos espirituais não agem como os homens que pronunciam duas ou três palavras de conselho e que, se não são ouvidos e acatados imediatamente, se afastam do semelhante que não aceitou os seus alvitres e o consideram um ingrato.

Os espíritos do bem sabem que o bem pertence a Deus e que a eles compete, tão somente, aproveitar o solo preparado pela enxada da dor para atirar a semente. O Verdadeiro Senhor do campo cuidará da rega e da adubação para que a semente possa ser estimulada a abandonar o seu casulo e sair em direção à vida e ao crescimento.

Muitas vezes, quando isso acontece, o semeador já está tratando de outro pedaço de solo, pois não está esperando o resultado da semeadura, mas, sim, agindo para que mais e mais o solo possa ser fecundado pela sua ação fraternal.

Ao lado do general, entidades invisíveis até mesmo ao espírito de Luciano, dele se acercavam envolvendo-o em uma chuva de energias salutares e calmantes para que o militar, através dos sentidos sutis de seu espírito, pudesse ouvir as convocações da bondade pela recordação do que significava a felicidade para alguém.

Felicidade, para ele, agora, era pouca coisa.

Na vida daquele homem que tivera quase tudo e, ao mesmo tempo, quase nada, a felicidade agora era o afeto de Lucinda ao qual não dera o devido valor em face das suas ambições mesquinhas no mundo dos homens. Era poder ter estado junto dela mais tempo, ouvir-lhe a voz suave, fazer-lhe as vontades pequenas.

Era tão pouco o de que precisava para ser feliz e ele o tivera por tanto tempo ao seu lado que não soubera usufruir quando as condições o permitiam. Convivera com a filha e dela se afastara para passar semanas cuidando de mandar nos outros, ordenar ações, receber valores, prestar contas, punir e administrar aquilo que não lhe fazia, agora, nenhum sentido.

Por várias horas, Alcântara ficou estirado sob a fronde de velhas árvores, em uma rede improvisada, enquanto outros homens davam início à retirada dos entulhos do casarão.

Lucinda não lhe saía da mente. Como ela era o seu maior tesouro, não poderia ficar sem fazer alguma coisa.

Teria de procurá-la por todos os cantos até encontrá-la. Ofereceria uma recompensa vultosa a quem lhe trouxesse a filha amada.

Ao mesmo tempo, apesar de todo o envolvimento generoso e suave das entidades amigas que cuidavam dele, surgia na sua mente, decorrente de idéias fixadas pelo reflexo condicionado de uma vida inteira agindo sob esse padrão, o pensamento claro: VINGANÇA!

Era preciso punir o culpado ou os culpados e ele não deixaria de fazê-lo. Para quem perdera a filha, não haveria nenhuma perda maior do que aquela. Outras pessoas iriam ter de suportar o peso de sua ira.

Achava-se vítima dos invasores aos quais dera combate sem sucesso significativo. Como eram insolentes e arrojados, indicativo de que se tratava de gente preparada para tudo, era preciso desbaratar esse grupo ainda que ao peso do reinado do terror.

A atitude deveria ser tomada para que todas as pessoas da cidade soubessem que não ficariam em paz enquanto não entregassem a filha querida. Colocaria o exército nas ruas, invadindo casas, prendendo pessoas novamente, deixando-as no quartel à míngua, até que tudo se esclarecesse. Não pensassem que iria ouvir risadinhas pelas suas costas sem fazer outras pessoas suportarem o peso da mesma desdita.

Esse era o pensamento do general que muito tempo de vida passara na construção de seu castelo de areia. Não importava que o castelo ruísse. O que era importante era que muita gente seria afogada pela areia junto com ele.

Com esses pensamentos de baixo teor, Alcântara afastou-se mentalmente dos amigos espirituais que ali se encontravam e voltou a ligar-se com Luciano, seu acompanhante obscuro que vivenciava o drama do militar com a euforia do vingador que vê a sua vítima cair nas próprias armadilhas.

Luciano também iria descobrir que quem faz o mal com o mal se compromete.

Aproveitando-se novamente do padrão mental do general, agora aliviado pelas lágrimas vertidas, o obsessor reiniciava o processo de influenciação, seguindo as tendências de sua vítima, aproveitando-lhe os caminhos abertos pelas suas fraquezas morais e pelos seus defeitos de caráter para explorá-los e transformá-los em novas quedas para aquele homem despótico.

Desse modo, Luciano aumentou a carga de emissões mentais que iam sendo projetadas para o cérebro de Alcântara onde repercutiam como se fossem ecos do pensamento do próprio militar.

Ouvindo a tais ecos como idéias surgidas de si mesmo, o general julgava que estava pensando inspiradamente, o que o fazia sentir-se ainda mais estimulado a prosseguir, dada a facilidade e clareza dos pensamentos.

Isso se dava porque, como já se explicou, junto de sua mente inferiorizada pelos sentimentos ruins, se unia a de seu acompanhante desencarnado que pensava por ele também.

Eram duas inteligências de igual teor de escuridão, pensando nos atos da sombra. Por isso, eram muito mais ágeis juntas do que separadas. O que um pensava o outro apoiava e melhorava.

Um buscava punir para ter a filha de volta.

O outro estimulava a conduta punitiva para causar mais desgraça na vida das pessoas e, por via de conseqüência, mais males para o caminho do general a quem competia destruir até transformá-lo em poeira.

Inteirado de toda a história, o general não teve dúvidas em considerar os revoltosos que se alojavam em algum ponto da cidade como os responsáveis e causadores de tudo aquilo, como os seqüestradores de sua filha, numa verdadeira afronta ao Imperador, ao exército, à sua autoridade e à sua pessoa como cidadão.

Esses libertários iriam sentir o peso de seu ódio brevemente. Não sabia que os rebeldes, se efetivamente tinham invadido e destruído a sua casa, não estavam de posse de sua filha e se achavam perdidos quanto a saberem onde ela se encontrava.

Diante de todos estes ocorridos, precisando tomar as medidas adequadas junto às autoridades superiores e junto ao quartel general que comandava, não viu outra alternativa senão chamar o filho mais velho, Eleutério, para que regressasse à fazenda e dirigisse a sua reconstrução, recolocando a rotina do trabalho em ordem, supervisionando tudo e fazendo o que fosse necessário em seu lugar.

Tão logo voltou para o quartel, tomou de lápis e papel e redigiu uma longa carta relatando todos os fatos, a gravidade do seqüestro, o dever a que agora se via obrigado de vasculhar tudo a procura da filha amada e a necessidade de tê-la de volta.

Eleutério era mais jovem e poderia, com mais energia, ajudar na reconstrução da propriedade destruída, retomando o comando da fazenda.

Determinando a um mensageiro fizesse a entrega do documento, selou-o com o seu selo pessoal e ordenou que não houvesse qualquer atraso para a entrega da carta ao filho que, depois de formado, instalara-se na capital da província, buscando a clientela para fazer nome e fortuna, em sua banca de advocacia.

Na verdade, a carta não era um pedido. Era uma quase ordem, pois não deixava ao filho qualquer opção. Acompanhava a missiva a promessa de que ele seria bem remunerado pelo trabalho, não lhe faltando nenhum estímulo financeiro para que não viesse.

Alcântara sabia que a carência de recursos na capital forçaria o recém-formado bacharel a retornar ao antigo meio familiar, nem que fosse por tempo curto, para cumprir as atividades que lhe trariam a receita indispensável ao início de sua carreira jurídica.

Com isso, o pai contava seduzir o filho, uma vez que conhecia o seu caráter ambicioso e interesseiro, sempre obstinado na consecução de suas metas, não tendo escrúpulos nos atos a fim de atingi-las.

Eleutério, na verdade, era uma cópia um pouco melhorada do próprio genitor. A diferença entre eles era a de que o filho não tinha a sede pelo poder e pelo mando que caracterizavam a personalidade paterna. Mas a inclinação para o mal, para as artimanhas e para o ganho fácil sem importar de onde vinha o dinheiro, tornaram-no muito afinizado com o comportamento do genitor que exercia um certo fascínio sobre a sua pessoa.

Eleutério como que se sentia magnetizado pela influência do general e, mesmo bacharelado e morando à distância, guardava respeito religioso pelas determinações paternas como se, antes de filho e de homem, fosse mais um dos soldados comandados pelo militar.

Pouco interessava de onde vinha a riqueza de Alcântara. O que, aos olhos do filho era impressionante, eram o brilho de seu uniforme, a altivez de sua postura, a sua figura ereta, alta e dominadora, a sua cabeça leonina, agora aureolada por cabelos brancos e o dinheiro que ia juntando, aumentando-lhe o poder.

No fundo, Alcântara era o que Eleutério desejava ser um dia. Por causa disso, o pai sabia como se dirigir ao filho e obter dele o que desejava.

Mandou, enfim, a mensagem.

* * *

Precisava, a partir de agora, adotar atitudes visando punir os culpados e recuperar a filha.

Para informar aos superiores o que se passava, relatou em vasto e pormenorizado documento todos os fatos, ressaltando, aqui e ali, o perigo que representava aquele grupo de pessoas infiltrado na comunidade.

Deu destaque ao fato de que a própria filha se achava em poder deles e que necessitava de autorização mais ampla para que pudesse agir com plenos poderes na busca de Lucinda e no encalço dos rebeldes que, agora, não eram mais apenas rebeldes libertários, eram verdadeiros bandidos perigosos e covardes.

Reuniu depoimento escrito por Macedo que relatou com grande carga emocional a escaramuça mantida com o grupo invasor, o ferimento sofrido e que lhe causava dores constantes, mesmo depois de ter sido extraída a bala, a morte de um dos soldados da guarnição vitimado pelo tiro de um dos invasores e a certeza de que a filha do general se achava em poder dos mesmos, em face de existir uma testemunha presencial do seqüestro que afirmava terem sido eles, os homens encapuzados, os causadores de tudo aquilo e os que levaram a jovem para longe da fazenda.

Com tudo isso, Alcântara procurava sensibilizar a junta superior a quem prestava contas e de quem recebia ordens acerca da necessidade de se adotar uma ação mais enérgica para pôr fim a tudo o que estava ocorrendo na cidadezinha de Barreira de Pedra, asseverando não poder esperar muito tempo pela resposta positiva. Necessitava autorização urgente.

Lacrou as cartas e, servindo-se de um oficial graduado, o que não era comum naquelas trocas de despachos, mas ao mesmo tempo indicava gravidade dos fatos, determinou a ele que não voltasse sem a resposta positiva de que necessitava. Que fosse rápido e voltasse ainda mais depressa.

Enquanto isso, à revelia da autorização, Alcântara iniciaria as primeiras providências visando o início do processo terrorista com o qual pretendia descobrir o paradeiro da filha e, ao mesmo tempo, desbaratar a quadrilha dos assassinos e seqüestradores.

* * *

O clima no quartel era de revolta geral.

A atitude insolente dos invasores era uma agressão aos brios daqueles que tinham por dever demonstrar a própria força.

O fato de terem invadido a moradia do comandante de vasta região indicava que eram perigosos e deveriam ser tratados com rigor.

O sumiço da filha do comandante era uma dor que se espalhava por todos os comandados, o que tornava a indignação em verdadeira revolta.

O ferimento suportado por Macedo era ferida no corpo da tropa e a morte de um soldado era o recado para todos eles de que os rebeldes matariam quem quer que fosse, dando pouco ou nenhum valor à vida dos que serviam à Nação envergando a farda militar

Todo este estado de ânimo fazia com que a tropa clamasse por um revide, a fim de demonstrar que não suportaria qualquer insolência.

Os oficiais reunidos levaram esse espírito de corpo ao seu comandante, solidarizando-se com a sua desdita e colocando-se plenamente disponíveis para o cumprimento de quaisquer ordens que dele emanassem, sem qualquer questionamento.

Não pretendiam fazer justiça. Precisavam dar o troco para que não ficasse o quartel desmoralizado diante da comunidade. A moral para eles, era representada pelo temor e pelo respeito artificialmente conquistado à força das baionetas e dos tiros. Não importava. Era preciso que todos soubessem que os militares tinham balas e as usariam sem titubear.

Era disso que Alcântara precisava.

Estava obtendo os cúmplices mais importantes para que a sua atitude, à revelia de qualquer autorização, ocorresse com a conivência de todos, oficiais, praças e soldados.

Essa idéia foi acolhida por ele que, agradecido, dispensou os seus comandados mais próximos pedindo um tempo para pensar qual atitude seria melhor para demonstrar o poderio e a força devastadora de todos eles. Era o orgulho de corporação que, agora, dava o combustível para que a fogueira não parasse de crescer.

Fechado em seu gabinete, Alcântara se concentrava no plano para aterrorizar as pessoas a fim de punir e para que pudesse encontrar a filha desaparecida.

Novamente, fazendo uso do velho jargão do "olho por olho", o general iniciava o rascunho de ordens adequadas às circunstâncias, hábeis para saciar a sede de sangue dos subordinados ao mesmo tempo em que poderiam desbaratar o núcleo dos rebeldes ou fazer com que os cidadãos revelassem os planos deles, os seus líderes e o seu esconderijo.

Nova tempestade se formava no horizonte. Luciano estava no meio dela, dando ordens aos coriscos para fustigarem aqui e ali, a fim de que a tormenta caísse inteira sobre a cabeça do militar perseguido.

19

Salustiano

Enquanto o general Alcântara voltava a trilhar os caminhos escuros de seus pensamentos mesquinhos, bem distante dali outra alma continuava a edificação de seu processo evolutivo que exige a construção sobre a ruína.

Amparada por mãos brilhantes e invisíveis, Lucinda se viu em poder de uma criatura desconhecida e que representava a ameaça ao seu mundo seguro e perfeito.

Tão logo os fatos se consumaram, Tião deixou a fazenda sem maiores dificuldades porque a confusão garantia-lhe segurança. Todos corriam tanto para se protegerem dos tiros, dificultarem a invasão da casa, atacarem os agressores, que não havia tempo para observar o que vinha ocorrendo nos arredores. Com isso, não houve dificuldades para que o jagunço pudesse retirar aquele corpo inerte, enrolado em uma grossa manta através do arvoredo próximo.

Além disso, inspirado pela própria sugestão de Macedo, de forma a não ser reconhecido por ninguém, Tião vestira o gorro escuro, o que o tornara parecido com os algozes do general que viram nele alguém do próprio grupo invasor e não opuseram qualquer obstáculo ao transporte de Lucinda.

Com isso, o plano de Macedo estava dando os resultados pretendidos, mas não por muito tempo.

Conforme combinado, o seqüestrador não poderia levar a filha do militar para o seu esconderijo nas proximidades, uma vez que aquele local era facilmente encontrado por outras pessoas que precisavam dos serviços do matador de aluguel, o que o denunciaria como o raptor da jovem.

Desse modo, Tião precisou cavalgar no meio da noite por várias horas, saindo daquela região até encontrar um rincão, próximo a alguns morros pedregosos, muito comuns na região agreste e quente onde se passa a presente narrativa.

Ali, durante muitas de suas incursões, Tião descobrira algumas grutas que surgiam naturalmente das construções da própria natureza e que, ao mesmo tempo em que eram razoavelmente amplas, secas e iluminadas, ficavam bem camufladas, ocultas à visão do curioso que por ali passasse.

Isso sem falar do fato de ficarem afastadas da trilha usual dos cavaleiros e mercadores. Seria o local ideal para a transferência de Lucinda.

No entanto, na medida em que caía em si, Tião ia pensando no que havia feito.

Era um indivíduo acostumado ao ganho fácil, não lhe sendo problema algum matar qualquer pessoa para embolsar alguns trocados. Acostumara-se, portanto, a ver vantagens materiais em todas as suas atitudes e, delas, procurava tirar sempre as melhores parcelas para si mesmo.

Ao identificar em suas mãos a linda jovem, filha do altivo comandante, pensamentos novos vieram-lhe à mente.

– Ora, Tião, por que ficar como mero guardador dessa menina para que o capitão, muito esperto, depois venha para receber o título de herói? O que vai sobrar para Tião? Umas moedas apenas... E por que não sou eu mesmo a tirar proveito dessa situação? Afinal de contas, o capitão não está sabendo para onde viemos e me pediu, inclusive, que me afastasse do local onde fico amoitado normalmente. Essa moça está dormindo, não sei se do remédio que o capitão disse que lhe daria ou se de medo por tudo o que aconteceu. Logo, não sabe quem eu sou nem para onde veio. Vai acordar neste fim de mundo sem saber onde está ou como sair daqui. Dependerá de mim para tudo. Ficará como um passarinho de asa cortada que anda fora da gaiola, mas não consegue voar. Por que então você não faz o que o Macedo faria? Fica sendo você o herói da moça e depois a devolve para o pai rico e poderoso? Que vantagens não lhe seriam garantidas?! Que recompensas lhe seriam negadas?...

Pensando desse modo, Tião iniciou uma nova trajetória para a vida dele e de Lucinda.

Vendo que ela ainda dormia, seja por causa do remédio seja por causa do desmaio, o jagunço tratou de depositá-la no interior da gruta antes que o dia clareasse, procurando evitar movimentos bruscos que viessem a ferir-lhe o corpo frágil, mas sem desamarrá-la ainda.

Procurou, no entanto, retirar de sua boca o pano que lhe impedia de falar ou gritar, retornando a pôr o capuz escuro em sua cabeça.

Feito isso, deixou-a ali e deu curso ao seu plano.

Precisava de um abrigo melhor, que não denunciasse a sua condição de homem sem rumo no mundo. Saiu da caverna em direção a um local nas proximidades que ele conhecia por possuir uma construção em estado de abandono pelo fato do antigo morador ter fugido das difíceis condições da região quente e seca.

Não foi difícil encontrar a casinhola, muito menos forçar a porta para nela ter ingresso.

Tudo desarrumado, tudo muito simples, sem qualquer atavio. Chão de terra batida, fogão de lenha no canto, mesa com uma perna quebrada caída no meio da sala e que não foi levada por causa de seu tamanho e de seu estado avariado. Tudo o de que Tião precisava para ter um novo cenário para as suas artimanhas: isolamento, discrição, lugar para moradia.

A água seria retirada de uma cisterna construída há alguns anos e que, em tempos de maior umidade produzia água suficiente para o consumo de uma família, mas em tempos de secura, igualmente desaparecia deixando as pessoas sem recursos hídricos para as necessidades mais simples da vida.

Na sua cabeça, tudo estava perfeito. Seguindo os seus pensamentos, ele montaria guarda na porta da caverna como se protegesse o local do esconderijo da visão indiscreta de qualquer passante ocasional.

No entanto, deixaria Lucinda recuperar a sua capacidade de discernimento sozinha. Não pretendia que ela o identificasse como o homem que a raptara. Precisava disso para que não fosse hostilizado por alguém a quem agredira de forma tão covarde.

Assim, antes que a jovem voltasse a si, ele já se achava no local sem maior estardalhaço. Segundo os seus pensamentos, assim que ela acordasse, naturalmente tentaria sair dali, o que não conseguiria pelo fato de se encontrar amarrada. Não havendo outro recurso lhe competia fazer o que faria qualquer pessoa naquelas condições: gritaria.

Ele, Tião, deixaria que ela gritasse até se cansar para que não desconfiasse de sua participação nos fatos que a haviam subtraído da casa do pai e trazido para ali. Depois de se cansar, ele começaria a fazer barulhos do lado de fora da gruta para que ela pudesse imaginar que alguém se aproximava a fim de retomar a gritaria que iria acabar na sua "descoberta" por parte de um estranho.

Esse panorama desenhado na mente de Tião era perfeito. Tão logo regressou para a porta da gruta, pôde dar início ao cumprimento desse plano.

Algumas horas depois, Lucinda saía do seu estado de torpor, quando o trauma dos fatos e o nível da droga no sangue foram sendo eliminados do organismo.

Vendo-se presa e no escuro por causa do gorro que trazia na cabeça, Lucinda começou a gritar a plenos pulmões.

Nenhuma resposta lhe chegava aos ouvidos. Os gritos de

desespero se sucediam altos e constantes. De tempos em tempos parava para ouvir algum ruído. Tudo em vão.

No seu íntimo vinha-lhe à mente a figura da mãe e do genitor, ao mesmo tempo em que pedia a Deus, através da prece, lhe estendesse ajuda e proteção.

Lembrava-se de Maurício que lhe ensinara muitas coisas sobre a fé, sobre o testemunho das horas difíceis, sobre a conduta que devia ter o Cristão verdadeiro no momento em que as dores caíssem sobre a sua alma.

Ouvia, no íntimo, as advertências sábias daquele jovem de quem se enamorara e que, decerto, deveria estar procurando por ela, na condição do homem com quem se poderia contar sempre e que não abandonaria o ser amado que ela representava ser para ele.

Após descansar as cordas vocais sensíveis que trazia como o único instrumento que a poderia tirar dali, voltava à carga com os gritos estridentes que ecoavam pelas paredes do local, dando a impressão de que estava no interior de um salão por onde o som reverberava sem que pudesse sair.

No entanto, sabia que havia uma passagem por sentir a aragem do ambiente ao mesmo tempo em que, pela trama do tecido que lhe cobria o rosto identificava réstias luminosas em determinada direção. Desse modo, passou toda a manhã gritando e calando, tentando ouvir algum ruído, mas tudo em vão.

Tião se afastara um pouco, para organizar a sua nova moradia, retirando da montaria os apetrechos que trouxera consigo.

Arrumou a mesa tosca. Deu um jeito na cama colocando sobre o estrado rústico uma cobertura de folhas colhidas nas proximidades a fim de torná-la um pouco mais macia e atraente ao descanso.

Pôs lenha no fogão para que o fogo tivesse tempo de criar cinza e dar a impressão de que ali era a sua casa há muito tempo. E espalhou os seus utensílios pelo espaço pobre procurando gerar o clima de morador antigo daquele lugar.

Ao mesmo tempo em que fazia isso, corria para a base do morro pedregoso observando o que se passava com a jovem.

Tão logo a ouvia gritar novamente, se acalmava por saber que tudo estava indo bem. Retomava a montaria que ficara longe e continuava realizando a mudança no interior da pequena vivenda.

Colocou os mantimentos que trouxera consigo em local separado e tratou de pôr feijão para cozinhar, que seria comido com a tradicional farinha.

Fazia planos para o futuro, tão logo conseguisse devolver a moça para a casa do pai.

Depois de arrumar as coisas de forma mais ou menos natural, retomou à porta da gruta para certificar-se de que tudo estava indo bem.

Ouviu novamente os gritos agora roucos da moça e ficou mais tranqüilo. Já estava na hora de aparecer como o seu salvador.

Passara do meio do dia e ela deveria estar faminta. Assim, buscou a sua montaria e com ela começou a fazer barulho tangendo as pedras do caminho com o casco do cavalo. Jogou algumas pedras que rolaram de forma barulhenta para que esse barulho fosse ouvido. Começou a cantar em voz alta, como se fosse um viandante que passava por ali de forma despercebida.

Ao ouvir esses ruídos, Lucinda voltou a gritar alto, cheia de esperanças de sair daquela situação. As formigas e os insetos começavam já a lhe incomodar com as suas picadas. Isso a aterrorizava mais ainda, para não falar na escuridão e no barulho dos bichos que usavam da construção da natureza como a sua própria casa.

– Socorro, socorro, me ajude!! Socorro, me ajude!!

Depois de gritar, parava para ouvir o que acontecia.

Voltava a gritar:

– Ei, você aí de fora, me ajude, estou presa e preciso de socorro...

Novamente o silêncio lhe constrangia a alma.

Os barulhos lá de fora continuavam mais intensos como se a pessoa a quem pedira ajuda lhe tivesse ouvido o apelo, sem saber, contudo, como ingressar naquele local.

Ocorre que Tião não podia agir de forma direta e imediata para não denunciar-se como conhecedor daqueles meandros rochosos, o que o denunciaria como provável agente do rapto.

– Quem é que está aí dentro? – gritou ele de forma inocente e como quem pretendia seguir o rumo sonoro.

Lucinda entendeu a forma de ajudar o seu salvador, continuando a falar sem parar a fim de que o seu descobridor tivesse, no som, o seu mapa naquele local ermo e desconhecido.

Com isso, Tião foi entrando devagar, como quem desconhecia onde estava para não levantar suspeitas.

– Calma, moça, eu tô chegando. Está muito escuro; como é que você veio parar aqui dentro? – ia perguntando ele como se o inusitado não tivesse tido a sua própria participação. Enquanto falava isso, foi se aproximando lentamente para que não ocorresse qualquer pressa que denunciasse a sua ansiedade.

Ao encontrar-lhe o local do cativeiro, Tião foi se acercando dela, pretendendo ajudá-la a sair dali, inicialmente desamarrando-lhe as pernas, depois os pulsos, por fim liberando a própria cabeça do tecido escuro que lhe cobria a capacidade visual.

– Ah, moço, graças a Deus o senhor chegou aqui.

– Nossa, minha filha – falou ele de forma estudada para parecer paternal – como é que você veio para este fim de mundo e, o que é pior, toda amarrada dessa forma?

– É uma longa história, mas pode estar certo o senhor que eu não vim para cá por escolha minha. Por isso precisei ser amarrada como fui, sem o que não teria chegado aqui. Minha casa foi invadida por pessoas maldosas que lá estavam para destruir meu pai, ao que tudo indicava.

– Sim, seu pai, onde está? Ele já sabe de tudo o que a senhorita está passando?

– Isso é que eu não sei, seu .....

E nas entrelinhas procurava perguntar o nome daquele homem bom que viera, trazido pelo acaso, até aquele local onde ela se achava perdida e presa, entregue ao destino e, talvez à morte.

Tião foi colhido de surpresa pela indagação serena e simples e não teve muito tempo para pensar no que responderia. Afinal, não desejava dar o próprio nome, nem exclusivamente o apelido por que era conhecido. Por isso, depois de pigarrear de forma natural, ele respondeu:

– Meu nome é Salustiano, ao seu dispor. Moro nestas redondezas e estava passando por aqui quando ouvi os seus gritos. Como não costumo freqüentar este lugar, não conheço bem as entradas destes ambientes que servem de toca aos morcegos. Além disso, o som corre por estas paredes e a gente nunca sabe de onde veio. E a senhorita, como se chama?

– Meu nome é Lucinda Alcântara, filha do general Alcântara, o senhor já deve ter ouvido falar dele...

Fingindo desconhecer o nome de família, respondeu:

– Não, moça, nunca ouvi falar. Até porque neste fim de mundo não chega nenhuma notícia enquanto o caixeiro não passa trazendo as últimas dos acontecimentos do mundo que só ele conhece como a palma da mão.

Aos poucos ia livrando a moça das amarras e das cobertas.

Agora que estava liberta das amarras, pegaria o primeiro cavalo que tivesse à sua frente e tomaria o rumo da casa retomando o controle de sua própria vida.

No entanto, quando pediu informação ao seu novo conhecido, recebeu dele o maior banho de água fria. Salustiano dizia não conhecer nem o seu pai, nem a sua cidade. Aquilo deveria ser o fim do mundo mesmo.

O que iria fazer da sua vida então? Sairia pelo meio do agreste caminhando como uma alucinada em busca do seu próprio mundo?

Uma sensação de vazio e de impotência preencheu o seu íntimo amargurado pelas experiências das últimas horas, experiências estas que seriam o prenúncio da tempestade na vida de muita gente.

– Olha, moça, eu não sei de onde a senhora está vindo, mas aqui é que a moça não pode ficar, isso é que não. Na falta de seu pai, eu serei o mesmo até que tudo possa ser esclarecido. Tão logo tudo esteja posto no seu lugar, eu ajudarei a senhorita a retornar ao convívio dos entes amados. Por agora, ofereço a minha casinha para servir de abrigo a fim de que durma um pouco, e recupere energias depois de um período de dores e dificuldades constantes.

Sem saber o que fazer, mas aterrorizada com a possibilidade de ter de passar uma noite inteira naquele covil escuro e sem fonte de alimento ou de água, não lhe restou outra solução senão a de aceitar o convite, naturalmente receosa do estranho que tudo fazia para que ela se sentisse mais à vontade na sua presença.

Lucinda não tinha outra opção. Salustiano era tudo o de que ela necessitava e, ainda assim, só o aceitava por saber que em breve, inteirando-se melhor de onde se encontrava, poderia retornar ao convívio do general que, por certo, deveria estar arrumando algum jeito de reencontrá-la.

Aceitaria a convivência com aquele homem desconhecido, desde que garantido o respeito à sua pessoa e à sua condição de mulher, o que Salustiano fez solenemente, estendendo as suas mãos para servirem de apoio à Lucinda, que tinha o corpo inteirinho dolorido por causa da cavalgada longa que fizera enquanto se achava desmaiada no dorso do animal e por causa da crise nervosa a que foi submetida durante o ataque.

– Ai, como dói! Mal consigo dar um passo sem sentir que os meus ossos irão se quebrar dentro da carne... – reclamou ela tão logo ficou de pé.

– É assim mesmo, moça. Quando a gente fica numa posição que não é boa, o corpo reclama. Por isso, mais um motivo para a senhorita ficar hospedada em minha pequena morada aqui por perto...

– Eu agradeço muito a sua gentileza, seu Salustiano e a aceito de bom grado, sabendo o senhor que meu pai é muito generoso e saberá recompensar o seu esforço em me ajudar e proteger.

– Primeiro a sua saúde e a sua segurança, moça. Depois o pai e as coisas do mundo... – disse o jagunço sorrindo por dentro, já com a expectativa da recompensa que lhe inspirara todos os atos até aquele momento e que, na ordem de seus interesses, vinha sempre em primeiro lugar. Tião – Salustiano conhecia a "generosidade" do pai da vítima, já que fora por ele assalariado muitas vezes para tirar do seu caminho algum indivíduo que lhe servia de entrave aos interesses pecuniários.

Por esse serviço, no entanto, o general deveria pagar mais do que por todos os outros.

20

Intrigas de Macedo

Na cidade de Barreira de Pedra as coisas não estavam indo nada bem.

Com a chegada de Eleutério na fazenda, o general Alcântara pode ficar livre para as preocupações de procurar a filha, secundado pelo apoio dos militares que lhe compunham o corpo da tropa, igualmente indignados pelos fatos ocorridos.

Em seu gabinete, o general planificava as ações a fim de imprimir a todos uma lição de disciplina e medo enquanto preparava-se para encontrar Lucinda.

Em seu coração endurecido, as boas idéias, aquelas que haviam sido inspiradas na tolerância, no equilíbrio, haviam perdido terreno em suas cogitações que, agora, as tinha no conceito de idéias tolas, segundo as suas erradas concepções pessoais de coragem, orgulho e dever de se impor.

Segundo pensava, qualquer atitude menos enérgica significaria fraqueza a ponto de estimular os rebeldes a continuarem os seus comportamentos indesejáveis.

Era imperioso agir com intrepidez e celeridade para que todos se colocassem em situação de colaborar com as investigações, espontânea ou forçadamente, através da atemorização. A atitude mental de Alcântara encontrava ressonância no apoio explícito de todos os oficiais que comandava, igualmente prontos para qualquer ação.

Os despachos remetidos à capital relatando os fatos e solicitando a autorização para dar início aos processos investigatórios sem limitações ainda não tinham sido respondidos. No entanto, isso não seria obstáculo para que Alcântara passasse das idéias à ação.

Além disso, com a sua chegada, Eleutério também começou a insuflar no pai a idéia da vingança pelo desaparecimento de sua irmã que, segundo todos pensavam, se estivesse com vida, deveria estar em poder dos revoltosos.

Dando largas ao pensamento negativo, Alcântara ordenou que Macedo comparecesse ao seu gabinete.

– Sim, senhor general ! – falou firme, prestando a saudação militar típica.

– Fique à vontade, Macedo. Pode se sentar.

Colocando-se na poltrona que se localizava bem à frente da escrivaninha onde se postava o comandante, Macedo observava o estado transtornado daquele pai, totalmente vitimado pela perda da jovem Lucinda, sem nenhuma certeza de que ela estava viva e, ainda por cima, precisando dedicar-se às atividades de seu cargo.

– Estive pensando em como iniciarmos os procedimentos gerais que importarão em lição para os que se arvoraram em agentes da lei sem o serem e em início das buscas – falou o general. – Com certeza não terão colocado minha filha em algum lugar nesta cidade, uma vez que poderão pensar que iremos fazer outra busca daquela que já foi realizada. No entanto, tenho certeza de que perto daqui encontraremos pessoas que sabem onde Lucinda se acha escondida. Perguntando de forma sutil ninguém responderá . Precisaremos instalar uma busca mais firme para que os envolvidos possam abrir o bico e relatarem tudo o quanto sabem.

– Sim, general. Creio que, mais uma vez, o senhor está corretíssimo no raciocínio – respondeu Macedo, serviçal, querendo agradar. – Além disso, senhor, creio que alguns fatos que não são do seu conhecimento, poderão ajudar na apreciação dos suspeitos.

– Pois vá falando, criatura – ordenou Alcântara ansioso por ser colocado a par de tudo o que se referia à Lucinda.

– Quando estabelecemos a guarda na fazenda conforme o senhor mesmo nos autorizou fazer, pedi para que os homens que se revezavam na vigilância, sem interferirem na rotina dos moradores da casa, observassem com olhos e ouvidos de felino todos os movimentos e todas as visitas ocorridas.

– Sim.... – respondeu o comandante dando mostras de pressa na oitiva de todos os fatos.

– Pois então... Todos os dias os soldados tinham de fazer um pequeno relatório que me era entregue para que analisasse os possíveis suspeitos de algum ataque à propriedade, principalmente pelo fato de que os que iriam realizar alguma atitude agressora, precisariam conhecer o interior da residência para que chegassem até a sua filha. Com isso, pude identificar alguém que poderá servir como início dos nossos trabalhos de persuasão, em busca de notícias da jovem.

– Como assim? Por que você desconfia de alguém? Quem é ele?

– Bem, senhor, não acho que o que possuímos represente alguma prova muito robusta, mas é um bom indício de participação ao menos indireta – respondeu Macedo, querendo valorizar a revelação que iria fazer.

Com essa notícia, pretendia não apenas mostrar serviço ao seu superior bem como tirar de seu caminho alguém indesejável e que colocaria em risco os seus planos com Lucinda.

– Trata-se de um visitante que, durante vários dias, foi visto em sua propriedade, passando algumas horas em companhia de sua filha, com quem conversava longamente a sós pelos caminhos da fazenda. Por se tratar de pessoa que conquistou a confiança de todos, teria sido muito fácil para ele fornecer os informes indispensáveis para que os detalhes do ataque pudessem ser preparados. Com as suas sucessivas visitas em diversas horas do dia, ele poderia ter identificado as rotinas da casa, inteirando-se dos horários em que os serviçais se encontravam afastados, em que os capatazes se achassem na lida, bem como dos locais estratégicos por onde o ataque deveria ocorrer. Descartada essa pessoa, ninguém mais teve tanto acesso ao interior da fazenda nesse período anterior aos fatos tristes a não ser ele.

– Desembucha logo o nome dele – falou o general já nervoso pelo suspense.

– Bem, senhor, quem estava se relacionando constantemente com sua filha, apesar de não ter tido qualquer atitude desrespeitosa para com ela durante a nossa vigilância, era o Dr. Maurício, o médico.

Um calafrio nervoso percorreu a sua espinha.

Na avaliação mental do militar comandante, aquele jovem, realmente, tinha conhecimento dos detalhes de sua vida íntima bem como tinha acesso livre ao interior de sua propriedade, desde antes das crises que haviam-no prostrado tempos atrás. Do mesmo modo, por ser mais jovem e ter tido acesso ao estudo em centros estrangeiros, era notória a sua simpatia pelas teses modernas de liberdade de escravos, da organização política renovada segundo os moldes norte-americanos e dos movimentos de transformação social.

Era jovem e, por isso, impulsivo a ponto de ser arrojado. Percorria os vilarejos tratando doentes pobres com o interesse de conquistar-lhes a confiança e a gratidão para depois usá-las na hora certa.

Todos esses eram os pensamentos deturpados de uma mente que estava acostumada a torcer os fatos para enxergar o que lhe fosse mais interessante.

A acusação de Macedo, covarde e insidiosa, caíra-lhe como uma verdadeira luva.

Dr. Maurício seria, oficialmente, o primeiro suspeito a ser preso para averiguações, com base nos documentos existentes no quartel, consistentes dos relatórios escritos realizados pelos guardas da fazenda. E ele seria, no pensamento do general Alcântara, o primeiro "bom exemplo" a todos os daquela região que iriam sentir o pesc de sua mão vingativa.

– Expedirei ordem de prisão imediata para que você mesmo comande as buscas desse doutorzinho... – determinou o militar eufórico e nervoso.

Não lhe passara pela cabeça qualquer pensamento que pudesse tirar dela a convicção de que Dr. Maurício não seria capaz de fazer tal coisa, já que de há muito o médico não era mais do que agente do bem em uma comunidade de pessoas carentes.

Nem sequer a gratidão de ter sido por ele atendido no momento das agudas crises misteriosas por que passara foram lembranças capazes de diminuírem o ódio do genitor pela perda transitória da filha amada.

– Mas não será apenas a ele, Macedo, a quem você deverá dar ordem de prisão.

– Pois não, comandante, estou pronto para cumprir todas as vossas determinações.

– Por óbvias razões, determinarei a detenção dos dois pais que tiveram os filhos vitimados pelas balas perdidas naquele dia de buscas na cidade. Com o coração maldoso e com motivos para desejarem vingança, acusando-me, injustamente, como o responsável pelas perdas de seus filhos, bem que poderiam ter planejado atingir-me no mesmo padrão de sofrimento, seqüestrando-me a filha querida. Por isso, determinarei que ambos sejam presos no quartel e submetidos, tanto quanto o médico, a um procedimento perquiritório que os convença a partilharem dos próprios segredos, revelando os nomes e lugares onde possamos procurar mais cúmplices ou suspeitos.

– Claro, meu senhor, essa determinação é muito apropriada. Iremos imediatamente cumprir as suas ordens. Convocarei os soldados mais parrudos para que seja mais fácil usar do poder do convencimento e, se necessário, da própria força para trazê-los para o cárcere.

– Não pretendo fazer o interrogatório pessoalmente, mas espero que você, com toda a sua perspicácia, possa obter as informações de que necessitamos, que deverão ser-me comunicadas imediatamente – ordenou o comandante, a fim de não se envolver com o procedimento de tortura que, na sua condição de general poderia comprometer-lhe a imagem perante os superiores.

Continuando, explicou:

– Quero receber notícias, não importando de que modo elas sejam obtidas. Se necessário, irei pessoalmente falar com algum dos presos. Todavia, não desejo ser visto durante os interrogatórios, a fim de garantir maior liberdade a vocês no momento em que estiverem obtendo as informações. Além disso, Macedo, não se esqueça de que essa gente é fria e perigosa, haja vista a postura que adotaram com o ataque.

– Fique sossegado, comandante, tudo correrá por nossa conta e o senhor será informado imediatamente sobre qualquer descoberta.

– Está dispensado. Vá juntar os soldados necessários enquanto termino de assinar estes despachos determinando a detenção dos suspeitos.

* * *

Com as determinações assinadas, Macedo saiu à caça dos homens que haviam sido escolhidos para servirem de exemplo a todos os demais.

Os dois chefes de família, conquanto humildes trabalhadores, foram encontrados com facilidade nas dependências onde desenvolviam os seus trabalhos cotidianos.

Surpreendidos pela inusitada e injusta determinação mas, no fundo, sabendo que poderiam ter sido descobertos, eis que haviam participado do ataque, foi com um misto de surpresa e de receio que se deixaram levar pela escolta armada até o cárcere do quartel.

Não sabiam o que se passava, mas a consciência maculada pelo procedimento de agressão do qual haviam participado, lhes repercutia dentro do cérebro como uma advertência. Não imaginavam que haviam sido presos por meras suspeitas infundadas. Acusavam-se interiormente, crendo terem sido descobertos ou delatados por alguém do próprio grupo, agora arrependido.

Isso era o que pensavam enquanto se viam presos em celas estreitas e desconfortáveis, sem terem tido qualquer direito de avisar a família de sua ausência ou de seu aprisionamento.

Detidos em celas separadas, ambos traziam no interior a acusação dos pensamentos íntimos que lhes diziam não ser de todo injusto o corretivo que lhes era, agora, aplicado. No íntimo eram devedores. Por isso, não se indignaram com o fato da prisão.

Espantaram-se por terem sido identificados com tanta rapidez. Afinal, fazia poucos dias que tudo tinha acontecido e não havia ninguém no grupo que não estivesse com a cabeça coberta pelo gorro que os ocultava.

Já a prisão do médico foi mais difícil em face de o mesmo sempre estar ausente atendendo algum chamado de pessoa mais enferma que não poderia vir até ele para receber o tratamento.

Com os dois primeiros suspeitos encarcerados e isolados passou-se a buscar o paradeiro do Dr. Maurício para que ele também fosse preso e interrogado.

Isso só se deu no final daquele dia, quando, ao cair da noite, Maurício voltava para a cidade no seu cavalo cansado de tanto galope a serviço da medicina e da melhora dos pobres miseráveis deste mundo.

Recebida a ordem de prisão diretamente de Macedo, que supervisionava todo o procedimento, não teve tempo sequer de vestir outra roupa ou de tomar um banho para que fosse prestar esclarecimentos. Muito menos teve explicadas quaisquer das acusações que contra a sua pessoa eram efetivadas.

Teve de ir com os soldados sob pena de parecer devedor de alguma coisa.

Na verdade, não tivera qualquer participação nos fatos e soubera de tudo em função das notícias que corriam na boca do povo. Isso só lhe causava extrema preocupação, principalmente por ter sabido que Lucinda, a mulher amada, havia sido seqüestrada da fazenda, sem que ninguém lhe conhecesse o destino.

Ele vinha voltando justamente da fazenda de Armando para onde fora chamado para o tratamento dos participantes do ataque às terras do general quando foi abordado pelos soldados. Lá soubera de tudo com detalhes, para sua surpresa.

Na condição de médico, no entanto, não lhe competia julgar nem delatar, apenas restabelecer a saúde.

Foi o que fez. Extraiu balas, curou ferimentos, realizou prescrições de remédios para as infecções decorrentes da contaminação e, entre uma e outra vítima dos fatos, ficou sabendo de como eles se deram.

Era, assim, médico de confiança de todos, já que sua conduta irrepreensível garantia o sigilo de toda a operação, sem que fosse necessário pedir que se calasse.

Para seu espanto e desilusão afetiva, inteirara-se do desaparecimento de Lucinda, o que representava uma agonia na alma, difícil de ser suportada.

E enquanto vinha pensando longe, sem quase perceber o caminho que era feito pela sua montaria, eis que é trazido de volta à superfície de si mesmo pelos truculentos homens do quartel que vinham prendê-lo em via pública, como se fosse um malfeitor vulgar.

Recebendo ordem de prisão, não esboçou qualquer resistência ou demonstrou qualquer revolta.

Era espírito preparado pelo amadurecimento conquistado ao longo de inúmeras vidas anteriores de estudo e meditação para enfrentar aqueles desafios de forma serena, sem revolta na alma. Só estava surpreso por não possuir na lembrança qualquer ato que pudesse servir de justificativa para a prisão.

Todavia, ser levado para o cárcere no quartel onde o general se achava permitiria a ele esclarecer muitos fatos que o intrigavam e, na certa, o general lhe ouviria a explicação natural, libertando-o para a seqüência de seu trabalho junto dos enfermos e para, igualmente, realizar as buscas pela região, a fim de encontrar Lucinda.

Com esses pensamentos, deixou-se conduzir tendo como escolta, além dos soldados truculentos, um capitão feliz por tirá-lo do caminho. Era Macedo que ria por dentro por haver conseguido a primeira vitória na luta pelo coração de Lucinda que, como era do seu conhecimento, tinha muita inclinação pelo jovem médico com quem compartilhava os seus segredos e confissões, nas longas caminhadas pela fazenda.

Ia começar a sessão de torturas físicas e morais a fim de se obter dos ilegalmente detidos a confissão dos crimes que se julgava terem praticado. Era mais uma marca de atrocidade na alma daquele general duro e que se julgava acima de tudo e de todos, mormente agora em que procurava intimidar os agressores enquanto demandava encontrar a filha querida.

O interrogatório teve início somente depois de terem sido intimidados por vários modos, inclusive pela fome a que foram submetidos os três.

Ficaram isolados uns dos outros, a fim de que não combinassem estórias para enganar os inquisidores.

Com a detenção dos três, um clima de horror começou a visitar as moradias dos habitantes da cidade. Isso porque todos os que sabiam do ataque e os que dele haviam participado tinham certeza de que, com a pressão a que iriam ser submetidos os prisioneiros, provavelmente revelariam todo o plano, dando nomes dos participantes e isso lhes acarretaria sofrimento ainda maior.

A apreensão era geral.

Depois de submetidos à tortura de fome e da impossibilidade de dormirem, já que foram constrangidos a permanecerem de pé durante todo o cativeiro, os prisioneiros estavam extenuados e fracos, após dois dias nessas condições.

Os parentes dos homens detidos foram correndo solicitar a ajuda do pároco da cidade, o qual se achava impossibilitado de adotar qualquer medida protetora a não ser realizar as orações costumeiras.

Isso pelo fato de sempre manter um relacionamento de velada cumplicidade com os integrantes do comando, fossem eles o próprio comandante em pessoa, fossem os demais oficiais, entre os quais, Macedo, o mais chegado.

Passados dois dias de torturas morais, teve início o procedimento inquisitorial que, se bem sucedido, apontaria os demais participantes do movimento. Não obstante tal fato, o comando geral não desejava saber quem eram os agentes e sim quem eram os cabeças.

Durante o depoimento de Maurício, nada se obteve de concreto ou consistente, já que ele negava saber de alguma coisa, tendo o cuidado de ocultar o fato de ter ido tratar de pessoas vitimadas pelas escaramuças de dias anteriores.

Antes de ser levado de volta à sua cela, foi o médico espancado e ferido violenta e covardemente, tendo-lhe sido arrancadas as unhas em procedimento atroz e cruel.

Vendo aquilo, os outros dois prisioneiros que se achavam em celas contíguas estremeceram. Possuíam caráter tíbio e não eram capazes de suportar a dor física que viam estampada no médico sem que tremessem até a alma.

Logo, a visão do que lhes estava reservado, mormente para eles que, efetivamente, haviam participado dos fatos, gerou o pavor que os algozes pretendiam incutir-lhes, a fim de que as suas línguas se soltassem e os demais participantes fossem delatados.

No dia seguinte, quando a vez de serem ouvidos chegou, compareceram diante dos oficiais arrogantes e vingativos, como duas criaturas acuadas e extremamente amedrontadas, o que propiciaria a necessária chave de acesso às informações que traziam, ainda que elas os incriminassem igualmente.

Não foi difícil, pois, ouvir dos dois outros prisioneiros, os detalhes da operação, a motivação que os levou aos atos praticados e, o que é pior, os nomes dos que integravam as reuniões em que eram preparadas as linhas gerais do ataque.

Na cidade, os que se achavam em suas casas, ao peso da consciência que indicava a participação na nefasta ocorrência, tremiam ao menor ruído, no aguardo de receberem, também, a ordem de prisão. Alguns pensavam em fuga enquanto outros passavam à ação, como quem, repentinamente, deixaria para trás as suas coisas em face de uma viagem de última hora...

Tudo isso estava sendo monitorado pelos militares que sabiam dos fatos e tinham a certeza de que todos os que tivessem de viajar de "última hora", após as prisões efetuadas, eram potenciais participantes do delito que procuravam fugir às suas conseqüências.

Desse modo, novas prisões passaram a ser feitas, não em decorrência da delação, mas por causa da culpa acumulada na consciência pesada, que levava o indivíduo a tentar fugir de suas responsabilidades, ocasião em que era detido e levado para o quartel.

Na maioria das vezes a confissão vinha espontânea tão logo eram levados os interrogandos à presença do médico Maurício, prostrado no leito, entre os ferimentos e os gemidos de alguém muito agredido, trazendo hematomas generalizados.

Diante daquela máscara de horror, não havia pessoa que não ficasse preocupada em se transformar em figura igual ou pior a que Maurício ostentava. Assim, eram ditos os nomes, confirmando-se os planos.

Mariano, o líder dos revoltosos, logo foi apontado como o que liderava as colunas agressoras, o mesmo ocorrendo com Luiz e Armando, que eram indicados como os pais do movimento, com as idéias que fomentavam nas reuniões dos descontentes que eram realizadas regularmente nas moradias dos diversos integrantes.

Uma verdadeira caçada às bruxas teve início, com todos se acusando mutuamente, com exceção do médico Maurício, que não teve qualquer comportamento fraco diante dos agressores, estando acamado por causa das inúmeras pancadas que contra seu corpo foram desfechadas.

No seu íntimo se lembrava das palavras do Evangelho:

"Se alguém te bater na face, oferece também a outra. E se demandarem pela tua blusa, oferece também a capa..."

Eram os elevados conceitos de uma doutrina nova que conhecera quando de seus estudos na Europa e que tocavam-lhe o coração de forma tão poderosa a ponto de passar a dedicar-lhe boa parte de seus estudos e de suas reflexões.

Era a oportunidade de vivenciar toda a certeza que encontrara em seus postulados acerca da continuidade da vida, das vidas sucessivas, da Justiça de Deus que é incompatível com a maldade dos homens, da tolerância para com as faltas alheias, do resgate dos próprios compromissos através da dor ou do serviço e, sobretudo, do PERDÃO e DO AMOR AOS PRÓPRIOS INIMIGOS.

Na verdade, durante os preparativos da reencarnação que o recebia pelo nome de Maurício, ele armara-se de estofo íntimo para o resgate de parte de seu pretérito delituoso, através da dor aparentemente injusta e da tortura a que estava sendo submetido, sem que isso viesse a justificar a ação dos torturadores, tornando-a lícita.

Como já foi explicado, ninguém renasce na Terra com a missão de fazer o mal para que o semelhante possa quitar os débitos do passado.

Julgar dessa forma, seria negar a Bondade Divina. Mais uma vez se entendia a afirmativa de Jesus sobre a necessidade de que o escândalo viesse. Quem faz o mal se compromete com ele e precisa rearmonizar todo o desequilíbrio que causou.

Maurício havia solicitado esse tipo de testemunho a fim de enfrentar a consciência envergonhada por atrocidades cometidas em outra época, quando exercia o poder e o mando de forma rude e arbitrária.

Daí ter pedido, igualmente, a possibilidade de exercer a medicina na sua forma mais nobre, ou seja, como um ministério desprendido e que visasse a diminuição das dores dos semelhantes, como forma de aproveitar o tempo no reparo dos estragos do passado, através da gratidão que vinha semeando em seu novo trajeto.

Por isso, ao lado da sensação de dor misturava-se a certeza íntima do cumprimento de compromisso e de fé em Deus que se apossava de sua alma, certamente produzida pelas inúmeras entidades brilhantes do Mundo Espiritual que estendiam as suas mãos sobre o corpo alquebrado e ferido, para infundir-lhe ânimo e coragem diante da adversidade.

Era a ajuda divina para os testemunhos do homem, na hora mais difícil de suas provas.

Devia ser isso que os cristãos dos primeiros séculos sentiam quando, sobre si, viam cair as unhas afiadas das feras, o que não os impedia de entoarem os hinos de glória a Deus em louvor ao Cristo que não os abandonava e, naquela hora, estava mais perto de todos do que nunca estivera antes.

Descobrir a chave para transformar o sofrimento pessoal no cumprimento digno de seus próprios compromissos é aprender a estar, ao mesmo tempo, pisando a terra espinhosa, com a mente e o sentimento amparados e protegidos pelo coração de Jesus que os fortalecerá na hora do testemunho.

Ele suportou o calvário na solidão do abandono. Ele não nos abandonará nunca, quando suportarmos o nosso calvário evitando que estejamos a sós por nos fazer companhia luminosa e doce.

Que tesouro sem fim possui aquele que descobriu a importância de Deus e do Mestre em sua vida...

21

Coisas do Passado

Quem pudesse ver o jovem médico ali, naquela prisão militar improvisada como calabouço de tortura, desfigurado pela violência de homens sem coração, com os dedos totalmente dilacerados e a face ferida, não reconheceria nele o mesmo homem.

Apenas em face da serenidade triste que estampava no seu olhar é que se podia identificá-lo sob as vestes rasgadas e o corpo danificado.

Isso porque, na condição de criatura vitimada pela agressão, sentia no seu íntimo estar recebendo a oportunidade de livrar-se de vasto domínio da sombra e do erro colecionado por seu espírito imortal em épocas mais remotas.

Já possuidor de noções muito claras acerca da sobrevivência da alma e da evolução do espírito, obtidas através de leituras da nova doutrina que surgira há não muito entre os homens e à qual tivera acesso durante os seus estudos que se realizaram no velho mundo, mais especificamente na França, Maurício como que descortinara princípios lógicos e idéias claras que, segundo seus pensamentos íntimos lhe diziam, já conhecia sem saber como.

Ele lia algo novo sobre o espírito, mas aquilo já não lhe era coisa nova. Relembrava, redescobria. Para seu espanto pessoal, Maurício já sabia.

Daí ter-lhe sido muito fácil conseguir assimilar e transferir para a prática todos os fundamentos daquela doutrina da reencarnação que surgia ante os seus olhos como a fonte generosa das bênçãos de Deus.

Tal constatação que era feita pelo seu próprio eu íntimo demonstrava que já havia se preparado para essa nova fase de conhecimento, antes mesmo de aportar à vida material, trazendo consigo das plagas do Mundo Espiritual a bagagem necessária às realizações que teria pela frente.

E para compreender-se o porquê de sua condição de vítima serena de agressão tão atroz, Maurício sentia, no íntimo de sua alma, mãos fortes a lhe firmarem a vontade, apoio intenso para não cair no desespero e na revolta, os quais prejudicariam o testemunho para o qual se preparara segundo os seus próprios pedidos, diante de sua vontade de melhorar e de perdoar-se.

Sim, Maurício precisava do próprio perdão.

Antes de reencarnar, teve ele acesso aos conhecimentos arquivados em seu interior, os quais a bondade divina recobre com o véu temporário do esquecimento e que só vai sendo levantado na medida em que o espírito consegue o seu amadurecimento.

Assim, em diversas operações magnéticas realizadas no Plano Espiritual onde se encontrava antes do presente renascimento, ele se viu na condição de um dos cruzados, em plena Idade Média.

Via-se envolvido pelo tumulto dos preparativos rumorosos, cercado por muitos outros fanáticos enceguecidos que se levantavam como sendo a espada de Deus para ferir os ímpios e que, em seu caminho, deixavam o rastro de destruição e de violência.

Via-se como um homem com certo conhecimento e poder acima da maioria dos demais, o que lhe propiciava consideração e respeito, não pelo conteúdo de seu caráter, mas pelo peso de sua bolsa.

Isso lhe aberto as portas da influência pessoal sobre os assuntos mais amplos de todos os que o cercavam, que o buscavam sempre para resolver as próprias pendências, uma vez que Aristides de Ariago como era o seu nome, tinha o que faltava aos demais para resolver qualquer questão: a força e a espada.

Muitas vezes mandava prender sem ter provas ou conhecer melhor as acusações. Em seu castelo nas regiões da úmbria italiana, Aristides de Ariago era o déspota que exercitava as funções de juiz e carrasco ao mesmo tempo.

Durante o movimento das cruzadas, fora um dos seus integrantes, conquanto não a liderasse já que outros senhores mais abastados lhe eclipsavam a importância. Todavia, era um dos que se colocavam logo abaixo dos dirigentes e a quem cabia dirigir parte do exército improvisado, composto de camponeses, pobres e aventureiros em busca de riqueza fácil para si mesmos.

Fosse, pois, em seus domínios, fosse em ação no campo frente aos que buscavam proteger os lugares santos, Aristides não poupava ninguém que se achasse entre ele e os seus objetivos. As masmorras de seu castelo eram sempre visitadas por homens ou mulheres que lhe competia disciplinar e que ali ficavam por tempo indeterminado, suportando as más condições de higiene e a falta de comida e água, o que os levava a adoecerem chegando, inclusive, à morte.

Uma vez fechada a porta da prisão encastelada, o preso não sabia o que seria de si mesmo.

Em certa ocasião, Aristides de Ariago se encontrava em extremo desespero, diante de uma enfermidade que consumia o corpo de sua amada esposa.

Era uma mulher bela para os padrões daquela época, possuidora de uma fé inata e que, por causa de seus modos gentis conseguira tornar-se a predileta de seus caprichos a ponto de não se interessar por mais nenhuma aldeã que vivia se oferecendo ao senhor, com vistas a obter vantagens materiais ou proteção diferenciada.

Sua esposa, de nome Clarice, encontrava-se grávida de seu primeiro filho e, nessa condição, enfermara poucos meses antes de dar à luz um rebento concebido pelo sentimento amoroso que nutriam um pelo outro.

Era ele o homem complexo de todos os tempos. Algoz e tirano para muitos e, ao mesmo tempo, generoso e dominado pelo sentimento que trazia pela mulher que o enfeitiçara.

No entanto, Clarice estava doente. Ardia em febre constante e os recursos do castelo eram insuficientes para conseguir atenuar-lhe a dor, agravada pela angústia do seu estado avançado de gravidez.

Quase em desespero, Aristides buscou em seus domínios algum conhecedor das técnicas médicas mais avançadas, o que não logrou encontrar. Saiu em busca de algum sacerdote da medicina em outros domínios, até encontrar um jovem médico que estava procedendo a muitas curas, utilizando-se de técnicas mais modernas para aquela época.

Sem pensar duas vezes, trouxe-o para os seus domínios e instalou-o em quarto próximo ao de Clarice, ordenando que a curasse, não lhe importando o preço que deveria pagar para que tal ocorresse.

O jovem médico se esforçou por empregar todos os medicamentos e técnicas que conhecia a fim de aliviar o estado da enferma, sem conseguir modificar o quadro da paciente.

A cada dia, o seu estado piorava e, por conseqüência, o feto quase pronto para o nascimento se achava em perigo também. Aristides não arredava pé do quarto da esposa, acompanhando os movimentos do médico e via a total inutilidade de seus esforços.

O facultativo que tentava salvar a esposa não demonstrava maior interesse nas riquezas materiais que Aristides lhe oferecia. Não tinha desejo de exercer a medicina para angariar ouro ou posses e, por isso, de maneira polida desdenhava de todas as ofertas materiais com que o senhor feudal pretendia adquirir a saúde da esposa.

Esse comportamento, vinculado a princípios que eram totalmente desconhecidos de Aristides, fazia com que fosse interpretado como má vontade e indiferença para com a busca de melhorar-lhe a mulher e salvar-lhe o herdeiro de seu nome. No entanto, tratava-se apenas de uma atitude nobre que não vinculava o poder de curar ao poder de pagar.

Mas o proprietário do castelo não entendia de atitudes e sentimentos nobres, de caráter reto e de valores próprios do verdadeiro sacerdócio da medicina.

Enfim, para seu desespero, Clarice perdeu a vida e, com ela, o filho também foi levado para o túmulo.

E enquanto a dor o avassalava a ponto de invejar as crianças dos camponeses, sujas e mal tratadas que corriam pelas vielas tortuosas do castelo cheias de vida, o coração de Aristides de Ariago tornara-se ainda mais duro para com as coisas à sua volta.

Homem acostumado a punir os que acreditava serem os responsáveis pela sua dor, já que sempre procurava colocar a culpa em alguém por tê-la produzido, não viu na morte da esposa e do filho a vontade superior que deveria obedecer e acatar, a despeito do próprio sofrimento.

Vira no desencarne dos entes amados, a mão imperita do médico que tudo fizera para salvar a vida dos pacientes sem nada lhe pedir de riquezas.

Não ponderava o caráter missionário daquele jovem facultativo. Via apenas o descaso com que tratava as suas ofertas materiais, na certa porque não tinha intenção de salvar ninguém. Deveria ser um gênio demoníaco, sob as vestes austeras e negras usadas pelos médicos de então.

Ao mesmo tempo em que seguia o cortejo que levaria o corpo da mulher amada ao campo santo, deu ordem aos seus soldados para que prendessem o médico no calabouço do castelo e que nada fizessem enquanto ele não chegasse. Deveriam, apenas, vendar-lhe os olhos e deixá-lo amarrado no escuro.

Ele, em pessoa, comandaria a sessão de tortura física, procurando afastar do corpo daquele homem o ser diabólico que deveria habitar aquelas entranhas e que, ao invés de curar-lhe a esposa, desdenhou de seu poder, de sua riqueza e acabou causando a morte dela e do rebento que trazia no ventre.

E, assim, depois de algumas semanas em que se dedicou exclusivamente ao sofrimento da perda e em que deixou que a dor da saudade o tornasse ainda mais sedento de vingança, Aristides procurou o calabouço infecto e, no seu interior, pessoalmente, passou a comandar as torturas infligidas ao médico que, segundo os seus pensamentos, deveria estar endemoninhado.

Deixando-o à míngua por todo o tempo, encontrou-o transformado em um farrapo humano, comido pelos ratos que roíam-lhe os dedos durante a noite sem que ele pudesse evitar já que seguia amarrado e com os olhos vendados.

Não satisfeito com o estado do seu prisioneiro, Aristides deu ordem para que os carrascos lhe esticassem os dois braços sobre o cepo de madeira, pois ele iria infligir a penalidade merecida pelo médico que não exercera bem a sua tarefa de curar.

– Não vai mais enganar a ninguém, seu impostor – gritava Aristides de Ariago, enquanto, usando um martelo pesado de madeira, com uma das pontas agudas, esmagava a extremidade de cada um dos dedos das mãos do jovem doutor, extraindo-lhe todas as unhas à força das pancadas e inutilizando-lhe as mãos para o resto dos dias.

Aos gritos de dor, o médico sentia esvair-se o sangue e os sonhos de curar as pessoas em face de trazer, agora, todos os dedos fraturados e sem qualquer remédio para obter alívio.

Aristides deu ordem para que o deixassem ali por mais alguns dias e, assim que morresse, fosse levado para longe para não atrair os urubus na direção de seus domínios.

Sem qualquer ato de compaixão por parte de ninguém, o jovem médico entrou em agonia e, seja por causa dos ferimentos, seja por ter encerrado um ciclo de resgates naquela encarnação, heroicamente suportados no alívio de seus semelhantes, terminado pela violência recebida depois de ter feito o bem, dois dias depois retornou à vida espiritual sendo recebido por espíritos iluminados que lhe acompanhavam a trajetória evolutiva.

Desprendera-se da Terra para viver uma vida de luminosidades e plenas realizações como espírito imortal. Não levava revolta contra ninguém. Apenas o sentido do dever cumprido que lhe propiciava uma paz na consciência, o verdadeiro passaporte para o serviço de amor.

Aristides, porém, ficara na Terra, perdido diante da desdita da solidão e, agora, agravado pelo ódio que vitimara o jovem sacerdote da medicina, percebia que matara o médico, mas não lograra recuperar a esposa.

Sua mente doía de forma jamais imaginada. Seus sentimentos endurecidos eram granito monolítico sem lhe propiciar qualquer alento.

Por causa disso tudo, embrenhou-se nas artes da cruzada que se preparava para lutar contra os invasores turcos e passou a viver em função de um objetivo belicoso, entregando-se às rotinas da guerra, visando esquecer do conflito que trazia dentro de si mesmo. Distrairia a mente para não sentir a dor da alma e, na primeira oportunidade se atiraria na batalha corporal expondo-se para acabar sucumbindo pelo fio da espada de algum adversário, já que não possuía mais qualquer esperança na vida.

E assim, Aristides de Ariago deixou a Terra, comprometido com todos os erros clamorosos de uma existência de facilidades e de abusos, mas ainda mais vitimado por sua própria consciência que não se esquecia do rosto daquele jovem médico.

Enquanto o seu corpo era destroçado pelos cavalos e pelos metais no calor da luta, seu espírito pesado e enegrecido pelos miasmas deletérios de seus pensamentos, encontrava, entre os muitos espíritos que pretendiam a vingança e aguardavam a sua chegada ao outro lado da vida, uma alma luminosa que, à distância velava por ele no processo de fraternidade absoluta.

Daí, se muitas de suas vítimas se arvoravam em cobradores violentos e agressivos, o jovem médico que ele matara depois dos suplícios ali se achava para tratar das dores daquela alma ferida pela própria ignorância.

Quando Aristides abriu os olhos no outro lado da vida, deparou-se com o olhar sereno de Euclides, o médico que assassinara na masmorra de seu castelo e que, agora, depois de lhe ter oferecido o conhecimento para salvar a mulher amada durante a vida material, oferecia o próprio coração para ajudá-lo no reerguimento de si mesmo na vida verdadeira do espírito.

* * *

Assim, tão logo Maurício-Aristides se viu consciente dos erros clamorosos que praticara, foi libertando-se através de novas reencarnações de sofrimento e sacrifício, nas quais a enfermidade constante e grave vitimava a sua pele e o afastava das pessoas.

Outras vezes, era visto mendigando o pão, apoiado em um cajado tosco vestido de farrapos. Eram a sua nova armadura e a sua nova espada.

O sofrimento foi moldando-lhe o caráter, sempre amparado por Euclides que, na vida espiritual, tutelava os passos do filho espiritual que adotara a fim de infundir-lhe os valores indispensáveis que burilam as qualidades que todas as criaturas receberam diretamente do Criador.

Novos rumos foram surgindo na vida daquele antigo proprietário feudal, abrandando-lhe o caráter e fazendo aparecer a sensibilidade de uma alma boa, respeitadora do ser humano e temente a Deus.

Por causa disso tudo, Maurício ligara-se por laços de imensa gratidão ao espírito de Euclides de quem bebia as palavras e ouvia as intuições sem qualquer questionamento.

Maurício já quitara boa parte de seus débitos acumulados naquele período. Sua consciência, contudo, ardia e acusava a si mesma, diante da atrocidade cometida contra o seu benfeitor.

Desejava seguir as pegadas de Jesus, mas não conseguiria falar do amor, do perdão, da misericórdia enquanto levasse consigo a chaga de ter feito sofrer de forma tão atroz aquele que tentava salvar-lhe a esposa amada.

Não necessitava mais do perdão de Euclides. O que precisava era do perdão de si mesmo.

E não havia outro modo de se levantar diante de sua própria inferioridade senão implorando para suportar a mesma desdita que infligira ao irmão a quem passara a dever tanto.

Em homenagem ao seu tutor, pretendia levar a saúde ao coração dos homens. Pretenderia imitar a dedicação sacerdotal daquele por cujo intermédio saíra das furnas de si próprio. Queria ser médico como Euclides o fora e pediu a Deus e aos Espíritos Superiores que abençoassem o seu propósito.

Desejaria seguir pelas vilas e aldeias, de casa em casa, recuperando o corpo daqueles que sua espada ferira no passado. Não bastava que ele, o antigo Aristides, já tivesse sofrido na enfermidade os males praticados. Ele precisava perdoar-se transformando em bondade cada pulsação de vida no seu peito.

Pedira a Deus lhe concedesse a oportunidade de levar a saúde e consertar os corpos que pudesse, corpos que, no passado, haviam sido destruídos pela sua espada nas lutas de conquistas dos cruzados. Agora, iria devolver a todos os irmãos de humanidade a paz que, um dia, roubara da Terra de forma tirânica.

Mas, além disso, pedira também para suportar as mesmas dores que fizera Euclides suportar, a fim de que pudesse perdoar-se para sempre.

Por isso, preparado para voltar à Terra, envergou nova roupagem carnal, desta vez no Brasil Imperial, sob o nome de Maurício e fez-se médico ainda jovem para seguir as pegadas luminosas que seu espírito conhecera um dia, nas marcas deixadas por um outro jovem médico que tratara das feridas de sua alma.

Era um Aristides de Ariago que deixava de existir, aquele que se achava estirado na prisão do quartel, com o corpo macerado e as unhas arrancadas, a fim de que um novo Maurício, asserenado e em paz, surgisse dos escombros do próprio passado, iluminado pela serenidade de Euclides que, no plano espiritual amava aquele que, um dia, elegera a violência como a professora de seu futuro e que agora, recolhia a lição com a dignidade de alma que crescera para Deus com coragem e responsabilidade.

Maurício se desculpava diante de sua antiga vítima e diante da consciência culpada. No entanto, não deixaria a vida física, pois aproveitaria o futuro que lhe cabia construir, agora dentro da harmonia do Universo, elegendo o Amor como o seu mestre. Um mestre sábio, generoso e dócil, como nenhum outro poderá ser neste mundo.

Maurício chorava em oração. Euclides orava a Deus.

Sobre ambos, pétalas de flores luminosas caíam como um selo da misericórdia divina e do perdão para sempre.

22

A melhor das terapias

Com a prisão de tantas pessoas, o quartel foi se transformando em uma grande jaula humana. Todos tinham a mesma estória para relatar e as conclusões indicavam sempre a mesma direção.

Os rebeldes haviam seqüestrado a filha, mas não sabiam onde ela tinha ido parar.

As acusações a Luiz e a Armando indicavam que ambos eram os responsáveis intelectuais por todo o ocorrido, sendo dos que deveriam ser trancafiados para a continuidade das buscas de Lucinda.

No entanto, os dois não estavam na região e nem sabiam dos fatos ocorridos já que se tinham ausentado dali, não tendo qualquer notícia a respeito da invasão às terras do general e do rapto de sua filha. Estavam em outra região, arrumando material para a impressão de mais folhetos e para divulgarem, à boca pequena, os ideais nobres de liberdade que traziam no interior de suas almas.

Nenhuma idéia da tempestade que se formava sobre as suas cabeças era esboçada em seus pensamentos.

Por estarem ausentes, não puderam ser presos de imediato. Quando o fossem, no entanto, teriam muito a explicar e, inclusive, relatar onde era o esconderijo da refém.

Quanto a Mariano, foi ele preso como os outros e submetido aos tormentos físicos para contar tudo o que sabia. Perante ele, o próprio general compareceu, depois que o sangue escorria dos seus ferimentos, e ordenou:

– Fala logo, traste imundo!!! – gritou o militar comandante. – Fala onde está a moça que vocês, seus covardes, roubaram... Desembucha ou você vai acabar seus dias na cadeia...

– Eu já falei, eu já falei. Não sei onde ela está, seu general. Era para estar na "gruta da escada", mas não chegou lá até hoje. Estávamos esperando por ela e tínhamos preparado para que ali nada lhe faltasse. No entanto, até agora, ela não chegou. Sabemos que algum dos nossos a pegou e saiu de sua casa.... Mas não sei para onde a levaram.

– Mentira... Mentira... seu verme. Vai continuar escondendo os seus comparsas até quando? Não está vendo que vai acabar morrendo desse jeito e eles vão ficar por aí livres sem que sofram nenhum mal? – perguntava colérico o comandante.

– Não me faça mais mal, meu senhor, eu não sei de mais nada...

– Banho de sal nele... – ordenou o comandante, determinando que se realizasse uma imersão do seu corpo todo esfolado em uma barrica cheia de água salgada, virando as costas e deixando o local, não sem antes determinar a continuidade do interrogatório e da prisão dos envolvidos, até que se encontrasse alguma pista da filha.

Nesse meio tempo, Eleutério dava as suas ordens na fazenda, colocando organização na reconstrução da casa grande e imprimindo nas coisas e no trato com os escravos, a rotina nova e diferente da que existia antes.

Comprou novos escravos e juntou-os aos que ficaram ou foram recapturados.

Agora, os feitores tinham liberdade plena para punir os cativos. Todos deviam obediência cega ao jovem senhor que sobre eles exercia o direito de vida ou morte.

Deixou os negros com meia ração diária por um mês para que sentissem o peso por não terem impedido o seqüestro de sua irmã, Lucinda.

Olívia fora devolvida à senzala, já que Eleutério não admitia residir com os negros. Durante o dia, aceitava-lhe a colaboração dedicada e amiga, mas com a chegada da noite, ordenava que a velha ama retornasse a dormir na enxerga da senzala.

Recolocou o tronco do castigo no lugar onde ele existia e de onde havia sido retirado por ordem de Lucinda, que não suportava violência naquelas paragens. O reinado do terror voltou a ser o padrão daquele pequeno mundo, no qual um pequeno tirano tentava fazer as vezes do seu pai que muito admirava e a quem devia submissão e veneração, tentando comportar-se da mesma forma arrogante e vaidosa que ele.

Procurando por notícias, Eleutério escrevia cartas ao seu pai, que eram levadas ao quartel por algum escravo que se fazia portador, cumprindo ordens do filho do general, nas quais este o exortava a trazer a filha de volta para casa, custasse o que custasse.

Informava que já havia procedido ao castigo dos negros, diminuindo-lhes a ração diária e reinstalado o tronco do suplício para as punições físicas necessárias.

Falava ao pai com a palavra melíflua de quem pretende ressaltar as altas responsabilidades que deveriam ser observadas com o baixo padrão de conduta de uma personalidade violenta ou mesquinha. Nas entrelinhas insinuava: Você é o general, o pai e o maior ultrajado. Vai deixar as coisas desse jeito? Onde está o seu poder?

Não dizia isso de forma direta, mas deixava ao pensamento de Alcântara o caminho para que ele se sentisse desafiado a tomar atitudes duras contra quem quer que fosse.

Estimulado pelo seu filho que se alimentava com a mesma ração odienta e vil, Alcântara viu recrudescer a sua gana de ferir. Enquanto se achava nesse estado de ódio assoberbado, o corpo físico entrou novamente em colapso geral.

Crises fortes de tremor e de ausência faziam dele, novamente, o homem cujo estado preocupava.

Precisou ser levado para o leito e nele, delirava como alguém que se achava em absoluto desespero. Para todos os que se postavam ao seu lado, era a conseqüência da perda da filha e dos desastres dos últimos tempos. Mas na realidade era novamente a interferência do espírito Luciano junto daquele homem invigilante com quem compartilhava vibrações mesquinhas e a quem pretendia destruir por completo.

– Eu vou acabar com você!!! Você vai ver como é bom fazer isso para os outros... Minha Leontina está abandonada numa casa pobre, sendo tratada por estranhos e sem qualquer recurso. Seu cão vadio, você vai sofrer ainda mais por tudo isso.

A voz do general se alterava enquanto ele dizia isso como que constrangido a fazê-lo por uma força mais intensa e irresistível.

A preocupação dos seus subordinados era grande, em face do estado de alienação do comandante, o que fazia endurecerem mais o tratamento aos presos, acusando-os por terem causado mais esta desgraça.

– Não, eu lutarei contra você, seu demônio. Eu sou mais forte e possuo a força dos meus soldados para lhe enfrentar – respondia o general sem abrir os olhos, mas erguendo-se do leito como que querendo ferir o ar com as mãos fechadas.

Tão logo era constatado esse comportamento alucinado e sem sentido, uma substância tranqüilizante era ministrada ao militar para que pudesse se acalmar.

No entanto, o seu efeito era reduzido e ele logo voltava ao estado alterado, ora falando como um acusador, ora se defendendo como um acusado.

Tudo isso corria de boca à orelha no quartel. Achavam alguns que o militar havia enlouquecido e que não poderia continuar no comando da tropa. Outros falavam que era uma crise emocional produzida pela perda de alguém tão importante em sua vida, o que seria passageiro.

E os comentários chegaram até os ouvidos de Maurício que, na prisão, se lembrara das crises suportadas pelo comandante na sede da fazenda. Sabia do que se tratava. Pelas descrições dos relatos que lhe chegavam, sabia tratar-se do mesmo espírito que desafiava o militar e dele cobrava as dívidas acumuladas por atitudes desonestas.

Como ninguém tinha condições de fazer cessar aquele estado que já perdurava alguns dias seguidos, Maurício meditava em como conseguir chegar até o quarto do homem que era o responsável pela sua desdita, mas que era o pai de Lucinda, o amor de sua vida.

Na primeira ocasião em que foi defrontado por algum militar, disse:

– Meu senhor, eu sou médico e, há pouco tempo atendi o general em sua casa com os mesmos sintomas...

– O que é isso, está delirando, rapaz. O homem nunca teve nada. É uma fortaleza – respondeu o interlocutor que não conhecia a enfermidade do comandante.

– Mas há algumas semanas fui chamado a tratar-lhe numa crise do mesmo teor da presente. O próprio capitão Macedo lá esteve portando alguns despachos que Lucinda não permitiu que fossem entregues ao pai já que o mesmo estava preso à cama. Pergunte a ele...

Sem dar qualquer resposta ao prisioneiro, o militar que mantivera essa conversa com ele foi em busca de Macedo para relatar-lhe a conversa e, quem sabe, tornar-se o responsável por conseguir levar alguma melhora ao comandante.

Ao ouvir o relato, Macedo lembrou-se da crise sofrida pelo militar naquele dia em que levara os documentos até a fazenda, bem como da afirmativa de Lucinda de que já estava tratando do pai com um médico do povoado, que era de sua inteira confiança. Sim, era bem possível que o tal médico de sua inteira confiança já fosse o tal Dr. Maurício.

Com essa possibilidade na mente, Macedo foi até a prisão falar com o preso.

– Como é esse negócio de tratamento no general, seu doutorzinho?– falou arrogante o capitão.

– É verdade, capitão Macedo. O senhor deve se lembrar que, por volta de quase um mês atrás o general estava preso ao leito com os mesmos sintomas que o vitimam agora e não puderam chamar o oficial médico daqui para não revelarem a enfermidade. Assim, foram me buscar para atender o caso dele e o atendi até que as crises diminuíram e passaram.

– E daí? Vai me dizer e quer que eu acredite que você salvou o homem? – respondeu o capitão irônico.

– Sabe, capitão, só quem salva mesmo é Deus que sabe de tudo e conhece todo mundo por dentro. Eu, todavia, sei como ajudar o general e quis que alguém soubesse disso para que, se fosse necessário, dispusessem de minha pessoa para o tratamento dele.

– Mas você é um preso que foi espancado e torturado por ordem do comandante. Acha que eu vou acreditar que não existe aí, bem escondido, um desejo de vingança a ponto de fazer você colocar algum veneno para que ele beba e morra?

– Não, capitão, a condição de preso foi a que vocês me impuseram contra a realidade dos fatos. A condição de sacerdote é a que eu me impus, independentemente de quaisquer circunstâncias boas ou más. Antes de ser preso, eu sou médico e como médico tenho o dever de salvar vidas, ainda que corra o risco de perder a minha.

Aquela posição de nobreza era invulgar por ali, região onde quem pudesse mentir mais, esconder mais, fraudar mais e pôr a culpa no outro mais prosperava sem receio.

– Vou me lembrar desse fato, Maurício – afirmou o militar impressionado pela conduta serena e superior daquele preso ferido e reduzido à condição de farrapo humano.

Dizendo isso, saiu à procura do médico do quartel que se achava às voltas com o comandante em mais um dos seus ataques alucinatórios.

– Amarra-o, rápido, amarra para que não saia da cama – falava áspero o médico ao soldado enfermeiro que o ajudava a segurar o general preso à cama.

– Vai ser necessário, senhor? Perguntou de improviso o capitão que chegara sem ser notado no meio do tumulto.

– Ora, Macedo, – respondeu o médico militar – você não está vendo o estado dele? Se não amarrá-lo se levanta e acaba caindo da cama, correndo o risco de se machucar ainda mais.

– E os remédios? Não estão ajudando?

– Parecem água sem qualquer efeito sobre ele. Nem o menor resultado é observado. Ele vive nesse estado de ausência ou de alucinação. Ora está mais calmo, ora mais nervoso e desesperado.

– Hummm, sim! – murmurou o capitão, com uma idéia na cabeça que não poderia ser conhecida pelo oficial militar, já que este não aceitaria entregar o general, espontaneamente, aos cuidados do prisioneiro ainda que na condição de médico ostentada por este último. Precisava criar alguma forma de afastar o médico da guarnição para trazer o Dr. Maurício a ver o que deveria ser feito.

Lembrou-se do estado grave de alguns dos torturados, entre os quais o próprio Mariano, mergulhado no banho de salmoura e que estava atirado na cela sem quaisquer cuidados.

Dirigindo-se ao oficial médico, comunicou-lhe a necessidade de atender um dos presos que não estava passando muito bem e que não deveria morrer dentro do quartel para não piorar as coisas. Assim, era necessário que o médico, tão logo se estabilizasse a situação do general Alcântara, fosse atender o referido preso e mais algum outro igualmente necessitado.

Com isso, Macedo teria tempo de tentar auxiliar o comandante usando dos métodos de que Maurício dizia ter-se valido para tratá-lo na outra crise observada.

Tão logo o médico do quartel foi cuidar de outros feridos, Macedo ordenou trouxessem o prisioneiro aos aposentos do general, onde permitira, na sua presença, a realização do tratamento, segundo os métodos do médico do povoado, que já conhecia o caso.

Ingressando no quarto, Maurício foi levado à cabeceira do comandante, ajudado por um soldado que o amparava devido ao estado físico débil e cheio de dores, que depois se retirou dali para que tudo ficasse em sigilo absoluto, permanecendo no interior do quarto apenas Macedo para se certificar dos fatos e para montar guarda protetora, evitando-se qualquer comportamento perigoso do prisioneiro contra o mandante das torturas.

Maurício, contudo, ao se sentar junto à cabeceira do general, não pediu qualquer aparelho para efetivar algum exame mais detido. Ao contrário, fechou os olhos e ficou em silêncio fazendo com que Macedo não entendesse nada do que se estava passando.

– Como é, doutor, o senhor não vai examinar o doente? Não vai dar o remédio que ele está precisando?

– Senhor Macedo, a enfermidade do general não é proveniente de qualquer lesão do corpo físico. É causada por problemas que se acham fora do corpo de carne, enraizados no seu espírito. Por esse motivo, o tratamento de que ele está precisando não é o tratamento tradicional, cheio de produtos que intoxicam o corpo quando não é neste que se acha guardada a doença. Se o senhor me permitir tratá-lo, creio que, ao final desta tarde ele já poderá, ao menos, dormir com um pouco mais de alento, descansando melhor, para seguir recuperando-se no dia de amanhã.

– Veja lá, doutorzinho, o que é que você vai arranjar com isso tudo. Eu estou de olho em você!!!

– Em primeiro lugar, precisamos de silêncio e de um ambiente um pouco mais escuro, sem necessidade de ser escuridão total. Apenas a penumbra que descanse a vista já ajuda muito.

Depois disso, Maurício retornou ao silêncio e à prece interior, não sem antes solicitar que Macedo fizesse o mesmo, lembrando-se de qualquer oração que conhecia e a que recorria numa hora de dificuldades.

Achando aquilo muito estranho, Macedo lembrou-se de umas

ladainhas que ouvia o padre Geraldo repetir na igreja e passou a pensar nelas com afinco.

Mais uma vez, o general seria atendido pelo poder magnético da oração e, sem que pudessem se dar conta, os amigos espirituais estariam tratando de todos naquele quarto, como que pretendendo salvar as três criaturas do estado de desespero a que se achavam entregues.

Alcântara, pelo desespero da perseguição espiritual. Macedo, pela angústia de tentar ajudar o chefe. Maurício, pelo desespero da dor material, suportada pelo seu espírito valoroso e bom sob o auxílio direto de Euclides, que manipulava as emanações mais íntimas de sua mente e dos seus sentimentos, visando com isso, dar continuidade ao crescimento espiritual necessário do discípulo, através da vivência dos postulados nos quais depositava toda a sua crença e toda a preparação de sua atual reencarnação.

Com o ambiente silencioso e calmo, as orações começaram a elevar-se do coração dos dois homens tão diferentes e ao mesmo tempo tão ligados aos objetivos daquela hora.

E a reação não demorou a chegar.

– Quer parar com essa rezação, seu doutorzinho inútil? Eu já falei pra você daquela outra vez que eu vou destruir este homem que está aqui, "tão poderoso", preso na cama e amarrado como um bicho perigoso. É isso mesmo o que ele é. Um animal miserável e peçonhento, que nem uma cobra das mais venenosas.

– Calma, seu Luciano, o senhor não deve se agitar desse modo – respondeu Maurício na frente do capitão que, de boca semi-aberta não entendia nada do que estava acontecendo.

– Que calma o quê! Pensa você que o meu sofrimento pode ser curado com os remedinhos calmantes para os nervos?

– Sim, meu amigo, com a medicação da tolerância, tudo se arruma.

– Arruma pra você e pra outros por aí que não sabem de nada. Além disso, falando de outros por aí, quero dizer que esse capanga do general que está aqui me ouvindo vai ser a minha outra vítima. São capangas juntos e vão sofrer todos reunidos.

Ao falar desse modo na presença de Macedo, este sentiu um calafrio percorrer-lhe toda a região da espinha e instalar-se no interior do cérebro...

– Ah! está assustado, capitãozinho de araque? Você ainda não viu nada do que sou capaz de fazer. Pensa que eu não sei o que você fez com a minha viúva, Leontina, para comprar as terras que deixei? Pensa que não acompanhei os seus passos até Tião e as combinações e os pagamentos para que a viúva intimidada entregasse o patrimônio tão arduamente conseguido e que lhe seria a garantia da velhice?

Macedo estava lívido. Acreditava não ter jamais nenhuma testemunha dos seus atos, pois até mesmo ao general não relatava os métodos espúrios que usava visando a intimidação. Tinha certeza de que o comandante não sabia do que se passava em detalhes como aqueles que estavam sendo revelados.

Agora, tudo estava lhe sendo atirado na face, pela boca daquele homem que ele admirava e procurava seguir para onde fosse, o próprio general. E da boca deste as acusações verídicas saltavam sem que ele pudesse aquilatar como haviam sido descobertas.

– É, seu fardinha de meia pataca. Eu sei o que você fez e o que ganhou para fazer. Eu vi você conversando com Tião no esconderijo dentro da pedra onde ele se abrigava feito cobra cascavel. Vi o dinheiro que entregou na mão dele, depois que a fazenda foi vendida por preço de banana. Pensa que tudo ficou escondido? Hoje, a minha Leontina está abrigada numa casa pra gente velha e doente, não possuindo nem mais a menor economia já que os parentes consumiram com o pouco dinheiro que este maldito general pagou-lhe por seu intermédio. Eu estava lá, remoendo de ódio de vocês dois, e jurei que iria destruí-los, custasse o quanto custasse. E estou fazendo isso, até que não precise mais fazer nada.

Ver alma penada talvez não causasse tanto impacto no espírito do militar quanto ser desmascarado desse modo por alguém que se dizia vítima e, pelo que estava parecendo, já tinha morrido sendo, portanto, invisível.

Mas como é que morto podia falar assim, tão vivo, pela boca de outra pessoa? – pensava o capitão perdido e assustado.

– Calma, Luciano, já falei pra você ter calma e pensar no que é bom para o seu espírito, já que ninguém morre e que você também precisará ser feliz na medida em que espalhar felicidade...

– Minha felicidade é ver estes dois agentes da maldade destruídos e tornados poeira – respondia o espírito.

– Mas você não vai ganhar nada com isso e, até mesmo vai perder a oportunidade de fazer o bem. Lembre-se de sua vida na Terra ao lado de Leontina. Ela precisa de você ao lado dela e não aqui fazendo o mal a título de vingança que não irá melhorar a saúde dela.

– Eu fico nos dois lugares. Lá eu choro como uma criança pela desgraça de minha mulher querida e reúno mais revolta para quando voltar aqui, continuar ainda mais endurecido exercitando a vontade de Deus por minhas mãos.

– Luciano, Deus é amor e bondade. Não vai precisar de alguém tão descartável como qualquer um de nós. Tudo o que nós fazemos fica registrado no tribunal divino para nos receber na hora certa para os ajustes de contas inadiáveis e indispensáveis que todos devemos perante a Lei. Tudo o que o general ou qualquer outra pessoa fez de errado, será pago ao peso do sofrimento ou da renúncia. E você que era vítima passou a ser o agressor. Não acha que a sua situação está piorando? Daqui a pouco você será um homicida também. Pense nisto, reflita nas minhas palavras e lembre-se que Jesus o conhece como a palma da mão. Deixe o nosso irmão agora, para que possa dormir em paz por algum tempo, já que está muito necessitado de refazimento. Depois conversaremos melhor. Até breve...

Com um solavanco o corpo do general estremeceu na cama, como que se desligasse dele um outro corpo pesado e turbulento, agora no plano espiritual, voltando a permitir que Alcântara reassumisse o controle de suas funções físicas e adormecesse extenuado, depois de uma batalha para a qual só encontrou apoio em Maurício, com a sua sabedoria, experiência e desprendimento.

Macedo estava confuso e com medo das acusações. Não sabia o que pensar ou o que dizer.

O silêncio foi quebrado por Maurício que, dirigindo-se ao militar, falou:

– Senhor capitão, por hoje o tratamento acabou. Amanhã, se for possível, continuaremos a medicação de forma a que o comandante se restabeleça completamente. Posso retornar à cela?

Com essa pergunta, Macedo se lembrou de que ele era um preso, mas se comportava como alguém que sabia dos seus deveres, compreendendo muito mais e melhor as suas obrigações de disciplina do que seria de se esperar de um injusto torturado.

Isso foi notado por Macedo que, agora, temendo o conhecimento que Maurício tinha sobre a conduta ilícita dele e do general, passou a dar-lhe melhor tratamento a fim de que não revelasse as ocorrências a mais ninguém.

Sem saber de que modo, Macedo pensava como era possível que as paredes tivessem ouvidos e que os seu segredos fossem do conhecimento dos outros?

23

O drama de Lucinda

Após ter sido recolhida por Salustiano em pequena e improvisada acomodação dentro da vivenda abandonada no meio do agreste, longe de tudo e de todos, Lucinda tinha em mente regressar imediatamente para o seu lar.

Todavia, as dificuldades emocionais que tivera de suportar durante o cerco à sede da fazenda, depois, com o rapto, com o transporte a cavalo, em posição extremamente rude para a sua estrutura física, acrescidas pelo período de cativeiro que suportara dentro da gruta escura, entre o medo e a incerteza, acabaram por gerar uma tal debilidade nervosa que, tão logo Lucinda se viu retirada do esconderijo, como que ganhando a liberdade novamente, seu organismo passou a exigir maiores cuidados.

As dores pelo corpo recrudesceram e o seu estado orgânico passou a dar sinais de franco abatimento.

Transportada por Salustiano – Tião para a nova moradia, não se deu conta de que ali, há muito tempo, não morava ninguém, graças ao esforço do seu atual morador em fazer com que parecesse ser a sua casa, há longa data. A sua lucidez não se achava plena por causa das inúmeras dores e dos reflexos do abalo emocional.

Lucinda pensava na fazenda, na figura do pai, na companhia de Maurício que já se achava guardado dentro de seu coração e com quem sonhava consorciar-se em breve, na companhia da velha Olívia, pensamentos esses que se avolumavam desordenadamente no cérebro da jovem e que a levavam a um mutismo de fazer dó.

Salustiano via a sua depressão emocional crescer e, com ela igualmente crescia a sua preocupação.

Sim, pois a moça estava com ele para que, depois de algum tempo, pudesse regressar às mãos do pai em boas condições físicas. Se ela morresse, nenhuma vantagem ele conseguiria obter e o lucro financeiro se esvairia por completo, restando-lhe apenas todo o esforço que tivera sem qualquer vantagem que o compensasse.

Precisava cuidar da pequena como quem guardasse uma jóia preciosa para que a devolvesse ao dono, a fim de reclamar a recompensa pelo zelo. Lucinda, contudo, foi tomada por um estado depressivo que a conduzia ao desgaste quase pleno das próprias forças físicas.

Estirada ao leito de capim, recoberto por um lençol improvisado, ali ficava ela de olhos fechados, corpo dolorido, sem desejar conversar, apresentando um estado alucinatório todas as vezes que conseguia dormir um pouco.

O sono era agitado e ela não tinha condições de se sentir descansada por causa dos inúmeros sonhos tumultuados nos quais se via envolvida.

Nos momentos de maior lucidez, Salustiano tentava fazer com que ela se alimentasse. Preparando alimentação mais leve, dentro de seus parcos recursos culinários, trazia à jovem enferma uma tigela com um mingau para que ela se alimentasse um pouco.

– Olha aqui, moça, trouxe o mingau para a senhora tomar. Pode tratar de beber tudo porque do jeito que vai indo não dá, não.

– Estou sem fome, seu Salustiano. Não tenho vontade de fazer nada. Muito menos de comer. Gostaria de ir para minha casa...

– Tá certo, dona, mas não dá pra ir embora desse jeito, fraca, doente, sem condições até de subir na montaria. Como é que vai ser isso? Precisa se recuperar mais depressa para poder ir para casa. Eu não sou muito bom de fazer comida, mas esse mingauzinho não está dos piores e ele pode ajudar na sua recuperação.

– É, seu Salustiano, do jeito que eu estou parece que não consigo andar nem dois passos.

– Pois é, não pode ficar assim, precisa melhorar porque por aqui não temos muito recurso para o caso de doença mais grave. Assim que você comer um pouco, eu vou correr o mundo por aqui pra ver se arrumo umas ervas que eu conheço pra fazer um chá que é fortificante até pra cavalo. Eu já tomei ele e sei como é bom pra essas coisas. Além disso, vou procurar um pouco mais de comida pra não faltar nada na sua recuperação. Vou fechar a porta bem fechada pra que ninguém venha amolar a moça. No entanto, não precisa se preocupar porque, por aqui, quase nunca passa gente.

– Mas não vai demorar muito não, seu Salustiano. Eu não quero ficar sozinha novamente, pois estou com muito medo.

– Fique tranqüila, moça, eu vou voltar logo.

Salustiano saiu e deixou a moça com o prato de mingau, engolindo meio a contra-gosto aquele conteúdo pouco agradável, numa mistura de água, farinha, condimentos e algum pedaço de toucinho frito na banha.

Conseguiu tomar algumas colheradas e deixou de lado, sem muito desejo de continuar.

Ao mesmo tempo, pensava nas lições aprendidas com Maurício sobre a bondade de Deus que sabe de tudo o que nos acontece e que, na circunstância de estarmos em sofrimento, deve estar sempre enviando ajuda para que nunca nos sintamos abandonados.

Pensava Lucinda nas conversas ao longo dos caminhos, ocasião em que, de forma muito discreta, conversavam de mãos dadas sobre as maravilhas do céu. Agora, ela estava em uma condição de necessidade muito grande, mas confiava no fato de que Deus sabia disso e não a abandonaria.

Recordava das lições ouvidas e compartilhadas com o médico sobre a necessidade da renúncia constante em favor do próximo e de que a maior prova de amor ao semelhante exigia do indivíduo o comportamento de amar e servir até ao inimigo, sem o que não se teria aprendido o verdadeiro sentido do amor.

Parecia que Lucinda passara por um estágio de preparação que visava dar-lhe condições para enfrentar os desafios que lhe estavam reservados no futuro próximo, que agora começavam a chegar.

Esses pensamentos a acalmavam um pouco, tornando-a mais serena. Nesses instantes, sentia maior vontade de orar e confiar ao Pai Eterno todas as suas angústias e sofrimentos ocultos.

Lembrava-se da sua mãe, sua única companheira, que não pudera ter ao seu lado por muito tempo. As lágrimas de emoção e saudade desciam-lhe pelo rosto, como que vazando do compartimento represado existente na sua alma, o que representava um recurso para o reequilíbrio emocional e para a sua melhor recuperação.

Além do mais, esses pensamentos que lhe acorriam à mente, essas lembranças das conversas com Maurício lhe estavam sendo sugeridas pelo contato das mãos espirituais de sua querida genitora Lúcia, que ali se achava, efetivamente, como sentinela da filha para protegê-la no desafio e na prova na qual se achava inserida.

Acompanhando o processo evolutivo daquela alma amiga, Lúcia se postava ao lado da filha para que esta não esmorecesse, atirando pelo ralo da revolta e do medo a experiência que lhe haveria de servir como fortificante da vontade, tonificadora dos bons pensamentos, enriquecedora dos sentimentos.

Assim, o espírito da mãe a envolvia em vibrações salutares, fazendo com que ela pudesse refletir em boas coisas, mesmo durante a própria desdita.

Lucinda, sem ter a convicção espiritual de tais fatos, sentia a emoção e a calma brotarem do seu peito, sem conseguir identificar de onde estariam vindo. Estava, entretanto, calma e pensava constantemente em Deus.

No íntimo de seus pensamentos, conversava com Ele:

– Senhor meu Pai, obrigado por te lembrares de mim nesta hora dura dos meus sofrimentos. Eu já aprendi que ninguém padece por desejo Teu e que a dificuldade é a semente que semeamos em nossa própria horta. Eu Te agradeço sobretudo por me teres dado esse homem que me acolheu e está cuidando de mim, mesmo sem me conhecer. É mais uma prova que eu recebo da Tua complacência e de generosidade do Teu coração. Olha, Senhor, se eu estivesse lá naquela gruta e ninguém me ouvisse, a estas alturas já teria morrido! Graças ao Senhor, no entanto, Salustiano passou por ali e me achou. Obrigado, Meu Deus por não me abandonar nunca. Ajuda-me a melhorar para voltar para casa, se isso for do meu merecimento. Mas, acima de qualquer coisa, permita que eu possa passar por tudo o que preciso passar e aprenda alguma coisa de bom para melhorar o meu ser, ainda que seja aprender a não desanimar. Por isso Te peço, Senhor, fortalece-me na hora da minha dor, para que possa dar testemunho da tua bondade através da minha própria conduta. Por fim, Meu Pai, protege Salustiano de todo o mal, Amém.

No Plano Espiritual, Lúcia tinha os olhos orvalhados pela prece sincera da filha, principalmente pelo pedido de proteção que ela fizera pelo próprio algoz que, mesmo sem o saber, acabava por ser o único ponto de apoio de Lucinda naquele momento.

Sobre Salustiano-Tião se achava baseada toda a esperança de saúde e bem-estar da filha querida. Era real a afirmação de Maurício sobre a Bondade Divina que, muito longe de punir o malfeitor, procura transformá-lo para o bem, utilizando-se das armas do bem.

Desse modo, Salustiano estava sendo convocado a fazer o bem, ainda que depois de ter feito tanto mal a muita gente, incluindo à própria jovem que seqüestrara.

Era ele quem deveria tratar da moça. No começo o faria para não perder a recompensa. Depois, quem sabe?

Através da oração sincera e elevada, não mais vinculada aos formalismos de rezar as fórmulas decoradas, Lucinda conseguiu um pouco de paz íntima e conciliou o sono, depois de ter aliviado o tanque das lágrimas, vertendo-as abundantemente, no silêncio da morada rústica que, agora, achava-se vazia de encarnados.

* * *

Tão logo Salustiano deixou a casinha isolada no meio das plantas ressecadas, procurou o trilho que o levava ao vilarejo mais próximo.

Depois de muito caminhar por entre os carreiros abertos por alguns transeuntes mais constantes, no chão quente e pedregoso, decifrando um verdadeiro mapa através dos sinais deixados pelo caminho, o jagunço transformado em enfermeiro, atingiu o local que buscava.

Ao chegar naquele recanto quase esquecido, procurou a venda, que se erguia entre os casebres, para arrumar comida, com o cuidado de não se referir a qualquer assunto mais específico.

Levava consigo algum dinheiro e, com ele pretendia comprar os gêneros que não tivera tempo para adquirir quando da preparação da pequena moradia improvisada.

Foi pedindo uma porção disto, outra porção daquilo, com a cara fechada e sem responder a qualquer pergunta senão com monossílabos.

O dono da venda era homem acostumado a obter e passar informações, pois naquelas paragens a pequena venda não exercia apenas a função de empório a fornecer comida ou bebida aos moradores. Era o jornal falado do povo que, na sua maioria, não tinha leitura. Dentro de seu estabelecimento, as notícias corriam da boca para o ouvido e deste para a boca novamente. Ali se sabia das desgraças, da morte de alguém conhecido, das colheitas do ano, da necessidade de mão-de-obra escrava, da gravidez de alguma mulher, etc.

Enquanto comprava, o proprietário, que conhecia Tião, ia falando, como que tentando arrancar alguma informação:

– Pois é, Tião, você não está sabendo do cerco na casa do general? Afinal, aquela víbora de farda tomou o dele. Mereceu isto, não é?

– Acho que é! – respondeu Tião, seco.

– Mas o que você está fazendo por estas bandas, homem? – voltou o vendeiro interessado em novas notícias.

– Estou de passagem – respondeu o jagunço.

– Ah! Já sei. Tem um "servicinho" para fazer por aí, não é? – falou o dono, dando uma risadinha marota como quem já sabe que a vida de algum pequeno proprietário estava correndo risco de levar o tiro certeiro da arma de Tião.

– Não é da sua conta, homem. Eu não fico perguntando quanto você ganha em cada pedaço de toucinho ou no copo de cachaça que esse povo bebe. Não me atormente.

– Tá bem, Tião, não precisa ficar nervoso. Eu só estava querendo puxar conversa. Além disso, pelo que você está comprando, vejo que é comida pra muita gente ou pra muito tempo de viagem, não é?

E porque Tião colocara a mão no revolver que trazia na cinta, o vendeiro resolveu fazer logo as contas e dar um bom desconto para que o jagunço partisse para o seu destino, sem deixar nenhum rastro de sangue naquele recinto quase vazio.

De posse de todo o material, incluindo aí, alguns vestidos que comprara com a desculpa de presentear alguma mulher que lhe cedesse aos encantos sedutores, Tião retomara o caminho da casinhola, para que a presa não se lhe escapasse pelos vãos dos dedos.

Mais algumas horas de trajeto e, ao cair do dia, eis que Salustiano se aproxima da casinha, preocupado com a jovem que, lá dentro, havia caído em profundo sono.

Passando-se, já, uma semana e com a alimentação reforçada que conseguira comprar na venda, talvez em alguns poucos dias a moça pudesse se recuperar para que, entregando-a ao pai sã e salva, sem ter Macedo como intermediário, pusesse a mão sobre uma gorda recompensa.

Chegou na casa e viu que tudo estava como havia deixado. Desceu do cavalo e começou a arrumar o lado de fora da moradia, como que preparando-o para que Lucinda não desconfiasse do abandono do lugar.

Arrumou o galinheiro com algumas ripas ou lascas de madeira, tampando os buracos e, lá dentro, soltou umas três galinhas que trouxera da venda, como se fossem criação própria. Além disso, seriam fonte de alimento fresco, em caso de necessidade ou do fim das provisões.

Depois, consertou alguns objetos e arrumou um cercadinho no qual poderia improvisar um lugar para que a jovem se banhasse depois que estivesse melhorada. Garantia a discrição para que a jovem não se sentisse muito desconfortável naquele lugarejo esquecido do mundo.

Foi até a cisterna e trouxe alguns baldes de água para preparar a refeição.

Abriu a porta da casa vagarosamente para não assustar a jovem e, da porta da cozinha ouviu-a ressonando profundamente.

Pôde perceber que, apesar de não ter se alimentado adequadamente ingerindo todo o mingau que preparara, Lucinda conseguira dormir de forma mais demorada e profunda, o que o deixava mais aliviado por causa da recuperação que ocorreria com o descanso do corpo.

Deixou-a dormindo e começou a preparar o alimento para ambos. Afinal, ele também era filho de Deus e estava com uma fome daquelas, depois de tanto caminhar no sol quente daquele torrão.

A comida fresca lhe permitiria dormir de barriga cheia. Por isso, deu-se ao trabalho de preparar a refeição simples mas suculenta, com a pressa de quem se atira ao prato depois de dias sem se alimentar.

24

O amor que cura

Os dias se passaram sem muitas alterações na rotina de ambos.

Lucinda se alimentava algo melhor, mas ainda trazia no corpo as marcas do trauma a que fora submetida. As dores ainda lhe causavam dificuldades para se locomover e, embora já tivesse melhores condições para se deslocar, ainda não era possível caminhar com desembaraço.

Ficava mais tempo deitada, ora no quartinho, ora em uma rede improvisada ao ar livre, à sombra, nas horas mais amenas do dia.

O seu mutismo, aos poucos, foi cedendo a uma necessidade de se comunicar o que só era possível fazer com Salustiano que procurava tratá-la de forma a manter a saúde física, já que teria de devolvê-la em boas condições.

Salustiano, por sua vez, respondia às suas perguntas ou aos seus comentários triviais, sempre com a cautela de quem não pode falar as coisas sem pensar, com receio de que pudesse, com isso, revelar a ela a trama na qual se achava inserida e da qual ainda não desconfiava.

Ao mesmo tempo, procurava suprir-lhe as necessidades mais singelas, a fim de que aquela jovem pudesse suportar o cativeiro sem perceber que era cativa. O fato de ter caído doente era uma circunstância negativa que colocava em risco toda a perspectiva de lucro, mas ao mesmo tempo, era uma circunstância positiva, permitindo que ele tivesse uma boa justificativa para manter a moça afastada de sua terra e dos seus, por algum tempo.

Com isso, procurava meios para permitir que a sua vítima se visse cercada de coisas para fazer, na medida em que ia se recuperando da perda da lucidez inicial e agora voltava a se interessar por pequenas ocupações que lhe pudessem compor as horas.

Tais trabalhos eram compostos por atividades manuais como costura, algum bordado, ou até mesmo, a arrumação dos próprios cabelos.

Por esse caminho, Salustiano ia se fazendo querido pela jovem que, vendo-lhe o esforço pessoal para preencher o seu tempo com as atividades que a distraíssem, considerava aquele homem como um benfeitor que se escondia no agreste e que, por isso, não deixava de ser uma bênção de Deus à sua desdita temporária.

Assim que a moça terminava um trabalho, ele providenciava outro que pudesse ser efetivado sem muito esforço.

Comprou tecidos de várias estampas, linhas e fitas de cores diferentes, botões, agulhas, tudo isto em lugares distintos para que não ocorresse que alguém desconfiasse de seu interesse pessoal por trabalhos femininos, levantando suspeitas acerca de sua conduta, já que todos sabiam que ele não era dado a tais serviços.

Naquelas paragens todos sabiam que os trabalhos manuais que ele, Tião, mais apreciava, eram efetivados com outros instrumentos. Costurava sim, mas à bala, quem se lhe pusesse à frente ou lhe fosse encomendado. Por isso, não podia sair por aí comprando tudo de uma vez e em apenas um lugar, pois os vendeiros iriam suspeitar de que ele levava tais aviamentos para alguém que não para ele mesmo.

Quando saía da casinha, recomendava à moça que ficasse recolhida em seu interior para evitar qualquer perigo ou surpresa com pessoa estranha. No fundo, alegando o risco de ficar só, num lugar ermo, pretendia que ela se ocultasse para o caso de algum caçador de recompensa como ele aparecer a serviço de Macedo e de Alcântara e a levasse embora.

Ao voltar, Salustiano trazia sempre algo novo que fosse do interesse de Lucinda, que se via animada com mais recursos para trabalhar. Com isso, ela passou a costurar as roupas velhas e surradas de Salustiano que, sendo tratado com cortesia e bondade pela jovem, passou a nutrir por ela um carinho que nunca sentira por mais ninguém.

Acostumado a ser constantemente temido e agredido pelas dificuldades da vida, endurecera-se por dentro, não sentindo há muito tempo o calor da atenção. Era apenas requisitado para fazer o mal na vida de alguém, sem que isso lhe trouxesse qualquer benefício além do dinheiro que lhe importava ganhar.

Mas ali, estava sendo diferente. Apesar da diferença de idade não permitir que ele visse a jovem como outra coisa além de sua filha, o simples fato de receber daquela criatura o carinho atencioso fizera com que as fibras mais carentes de sua alma começassem a amolecer.

Durante as suas saídas em busca de novas coisas, a jovem, muitas vezes, com dores no corpo, dirigia-se ao pequeno fogão de lenha no interior da casa e preparava uma refeição saborosa e cheia de novos gostos para o paladar pouco refinado de um jagunço.

Quando ele voltava, era uma alegria sentir o cheirinho apetitoso de alguma iguaria feita ali, sem muito recurso, pelas mãos daquela jovem.

Ao mesmo tempo, ele pensava como seria bom ter a companhia dela para sempre ao seu lado.

Essas idéias começavam a confundir-lhe a mente, uma vez que o seu objetivo era ganhar dinheiro ao devolvê-la. Porém, a simpatia que passara a ter pelo seu modo simples e bondoso, pela sua fala mansa, pela confiança cega na sua pessoa, pela ausência de medo de sua figura hostil e abrutalhada pelo agreste, faziam dela alguém importante para o seu íntimo.

Era Lucinda a primeira pessoa que o tratara como gente, não como um agente do mal. Por esse motivo, do mesmo modo que possuía dúvidas a respeito de o que fazer com a moça, também começara a ter verdadeiro desespero só em pensar que ela viesse a saber quem era ele.

Precisava ocultar a sua real personalidade para que esta não empanasse a consideração e o respeito que Lucinda nutria por ele, agora transformado em Salustiano.

Lucinda também era criatura amável e, com o tempo, foi sendo dedicada ajudante das atividades domésticas e passou a melhorar as condições de vida na casinha humilde.

Enquanto ela dormia no único quartinho da casa, Salustiano se arrumava lá pelo chão da cozinha, o que causava certo mal-estar na jovem que via, nesse ato, mais um desprendimento generoso de seu benfeitor que cedera-lhe a única cama para que ela tivesse maior conforto. Assim, passou a imaginar uma forma de aliviar o incômodo de Salustiano, conseguindo convencê-lo a construir na sala da casinha, uma cama improvisada para que dormisse adequadamente e não largado no chão de terra, como se fosse um bicho.

Além do mais, passou a aconselhar Salustiano a adotar medidas de higiene que o tornassem melhor companhia, já que uma barba grossa e embaraçada dava-lhe o aspecto de um animal silvestre que se enrodilhara em arbusto espinhoso.

Dentro dessas mudanças, conseguiu fazer com que Salustiano tomasse mais banhos, ao menos três por semana, o que representou verdadeira odisséia e uma grande conquista, já que jagunço que se prezava, fedia como um gambá, pois não era dado a essas coisas de almofadinha.

Através desses recursos, ambos passaram a nutrir sincera amizade um pelo outro, já que eram os únicos naquelas paragens e, por isso, nada mais lhes restava fazer senão se conhecerem melhor.

O que é mais interessante é o fato de que, aos poucos, Salustiano passou a ser um verdadeiro servo de Lucinda, que conquistara um homem tão violento sem apontar-lhe qualquer arma de fogo e que o imobilizara sem usar qualquer corda.

Aquela quase menina de 19 anos se fizera sua dominadora tão somente por lhe oferecer afeto e atenção fraternos, sem qualquer exigência, o que lhe tocou a alma rude e solitária, encontrando em alguém a consideração que sempre buscara nos outros mas nunca recebera.

Estava fisgado pelo carinho de sua própria vítima. Isso o preocupava muito, mas, ao mesmo tempo, lhe causava um bem-estar de há muito não registrado por seu coração.

Não queria perder-lhe a companhia e já pensava em uma forma de não mais devolvê-la ao genitor, não importando que nunca recebesse qualquer tostão pela sua pessoa.

Lucinda não tinha preço, já que o dinheiro que receberia por ela não lhe propiciaria a estima sincera de alguém que o enobrecesse e o tratasse com consideração desinteressada.

Para a jovem, a companhia de Salustiano representava a presença de um amigo fiel e respeitoso, o que a ajudava a conformar-se com a distância de casa, mas não a esquecer Maurício e seu pai. Sentia no íntimo que melhorava, mas que não lhe era possível ganhar o mundo para reencontrá-los por enquanto.

As semanas foram se passando e converteram-se em meses que trouxeram a esperada melhora geral, aconselhando prepararem-se para ir em busca de sua vida.

Já falava com Salustiano com a impaciência de quem não vê a hora de reencontrar os seus entes queridos.

Este, por sua vez, não podia se opor com veemência aos planos da moça para não lhe revelar o seu caráter agressivo e tirânico, que a decepcionaria e renegaria toda a imagem de homem bom que ele construiu ao longo das semanas.

Tentava adiar a conversa, mas sabia que ela seria inadiável. Dizia que iria sentir muito a sua falta e que não saberia viver sem a sua companhia de filha muito querida.

– Mas você vem morar comigo e com meu pai, Salustiano, lá na nossa casa. Ela é muito grande e tenho certeza de que meu pai, agradecido por tudo o que fez por mim, não se negará em recebê-lo e lhe presentear com o que você desejar – falava sincera a moça, sem imaginar que isso não seria possível daquele modo.

– Não posso, Lucinda, não posso. Sou bicho do mato para me adaptar no meio de gente cheirosa como vocês. Só conheço esta terra pedregosa, os espinhos dos arbustos cozidos por este sol inclemente e nada mais. As pessoas se assustariam com minha pessoa e iriam me causar mais vergonha ainda – respondia Salustiano, ocultando a real dificuldade de realizar o plano de Lucinda.

Bem que seria muito bom para ele ser aceito como um integrante da comunidade, na condição de pessoa normal. Mas seu passado era mais forte e os erros que cometera na forma de maldades que fizera a serviço dos poderosos, dentre os quais, o próprio pai de Lucinda, impediriam qualquer aproximação entre eles.

Salustiano procurava encerrar a conversa, adiando a partida da jovem com algumas evasivas sutis, para não ferir aquela que era, agora, a sua protegida.

Ambos sabiam, contudo, que o estado de saúde de Lucinda já permitia o seu afastamento em demanda da casa paterna.

Tudo ia nesse compasso quando, certa manhã, Lucinda pediu que Salustiano buscasse alguns ovos no galinheiro improvisado para que ela os preparasse para o almoço daquele dia. No entanto, depois de algum tempo em que Salustiano saiu, Lucinda começou a perceber a demora em regressar.

– Seu Salustiano, o senhor está esperando a galinha botar o ovo? Já deve ter algum pronto para ser fritado na panela. Traga esse... – falava alto lá de dentro da cozinha, pilheriando.

Nenhuma resposta chegou aos seus ouvidos. Aquele silêncio no agreste era de assustar.

Saiu porta afora em direção ao galinheiro, chamando pelo nome de Salustiano.

Nada viu de diferente por ali, acreditando que Salustiano tivesse enveredado pelo meio da vegetação a cata de alguma coisa, como era de seu costume.

Resolveu ela mesma ir pegar os ovos.

Quando se aproximou mais do galinheiro e se preparava para abrir-lhe a passagem, deu um grito.

Surpreendida, viu Salustiano caído no interior do galinheiro, desacordado e com a fisionomia totalmente transtornada. Suava frio e não tinha a cor habitual. Uma palidez tomara conta de sua face e de tempos em tempos um leve tremor sacudia-lhe a estrutura física.

Lucinda, vendo aquilo, e sabendo das dificuldades próprias da região isolada, tratou de arrumar um jeito de tirar aquele homem dali.

Precisou arrastá-lo para fora, usando uma corda comprida que amarrou na sela do cavalo, já que não tinha forças para conseguir fazer isso sem ajuda.

Trouxe-o a muito custo para o interior da casa e passou a colocar panos úmidos na sua testa, tentando conter o suor álgido que emitia.

Observando melhor a estrutura geral percebeu que, pelas características do caso, tratava-se de algum mal súbito provocado por envenenamento. Naquela região era muito comum a existência de cobras que fabricavam venenos e que os inoculavam nas vítimas quando estas, desavisadamente, se colocavam em seus caminhos.

Quando na fazenda do pai, Lucinda atendera muitos escravos que se apresentavam da mesma forma, vitimados por picadas de animais venenosos.

Procurou pelas vestes de Salustiano algum indício de agressão e não foi difícil de encontrar, na altura do tornozelo, as marcas específicas apontando a causa do problema. Tudo levava a crer que Salustiano havia sido mordido por algum ofídio venenoso que, buscando comida no galinheiro, fora surpreendido por ele na hora em que entrou para apanhar os ovos.

Lucinda precisava fazer alguma coisa.

Apanhou um grande pedaço de fumo de corda, amassou-o dentro de uma caneca, colocou água quente para formar uma pasta e, depois de verter um pouco da mistura na boca de Salustiano, colocou o preparado sobre as marcas de dentes, coisa que vira fazer na fazenda, ao tempo de criança. Não sabia se dava resultado, mas fez a mesma coisa.

Ao mesmo tempo, procurava se lembrar do rumo do povoado mais próximo que Salustiano já havia comentado com ela. Se fosse necessário, precisaria ir até lá para arrumar ajuda para o seu amigo enfermo.

Ao mesmo tempo em que cuidava dele com a aflição de quem não sabe ao certo o que fazer, Lucinda orava a Deus para que a ajudasse a fazer algo que pudesse beneficiá-lo. Suas preces eram sinceras e se elevavam ao Alto buscando as potências generosas a fim de que o bem lhe inspirasse algum procedimento.

Naquele momento, o espírito de Lúcia que passou a segui-la de bem perto procurava lhe dar a calma necessária para que não esmorecesse em hora tão difícil.

Enquanto rezava, Lúcia colocava as suas mãos sobre o doente e sobre a filha, fazendo a própria rogativa ao Criador.

Tão logo a sintonia se estabeleceu, foi possível observar-se no Plano Espiritual daquele casebre perdido no nada formar-se uma verdadeira cortina luminosa de cor dourada brilhante e bela que indicava a chegada de algum emissário que ouvira as orações de ambas.

Ali se aproximava o espírito de Euclides, o mesmo que atendia o jovem Maurício na prisão em que fora torturado e espancado.

Colhido na acústica da alma pelos apelos de irmãos espirituais com quem se afinizava igualmente, atendeu ao chamamento e, ao chegar, pôde constatar todo o quadro de um relance.

Viu Lucinda, algo maltratada pelo tempo, sem cuidados, com a cabeça daquele homem rude e inferiorizado em seu colo, como que tentando salvar-lhe a vida física, em preito de gratidão por tudo o que dele recebera.

Euclides pôde constatar a inocência da moça, o que a tornava ainda mais bela e fraternal, dedicando-se de corpo e alma àquele que produzira todas as suas próprias desditas e que, agora, ao influxo de seu amor desinteressado e constante começava a mudar de vida, passando a se humanizar com sinceridade de propósitos.

A posição espiritual de Salustiano, conquanto não fosse das melhores em face dos erros cometidos no pretérito delituoso, agora dava mostras de atenuação em face do sacrifício de seus interesses para atender Lucinda em suas necessidades.

Aliando-se ao bem, o celerado de ontem pôde transformar-se no benfeitor de hoje, a caminho da angelitude de amanhã.

Por causa disso, Euclides se aproximou da jovem e beijou-lhe espiritualmente a fronte, reverenciando a verdadeira bondade que não se nega nunca a agir, nas melhores como nas piores situações.

Vendo o estado de comprometimento de Salustiano, pôde divisar ao seu lado a presença de inúmeros espíritos cobradores, representados por suas vítimas que, galhofeiramente, se dirigiam a ele em termos jocosos:

– Pois não é que a "cobra" acabou provando do veneno da cobra? – e seguiam em gargalhadas irônicas.

Diante daquele quadro e, em face de Salustiano ter iniciado a modificação de si mesmo, foi possível a Euclides providenciar o afastamento temporário dos algozes que ali procuravam produzir o comprometimento físico de Tião, para levá-lo ao Plano Espiritual e continuarem com os processos de vingança.

Tão logo foram eles afastados, Euclides passou à aplicação de passes magnéticos em toda a corrente sangüínea de Salustiano para acelerar os processos metabólicos através da sudorese e da excreção pelos rins que, tocados pelas suas mãos luminosas, se assemelhavam a verdadeiras locomotivas a pleno vapor, lutando para drenarem as substâncias tóxicas do organismo, aliviando as conseqüências do envenenamento.

Isolou a área cerebral dos efeitos mais nocivos da droga injetada pelo animal, procurando proteger os centros conscienciais de todo o prejuízo, já que nesta fase de sua vida, quando se encontrava fazendo um balanço de tudo o que fizera, poderia perder qualquer função fisiológica da percepção, menos a consciência que lhe seria a melhor amiga.

Precisava dela para que uma nova luz iluminasse as suas idéias. Estava a caminho da transformação moral mais profunda pela qual já passara, que seria acelerada pelo acidente agora suportado, evitando-se que isso fosse prejudicado pela perda da consciência.

Euclides sabia da necessidade do remorso e da noção da culpa que Tião-Salustiano precisaria experimentar agora para que seu espírito sedimentasse a necessidade de tomar novos rumos em busca do reerguimento de si mesmo.

Por isso, aliviou tanto quanto pôde a ação nociva do veneno sobre o centro cerebral, sem impedir, contudo, que ele o atingisse e lesasse em alguma parte, como conseqüência natural da lei de causa e efeito.

Com a intervenção de Euclides, médico espiritual que atuava naquelas paragens junto daqueles irmãos reencarnados, o quadro geral de Salustiano se equilibrou, permitindo que Lucinda percebesse alguma melhora geral.

Aos poucos, Salustiano foi voltando a si. Duas horas depois do acidente, já estava com a pressão normalizada e respirava calmamente, mas ainda se achava inconsciente.

Fora conduzido ao leito por Lucinda que, buscando todos os recursos disponíveis, foi intuída por Euclides a fornecer-lhe muita água, com o que propiciaria uma limpeza mais intensa do organismo.

O dia seguia para o entardecer e a noite seria de vigília constante para a jovem que velaria à cabeceira do seu benfeitor, como quem lhe paga uma dívida de gratidão.

Retomaria o curso de sua vida tão logo Salustiano se recuperasse daquele mal passageiro. Cuidaria dele enquanto fosse necessário para que, ao partir, ele estivesse plenamente refeito. Agora que se achava melhorada graças a ele e ao zelo que teve para com a saúde dela, a ela incumbia ajudá-lo a sarar.

Precisaria adiar a busca de sua casa e de sua família por mais algum tempo em sinal de agradecimento àquele homem desconhecido que a acolhera.

Mal sabia ela que o destino não podia abrir mão de seu coração generoso para transformar aquele ser animalizado e que não lhe seria possível voltar tão rápido como pretendia para o convívio dos seus.

Isso porque, depois de uma longa noite de vigília constante dela e dos espíritos de Lúcia e de Euclides, Salustiano, que poderia ter morrido, ficado paralisado integralmente, ou perdido toda a razão por causa da gravidade do veneno, graças à bondade de Deus poderia seguir a evolução do seu espírito padecendo apenas de algumas seqüelas que muito lhe ajudariam no processo de resgate de suas faltas.

Na manhã do dia seguinte, Salustiano tinha a parte direita do seu corpo paralisada e estava completamente cego.

25

O cerco se fecha

Na cidade, o quartel se enchia de suspeitos e culpados.

Na medida em que novos presos iam chegando, uns tratavam de delatar os outros, ainda que não guardassem qualquer vínculo com o movimento rebelde.

O pavor do cativeiro e da tortura levava os mais afoitos a, mesmo antes de serem presos, estabelecerem um comércio clandestino de informações, levando até os militares notícias e provas, às vezes forjadas, sobre a participação deste ou daquele indivíduo na insurreição.

Nessa situação, alguns tentavam incriminar adversários de quem pretendiam vingar-se, enquanto outros desejavam apenas dar vazão à inveja da prosperidade alheia, como forma de não permitirem que a aparente felicidade do semelhante tivesse continuidade.

Mariano havia sido, igualmente, torturado e se encontrava irreconhecível. Sobre ele pesavam muitas das acusações, notadamente aquelas que se referiam à organização do ataque, no qual Lucinda desaparecera. Todos os comandados o apontavam como sendo o executor e como sendo, talvez, o único que deveria saber do paradeiro da jovem filha do general.

Cansado de responder que não sabia, jazia sobre cama improvisada, na qual sua roupa se confundia com o lençol, ambos igualmente tingidos pelo sangue que escorria dos ferimentos.

Adotara, agora, o silêncio como única forma de defesa, já que não tinha mais o que dizer, até mesmo porque não sabia do paradeiro da moça. Se mentisse, logo constatariam a inverdade e se voltariam contra ele com ira redobrada.

O general Alcântara se achava no leito, em recuperação da enfermidade desconhecida pela maioria, inclusive pelos médicos militares, mas que era muito bem diagnosticada por Maurício, o único que possuía a chave para tal mistério.

Sem compreender tudo o que presenciara, Macedo encontrava-se confuso e ao mesmo tempo amedrontado pelo poder que atribuía ao jovem médico. Em face disso, passou a respeitar-lhe a presença nobre e sem revolta, amenizando a pressão que era feita sobre ele, principalmente pelo fato de que, talvez, voltasse a necessitar de sua ajuda no tratamento do comandante, coisa que nenhum outro ali tinha condições de fazer.

Por isso, Maurício pôde sentir-se algo aliviado nos sofrimentos físicos, conseguindo modesta recuperação de seu próprio sofrimento, através de bandagens que lhe foram entregues para que ele mesmo pudesse efetivar curativos nos dedos feridos.

Com as mãos enfaixadas, Maurício pediu que lhe fosse permitido tratar dos feridos mais graves, muitos dos quais em estado de choque, outros com queimaduras nas palmas das mãos e dos pés, outros com fraturas ósseas, outros em processo hemorrágico.

Macedo, vendo a necessidade real de alguns casos e para que não fossem acabar morrendo dentro do quartel, transformando a situação que já não era boa em algo mais trágico, autorizou que o próprio médico ferido pudesse tratar dos ferimentos dos demais presos.

Assim, Maurício passou a transitar entre os homens detidos, tentando levar algum alento e, apesar das dores que o vitimavam, conseguiu tratar de boa parte dos feridos, ajudando-os a superarem o estágio mais dramático de suas prisões, vencendo o risco a que estavam expostos em face dos machucados abertos e sem qualquer tratamento.

Ao mesmo tempo em que ajudava fisicamente a cada ferido, procurava infundir-lhes ânimo novo, falando de Deus, da esperança, da certeza de que, juntamente com o remédio para o corpo, o Pai estava fortalecendo a alma de cada um naquela hora.

Alguns rebeldes no espírito riam-se da sua credulidade, pedindo que Deus viesse ali e abrisse a grade para que pudessem sair.

Outros ficavam em silêncio pensando nas suas palavras com os olhos cheios de lágrimas que não chegavam a cair.

Alguns mais ouviam as suas exortações e adquiriam novo ânimo, em face de verem que o médico que os tratava, trazia as mãos em chaga viva e, mesmo assim, se preocupava com eles. Devia saber muito bem o que estava falando, uma vez que estava vivendo tudo aquilo que falava.

Com estes últimos e com quem mais desejasse, todas as tardes Maurício passou a se reunir na hora dos curativos e, juntos, oravam pedindo a Deus que continuasse a lhes fortalecer, aumentando a confiança e a esperança em seus corações.

Com o decorrer dos dias, os feridos que se vinculavam às orações começaram a observar que se recuperavam mais rápido do que os que se achavam entregues apenas aos cuidados da medicina improvisada do Dr. Maurício.

Essa constatação foi realizada inclusive pelos próprios rebeldes que não aceitavam as palavras de conforto que lhes eram dirigidas. Todos eles passaram a ouvir Maurício com mais atenção, uma vez que viam nos outros as melhoras obtidas e desejavam obtê-las igualmente para si próprios.

Na mente ignorante, achavam que Maurício possuía algum talismã que ofertava aos que oravam com ele e que produzia a melhora mais acelerada. Outros pensavam que ele tinha parte com algum poder maligno e que, por isso, fazia o que fazia, sem se darem conta de que o mal jamais poder fazer o bem. Era a pior doença a ser tratada. Era a ignorância.

Os que identificavam em Maurício o consórcio com o maligno sofriam duplamente. Sofriam porque continuavam enfermos, já que não aceitavam a sua ajuda pessoal para não se contaminarem com as forças da treva que julgavam dominar o médico e sofriam porque iam vendo os demais enfermos sarando rapidamente enquanto as suas próprias feridas custavam a fechar.

Maurício, contudo, não se importava com o juízo que faziam dele. Seguia atendendo quem lhe aceitasse a ajuda e orando com os que desejavam elevar-se. Ao término de cada dia de orações coletivas, Maurício distribuía com uma caneca tosca, a água de uma bilha de barro, da qual cada doente tomava um pouco antes de voltar à sua cela.

Aí estava o mistério que fazia com que muitos melhorassem mais depressa.

Na medida em que oravam em conjunto, um grupo de espíritos luminosos se acercava deles para fazê-los beneficiados pelo Amor Divino, ali mesmo no cárcere. Eram amigos espirituais de cada um, todos envolvidos com a recuperação de seus espíritos que precisavam passar por provações daquela natureza para aprenderem valores novos e amadurecerem tendo em vista o crescimento a que estavam destinados.

Enquanto isso, espíritos magnetizavam a água da bilha para que eflúvios medicamentosos do Plano Espiritual pudessem agir na constituição física e energética de cada um deles, restituindo-lhes um pouco da paz, da confiança e do bem-estar físico e espiritual, o que levava à melhora mais acelerada, sem nenhum mistério, mágica ou interferência maligna.

A cada nova reunião, Maurício transformava-se no agente do bem no meio da desgraça e convertia, à força do próprio exemplo silencioso, mais e mais pessoas ao padrão de fé positiva que sua palavra falava e seu exemplo vivificavam. Logo, um ou outro que melhorava passava igualmente a ajudar os companheiros que se achavam em piores situações, estabelecendo uma rede de ajuda mútua que acabou por minorar o sofrimento de quase todos.

* * *

Mas o general não estava satisfeito com a impossibilidade de encontrar a filha.

Ganhava lucidez novamente e sentia a presença de Luciano, o espírito que nutria por ele ódio cada vez mais encarniçado.

Isso porque, relembremos, sua esposa, companheira de Luciano, Leontina, a mesma que acabara vendendo a fazenda ao militar que aviltara o seu preço usando de terrorismo, se achava, agora, abandonada por todos os parentes em distante cidade. Consumidos os recursos de que se fazia acompanhar quando de sua chegada na nova comunidade, ela se transformara em peso indesejado, apenas mais uma criatura sem valor e que gastava mais do que fornecia.

Com esse tratamento egoísta por parte dos entes que a deveriam amparar, mas que buscaram tão somente usufruir de seu dinheiro, Leontina acabou ficando relegada à condição de velha sem recursos e sem outro arrimo a não ser a caridade alheia.

Cada vez que Luciano a visitava, mais revolta acrescentava ao seu espírito, que atribuía a culpa pelo estado de desamparo ao general que dera causa àquela situação de desajuste material.

O ódio crescia ao mesmo tempo em que o desejo de vingança o fortalecia com um padrão mais denso de energias degeneradas no seu íntimo. É por isso que Luciano achava pouco o que tinha ocorrido até então, pretendendo fazer com que Alcântara pudesse sofrer de forma mais superlativa.

Para fazê-lo sofrer mais, era muito simples. Bastava induzir-lhe a maldade que já trazia dentro de si a semear mais maldade e ele acabaria vitimado por toda a teia de sofrimentos que estava espalhando. Inspirado pela euforia de Luciano, Alcântara, ainda no leito, se via premido por idéias de maior crueldade, uma vez que não havia obtido qualquer novidade sobre o paradeiro da filha.

A uma ordem sua, o capitão Macedo entrou no quarto:

– Pois não, meu comandante, o que deseja? – indagou o subordinado.

– Quero saber a quantas anda o interrogatório desses bandidos – bradou o militar como se já tivesse superado a crise que o abatera.

– Ainda não temos notícia do paradeiro de Lucinda, senhor. Sabemos que ela foi raptada como parte do plano de vingança da morte dos meninos e que deveria ter sido levada para um esconderijo, mas não chegou até lá. Dizem não saberem por que. Da mesma forma, todos apontam Mariano como o agente planejador do ataque ao mesmo tempo em que falam de um tal de Luiz e de Armando como sendo os responsáveis pelos panfletos e pelo movimento de insurreição, apesar de não se acharem por aqui quando da invasão.

– Como assim? – replicou Alcântara, já sentando na cama.

– É, general. Segundo nos relataram alguns dos presos, os dois deixaram a cidade alguns dias antes de tudo acontecer. Falaram que iam até a capital buscar recursos para continuarem com o movimento e se ausentaram. Já mandei averiguar e a informação é verdadeira. Armando é fazendeiro desta região e mantém a sua propriedade dentro dos padrões de liberdade e bagunça que estão pregando para todos os demais. Nas suas terras os negros são livres e trabalham em regime de colaboração com o proprietário, recebendo parte da produção que ajudaram a plantar. Ele possui uma filha que, a despeito de jovem, casou-se com o tal de Luiz em função de suas afinidades de ideais, já que tanto ela como o pai são partidários das idéias do moço.

– E esse moleque, que informações você teve sobre ele?

– Bom, senhor, ele é o cabeça do movimento político. Tanto que é ele quem escreve os papeluchos e providencia que sejam distribuídos. Pelo que pudemos saber, Luiz se encontra nesta região há um tempo relativamente pequeno. Coisa de dois anos, no máximo. Veio da capital com o propósito de continuar a luta que iniciara naqueles lados. Ele é escritor e se engajou na luta idiota pelo direito dos outros, como se os outros a que se refere – os negros – pudessem ser considerados como gente.

– E a máquina copiadora? Onde está? – perguntou afoito o general.

– A geringonça está nas terras de Armando, onde são montados os textos e produzidas as cópias para depois serem distribuídas por uma rede de ajudantes.

– Salafrário, bandido, vai ver comigo quanto é bom ser traidor de nosso meio. Deixe-me sair daqui que ele irá conhecer o meu modo de convencer a me devolverem a filha. Com certeza eles sabem onde ela está. Veja, Macedo, como é gente perigosa. Saíram ambos do cenário quando a bomba ia explodir. Com certeza para dizer que não tiveram nenhuma participação nos fatos. Acreditavam que, fora do lugar, seriam suspeitos apenas esses pobres coitados ignorantes que serviram de bucha de canhão para as suas idéias revolucionárias. Semeiam a discórdia e depois se afastam para que o incêndio se alastre e queime primeiro os pobres incautos que os ouviram. Não podem sair impunes desse incêndio. Com certeza levaram Lucinda com eles, pois são víboras venenosas que sabem calcular o golpe mortífero e não perderiam a oportunidade de ferir. Precisamos agir.

– Todos achamos a mesma coisa, senhor. O único problema é que já confirmei a informação: Ambos se acham fora daqui desde alguns dias antes do ataque.

– Sim, é verdade. Mas você falou de uma filha do fazendeiro, casada com o bandidinho, não é?

– Sim, falei – respondeu Macedo sentindo o teor astuto da pergunta.

– E ela, foi viajar também? – perguntou o general irônico indicando, no tom de voz, onde desejava chegar.

– Não, general. Não nos constou que ela estivesse junto com o pai e o marido. Parece que se encontra na sede da fazenda.

– Pois você não acha que para devolverem a minha filha seria muito bom que tivessem a própria filha detida? Quer pressão mais legítima e mais eficaz? Quando sentirem na própria pele o sofrimento que estou sentindo voltarão rapidamente e me devolverão Lucinda para que eu lhes restitua aquela que lhes é querida tanto como a minha o é.

– Ora, senhor, não havíamos pensado nisso porque é jovem inocente que não participou de nada. Ninguém se referiu a ela...

– O que é isto, Macedo, ficou abobalhado de vez? – gritou Alcântara. Como é que essa mocinha virou anjo casada com o diabo em pessoa? Vai me dizer que o marido bebe pinga e ela não sente o bafo? Ela sabe de tudo, sim senhor. Deve até saber coisas que nos surpreenderiam muito. Assim, precisamos dela por aqui, sendo ouvida e ajudada a lembrar-se de fatos que tem conhecimento. Para prendê-la você vai fazer o seguinte: Vai levar com você um grupo de soldados e se dirigir até a fazenda do tal de Armando. Chegando lá vai chamar por ela e dizer que recebeu denúncias de que ali se acha guardada uma máquina de imprimir que está sendo procurada pelas autoridades e que possui ordens para dar uma busca geral. Aí você vai tratar de achar o raio da máquina ou alguma prova de que ali é o lugar em que se fabricam as papeletas. Com isso em suas mãos, vai procurar pela moça e perguntar onde está o pai, o dono da terra. Naturalmente ela não vai dizer o lugar em que o pai se encontra. Então, você a prende sob a acusação de conspiradora contra a Nação, contra as leis do Império e contra o povo, já que tal máquina está a serviço dos revoltosos que pregam o fim do nosso regime. Traga-a para cá, coloque-a em uma cela isolada dos demais e depois eu mesmo irei ter com ela. Entendeu tudo, Capitão?

– Sim, senhor comandante... entendi muito bem – respondeu Macedo, assustado com a sagacidade do general que tinha sempre um plano pronto na cabeça.

– Vai embora, então. Rápido!

Batendo os calcanhares como que tirado de devaneios que o assustavam diante daquele homem que era verdadeira fera enjaulada na carne, Macedo fez meia volta com o corpo acostumado às reverências militares e se dispunha a sair quando ouviu Alcântara dizer:

– Ah! Macedo, estava me esquecendo. Quero que mande um mensageiro chamar Eleutério aqui com urgência. Desejo que ele esteja por perto para que me ajude no convencimento dessa mocinha, já que não tenho certeza se até lá estarei bem recuperado para fazer-me presente.

– Pois não, senhor. Providenciarei imediatamente.

Fechou a porta atrás de si e saiu para cumprir as determinações do comandante, cada vez mais assediado pelo desejo de encontrar a filha custasse o que custasse.

No meio daqueles homens pequenos na estatura moral, não foi difícil encontrar corajosos para se dirigirem até a fazenda de Armando e prender-lhe a filha.

Montaram os cavalos com as ordens conhecidas e se dirigiram até o lugar.

Chegando ali, fizeram como Alcântara havia ordenado. Vasculharam tudo e logo encontraram o quartinho onde se produziam os panfletos revolucionários. Junto dos panfletos e da máquina, foram encontradas algumas das armas usadas na invasão das terras do general, provas indubitáveis da participação de Luiz e Armando no movimento, ainda que de forma indireta, bem como do acobertamento que ofereceram à operação de invasão.

Com tais provas nas mãos, Macedo indagou de Carolina, a filha de Armando e esposa de Luiz, onde se achavam ambos, ao que ouviu não saber do paradeiro deles.

Diante disso, deu voz de prisão à jovem que, surpreendida, fez-se lívida. Depois de alguns instantes, recuperando-se, deu algumas ordens aos serviçais mais íntimos, apanhou alguns pertences pessoais e seguiu na direção de Macedo que a aguardava, autoritário, apontando-lhe a montaria que deveria tomar.

Carolina jamais imaginara que passaria por aquela situação, já que era moça totalmente afastada das questões sociais mais candentes, conquanto apreciasse o idealismo do marido. Fora criada para ser esposa e, como toda boa esposa daquela época, cega, surda e quase muda.

Nenhum perigo ou ameaça ela podia representar. Tremia indefesa, nas garras de um bando de homens truculentos e sem escrúpulos que poderiam fazer-lhe qualquer maldade sem que ela tivesse recursos para se defender.

Ainda assim, seguiu em silêncio para o quartel general, enquanto um grupo de soldados ficara na fazenda tratando de remover a citada máquina de imprimir para a sede do comando, bem como as armas que haviam sido ocultadas naquele lugar.

Tudo corria como o próprio Alcântara tinha previsto. Carolina seguia presa. Quem sabe, Lucinda não acabava solta?

26

O sonho

Com a chegada de Carolina ao quartel, foi ela conduzida a um pequeno quarto que havia sido preparado para recebê-la, por ordem do próprio general.

Esse pequeno aposento tivera as suas janelas travadas por fora com pedaços de madeira, a fim de se evitar qualquer fuga pelo desvão da ventilação.

À porta, ficara uma sentinela substituída ocasionalmente e que mantinha o referido cômodo trancado constantemente.

Pequeno sanitário contíguo dava à jovem mínimas condições de ali permanecer indefinidamente, sem necessitar ausentar-se, de forma que poucas pessoas dentro do quartel teriam acesso à sua pessoa e, provavelmente, a maioria sequer iria saber que Carolina se fazia prisioneira de Alcântara.

A jovem era o retrato do desespero.

Criada entre a cozinha e as obrigações da casa, mesmo depois do casamento com Luiz, dedicava-se apenas e tão somente aos afazeres domésticos, jamais acompanhando o marido em qualquer atividade externa, não estando presente nem mesmo nas reuniões mensais que realizavam na sede da fazenda na qual compareciam os rebeldes que se simpatizavam com a causa libertária do pai e do marido.

Ambos, por sua vez, não impunham a ela qualquer obrigação de segui-los uma vez que achavam que para enfrentar os riscos de tal movimento Carolina não possuía a personalidade mais forte e destemida, força e destemor que eram, ali, exceção no comportamento feminino daquela época.

Carregando os seus pertences apanhados de inopino antes de deixar a casa grande, Carolina tinha o coração espremido e aos pulos, já que pela primeira vez estava exposta ao desconhecido e, o que era pior, sem qualquer culpa ou participação no ocorrido.

Sua mão trêmula acusava o estado de espírito que variava entre o medo e o desespero, suando em abundância.

Sua face congesta dava sinais de perigosa crise nervosa, a qual conseguira conter até aquele momento em face de não desejar perder a consciência para não ficar invigilantemente entregue à vontade de homens totalmente desconhecidos e ameaçadores.

Ao entrar no pequeno quarto, contudo, uma crise de choro abateu-se sobre ela, vendo-se abandonada e sem quaisquer recursos para encontrar algum apoio.

O pai estava ausente há mais de duas semanas. Seu marido, por quem nutria verdadeiro afeto e a quem considerava o seu protótipo de esposo ideal, do mesmo modo se achava ausente. Não saberiam, talvez, nem onde ela se encontrava.

Tivera, contudo, o cuidado de, antes de deixar a sede da fazenda, escrever rápidas linhas para que a serviçal fizesse chegar ao conhecimento de um dos dois homens da casa, dando rápidas notícias do acontecido e descrevendo estar sendo detida por um grupo de soldados que, em busca pelas dependências, disseram ter encontrado as provas de que ali se achavam escondidas as armas do movimento rebelde.

Tal bilhete ficara nas mãos dos empregados e, no pensamento de Carolina era a única pista segura que deixara a fim de poder ser localizada pelos seus que, com certeza, viriam procurá-la.

Mesmo o capitão Macedo que efetivou-lhe a prisão, deixou-a mais à vontade na hora em que a detinha, exatamente para que tivesse tempo de informar aos ausentes o seu paradeiro, já que a finalidade de sua prisão, no fundo, era a de exercer uma pressão sobre os líderes do movimento em busca da recuperação de Lucinda.

O coração de Carolina não encontrava momento de alívio, até que, no turbilhão de lágrimas que lavou a sua face ela pôde encontrar um pouco de alívio do seu estado de agonia.

A porta mantinha-se fechada, pois o general não dera ordens para que outra pessoa tivesse acesso à chave.

Apenas Macedo tinha autorização de entrar e, ainda assim, apenas por poucos minutos, a fim de averiguar das necessidades alimentares e de higiene da jovem e voltar a encarcerá-la.

Alcântara esperava a chegada do filho Eleutério a quem desejava atribuir uma missão diferente e pouco usual aos seus métodos.

Em face de terem se concretizado as suas suspeitas com a apreensão dos materiais que comprovavam o envolvimento dos referidos homens na insurreição e no movimento revolucionário contrário ao Império, tal comprovação se revestia de gravidade inusual e exigia que medidas jurídicas fossem adotadas de forma oficial e documentada junto às autoridades da capital que poderiam, inclusive, confiscar os bens dos rebeldes além de trancafiá-los por longos anos, como forma de lição para a conduta inadequada e traidora.

Eleutério seria encarregado, assim, de presenciar o teor de tudo o que fora apreendido na fazenda de Armando a fim de enquadrá-lo, bem como ao próprio genro, na trama política que redundou na destruição dos bens do próprio Alcântara e no seqüestro de sua filha.

Pretendia, com isto, obter para si como forma de indenização pelos danos materiais as terras do fazendeiro acusado de liderar o movimento, pleiteando-as legalmente, além de dar início ao procedimento visando manter ambos na prisão e submetê-los a julgamento pelos crimes cometidos, forçando-os a indicarem o local onde Lucinda se achava escondida, tendo como maior fator de convencimento a prisão de Carolina.

Com a chegada do filho, Alcântara deu-lhe as instruções necessárias a respeito do que desejava, informando-o de que precisava, o mais rápido possível, dar seguimento aos papéis necessários à documentação oficial de todas as apreensões e depoimentos obtidos mediante tortura e pressão psicológica, práticas estas que, obviamente, não seriam mencionadas nos ditos papéis.

Em face de terem sido confirmadas pelas buscas posteriores e pelo encontro de todos os materiais procurados, além das armas de fogo que foram usadas na invasão de suas terras, todos os depoimentos passaram a gozar de uma presunção de veracidade absoluta, não mais se cogitando de sua invalidade em face de terem sido obtidos de forma violenta.

Valiam pela verdade que demonstraram ao apontarem os lugares e as pessoas responsáveis pelos atos de vandalismo e de verdadeira traição ao regime legalmente constituído.

Enquanto Alcântara se via às voltas com o filho Eleutério, o capitão Macedo solicitou permissão do general para ausentar-se temporariamente do quartel em função de precisar resolver algum problema pessoal mais urgente e que, diante de tudo o que ocorrera naqueles dias não pudera ser solucionado.

Ainda trazia o seu ombro ferido e tinha na mente uma grande interrogação, desejoso de saber qual seria o destino de Lucinda, ou ao menos, o que seria de Tião.

Alegando problemas pessoais, obteve de Alcântara a autorização, notadamente pelos bons serviços prestados pelo capitão que, mesmo enfermo como ainda se achava por causa das escaramuças de semanas antes, conseguira tratar de encontrar as provas do crime que todos buscavam com avidez.

Assim, até como um prêmio pela sua dedicação, foi ele autorizado a permanecer por três dias dispensado do serviço no quartel para que pudesse desfrutá-los como bem lhe aprouvesse.

Isso foi o que Macedo necessitava para ir em busca da solução do enigma que lhe queimava os miolos desde o dia seguinte à invasão, quando Olívia lhe relatara ter visto a jovem senhorita carregada para fora da casa grande nos braços de um homem encapuzado.

Tão logo deixou o quartel, Macedo tomou o rumo de sua moradia onde se recolheria até que a penumbra da tarde fizesse mais amena a temperatura e permitisse uma cavalgada em direção ao esconderijo tradicional do jagunço, para que ouvisse dele os motivos de não ter conseguido cumprir com o combinado.

Tão logo chegou em sua casa, Macedo tratou de se refrescar com um banho frio, mergulhando em uma grande tina de madeira que lhe servia de banheira e que era mantida cheia pela serviçal que zelava pela vivenda.

Revitalizado pelo banho, o capitão relaxou em sua cama, adormecendo quase sem perceber.

Com a sonolência provocada pela sensação de alívio produzida pela água, Macedo começou a se ver fora do corpo, sem que isso fosse de seu entendimento. Para ele tratava-se de um sonho, com algumas coisas diferentes dos sonhos costumeiros.

Ao mesmo tempo em que se sentia sem as dores imediatas do ombro ferido, em processo de reconstituição, trazia a cabeça pesada, como se uma pedra estivesse colocada ao redor como um capacete que a pressionasse.

Essa sensação causou-lhe vertigens que fizeram com que ele procurasse algum lugar para se apoiar. Agindo como se estivesse acordado, tentou encostar-se na parede do quarto, mas não conseguiu, uma vez que ela não se revestia de solidez ao seu corpo espiritual, agora desmembrado do corpo físico que ficara na cama, adormecido.

Ao seu redor, além de presenciar os objetos que pertenciam ao cenário de seus aposentos, começou a divisar sombras espessas que se formavam do nada e que, exibindo caretas e máscaras de ódio, infundiram-lhe profundo pavor.

Nada do que tinha visto até então se comparava ao medo que passara a experimentar diante daquelas sombras tão ameaçadoras que o procuravam chamando-o pelo nome.

– Macedo, Macedo, vamos fazer o serviço – gritava uma voz aguda, comparada às das bruxas velhas, que se perdiam em longas gargalhadas horripilantes.

Outra voz mais grossa lhe dizia:

– Capitão, estamos prontos para o cumprimento de suas ordens. Somos os soldados do seu batalhão e obedecemos cegamente as suas determinações. Quem é que vamos perseguir agora? Alguma viúva desamparada? Alguma família sem arrimo? Vamos, aponte-nos onde está o serviço a ser feito...

Tais exortações causavam incrível mal-estar ao capitão que sentia, no fundo de sua alma, tratarem-se de criaturas malévolas como ele próprio e que se aproveitavam de sua maldade para se consorciarem com o mal, com a tortura, com a espoliação de inocentes.

Mais adiante, dentro do quarto onde se encontrava o seu corpo físico, Macedo viu formar-se à sua frente a figura horrenda de Luciano que, avançando em sua direção ergueu os braços como que pretendendo enforcá-lo, falando de forma soturna e marcante:

– Eis-me aqui, capitão. Vamos acertar as nossas contas agora que não há diferença entre nós. Você vai ver como é bom assustar velhinhas desamparadas, invadir e tomar os seus bens, produzindo a desgraça na vida de pessoas inocentes. Meu braço vai fazer você sentir o peso de sua culpa e, o que é pior, o seu sentimento jamais será correspondido por aquela a quem diz amar. Seus atos e minha vingança não permitirão que encontre Lucinda que, a essas alturas está muito longe daqui. Para seu maior sofrimento, venha comigo que eu lhe mostrarei como ela está e aguçarei a sua saudade para que ela se transforme em amargo espinho cravado no seu peito duro e insensível.

Assim falando, Luciano envolveu o espírito assustado de Macedo, arrebatando-o no Plano Espiritual onde os dois se achavam e tomando a direção do agreste desconhecido, de modo a não permitir que soubesse o local em que Lucinda se encontrava.

Não sabiam ambos que, sobre eles, pairava o espírito amigo de Euclides, o médico espiritual que assessorava Maurício e que, procurando ajudar àquele grupo de espíritos em provas acerbas, controlava todas as ocorrências de forma a não ser notado por nenhum dos dois comparsas do erro.

Temporariamente hipnotizado pelo espírito perseguidor, a alma de Macedo, fora do corpo físico que repousava num pesadelo agoniado, via-se igualmente vivendo o mesmo drama que o infelicitava de forma direta, infelicidade essa que repercutia no corpo através de sono pesado, suor álgido e respiração ofegante.

Levado pelo pensamento de Luciano ao local do esconderijo de Lucinda, ali Macedo pôde encontrar a jovem moça pobremente vestida, com a agulha na mão, costurando um pedaço de pano encardido.

Ela estava trabalhando sobre uma peça de roupa de Tião, a quem servia de forma agradecida como já se vira anteriormente, crendo-o o seu benfeitor e único protetor.

Ao ver a jovem, o espírito de Macedo foi tomado de uma sensação de profundo arrependimento, como se a dor que presumia estar sentindo a moça, afastada do convívio dos seus, do conforto de sua casa, do carinho de seus amigos, ferisse o seu próprio sentimento, conferindo uma dor inexplicável à sua consciência.

Tão logo pôde constatar tais reações de arrependimento, lembrou-se de Maurício, o jovem médico que nutria por ela e dela recebia o verdadeiro afeto que ele, Macedo, tanto desejara para si mesmo.

Lembrou-se da tortura que infligira ao corpo daquele moço inocente, de sua dignidade silenciosa, de sua conduta desprendida, de sua sabedoria pouco usual naquelas bandas, de seu desejo de auxiliar tanto o general quanto os demais prisioneiros feridos e em desespero.

Quanto mais se recordava de Maurício, mais lhe doía a consciência, enquanto ouvia de Luciano as imprecações que lhe aumentavam a culpa a ponto de entrar em choro convulsivo.

E na medida em que chorava, Luciano gargalhava com sádica alegria.

– Desde quando cobra cascavel chora desse jeito? – perguntava irônico ao militar surpreendido pela torpeza dos próprios atos. – Você não derramou nenhuma lágrima quando arrancava, uma por uma, as unhas daquele moço que acusou sabendo que não tinha nenhuma culpa. Acusou-o apenas para ver se se livrava de sua concorrência no coração dessa jovem.

Continuou o espírito de Luciano:

– Veja agora, seu verme rastejante. Aqui está ela pensando no amado que você infelicitou. Imagine a hora em que ela voltar e descobrir o que aconteceu com o seu escolhido. Descobrir que foi você quem o torturou pessoalmente ou a seu mando. Imagine o amor que ela vai sentir por sua pessoa, depois que souber de tudo o que você mesmo fez. Imagine quando ela souber que foi raptada sob o seu patrocínio e que está aqui, longe de tudo, passando necessidades por causa de seu egoísmo mesquinho e covarde. Pense em como ela irá adorá-lo como a um deus, depois que tiver conhecimento disso tudo. Eu estarei por aqui, para garantir que ela sofra ainda mais, a fim de que ao sofrer ela faça você sofrer e ao mesmo tempo faça o pai dela sofrer, aprendendo que isso dói em todo mundo...

Cada palavra de Luciano era um estilete no coração daquele militar desprevenido para enfrentar as conseqüências de sua sementeira, mas que era levado a conhecer, ainda que na forma de sono, a amplitude de suas responsabilidades pessoais. Ao ouvir as palavras ameaçadoras de Luciano sobre o sofrimento de Lucinda, seu coração se inflamou de ira contra ele, como se a emoção se mudasse em ódio mortal.

Não imaginava Macedo que tudo ocorre sob as vistas de Deus e seguindo as suas leis imutáveis e justas. Não sabia que Luciano não podia fazer tudo o que desejava nem mesmo tudo o que pensava que poderia. Um sentimento de raiva e de impotência avassalou o seu coração, numa mistura de angústia e frustração que faziam doer as fibras de sua alma.

Quem permitira que Luciano se tornasse, mesmo sem querer, o agente revelador da verdade divina, ainda que ao seu modo, trazendo os fatos narrados até Macedo foi Euclides, que envidou todos os seus esforços pessoais a fim de que o desejo de vingança nutrido pelo espírito que não soubera perdoar se transformasse em alerta ao outro, parcialmente retirado do corpo físico, como forma de prepará-lo para uma modificação de conduta, em face de seu próprio futuro.

Assim, sem que fosse visto, Euclides favoreceu com o seu poder espiritual mais intenso a que ambos os espíritos pudessem volitar até aquela localidade, fazendo com que até o próprio Luciano estranhasse aquele meio de locomoção, o qual interpretou como sendo um potencial guardado dentro de si mesmo e que, só agora, estava podendo exercitar, para sua própria surpresa.

Ao mesmo tempo, por um poder mental superior, Euclides fora semeando na mente de Luciano as expressões que faziam com que Macedo ouvisse e constatasse o peso de sua culpa, expressões estas que iam sendo repetidas por Luciano quase que mecanicamente, de forma a se tornar um verdadeiro repetidor de idéias que deveriam chegar ao íntimo do militar fora do corpo físico em decorrência do sono, idéias estas que, naturalmente, Luciano ia vestindo com as palavras rudes e toscas de seu nível espiritual pouco avançado.

A operação, contudo, não havia terminado.

Antes que Macedo pudesse ver Tião, Luciano foi influenciado por Euclides para que o levasse até o local onde Leontina se achava jogada.

À lembrança de sua antiga companheira, Luciano teve uma dor aguda a ferir-lhe o peito e seguiu esbravejando:

– O que você viu até agora ainda não basta. Agora nós iremos visitar outra pessoa de quem, com certeza você se lembrará. Vamos, que o seu cálice ainda não se encheu com o fel de suas atitudes, pelas quais você vai pagar ceitil por ceitil.

Impulsionados pela vontade de Euclides que monitorava a excursão de ambos, foram transportados como que de imediato a um vasto alojamento religioso, no qual em um leito pobre e mal arrumado, uma mulher idosa beirava a loucura, sentada na cama com os braços cruzados sobre o peito, balançando-se para frente e para trás, como se estivesse em um daqueles cavalinhos de balanço onde crianças se divertem.

Sua face enrugada e seus olhos sem brilho atestavam-lhe o sofrimento e a desilusão.

Aproximando-se dessa mulher, Macedo não conseguiu identificarlhe a personalidade, já que não tivera com ela muito contato e, mesmo assim, o pouco tempo de convivência datava de alguns anos antes, por ocasião das tratativas para a compra das terras.

Luciano, entretanto, estava extremamente sensibilizado, entre a dor e a revolta, a compaixão e a ira.

Euclides envolvia a ambos em vibrações de sentimentos mais doces, para que as experiências daquela hora não fossem esquecidas por nenhum deles.

Ao seu impulso, Luciano quase entre lágrimas dirigiu-se a Macedo:

– Lembra-se dela?

– Não, não me lembro bem. Parece que é alguém que eu conheci mas de quem não consigo guardar maior lembrança.

– Pois é, Macedo. Esta é Leontina. Aquela que você perseguiu e amedrontou com os seus capangas durante noites a fio, até que ela aceitasse a proposta do maldito general. Veja o estado a que foi reduzida. Depois de ter vendido as terras, foi levada a viver com parentes inescrupulosos, já que o marido tinha morrido algum tempo antes e ela não tinha nenhuma experiência com a administração do dinheiro.

Falava Luciano, com emoção contida para que não comprometesse a sua dureza de espírito que pretendia exercer a vingança a qualquer custo.

– Essa mulher que enviuvou cedo para a sua própria infelicidade, por força de suas ações, viu-se desesperada e aceitou o preço vil que foi proposto pelo seu comparsa de negociatas escusas. Colocada na casa de gente tão ruim quanto você, que via nela tão somente o bolso cheio e a cabeça fraca, os parentes foram envolvendo-na em situações que lhes permitissem espoliá-la, ao ponto de passarem a adicionar em sua comida substâncias nocivas à sua lucidez para que ela não tivesse conhecimento pleno de seus bens e necessitasse de alguém que deles viesse a zelar em seu nome. Daí, de forma muito fácil e simples, os que deveriam cuidar com carinho da velha inofensiva que um destino chamado "Macedo" lhe criara, cuidaram de interná-la praticamente como indigente e louca neste lugar destituído de qualquer regalia. Como foi submetida a seguidas medicações alucinatórias, vive ela entre a triste realidade e a candente lembrança do passado, quando era feliz na companhia do marido. Por isso, fala do passado, citando os nomes dos lugares e das pessoas com quem conviveu, tudo isso de forma desconexa e pouco esclarecedora. Fala que é dona de uma fazenda, que seu marido vai voltar para retirá-la daqui. Fala o seu nome completo, repetindo-o como se precisasse fazê-lo para continuar acreditando que ela é a mesma pessoa, para não perder de vez a noção de quem efetivamente é. Como você vê, os seus atos fizeram mais uma vítima.

Macedo se impressionara ainda mais com a angústia daquele ser semi-enlouquecido que trilhava, ora o caminho da lucidez ora a estrada da total alienação, o que produzia ainda mais a certeza de que se tratava de uma mulher louca.

Naquele ambiente, misturavam-se homens e mulheres, todos eles vitimados por problemas físicos ou mentais. O odor era nauseante, em face de não haver condições de higiene suficientemente adotadas para manter os internos limpos. Alguns jaziam amarrados ao leito, de forma a não se libertarem do repouso forçado, já que eram mais violentos durante as crises.

Macedo assistia àquilo tudo entre o sentimento de culpa e de horror, a ponto de não conseguir articular qualquer palavra.

Via apenas, agora, a cena do dia em que esteve na fazenda com o nítido propósito de incutir na cabeça daquela mulher solitária a convicção de que a venda das terras lhe seria muito proveitosa. Revivia os acertos com os jagunços, achando muito fácil conseguir intimidar uma mulher sem recursos de defesa.

Lembrava-se da alegria obtida com a concordância dela, assustada e vencida, em vender ao general toda a propriedade pelo preço que ele oferecia.

Sentira o momento em que juntos, ele e o comandante, entornaram goela abaixo a dose de aguardente no brinde dos vitoriosos com o qual selaram mais um negócio realizado com total êxito.

Ao mesmo tempo lembrara-se de empalmar gorda quantia que lhe fora passada pelo comandante como recompensa pelo bom serviço de assessoria que prestara.

Sim, era uma assessoria tétrica que precisava ser remunerada.

Ao mesmo tempo, recordara-se de que usara o dinheiro com mulheres e com gastos inúteis, perdendo-o no jogo ou nas noitadas sem ter feito qualquer coisa de bom com ele.

Diante de todas estas sensações, Macedo se indagava acerca da ausência de proteção para aquela criatura, da covardia de sua parte ao pressionar mulher desamparada.

Captando-lhe os pensamentos, Luciano lhe respondeu:

– É verdade que na vida material ela teve de se submeter às suas pressões covardes. Todavia, não se achava desamparada por completo, pois o marido lhe protegia tanto quanto podia. Mesmo agora, ele é a única criatura que vela por ela neste lugar horroroso...

– Ah! que bom que alguém está tentando protegê-la neste lugar! – afirmou Macedo como que querendo encontrar alguma coisa de bom que viesse a compensar a desdita daquela mulher por ele espoliada de todas as esperanças. – Eu sabia que Deus não ia deixá-la ao desamparo sem uma mão amiga que lhe pudesse proteger do sofrimento.

– Proteger não é bem o termo, – respondeu Luciano – já que a desgraça está pronta e acabada. O marido busca, ao menos, compensar o sofrimento da esposa, fazendo justiça por si mesmo.

– Sim, muito justo. Eu também faria a mesma coisa. Mas onde está ele? Eu queria me dirigir à sua presença e me confessar para que esse sentimento de culpa e arrependimento que me queima fosse expurgado pelo pagamento de minhas dívidas.

– Ora, traste mal nascido, como é que você acha que pode pagar o que deve a essa mulher e apagar o seu próprio sofrimento? Você crê que basta pedir desculpas e está tudo pronto?

Confundido com a pergunta direta, Macedo se pôs a chorar de vergonha como criança que não tem mais argumentos diante de suas mãos ensangüentadas. Seu espírito se achava em desespero absoluto e qualquer noção de autopunição que lhe permitisse, ao menos, o alívio de estar pagando pelo crime cometido seria bem-vinda.

Reunindo as próprias forças do imo de seu ser, dirigiu-se a Luciano, respondendo-lhe à indagação:

– Eu aceitarei sofrer o quanto for necessário, desde que esse sofrimento seja o alívio de minhas culpas. Aceitarei submeter-me a quem quer que seja, a fim de que esse ser me use como quiser, desde que isso possa tornar a minha vergonha menor e a minha consciência mais aliviada. Fale pra mim, como fazer. Preciso encontrar pelo menos o marido dessa criatura para que me ajoelhe diante dele e possa pedir perdão e passar a servi-lo, mesmo que ele tenha para mim somente a chibata rude, o ódio que me puna e a indiferença que me castigue. Eu preciso, ao menos, dizer-lhe do meu arrependimento para que a sua vingança me alcance direto na alma e me faça começar a pagar pelos meus desatinos.

Cada frase era entrecortada por soluços de desespero que brotavam do fundo do seu ser, como alguém cujo desespero tivesse levado ao limite da sanidade, depois de deparar-se com todos os efeitos de seus atos impensados.

Luciano exultava diante daquela capitulação ao seu poder de convencimento. Agora, tinha Macedo plenamente entregue em suas mãos.

Vendo-o estirado como alguém vencido pela própria maldade, castigado pela própria violência, entregue ao suplício de si mesmo, Luciano adiantou-se perante Macedo caído ao chão e, em voz estentórica, pronunciou:

– Levante a sua cabeça, seu covarde torturador de velhas. Olha no rosto daquele que é a única coisa que essa mulher possui de importante na vida. Eu sou Luciano e sei de todas as suas tramóias e todos os seus métodos. Eu sou o marido dela...

Com essa revelação fulminante, Macedo foi trazido ao corpo como se um raio o tivesse atingido e produzido nele um choque de alta voltagem.

Acordou empapado em suor frio como se estivesse lutando de há muito contra uma força bem maior que o amedrontava de forma sinistra, uma força que desconhecia, mas que sabia ser tão real quanto ele mesmo.

Aquilo não deveria ter sido um sonho qualquer. Era verdadeiro, cheio de detalhes e verdades de que somente ele, Macedo, tinha ciência.

Pensando em tudo aquilo que Euclides lhe havia propiciado sem que ele soubesse, uma experiência tão real que o assustava, levantou-se do leito e foi novamente em direção ao banheiro.

Precisava tomar um outro banho para atenuar o nervoso e ajudar o organismo a se refazer.

27

Salustiano Cego

Acordando no dia seguinte, depois das preces de Lucinda, Salustiano se viu privado de qualquer luz à sua volta.

Chamou por Lucinda e pediu para que ela abrisse a janela, pois ainda estava muito escuro.

Lucinda lhe revelou que as janelas estavam todas abertas por causa do imenso calor que fazia por ali e que não havia nenhuma possibilidade de estar escuro.

Sem desejar aceitar essa informação, Salustiano teimava com ela dizendo que ele não conseguia sair da escuridão.

Isso o deixava mais nervoso e mais preocupado, já que não se lembrava bem de tudo o que acontecera depois de ter ouvido o pedido de Lucinda para que fosse até o galinheiro buscar os ovos.

– O que aconteceu, moça? Por que eu não consigo ver a luz que você tá falando que tem por aqui? Que raio de maldição caiu em minha cabeça? – eram perguntas que fazia, em tom de quase desespero, a ponto de emocionarem o coração da jovem acompanhante.

– Calma, seu Salustiano. O senhor foi picado por um bicho que não conheço, mas que parece ter um veneno perigoso. Como o senhor não voltava do galinheiro, passei a procurá-lo e acabei encontrando-o estendido no chão, com as galinhas andando por cima. Corri para ver o que tinha ocorrido e vi que o senhor ainda respirava. Tratei de trazê-lo para cá e fui fazendo o que eu sabia fazer, pois aprendi algumas coisas na fazenda do meu pai, com os negros que eram picados por bichos venenosos. Depois, o senhor dormiu pesado e agora está acordando desse jeito. Acho que o veneno atingiu a sua visão. Talvez seja apenas por um período enquanto ele ainda não foi expelido do corpo. Quem sabe, depois, a visão volte, não é?

As palavras de Lucinda eram ditas com o coração pequenino, cheios de compaixão por aquela criatura a quem se julgava extremamente devedora, pois fora a única mão generosa que lhe preservara a própria vida. Estava tristemente emocionada ao ver aquele homem solitário e rude enfrentar, agora, a desdita da cegueira.

– Eu não acredito! Eu não acredito! – gritava Salustiano em desespero atroz de cortar a alma... – Eu quero levantar para ir até o sol e sentir o seu calor na minha pele. Só aí eu vou ter certeza do que você está me contando.

Falando isso, fez menção de se erguer mas não conseguiu. Rolou da cama como um corpo desgovernado que pretendesse dirigir a si mesmo, mas que não tivesse mais perfeito controle.

Ao ver essa situação, Lucinda tratou de correr para ajudá-lo a se recompor.

– Calma, seu Salustiano, a sua pressa é muita e o senhor acaba tropeçando em tudo. Pode se machucar ainda mais. Vamos devagar...

– Que calma o quê! Como eu posso ter calma se você acabou de me dizer que estou cego e, agora que quero provar para mim mesmo que não estou, não consigo mexer minha perna nem o meu braço?!!

– Como assim, seu Salustiano? – perguntou a moça surpresa.

– É isso mesmo. Eu não consigo me mexer. Parece que meu braço direito e minha perna direita estão mais pesadas do que dez sacos de farinha juntos. Me socorre, moça, pelo amor de Deus!

Estas frases eram ditas por um homem desmoronado na angústia.

Aquele que matava sem pestanejar, que levara a dor e o desespero a muita gente pelo simples prazer de cumprir um serviço com o profissionalismo macabro dos que são produtores de defuntos, agora jazia inerte e aparvalhado, sentindo-se o ser mais infeliz da superfície da Terra, sem qualquer possibilidade de dirigir a própria vida.

– Não é possível. Valha-me Deus, Jesus Nosso Senhor, minha Virgem Santa.... – seguia entre lágrimas de desespero, invocando a ajuda do Céu para que fosse salvo das agruras da Terra, todas elas semeadas por suas mãos.

– Vamos esperar um pouco, seu Salustiano. Eu vou buscar água para o senhor beber porque a água ajuda o organismo a se limpar por dentro com mais rapidez e facilidade. Logo tudo isso vai passar e o senhor vai voltar a seu estado normal, assim que o veneno for posto para fora.

– Não demora muito pra voltar, minha filha. Agora sou eu que estou com medo de ficar aqui sem ver o mundo.

– Venho rápido. É só encher a cabaça e logo estarei aqui.

Saiu Lucinda em direção à cisterna que mantinha a água para os moradores daquele pequeno núcleo abandonado.

Ao se ver sozinho e naquele silêncio escuro, Tião se pôs a pensar nas coisas que tinham lhe acontecido.

Ali estava sem ninguém. Por ironia do destino, a moça que era a sua refém, agora se transformava em sua única porta para a vida.

Pelas estranhas malhas do destino, passara a ser ele, refém de sua própria vítima. E o que era pior, a sua vítima não sabia que era vítima. Tratava-o como se fosse o salvador a quem devia ficar mais e mais agradecida.

Isso o envergonhava muito, antes mesmo de tudo acontecer.

Agora, ainda mais se achava humilhado pela situação de precisar depender daquela a quem pretendia vender em troca de um bom dinheiro e que, com o passar do tempo fora aprendendo a gostar como filha.

Já não mais pensava em vendê-la ao pai. O afeto sincero que Lucinda nutria por ele eram muito mais valiosos do que os papéis-moeda que conseguisse ao entregá-la.

Mas e agora? Ele dependia totalmente de sua ajuda. Não podia andar com facilidade, apesar de que o lado esquerdo de seu corpo respondia adequadamente ao seu comando. A paralisia do lado direito estava impedindo que se locomovesse com destreza. Precisaria de apoio para andar, ainda que por alguns metros. Mas além da dificuldade motora, existia a impossibilidade visual, que complicava tudo.

Como andar capengando e se arrastando por aí sem mesmo ver por onde se vai? Precisaria muito da ajuda da jovem. Mas agora, ela ficaria à mercê de si mesma. Poderia abandoná-lo e regressar à fazenda do seu pai. Poderia fazer o que quisesse e partir para sempre.

E o que era pior, Lucinda poderia descobrir que ele não era Salustiano, mas sim o jagunço Tião que fizera tanto mal a tanta gente. Se alguém o visse naquele estado ele não iria poder ver nem fazer qualquer coisa para impedir que a moça descobrisse os fatos.

Isso era pior do que ter morrido. O sentimento de Salustiano era sincero e a admiração pela jovem fizera dela a sua própria família. Já possuía prazer em ir à venda buscar mais linha e tecido para que ela pudesse ocupar o seu tempo enquanto melhorava de sua debilidade geral. Salustiano procurava melhorar as condições de vida na pequena casa a fim de que Lucinda não sofresse tanto.

Por sua vez, a jovem reconhecia a atenção que lhe era endereçada por seu companheiro de agreste e via nisso uma dedicação ímpar, para a qual não teria dinheiro que pudesse remunerar à altura. Desse modo, Lucinda também passou a fazer o serviço doméstico mais leve, enquanto seguia a própria recuperação.

Ia ocupando o seu tempo e deixando que a saúde fosse voltando, fazendo os reparos nas vestes que usavam, preparando uma refeição com os temperos caseiros que sabia serem utilizados na fazenda de onde viera, mantendo, enfim, a casa asseada enquanto Salustiano saía pelo mundo em busca de mais alimento para que ela se recuperasse de forma segura.

Lucinda dava-se sem reclamar de nada, servia a Salustiano com a dignidade das mulheres que sabem dividir mesmo que estejam em dificuldades pessoais para fazê-lo.

Por isso, entre os dois, uma atmosfera de respeito e gratidão nasceu naturalmente, fazendo com que se quisessem como pai e filha, o que representava um enobrecimento de sentimentos para aquele espírito agressivo e animalizado nas durezas da vida onde fora criado.

Agora, Salustiano tinha medo de perder tudo isso, árdua e persistentemente construído ao longo das semanas e dos poucos meses em que se achavam juntos. E se alguém o reconhecesse? E se alguém reconhecesse Lucinda e indicasse o caminho para voltar para a cidade de origem?

Todas as indagações lhe passavam pela cabeça. Esperava que aquela reação que sentira no corpo físico fosse, realmente, passageira como Lucinda falara. Desejava isso com todas as forças de sua alma, já que, de forma contrária, seria o início de sua desdita maior, ou seja, correr o risco de não ter mais a moça por perto, não se sentir amado por ninguém e não possuir quem cuidasse dele.

O problema não era perder a visão. Era perder Lucinda, a sua luz pessoal, numa vida cheia de abismos e escuridão em sua consciência.

Enquanto meditava sobre tudo isso, ouviu o barulho que indicava o retorno da jovem ao interior da casinhola.

– Pronto, aqui está a água – era Lucinda, esbaforida e suada com o calor que já se fazia sentir naquela hora da manhã, carregando uma vasilha com o líquido que fora buscar por entre os arbustos espinhentos. – Agora, seu Salustiano, o senhor vai tomar essa água constantemente. Nós iremos rezar a Deus pedindo ajuda e ele vai pôr remédio para que o senhor fique bom logo, está bem?

Ao ouvir a menção de Lucinda à oração, uma sensação de imensa vergonha tomou conta do seu ser.

Vergonha de pedir ajuda a Deus através daquela que estava ali por sua conduta egoísta a serviço da vileza do capitão Macedo.

Vergonha de ouvir a oração nascer desinteressada e dócil dos lábios daquela que era a flor lirial trazida por ele para nascer entre as pedras e os espinhos do calor do agreste.

Vergonha de se sentir o centro do carinho dessa jovem que se estava sacrificando por ele, passando por todas aquelas privações para ajudá-lo e, agora, pedindo a Deus por sua saúde, pela sua recuperação mais acelerada.

As lágrimas escorriam por sua face, antes incapazes de caírem ainda que ao grito de piedade de suas vítimas, ao serem executadas com frieza pelo tiro certeiro de sua arma.

Agora que ele era a vítima, sabia sentir o calor úmido de cada gota que seus olhos produziam, atendendo ao imperativo que o sentimento amortecido no seu íntimo e que agora acordava à custa do acúleo da dor aconselhava: Chorar.

Ao fazê-lo, Salustiano começava a entender uma outra forma de viver. Ao deixar vir por terra a carapaça de egoísmo e indiferença que vestira para seguir a sua profissão de carrasco do sertão, Salustiano abrira passagens em sua armadura que seriam aproveitadas pelos trabalhadores do amor com a função de resgatar o homem através do sentimento enobrecido e melhorado, os amigos espirituais que todas as almas encarnadas possuem.

Abrindo a comporta das lágrimas, Salustiano se sentira mais leve, já que de há muito se havia esquecido o que era vertê-las. Tinha em conta que chorar não era coisa pra cabra macho como se considerava naquelas bandas. Tinha valor quem era duro e insensível.

A lágrima, segundo eles pensavam, era um atestado de fraqueza, de covardia. Agora, ele estava aprendendo que era preciso ter muita coragem e ser muito forte para chorar o choro dos desesperados que não vêem ou que não podem se locomover sem ajuda.

Estava voltando a si da emoção quando duas mãos miúdas pegaram nas suas e sobre elas colocaram pequeno recipiente com água que ele iria levar à boca logo em seguida.

Todavia, quando ia beber-lhe o conteúdo com agradecimento e respeito, ouviu a voz terna de Lucinda adverti-lo:

– Seu Salustiano, estamos esquecendo de orar a Jesus para pedir-lhe o melhor remédio que possa curar a sua enfermidade. Vamos rezar juntos?

– É verdade, menina. No meu desespero vivo esquecendo Daquele que nunca se esquece de mim nem de ninguém. Eu confesso, entretanto, que não tenho nenhuma dignidade para que ele possa se preocupar comigo. Nem acho que minhas orações sejam ouvidas por qualquer alma penada de bom coração. Você acha que vale a pena?

– Como não? Pois nas horas difíceis é que a oração é mais cheia de fé, mais cheia de desejo sincero, mais próxima de Deus e do Cristo! Vamos sim, juntos rezar para que Eles nos ajudem mais um pouco.

Falando isso, passou à ação:

– Querido Mestre Jesus, ousamos erguer o pensamento em Tua

direção para pedir a compaixão constante de Tua alma em favor da desdita que se abateu sobre o irmão Salustiano. Eu devo a ele a minha vida pelo muito bem que me fez nas horas em que me achava às portas da morte por causa do desamparo. Ele me encontrou, com certeza seguindo as Tuas indicações, me trouxe para sua casa, deu-me de comer e de beber, passou a me ajudar nas linhas e tecidos para que eu tivesse uma ocupação. Fez de mim uma pequena rainha guardada com esmero dentro de uma casa simples, sem eirado e sem forração. Agora, caiu vítima de uma dor muito maior do que a minha. Por isso, venho pedir por ele, pelo bem que pôde me fazer, me amparando, eu me disponho a ser a testemunha dos atos generosos que praticou comigo e que deve ter praticado a vida inteira com muitas pessoas. Coloca nesta água, o remédio que só a Tua medicina conhece e que é capaz de, sozinho, curar e restabelecer a vitalidade. Mas que seja feita a vontade de Deus que está sempre acima de todas as coisas.

Terminada a prece que Salustiano ouvira entre o rio de lágrimas e soluços, Lucinda autorizou-o a ingerir o conteúdo da vasilha, o que foi feito ato contínuo, tendo causado-lhe uma sensação de sonolência irresistível, dormindo quase imediatamente.

Colocado no leito, Lucinda foi tratar de fazer alguma coisa para que pudessem se alimentar uma vez que, até aquela hora do dia ainda não tinham comido quase nada. Teria que pensar enquanto trabalhava, já se vendo na contingência de fazer tudo sozinha, o que não pesava ao seu espírito valoroso e cheio de gratidão por Salustiano.

Iria adiar o regresso para casa por algum tempo, até que tivesse como resolver o caso do seu amigo, pois não era capaz de abandoná-lo ali, sem recursos e sem condições até mesmo de sair da cama para chegar à cozinha.

Depois que as coisas melhorassem, iria procurar voltar ao convívio dos seus, com a consciência agradecida e tranqüila, quem sabe até levando Salustiano consigo para que pudesse ficar morando na fazenda do pai até que morresse bem velhinho.

Era o que ia pensando, enquanto colocava lenha no fogão rústico e providenciava um pouco de água para esquentar.

Ao seu lado, a entidade luminosa de Euclides velava, colocando a destra em seu coração a fim de que a jovem não desertasse dos deveres assumidos um dia, cumprindo todos eles com o propósito não só de concretizar obrigações como também de melhorar-se através de um sentimento de fraternidade verdadeiro e nobre que seria estendido a todas as pessoas com as quais iria se confrontar.

Somente quando se é capaz de fazer o bem a qualquer um é que se terá aprendido que ele é a única forma de elevação individual, independentemente de qualquer carma ou compromisso do pretérito obscuro que construímos.

Euclides fazia Lucinda sentir-se feliz por estar ali cuidando de Tião, ainda que ela não o conhecesse senão pelo nome de Salustiano.

Aproveitando o desconhecimento da vítima, Deus estava fazendo com que esta melhorasse o seu algoz, a ponto de recuperá-lo para o caminho do amor.

Essa é a oportunidade que o Criador oferece, permitindo que as criaturas endividadas umas para com as outras, voltem a se reencontrar em momentos de amor e desapego.

O milagre de transformar a noite em dia, a dor em sorriso, a maldade em bondade, a descrença em fé era justamente o que Lucinda estava fazendo, até mesmo sem saber que o fazia.

28

A semente milagrosa

Diante de Salustiano adormecido, Lucinda passou a meditar consigo mesma na própria desdita.

Ali estava ela, afastada dos seus entes queridos, sem saber ao certo onde se encontrava, fortalecida pelos bons tratos que recebera daquele homem que não conhecia e que a retirara de uma gruta perdida no agreste.

Sentia um vazio interior representado por uma saudade indescritível, tanto de Alcântara quanto de Maurício, o jovem médico com quem pretendia consorciar-se um dia, tão logo obtivesse a autorização de seu pai para isso. Rememorava os passeios pela fazenda, as conversas esclarecedoras nas quais aprendera muitas coisas que, agora, eram as únicas informações úteis que possuía. Através da leitura de alguns dos livros que ele lhe fornecera, Lucinda podia entender a necessidade de enfrentar a adversidade com coragem e determinação, em busca da vitória sobre as próprias deficiências.

Tudo isso era necessário para que de dentro do casulo pobre no qual se eclipsara obscura lagarta devoradora de folhas, emergisse lépida borboleta multicolorida, qual pequeno arco-íris esvoaçante, à procura de néctar.

Ela aprendera com a mensagem da doutrina nova que Maurício lhe comunicara que Deus é sempre bom e que, aproveitando da maldade dos homens procura extrair o melhor da alma de cada pessoa, nas diversas circunstâncias pelas quais cada um deve passar.

É como um lavrador diligente que, possuindo em suas terras um rio caudaloso, aprende a conduzi-lo para extrair dele os pequenos veios d'água que irrigarão a sua propriedade sem violência. Domando a correnteza destruidora, faz com que ela se transforme em benefício. Aproveitando-lhe a força, extrai energia elétrica com que ilumina a própria casa. Observando-lhe o traçado, aproveita as suas bacias naturais para cevar-lhe os trechos e acostumar os peixes a ali se concentrarem a fim de se abastecer de alimento quando o deseje.

Da mesma forma, Deus se utiliza dos cursos d'água violentos ou caudalosos representados por cada ser humano e os vai domando a fim de extrair de cada um deles o seu melhor.

Com isso, fica realçada a sua característica básica de Bondade Absoluta, Misericórdia Infinita, Onisciência e Onipresença.

Deste modo, Lucinda era convocada a transformar-se em borboleta, ascendendo na escala do espírito e deixando para trás a jovem enclausurada nos afazeres domésticos, nos quais já revelava a energia e bondade de seu íntimo, para ser lançada nas tortuosas curvas do caminho a fim de que, aproveitando-se delas, tivesse desenvolvidas todas as qualidades de sua alma.

Ao se lembrar de Maurício, Lucinda suspirou de forma diferente, apaixonada por aquele ser tão prestativo e querido ao seu coração e com quem estava certa de que se uniria, de um modo ou de outro.

Era uma certeza estranha, mas continuava a acreditar que estavam destinados a se aproximarem e construírem juntos algo de bom no caminho dos homens. Mesmo distante, sua ligação com ele era profunda e serena. Não tinha medo. Tinha, apenas, muitas saudades.

Mas Maurício se fizera inesquecível por tudo aquilo que ensinara a ela e que, como já se falou, era agora a única bagagem útil que acompanhava o pensamento e o coração da jovem nesses momentos de crise.

Maurício era inesquecível por causa da pequena semente luminosa que semeara em seu espírito e que, agora, iluminava o seu caminho.

Diante de Salustiano cego e alquebrado, Lucinda sabia que precisava fazer alguma coisa. Inicialmente, o desejo de sair e procurar alguém que pudesse lhe informar como chegar em casa. Mas depois do primeiro impulso, lembrando-se dos deveres que cada um tem para com os outros e sabendo que ninguém está por acaso naquela situação pela qual está passando e nem com aquelas pessoas com quem está convivendo, pensou melhor.

Estava ali para fazer algo de bom na vida daquele homem que tanto se sacrificara para ajudá-la nas horas em que se vira abandonada e só.

Assim também, todas as pessoas estão onde estão para que possam dar o melhor de si no caminho dos outros. Não apenas para ganharem dinheiro para a manutenção da vida material. Estão em cada profissão para que possam dar o que têm de melhor a benefício de qualquer semelhante, não importando o serviço prestado.

Se a função é a de governante, ali se acha não apenas um ser que assumiu o poder de forma lícita ou ilícita. Ali está alguém que tem um dever de realizar, o bem coletivo, do qual terá de prestar contas diante do tribunal do Universo.

Da mesma forma, se a sua função é arrancar as ervas daninhas que nascem no meio das pedras do calçamento. Ali está para que possa cumprir um dever muito singelo que redundará no benefício da limpeza pública e na organização social. Assim, essa pessoa também tem o dever de realizar o bem coletivo, mediante o qual as vias públicas estarão mais limpas, asseadas, para causar nos viandantes uma sensação de agradável prazer ou simplesmente impedindo que o mato cresça, o lixo se acumule e a sensação de abandono se instale.

Pouco importa a quantia da remuneração ou até mesmo a sua inexistência. Todos os homens passam pela Terra para alegrar a vida de alguém, a começar de quem esteja ao seu redor, dentro de casa.

Era a situação de Lucinda. Longe da família consangüínea, ela estava dentro de uma casa que lhe fora o abrigo seguro. No seu interior se achava Salustiano a quem deveria atender, por sua vez.

Isso porque Salustiano estendera em sua direção o manto da solidariedade, cuidando dela para evitar que perecesse. Precisava, agora, dar o melhor de si àquele homem doente a quem era imensamente agradecida.

Vendo-o naquele estado de desespero, entre a cegueira e a semiparalisia, seu coração se encheu de compaixão. Pensou no pai doente, naqueles dias distantes em que teve de cuidar-lhe das crises de demência. Sentiu a angústia de não poder agir com maiores recursos naquele caso e percebeu que, agora, onde se encontrava, ela representava o único e o maior recurso que estava disponível ao enfermo.

Isso a acalmou e a fez meditar não mais em desaparecer dali, abandonando o dever moral de atendimento, mas em se superar a fim de que pudesse ajudar Salustiano até que encontrasse um abrigo que lhe acolhesse o corpo lesado.

Enquanto ele descansava, tratou de continuar a cozinhar, procurando preencher o seu coração apertado com um sentimento novo, como se na desdita e na contrariedade, estivesse encontrando uma coisa nobre a fazer e que isso enobreceria o mundo à sua volta já que, mesmo sem o desejar, todo aquele que faz o bem é como o transportador de um tesouro. Não é melhor nem pior do que nenhum outro que poderia fazer a mesma coisa do que ele. No entanto, o seu ato enriquecerá muita gente, trazendo-lhes a felicidade e a gratidão pelo seu esforço. E isso tudo o tornará mais rico, pelo simples fato de ter dividido a riqueza com os outros e não se apropriado do tesouro para si.

Se o tivesse guardado apenas para sua própria satisfação, esse transportador poderia pensar-se um homem rico, mas não teria ninguém que lhe dedicasse estima sincera pelo fato de ter sido o único beneficiado com os valores. Seria apenas um homem invejado, cortejado, perseguido pela falsidade, preocupado em não perder. Seria um homem só. Seria um ser infeliz.

Mas na medida em que cada um transporta o tesouro na direção da felicidade dos outros, ainda que permaneça tão despojado quanto antes, passa a enriquecer-se da alegria que espalha e da gratidão, do afeto, da admiração que semeia sem o pretender. Passa a ser um homem cheio de pensamentos agradecidos que o fazem uma pessoa feliz.

Tal tesouro é a bondade no coração, nas palavras, nos pensamentos, nos atos, nos sentimentos. Tal tesouro o Criador permitiu que qualquer pessoa pudesse transportar aos semelhantes.

No entanto, por ignorância, despreparo, preguiça, descrença, teimosia, orgulho a maioria dos convidados se limita a guardá-lo para si ou para os exclusivamente seus.

Somente alguns o transportam para oferecê-lo aos outros e, por isso, somente poucos descobrem como podem se tornar pessoas ricas.

Lucinda estava dentre estas. Estava transportando a bondade de seu coração na direção de alguém sem medir, pesar, ponderar se o bem deve ou não ser feito. Estava buscando entregar o que tinha, na hora mais cruel da vida de um ser que possuía apenas a sua presença como ponte de ligação entre si e o mundo exterior.

O cheiro do feijão temperado tomava conta da cozinha, misturado com a fumaça da madeira que queimava no fogão.

Lucinda pensava no que fazer, pedindo a Deus, mentalmente, que a inspirasse da forma mais adequada a fim de poder agir e beneficiar aquele homem doente.

Sabia, no íntimo, que não poderia cuidar dele ali, naquele lugar ermo e sem recursos. Logo, uma idéia naturalmente lhe ocorreu, qual seja, a de levá-lo para uma cidade maior onde, com certeza, acharia uma forma de ajuda mais segura e de onde poderia buscar o regresso para casa, depois de colocar Salustiano sob os cuidados de alguém devotado à bondade humana. Ali naquela casinha não haveria condições de viverem agora, diante das acerbas dificuldades derivadas da enfermidade.

Seu pensamento ia longe, dirigindo-se com antecedência aos fatos que deveria concretizar nos dias vindouros. Espírito amigo que se encontrava por perto, lhe inspirava soluções que iam sendo acolhidas como idéias salutares e adequadas para aquele caso específico.

Uma vez que afastara de si a idéia da deserção imediata buscando apenas a solução de seu problema pessoal e esquecendo-se de seu irmão, Lucinda se fez credora da continuidade do auxílio espiritual que já a acompanhava antes e que, agora, diante da postura fraternal partida do coração daquela jovem criatura, tudo faria para deixá-la com o pensamento lúcido, com o coração sereno e com a saúde física de que tanto necessitaria até caminhar em direção à solução dos seus problemas e dos problemas dos outros.

Salustiano gemera no leito, acordando de um profundo sono.

Lucinda foi até a cama e viu que ele se recuperara um pouco após dormir por algumas horas. Seu estado geral ainda era lastimável, mas podia-se notar que certa conformidade se estampava no semblante triste daquele que iniciava o processo de melhoria íntima através das experiências que escolhera passar, direta ou indiretamente.

– Seu Salustiano, que bom que o senhor acordou, pois a comida está pronta. Temos feijão, farinha e uma mandioca frita. Vou ajudá-lo a sentar-se na cama porque vou lhe trazer o almoço.

– Ah! moça, a fome da barriga não incomoda. Talvez seja melhor que eu acabe mais depressa morrendo sem comer do que viver comendo e ser desse jeito...

– Nunca diga isso, homem de Deus! O Pai procura sempre ajudar os filhos do seu coração para que possam enfrentar os desafios. E quanto melhor o filho, maior o desafio.

Ao ouvir estas palavras, uma mistura de esperança e de vergonha feriu o seu sentimento. Era a esperança de que Deus efetivamente tivesse misericórdia para com ele e a vergonha de estar ouvindo isso da boca daquela criatura que ele próprio roubara dos seus, que ele próprio fizera passar por privações e fizera sofrer tanto e que pretendia negociar de volta para receber algumas moedas.

Enquanto as lágrimas rolavam, daqueles olhos sem vida e do rosto caído, Lucinda buscava argumentação para lhe incutir nova postura diante da vida.

– Mesmo nessas condições difíceis que não sabemos quanto tempo irá durar, esperando que, em breve, tudo esteja de volta ao normal, o senhor pode fazer muitas coisas a benefício de seu próprio espírito. Antes os braços fortes e o olhar claro lhe permitiam fazer diversas coisas na vida que o senhor levava. Agora, o seu pensamento poderá ser beneficiado por tudo aquilo que fez de bom e que está gravado no íntimo de cada ser na Terra. Além de alguns pequenos trabalhos manuais que poderá realizar, poderá conversar com pessoas ensinando-lhes sobre a vida, as agruras da existência, as alegrias decorrentes dos fatos bonitos que o senhor já viveu. Perder a vista não significa perder o humor. O senhor poderá fazer alguém dar uma risada, contando um dos casos engraçados que já me contou quando eu estava triste aí na cama, doente.

Ela falava com a sua alma generosa e pura, falando de atos bons a um jagunço maldoso e cruel, reduzido à condição de cego e paralítico.

Que coisas boas teria ele para pensar?

Dentro de sua cabeça, Salustiano só conseguia ver o desespero de suas vítimas. Os olhos brilhantes de medo dos pais de família que sacrificara sem piedade sob o salário de algum homem interessado em suas pequenas terras.

Lembrava-se do choro das crianças, diante de sua cara agressiva enquanto disparava com o seu revólver para o alto, fazendo estrondo para intimidar famílias sem defesa.

Lembrava-se do dinheiro que gastara sem qualquer zelo, usando mulheres, bebendo e pagando bebida aos amigos e comparsas de maldade.

Vinha-lhe à mente as torturas que fazia nalgum prisioneiro que lhe cumprisse cuidar, sem maiores dificuldades ou traumas de levá-lo à morte como quem apenas dá curso a uma fatalidade da vida de todos os vivos: morrer.

Não tinha ninguém no mundo. Seus pais já tinham morrido, não se casara, não tivera filhos que lhe fossem conhecidos.

Rememorava os contatos com Macedo, a serviço do general Alcântara, que lhe passara a ser um dos melhores patrões e para os quais não seria capaz de negar qualquer serviço. E já os tinha prestado muitos.

O juízo interno, agora que nada mais restava a fazer fora de si mesmo, acusava-o de criatura sem méritos. Nada lhe surgia como pensamento de bondade.

Lucinda trouxe a comida. Ajudou-o a sentar-se e passou a colocar na sua boca, como uma mãe passarinho alimenta os filhotes que nasceram no ninho.

Em silêncio, Salustiano abria a boca para passar por uma situação que nunca tivera passado antes: a de vítima. Acostumara-se a fazer vítimas, mas jamais estivera na posição de uma delas. Ia conhecer as suas peculiaridades doravante.

E para sua única alegria, estaria sob os cuidados daquela que, por determinação do Alto, seria a tutora de seus passos na escuridão dos seus caminhos. Isso porque, apesar de não se lembrar de nada de bom que fizera durante a sua vida, esquecera-se do tratamento generoso e cheio de cuidados que estendera a Lucinda na sua recuperação da enfermidade.

Pelo atendimento zeloso, pelo alimento fresco que revitalizava a carne enferma, pela atenção e carinho que, na sua forma rude e grosseira ele pudera dar-lhe, a Providência Divina respondia a ele permitindo que, talvez esse único ato de generosidade lhe fosse levado em conta para que viesse a receber a bondade multiplicada em atendimento e lição que o transformaria para sempre.

O Bem Supremo jamais despreza qualquer oportunidade de enriquecer o bem que está no coração das pessoas, não importa a condição social ou o conceito de que gozem diante dos homens.

Em nome da bondade praticada para com aquela moça mas, sobretudo, para que se conquistasse mais uma alma enferma para os campos da saúde do espírito, o Senhor permitiu que Salustiano tivesse, ao lado da enfermidade que processaria o início do acerto de suas contas com as desgraças que construiu na vida de muitos, a presença de um anjo bom que o ajudaria a enxergar pelos olhos do espírito uma vida nova e diferente.

A vergonha de si mesmo fez com que Salustiano se calasse, nada revelando a Lucinda que, feliz por ele estar aceitando o alimento, continuava a estender-lhe a colher na direção dos lábios, incentivando-lhe a recuperação do ânimo e da vontade de viver.

Mesmo sem que o soubesse, Deus conhecia todos os detalhes do seu coração e não o considerava um ser imprestável. Reconduzi-lo-ia ao aprisco, qual o pastor com a sua ovelha desgarrada.

Na pedagogia divina, somente o amor é capaz de convencer sem ferir. E na figura de professora, Deus permitira que uma excelente mestra demonstrasse a ele como o Amor é a fonte de tudo na vida de alguém.

Isso porque, mesmo sem ter tido a intenção deliberada, Salustiano havia espalhado a semente luminosa do serviço na direção daquela jovem que, de uma forma ou de outra, passara a ser o único jardim que plantara na terra durante toda a sua existência. Era dele que colheria as primeiras flores para embelezar a sua naquela hora de desditas e dores.

29

Macedo em perseguição

Carolina continuava detida e, a cada dia que passava, suas expectativas se frustravam diante da ausência de quaisquer notícias de seu marido ou de seu pai.

Alcântara, conhecedor dos meandros da personalidade humana sabia que, no caso de Carolina, quanto mais a debilitasse emocionalmente, mais rapidamente poderia servir-se dela para aquilo que pretendia, ou seja, para descobrir onde Lucinda se achava escondida.

Logo após a sua prisão, foi deixada incomunicável, sendo ele o único que poderia ter acesso direto à jovem, já que Macedo apenas tinha autorização para inspecionar as dependências que a abrigavam e ver como estava o seu estado geral sem, contudo, qualquer iniciativa que pudesse significar abordagem direta.

Passados três dias do seu aprisionamento, o general Alcântara dirigiu-se ao pequeno quarto para ter a primeira entrevista com a nova prisioneira.

Mandou abrir a porta e entrou sem cerimônia, como alguém que está no próprio território, desprezando a presença alheia.

Arrogantemente, acendeu o lampião do aposento que se achava ainda na penumbra da manhã que mal se iniciara e encontrou a jovem Carolina estendida no leito, ainda vestida com as mesmas roupas com que fora presa.

Carolina, que a princípio se achava sonolenta a ponto de não perceber com clareza que a porta se abrira, com a luz a bater-lhe no rosto despertou insegura e assustada.

Virou-se, procurando identificar quem é que tinha providenciado a iluminação imprevista para aquela hora e deu de frente com aquele homenzarrão, vestido à caráter para intimidá-la, que a fitava exteriorizando ira e angústia.

– Bom dia, moça – falou-lhe o militar, em tom ríspido. – Sou o general Alcântara, comandante deste quartel e de toda esta região. A senhora está detida em função de ter sido flagrada ocultando material subversivo em terras de sua família. Lá foram achadas as armas que os rebeldes estavam usando para espalhar o terror entre as pessoas, orientadas diretamente pelos cabeças do movimento, os senhores Armando e Luiz. Do mesmo modo, estão sendo procurados para que sejam presos e julgados conforme a lei manda fazer. Contra todos existem as provas mais contundentes, inclusive a própria máquina de copiar folhetins que eram espalhados pela cidade para impelir gente honesta ao caminho da rebelião.

Carolina ouvia com afeição, ansiosa para esclarecer o mal entendido, já que ela só sabia era cozinhar e cuidar da casa, nada mais do que isso.

– Mas... eu não fiz nada disso... – tentou falar em resposta às acusações.

– Cale a boca – gritou o militar como se falasse para soldados ignorantes e toscos. – Aqui só eu falo, até que deixe a senhora falar, se eu achar que convém.

Carolina, desacostumada com esse tipo de tratamento, começou a chorar, ofendida pela agressão gratuita de que fora vítima apenas por pretender esclarecer os fatos.

– As acusações são claras, as provas estão evidentes e todos os que acabam presos se dizem inocentes. Por isso, a senhora não tem outra coisa a fazer senão ouvir até que eu termine, pois existe ainda uma coisa muito pior.

Carolina, sentada na beira da cama, chorava segurando nas mãos a ponta do lençol que levava, vez ou outra, ao rosto para amparar as lágrimas que caíam em profusão. Nunca imaginara que tudo isto fosse acontecer quando via Luiz e seu pai reunirem-se com aqueles homens. Era conversa deles, na qual não se metia por saber que isso não era assunto para a sua condição feminina, num comportamento tão usual para as mulheres de sua época.

Mas o que poderia ser pior do que tudo aquilo de que era injustamente acusada?

– Pois como já lhe falei, aconteceu uma coisa muito pior e que, talvez, seja a sua salvação deste processo e da prisão. Os rebeldes, usando as armas que foram fornecidas pelo seu pai e pelo seu marido, já que na sua propriedade estavam escondidas, atacaram a minha fazenda, incendiaram e destruíram tudo o que havia pela frente e, o que é pior, seqüestraram a minha filha, a jovem e desprotegida Lucinda. Desde o dia do ataque, ela está desaparecida e foi vista sendo carregada por um homem encapuzado que a tomou e levou-a a algum esconderijo que ninguém sabe ou quer dizer onde é.

Essa informação a fez tremer ainda mais.

Se a filha dele havia sido seqüestrada e não tinha sido encontrada, ela mesma, Carolina, como filha de um dos dirigentes diretos do movimento se via na mesma contingência, ou seja, seqüestrada por aquele homem que, como tudo indicava, estava a beira do desespero na busca de notícias de Lucinda.

Sem ousar interromper, Carolina pôde avaliar a delicadeza de sua situação. Estava nas garras da fera enjaulada que, à toda evidência, desejava encontrar a filha, custasse o que custasse. Diante dos gritos dos inúmeros prisioneiros que se espremiam nos cárceres de tortura improvisados no quartel, imaginava o que era feito com aqueles que ali caíam-lhe nas mãos.

– É isso o que poderá salvar a sua vida aqui dentro. Não pense que seu pai ou seu marido poderão fazê-lo. Já estão sendo caçados pelos meus homens que estão indo em busca de ambos para trazê-los para cá e, se você deseja fazer algo por eles, faça logo, indicando onde se acha o cativeiro de Lucinda.

Calou-se o general, ofegante e ansioso por uma resposta direta, como um incêndio tem sede da água que o venha debelar, aquietando a natureza.

À sua frente, contudo, apenas uma moça chorosa e calada não ousava olhar-lhe nos olhos.

– Vamos, criatura, fale logo o que sabe – ordenou aos berros aquele pai descontrolado.

– E... Eu ... não... ssseei de na..da, senhor – foi a resposta trêmula e amedrontada da jovem, que já antevia para si um destino pouco confortável, diante de todos aqueles fatos.

– Como é que não sabe, se o seu pai e o seu maldito marido são os cabeças disso tudo? Vai dizer que você não é filha e esposa deles, também... – argumentou irônico, sacudindo os ombros amolecidos da jovem à sua frente, buscando intimidá-la ainda mais.

– Sim, eu sou mulher e filha deles, mas nunca me meti em negócios que não fossem ligados a cuidar da casa e da minha família.... Infelizmente, não sei onde a sua filha está. Além disso, nem meu pai nem Luiz são pessoas violentas e nunca fizeram ou fariam mal a ninguém. Quando alguns homens chegaram na porta da casa grande, feridos e rasgados, pedindo ajuda, pensei que eram pessoas que haviam passado por acidente mais grave, já que o capataz da fazenda veio me pedir autorização para recolher meia dúzia de homens em péssimas condições. Eu não cheguei a ver ninguém e se os seus pertences eram usados para fazer a desgraça dos outros, disso eu nada sabia ou sei. Não tinha idéia de que a casa e as terras de meu pai eram usadas para sediar qualquer movimento que pudesse prejudicar alguém.

Tanto isto é verdadeiro que Luiz e Armando, há quase três semanas estão fora daqui, viajando para os lados da capital.

Vendo que a moça não iria ceder aos seus padrões, confessando onde Lucinda havia sido ocultada, interrompeu-a Alcântara, ríspido:

– Você pode ficar quieta com os seus botões fazendo esse tipo de mulher ingênua e tímida para acobertar os bandidos maiores que são seu pai e seu marido. Mas logo isso vai mudar. Você vai pensar no que falei por mais algum tempo, até que eu retorne aqui. Quando isso acontecer, se não resolver falar, usarei os mesmos métodos que estão sendo usados com os outros envolvidos e vou obter o que preciso para encontrar minha filha, o que será uma pena muito grande, ter de desfigurar a beleza jovem que lhe aformoseia. A opção é sua.

Virou-se e saiu batendo a porta que foi, ato contínuo, novamente trancafiada pela sentinela de plantão.

Carolina perdera o próprio chão. Não sabia o que fazer nem podia inventar coisas que não eram de seu conhecimento, uma vez que não imaginava o paradeiro de Lucinda.

Voltou para a cama, rezando a Deus que a ajudasse naquela hora de aflição extrema de seu destino. Tinha medo da violência e sabia que acabaria sendo vítima dela.

* * *

Alcântara saiu dali tão ou mais aflito do que Carolina, uma vez que pretendia obter dela, ao menos, algum indicativo de paradeiro. Mas percebera que a moça era simplória para entender de rebeliões. Não deveria ter nem idéia do que fosse uma máquina de copiar. Talvez não tivesse tido sequer lições mais profundas na educação deficiente daqueles tempos e daqueles lugares.

Seu coração estava oprimido e arrasado.

Gritou por Macedo, mas lembrou-se de que dera a ele três dias de descanso, segundo seu subordinado pedira.

Entrou em seu gabinete para fazer alguma coisa que já não sabia mais o que era. Ouvira os gemidos dos prisioneiros como quem não ouve nada. Concentrava-se inteiramente numa forma de achar Lucinda, no que era ajudado por todos os oficiais que comandava que, igualmente, se empenhavam em procurá-la por todos os lugares.

* * *

Macedo, em sua casa, acordara em estado de verdadeiro farrapo humano. A roupa estava grudada ao seu corpo como se não tivesse tomado banho há tão pouco tempo.

Impressionara-se muito com aquele sonho, no qual se vira como o núcleo do ódio daquele espírito que ouvira gritar pela garganta do general. Sonhara com Lucinda e a vira infeliz e triste, em uma choupana desprotegida.

Vislumbrara as sombras que o seguiam e que se apresentavam para obedecer-lhe as ordens nefastas. Todas eram repugnantes e horrendas. Ao lembrar-se de cada uma delas, um arrepio gelado corria-lhe a coluna, como se ele fosse o comandante de um exército de seres amorfos e soldados desfigurados, malévolos, a ponto de infundirem medo nele mesmo, homem feito e não ligado em coisas de sonhos.

Mas aquele não fora um sonho comum, como os outros que costumava ter.

Levantou-se para se dirigir ao novo banho que se impunha em função de seu estado de abatimento geral. Já não poderia ir, naquele dia, procurar por Tião no esconderijo secreto que conhecia no meio das pedras do agreste.

Após o banho, voltou a meditar nas coisas que deveria fazer para encontrar Lucinda, agora ainda mais vítima do que nunca, uma vez que a consciência o culpava por ter determinado que ela fosse seqüestrada. Ainda mesmo que, segundo tudo indicava, não tivesse conseguido o seu intento, o simples fato de ter planejado subtraí-la quando deveria defendê-la lhe doía na alma.

Mal sabia ele que seus planos tinham dado resultado, que a maldade de Tião tinha alterado o curso do que planejara, mas que a generosidade de Lucinda havia conseguido mudar todas as coisas.

Ao pensar na jovem amada, nas mãos de um encapuzado desconhecido, seu sangue fervia e ele tinha ímpetos de invadir todos os quartos de todas as casas, de espada em punho para salvar a sua pretendida, mesmo que para isso tivesse de ferir todos os demais.

Era, ainda, o homem egoísta que só sabia amar aos que considerava como de sua propriedade, sem notar que todos somos propriedade e proprietários uns dos outros a caminho de sermos tão somente senhores e escravos de nós mesmos.

Ali estava Macedo, a criatura que podia amar desveladamente e, ato contínuo, enterrar a adaga no inimigo sem qualquer constrangimento, como se luz e treva pudessem conviver misturadas uma à outra.

Macedo estava em processo de tratamento pelos espíritos generosos, no entanto ainda era mais doente do que são.

No dia seguinte, logo pela madrugada, Macedo deixou a sua casa em sua montaria, vestido à paisana, e saiu da cidade como quem vai realizar um passeio sem compromisso de voltar cedo.

Arrumou pequeno farnel que o sustentaria no período de ausência e tomou o rumo que só ele sabia, a fim de ir ter com Tião em seu esconderijo.

Depois de muito andar, como quem dá voltas para despistar de algum espião que o seguisse, como era costume seu fazer todas as vezes em que dava vazão ao lado negro da sua personalidade, viu-se aproximando do local costumeiro em que se realizavam os rápidos encontros com o jagunço.

Desceu da montaria e, utilizando-se de um código comumente acertado com Tião, emitiu assobio como a imitar pequeno pássaro conhecido, em um número determinado de silvos cadenciados de forma adequada que seriam interpretados como a senha de que ele ali estava querendo falar.

Tião só aparecia depois que esse sinal era emitido e, mesmo assim, nunca vinha pelo mesmo caminho. Ora surgia pela direita, ora pela esquerda, ora à retaguarda, sempre produzindo um susto muito forte no capitão, o que motivava uma sonora gargalhada no bandido que creditava tal comportamento assustado à fraqueza ou falta de masculinidade do militar.

Macedo, então, assobiou como de costume, e esperou que o seu comparsa aparecesse. Longo silêncio se fez esperar até que o capitão resolvesse emitir o silvo novamente.

E novamente o silêncio foi sua única resposta. Isso o deixou muito aturdido.

Em todos aqueles anos, Tião sempre atendera aos seus chamados. Será que ele não estava por ali? Ou será que estava adoentado, sem condições de responder às suas chamadas? Esses pensamentos deixaram Macedo mais preocupado. Precisava encontrar Tião para achar uma pista de Lucinda.

Amarrou seu cavalo num galho retorcido e espinhoso e saiu a procura do homem. Sabia que ele, conforme conversas anteriores, se ocultava dentro de uma pedra cuja entrada era difícil de ser vista por quem se achasse de fora, sem os olhos afiados que só a vida no agreste sabia adestrar.

Macedo, contudo, procurou uma elevação do terreno para ter uma vista um pouco mais ampla e vislumbrar onde, ali nos arredores, poderia haver um conjunto rochoso que permitisse a ocultação de alguma pessoa.

Identificou mais adiante, as pontas agudas de algumas pedras desgastadas pelo calor diurno e pelo frio da noite, dirigindo-se para elas a passos largos.

Rodeou-as em busca de uma entrada, mas não achou. Parecia que eram seladas pela mãe natureza para que ninguém as pudesse devassar na intimidade de suas estruturas.

Girou novamente e mais uma vez, olhando a formação de rochas marchetadas pelos artistas minúsculos da natureza, representados por fungos e bactérias, que imprimiam nas entranhas duras os desenhos e riscados que o talento inusitado do Criador lhes houvera dado, mas não encontrou qualquer abertura.

Encontrou marcas pelo chão como se por ali alguém houvesse passado há algum tempo não muito definível.

A ausência de chuvas deixava as marcas no solo por muito tempo, o que dificultava a sua avaliação. Mas pelo volume delas, junto dos excrementos animais, tinha-se a nítida certeza de que, por ali se achava o esconderijo do jagunço Tião.

Resolveu gritar mais alto, falando-lhe o nome e os apelidos conhecidos na intimidade da convivência. Nada lhe foi respondido. Nenhum barulho além dos do próprio ambiente lhe trouxe a certeza de que seu comparsa ali não estava.

Sentiu necessidade de voltar para sua casa e, mais tarde, ao cair do dia, regressaria para encontrar Tião e conversar com ele pessoalmente.

A incerteza e a consciência culpada passaram a dominar os seus pensamentos de tal modo que sua revolta contra Luiz e Armando, os mentores intelectuais daquele movimento que havia resultado no desaparecimento de Lucinda, se transformava em verdadeira obsessão. Deveria salvá-la para tornar-se o seu benfeitor e conquistar a sua confiança.

Todavia, como não podia mais encontrá-la, jurou que iria encontrar os dois bandidos que haviam feito toda aquela confusão, metendo-se na vida das pessoas sem respeitar o espaço de cada uma delas.

Ele, Macedo, vingar-se-ia pessoalmente de Luiz e Armando, encontrando nisso uma forma de se perdoar por ter planejado a infelicidade da jovem amada. Reabilitar-se-ia ao apresentar ao chefe aqueles homens que se haviam evadido, com certeza para que não fossem vinculados diretamente à ação ilegítima representada pelo ataque à casa do general. Não descansaria enquanto não os encontrasse.

Aproveitando-se do seu período de folga, resolveu circundar as terras nas quais Carolina fora detida e como se achava despido das vestes de oficial, não seria identificado com facilidade por aqueles serviçais ignorantes e desatentos.

Só estivera lá uma única vez, dias atrás, vestido a caráter , em seu uniforme de caserna, na companhia de outros soldados e ficara pouquíssimo tempo. Ninguém teria como lhe observar a fisionomia para identificá-lo diretamente.

Seguro disso, imaginou passar-se por algum interessado em conversar com Luiz e Armando a fim de que pudesse obter informações sobre o paradeiro de ambos.

Seria assim, de forma solerte e bem planejada que iria iniciar as buscas daqueles que, segundo a sua visão, eram os únicos e verdadeiros responsáveis pela desgraça de seu coração, pelo peso de sua consciência, pelo sonho que tivera, pelas sombras que o perseguiam, pela desdita de seu comandante. Iria fazer com que os dois falassem e, ao mesmo tempo, pagassem pelo que haviam feito ou ajudado a fazer com suas idéias belicosas.

Tão logo chegou à propriedade, desceu da montaria e fez-se notar pelo empregado negro que tomava conta das plantas do jardim fronteiriço à casa grande.

Imediatamente atendido por aquele humilde homem, foi levado diretamente à presença do capataz que ficara responsável pela casa, na falta da jovem.

Para se fazer passar por pessoa de bons propósitos, cumprimentou com respeito e jovialidade a todos, como se não lhe gerasse repulsa ter de se fazer íntimo de criaturas que julgava estarem muito abaixo da própria dignidade pessoal.

Identificou-se como amigo de Luiz, dos tempos de estudante e pretendia saber notícias dele, já que soubera que havia casado e não tivera tempo de cumprimentá-lo pessoalmente. Informou que, no período em que estiveram juntos, eram partidários das mesmas idéias de liberdade e felicidade para todos, o que os aproximara ainda mais.

Observando a disciplina da fazenda – continuava ele dizendo melífluo – via que Luiz pusera em prática todas as suas idéias sobre as quais construía os próprios ideais. Sem escravos, com homens livres trabalhando a terra, podendo plantar as próprias roças, etc.

Com isso, foi ganhando a confiança do ingênuo capataz que, por seus modos brandos e pacientes, era o eleito pelo proprietário da fazenda para ordenar e dirigir os destinos da propriedade na sua ausência.

Severino, como se chamava, não reconhecera naquele visitante, o mesmo homem que apreendera Carolina, já que tudo nele era diferente daquele outro, arrogante, altivo, autoritário.

Assim, confiante, ele passou a lhe relatar os detalhes da vida daquele que era considerado amigo de juventude. Com isso, Macedo pôde descobrir qual era o destino dos dois, quando haviam partido e quando pretendiam regressar.

Aliás, segundo Severino lhe informava, depois da prisão de Carolina, ele próprio remetera um portador para levar pequeno bilhete da moça para seu marido e pai, apressando-lhes o regresso que, segundo suas previsões, estaria para ocorrer dentro de um ou dois dias, dada a distância entre a capital e a fazenda.

Macedo, que se identificara com outro nome, agradeceu a atenção, a boa conversa, desculpou-se por não poder ficar na propriedade, esperando pelo amigo ausente, já que tinha compromissos inadiáveis a cumprir, mas deixava lembranças ao companheiro de idealismos juvenis.

Apanhou o chapéu, cumprimentou Severino com polidez, montou seu cavalo e retomou o rumo da cidade.

Afinal, como ele pensava, agora tinha coisas muito importantes e compromisso inadiável a cumprir, qual seja, o de prender aqueles bandidos seqüestradores daquela que era a personificação do seu amor.

Iria antecipar-se a eles no regresso, para que não tivessem tempo de chegar à propriedade rural. Prenderia os dois nas curvas do caminho que eram obrigados a fazer para chegarem até ali. Tinha pouco tempo e precisava arrebanhar ajuda para não se ver em inferioridade numérica diante daqueles que deveria prender.

Não falaria nada ao general Alcântara, pois desejava prender e obter as informações em primeiro lugar, a fim de ir buscar Lucinda pessoalmente, apresentando o caso solucionado, com a recuperação da filha do comandante e com a apresentação dos culpados por toda aquela situação para que fossem punidos.

Seria duplamente herói aos olhos do seu chefe. Esta idéia luminosa espantou a lembrança do sonho que tivera no dia anterior e que lhe mostrava as conseqüências dos atos mesquinhos.

Deus ajuda a todos, mas apenas diminuta parte das criaturas sabe entender a ajuda divina em suas vidas e aproveitá-la em tempo de evitar o próprio sofrimento. Macedo não era uma dessas diligentes criaturas.

30

A prisão dos líderes

Dando vazão às suas idéias de perseguição e ao desespero por encontrar a jovem amada, não foi difícil a Macedo arrebanhar alguns ajudantes assalariados por algumas moedas e que iriam com ele antecipar-se à chegada dos procurados Luiz e Armando, a fim de lhes preparar uma emboscada.

Uma vez que não pretendia tornar tal fato conhecido dos demais colegas da caserna, serviu-se de pessoas de duvidoso caráter que conhecia e de que se utilizava para realizar pequenos delitos sem que fosse identificada a autoria.

Reunidos em lugar retirado da cidade, Macedo expôs o plano:

– Vejam só. Os dois bandidos estão chegando pela região por estes dias. Preciso prender os responsáveis pelo seqüestro da filha do general e, como os viajantes sabem onde ela se acha escondida, precisam ser presos para contarem onde está o esconderijo.

– Mas isso é fácil, seu capitão – falou o mais experiente dos homens.

– Pode ser mesmo, Lourenço. Mas vocês não devem regatear com os cuidados. Preciso desses homens sem nenhum machucado. Devem prendê-los e tudo o que estiverem carregando junto. Não importa quanto tempo vocês fiquem esperando. Façam um revezamento, mas não deixem estes homens escaparem. As minhas informações não falham. Estão para chegar e não deverão demorar-se.

– Pode deixar conosco, Capitão. O senhor nunca se decepcionou com o nosso serviço. Não vai ser agora.

– Isso é verdade, Lourenço. Tenho mais um dia de folga e estarei em minha casa. Se até lá vocês prenderem os dois, mande alguém ir me chamar. Mas tome o cuidado de não dizer a ninguém do que se trata. Disso tudo, só eu posso saber, entendeu?

– Sim, senhor, entendi tudinho... – respondeu o serviçal da ilicitude.

Macedo afastou-se regressando ao seu lar, enquanto os jagunços se postavam nas curvas do caminho, preparados para o fiel cumprimento das ordens recebidas. Afinal, não desejavam falhar no cumprimento do que lhes fora determinado por Macedo, a quem já deviam outros favores e de quem haviam recebido a promessa de algum pagamento.

Armados com suas facas, facões e alguma arma de fogo, ficaram à espreita ocultos entre as ramagens contorcidas pelo calor.

É importante dizer que os caminhos daquela região eram muito sinuosos e despidos das garantias e das condições das estradas abertas pelas máquinas modernas. Ali, naquele agreste, mais não eram do que leitos secos de riachos ou de trilhas constantemente percorridas por animais e que iam abrindo pequeno carreiro no chão, demarcado pela batida dos cascos. Eventualmente, de distância a distância, uma pequena estalagem ou vilarejo interrompia o curso natural da picada como forma de aproveitar o pequeno fluxo de viajantes e de lhes garantir algum alimento ou repouso, além da troca eventual de montaria.

No mais, a viagem era feita sem quaisquer medidas de segurança que não a proteção de Deus ou de alguma garrucha antiga.

Os viajantes se valiam das horas mais amenas, representadas pela manhã e pelo final da tarde para que pudessem andar mais depressa sem terem de suportar o causticante calor das horas do sol forte.

Quando a Lua ia alta e cheia no céu, muitos se arriscavam a seguir viagem noite adentro, fazendo-no apenas nos casos de maior urgência.

É assim que Luiz e Armando, tendo sido surpreendidos com o bilhete de Carolina, que lhes fora entregue pelo serviçal da fazenda, trataram de regressar da forma mais rápida possível até a região com a finalidade de resgatarem a jovem.

Viajaram sem as cautelas adequadas para as incursões por região desabitada. Aproveitavam a noite para acelerarem o andar lento das montarias que os carregavam e ganhar terreno já que tinham pressa para chegarem ao destino. Não se preocuparam com qualquer tipo de proteção. Atiraram-se pelos caminhos de peito aberto, apenas com a idéia fixa de salvarem Carolina da prisão injusta.

Assim, não foi difícil para os tarimbados jagunços liderados por Lourenço, identificarem à distância o trote dos animais no meio da noite, caracterizado pelo barulho dos cascos na pedra do chão seco a se aproximarem constantemente.

Identificada a chegada das suas vítimas, os homens se posicionaram de forma a cercarem os viajantes, não sem antes se certificarem de que vinham apenas os dois e mais uma mula carregada de coisas.

A prisão não foi difícil. Ao se verem cercados em pequeno cotovelo da trilha os dois viajantes entenderam que não havia como reagir, já que eram mais numerosos os bandidos e eles se achavam sem qualquer arma que pudessem usar de imediato.

Lourenço ergueu a voz e mandou que parassem, apontando uma arma na direção de ambos. Ato contínuo, os demais se aproximaram com suas montarias e foram amarrando os dois homens para que nada fizessem com as mãos ou com os pés, pulando das montarias e correndo pelo meio do mato seco.

Amarrados e amordaçados, foram levados pelo grupo de Lourenço para pequena construção abandonada localizada na redondeza da cidade e ali ficaram todos esperando a chegada do capitão.

Luiz e Armando não tinham conhecimento muito claro dos fatos que se haviam sucedido em sua ausência. Estavam indignados com a prisão de Carolina que julgavam ser mais um ato de tirania daquele general que combatiam e que combateriam com maior veemência.

Nada sabiam da devastação das terras de Alcântara, do seqüestro de Lucinda, da prisão dos rebeldes. Por isso, não tinham qualquer noção da causa daquela prisão. Interpretaram tal ato como mais um impulso de saque do que um ato de aprisionamento.

Era natural que os viajantes acabassem, vez ou outra, sendo roubados nas estradas por homens que pretendiam ganhar facilmente a vida, usando da astúcia e da própria maldade para subtraírem de viajantes indefesos aquilo que eles levavam consigo.

Por isso, tão logo foram presos e antes de serem amordaçados, Luiz tentou conversar, dizendo:

– Olha aqui, seu moço, nós não somos ricos e não estamos transportando nada de valor. Temos algum dinheiro mas é coisa miúda. Mesmo assim, entregamos tudo o que tivermos a vocês, desde que nos deixem ir embora em paz.

– Fecha essa sua boca, seu mocinho seqüestrador de donzela. Pensa que vou ficar ouvindo o seu discurso de bom rapaz e acabar caindo na sua lábia, pensa? Amordaça ele e o velho...

A ordem foi imediatamente cumprida por um de seus ajudantes e os dois acabaram impedidos de falar ou de perguntar qualquer coisa. Só não sabiam a que seqüestro o homem se referira quando respondera à sua proposta. Ele, Luiz, não havia raptado mulher nenhuma. Muito menos sabia do que se tratava esse assunto.

Mas agora, estavam ali, enfiados naquele casebre sem saber qual o motivo. Esperavam e esperariam por quanto tempo?

O dia já amanhecia quando um dos homens de Lourenço foi a cidade levar a notícia alvissareira a Macedo.

Não demorou muito e o capitão chegou, entre feliz e eufórico, ansioso e mal intencionado.

– Muito bem, Lourenço, sabia que você não me deixaria na mão. Aqui está o que lhe prometi – disse o militar estendendo a mão que continha pequeno saco com algumas moedas que fizeram a alegria do jagunço.

– O senhor é sempre muito generoso, capitão, foi a resposta do bandido serviçal.

– Nós nos entendemos bem, homem. Mas vou precisar de sua ajuda para arrancar desses dois a informação de que necessito. Quero saber onde Lucinda está para que possa ir libertá-la e, após isso, entregarei a filha sã e salva ao meu comandante juntamente com estes dois bandidos que serão presos e julgados para que nunca mais se esqueçam deste dia.

Falando assim, os dois presos entenderam que seriam submetidos a algum tipo de tortura. E o que era mais grave, nem imaginavam por que seriam torturados. Que seqüestro era aquele novamente mencionado, agora, pelo militar? O que Carolina tinha a ver com aquilo tudo?

Macedo determinou a Lourenço que tirasse os dois homens de cima dos cavalos onde ainda se mantinham amarrados e os pusesse no chão, mantidas as amarras e retiradas as mordaças.

Feito isso com rapidez, Macedo falou sem qualquer rodeio:

– Vocês dois são os mentores das desgraças que aconteceram até hoje nestas bandas. Achando que poderiam se livrar de tudo, se afastaram daqui, mas a Justiça não se acumplicia com a covardia de vocês. Vai buscá-los para que sejam julgados. O material subversivo foi encontrado nas suas terras do mesmo modo que a máquina de copiar os escritos desse escritorzinho irresponsável. Lá foram achados os armamentos e algumas das roupas usadas na invasão da fazenda do general. Como se pode ver, não há como negar os fatos ou fugir da verdade. Além disso, todos os presos apontam vocês dois como os idealizadores do movimento. Inclusive Mariano que foi quem liderou a invasão.

Por essas informações os dois homens não esperavam. Invasão, destruição, seqüestro, tudo isso parecia irreal a ambos.

– Mas o que é isso? – disseram ao mesmo tempo, entre a surpresa e a indignação...

– Ora, isso é o que vocês planejaram fazer. Mas fizeram mais ainda e é por isso que estão aqui.Eu estou lhes dando uma oportunidade de revelarem onde se acha o cativeiro da senhorita Lucinda, filha do general Alcântara, que foi levada por um dos homens encapuzados que vocês arrumaram para o saque e a destruição no dia do ataque.

O silêncio pesado caiu no ambiente.

– Não sabemos de nada, capitão. Viajamos antes de que tudo isso a que o senhor se referiu tivesse acontecido. Além do mais, não é verdadeiro que nós tivéssemos alguma coisa a ver com tais fatos. Nosso movimento é de idéias e não de armas.

– Claro, inocentes criaturas. As armas encontradas em suas terras demonstram bem de que tipo de movimento de idéias vocês são. Os panfletos arrogantes e insidiosos também demonstram como estavam preparados para a ação. E o que é pior: o material que foi apreendido com vocês agora, confirma essa hipótese de que os dois estavam e estão preparando algo mais radical. Ou falam ou vão se arrepender de não terem aberto a boca a tempo, enquanto podem abri-la sem dores maiores...

Não tinham muita coisa para falar, nem imaginavam o que dizer. Luiz, contudo, tentou se fazer mais claro:

– Senhor capitão, o que nos trouxe aqui mais rápido foi a prisão injusta de minha esposa Carolina. Precisamos de algum tempo para que possamos entender tudo o que aconteceu em nossa ausência, principalmente por que nossa Carolina, mulher inocente e inofensiva está em seu quartel. O que ela fez?

– Ora, seu moleque, como se você não soubesse... Ela foi flagrada ocultando a impressora de cópias, as armas e algumas vestes rasgadas e ensangüentadas dos revoltosos que atacaram, destruíram, saquearam e seqüestraram os bens e a filha do general. Como ela não quis entregar vocês, recusando-se a revelar onde estavam, ela foi detida como mais uma pessoa envolvida no delito.

– Não é possível... Ela não pode ter feito nada. Não sabe de coisa nenhuma. Nunca participou de nenhuma reunião, de nenhum encontro nosso. Não tem idéia do que venha a ser um seqüestro e não faz mal nem para os animais mais pequenos da fazenda... – respondeu Armando, quebrando o silêncio.

– Isso é o que veremos, já que ela poderá sair sã se revelar onde está Lucinda. O mesmo poderá acontecer com vocês dois. Se disserem onde Lucinda está, sem ocultarem nada, não sofrerão nenhum constrangimento. Mas, se não disserem o que preciso saber, terão de ser convencidos a fazê-lo.

– Mas como eu já falei, capitão, nós estávamos viajando. Não sabíamos nem que Carolina tinha sido presa, não fosse um dos antigos escravos nos ter ido encontrar lá na capital com um bilhete escrito por ela mesma... Como vamos saber onde Lucinda se acha mantida presa?

Luiz e Armando sabiam que a sua situação estava ficando mais e mais delicada, pois não podiam dizer nada em face de nada saberem. Principalmente por imaginarem que a filha do general se achava desaparecida. Ele usaria Carolina para tentar tirar de ambos, custasse o que custasse, todas as informações.

Macedo tentaria isso antes, usando de outros argumentos, os argumentos da ignorância e da violência, como se não fosse ele mesmo, Macedo, o agente causador de todos os fatos sucedidos.

Deveriam esperar a benevolência daquele homem truculento ou inventar alguma mentira para despistá-lo? No íntimo, ambos sabiam que iriam sofrer muito a partir dali.

Lourenço preparava os instrumentos que usariam para retirar deles as informações necessárias, à custa da carne abrasada pelo metal incandescente. Era Macedo que queria andar na frente dos fatos para achar a moça e, então, casar-se com ela.

O desespero íntimo assombrou a mente daqueles dois seres indefesos diante dos algozes agressivos que atiçavam as chamas para que elas avermelhassem as tenazes com as quais pretendiam extrair as notícias que eles não possuíam.

Onde a ignorância se concentrava, aí se concentravam também os seus métodos, não importando fosse no quartel ou no casebre abandonado. A violência é sempre um dos poucos métodos da ignorância.

31

Cada um no seu lugar

No quartel, Alcântara deixara Carolina em desespero, detida nos exíguos aposentos, tendo determinado que fossem diminuídas as rações que seriam a única fonte alimentar da jovem.

Iria começar um processo de convencimento através da carência e da fome. Seria a nova forma de tortura física e moral, já que Macedo não estava por ali para fazer um outro tipo de tortura, mais direta e brutal, como eram os seus hábitos.

Ao seu lado estava o espírito de Luciano, sempre astuto, procurando dar seguimento ao seu intento de destruição.

Os laços fluídicos entre ambos se tornavam sempre mais apertados, uma vez que o general não alterava nunca a sua maneira de pensar e de sentir, não deixando qualquer brecha para que o espírito de Euclides pudesse intervir com um pensamento de perdão e de compaixão.

Principalmente depois de Lucinda ter sido raptada, o sentimento de vingança e de desespero toldaram todo o bom senso e a lucidez do militar. Isso o arrastara para o limite entre o equilíbrio e a alucinação.

Eventualmente se surpreendia falando sozinho pelos corredores do quartel, gesticulando com a sombra, ouvindo vozes, tendo pesadelos.

O seu estado de aflição sem controle começava a produzir mazelas físicas, uma vez que o bem-estar orgânico depende e se acha vinculado intimamente ao equilíbrio mental e afetivo.

O desespero lhe minava as forças, agravado por longo período de semeaduras nocivas, acumulando na sua atmosfera individual emanações de ódio e rancor provenientes de inúmeras outras criaturas que prejudicara. Os pensamentos dos que viam seus entes queridos aprisionados no quartel, o medo que ele espalhara, as perseguições espirituais de outras entidades do invisível que se acumpliciavam com o desejo de Luciano de fazerem justiça, tudo isto piorava o seu estado geral.

Enquanto isso, Maurício seguia cumprindo o seu papel no meio daquele caos.

Prestava atendimento aos feridos, levava remédio aos mais combalidos e, a todos os que aceitassem a sua palavra, falava da Justiça Divina como sendo o único elixir que vitalizava qualquer recuperação, tornando-a mais acelerada. Em face de sua atitude conciliatória, foi permitido que saísse de sua cela e tivesse trânsito razoavelmente livre pelas dependências da caserna, até porque ele cuidava com o mesmo carinho dos próprios soldados e oficiais.

Envolvido pelo espírito de Euclides, Maurício seguia enfrentando o desafio de ajudar os que o perseguiam e os que faziam a infelicidade de muitos outros.

Logo, conseguiu pequeno ambiente para realizar as suas prédicas ao final de cada dia. Para ouvi-la eram conduzidos alguns doentes e tinha igualmente acesso qualquer militar que desejasse participar. Com isso, poderiam avaliar o teor da mensagem que o jovem médico passava durante as suas explicações.

Mas o que ocorria era que, enquanto alguns iam para fiscalizar o conteúdo do discurso, a elevação dos conceitos envolvia as idéias de todos e, de uma forma ou de outra, noções de responsabilidade fraterna, de confiança na bondade suprema, de certeza de que ninguém está abandonado iam dando novo alento a cada coração. Cada soldado frustrado com a vida que levava, com família distante, sem amparo, ouvia a cantiga luminosa saída dos lábios do médico como farol a orientar sua jornada.

Logo, Maurício passou a ser procurado por muitos que se interessavam por essa nova forma de entender as coisas, o que era novidade no lugar em que viviam.

Com a sua ação, ocorreu uma melhoria geral do ambiente. Muitos se recuperaram dos ferimentos e puderam ser devolvidos aos seus lares por não terem um envolvimento mais direto e profundo nos fatos. Ficaram detidos, no entanto, todos os que tiveram efetiva participação no ataque às terras de Alcântara, além de se estar buscando a prisão de Luiz e Armando que, a essa altura já haviam sido encontrados por Macedo, mas estavam em lugar distante dali, ocultos de todos para que o capitão tivesse as informações antes de qualquer outro.

* * *

Distante daquela pequena comunidade, Lucinda se via às voltas com Salustiano cego e paralisado, vivendo na choupana improvisada.

Envolvida pelo espírito de Euclides, a moça passara a ser o anjo guardião que a tudo amparava com o carinho de seu espírito adestrado para tais operações.

Fazia a comida, arrumava a casa, cuidava de Salustiano, encorajava o seu ânimo e sabia que iria precisar dar um rumo diferente àquela situação para que o tratamento médico de que ele necessitava fosse iniciado. Mais cedo ou mais tarde, Lucinda precisaria tirá-lo daquele local isolado e sem recursos.

Para isso, era necessário demandar uma cidade com maiores recursos. A viagem, contudo, deveria ser muito penosa. Será que Salustiano agüentaria?

Com essas preocupações, Lucinda dirigiu-se ao enfermo e comentou:

– Sabe, seu Salustiano, estou pensando que o senhor não pode ficar assim, sem ajuda ou sem medicamentos porque essa enfermidade precisa ser tratada. Pode ser coisa que tenha volta, que melhore e nós estamos parados, sem qualquer recurso. Por isso, pensei em nos retirarmos daqui para um lugar maior. O que o senhor acha da idéia?

Ouvindo essa pergunta que demonstrava tamanha preocupação genuína e sincera, o seqüestrador, agora vítima, se emocionou até às lágrimas e respondeu:

– *Ora,* moça, deixe de lado o meu estado e vá para a sua casa. Eu não valho pro gasto da viagem... A senhorinha é jovem e deve estar com saudades de sua família. É justo que tome o seu rumo.

– Isso eu vou fazer, sim, seu Salustiano, quando puder ter certeza de que vai estar bem amparado, porque eu só estou melhor devido aos cuidados que o senhor teve comigo. Só por causa deles é que sarei. Para que possa voltar para casa tranqüila e em paz, preciso dar ao senhor tudo o que puder oferecer. Se estivermos de acordo e se pudermos ir juntos em busca de ajuda, isso vai me permitir regressar para minha casa, depois de encontrar o apoio para o seu tratamento. Tão logo reencontre os meus entes queridos, irei buscá-lo novamente para cuidar pessoalmente do senhor, até porque meu pai é homem agradecido e fará questão de acolher aquele que salvou-lhe a filha da doença, da fome.

– Sabe, dona Lucinda, eu não mereço nada disso, não. Sou um traste velho que ficou ressecado de tanto andar por estes lugares secos. Mas agora que estou cego e que mal andar eu consigo, não posso ter outra vontade senão aquela que seja a sua. Não sei como é que podemos conseguir, mas se a senhorinha acha que é bom, a gente dá um jeito de fazer dar certo.

– Ah! que bom, seu Salustiano. Eu tenho certeza de que Deus vai nos ajudar a sairmos daqui. Eu até já andei pensando em como fazer. Escute meu plano.

E, ato contínuo, passou Lucinda a relatar ao enfermo, os modos como pretendia sair dali:

– Primeiro, seu Salustiano, eu vou improvisar uma espécie de cama, como eu já vi fazerem lá na fazenda do meu pai, prendendo dois pedaços de madeira compridos no arreio do cavalo, um de cada lado, bem amarrados. Depois nós colocamos a sua rede e amarramos o tecido nas duas madeiras, como fazendo uma daquelas camas de campanha que meu pai usa muito nos exercícios militares. Aí, o senhor se deita nela e nós vamos até o primeiro povoado para conseguirmos uma outra montaria para transportá-lo. Com isso, nos informamos do rumo que devemos tomar para encontrarmos um local que possa tratar do senhor, mesmo que tenhamos de ir até a capital.

– É uma idéia boa, dona Lucinda. Será que vai dar certo?

– Por que não há de dar, seu Salustiano? Eu só vou precisar de sua ajuda para ir indicando o rumo que precisamos tomar para chegarmos ao primeiro povoado.

Enquanto ouvia isso, Salustiano pensava que, agora, cego e sem mobilidade, poderia ser identificado por qualquer pessoa sem que pudesse fazer nada para impedir. Qualquer um poderia chamá-lo pelo antigo nome e revelar a sua identidade, correndo o risco, com isso, de ver revelada toda a trama de sua maldade aos olhos daquela que era a sua única benfeitora. Um frio percorreu toda a sua coluna, como se ele antevisse a própria dor pelo fato de sua mentira acabar descoberta por aquela que ele passara a respeitar e a querer como a uma filha.

Nada podia fazer, todavia. Iria pedir apenas que ela arrumasse um chapéu bem grande para protegê-lo do sol e, ao mesmo tempo, para escondê-lo dos curiosos durante a viagem. No fundo, Salustiano estava preocupado em se esconder de si mesmo, com receio de que o seu passado estragasse o seu presente.

Desse modo, passaram os dias na preparação da maca improvisada, ela, fazendo o trabalho pesado e ele, dando idéias, orientando como ela deveria fazer para construir o leito.

Depois de construído, tiveram que fazer um teste para que soubessem se estava bem firme e se agüentaria percorrer alguns quilômetros até o primeiro arraial que encontrassem ao longo da trilha.

Tudo preparado, Lucinda amontoou as coisas mais valiosas e úteis sobre a montaria, ajudou a acomodar Salustiano e partiram por entre os arbustos ressecados e tortos, em direção do seu futuro, na passada lenta daquele animal cansado de tanto transportar pessoas por entre os espinhais.

Salustiano ia dando alguma informação à Lucinda que, sobre o cavalo, virava para cá e para lá, com o cuidado de quem manobra uma carga muito delicada. Procuraram sair bem cedinho, antes mesmo que amanhecesse, para aproveitarem o frescor da madrugada.

Quando o dia chegou pleno, já haviam caminhado bastante, seguindo o caminho que Salustiano indicava como se não tivesse perdido a visão, tal era o seu conhecimento das terras daquelas paragens.

Depois de terem caminhado por mais de três horas, Lucinda avistou ao longe a cumeeira de algumas casinhas, indicando que estavam próximos de seu primeiro objetivo.

Não era, contudo, a estalagem costumeira na qual Salustiano-Tião era muito conhecido e onde, com toda a certeza, seria reconhecido. Pelo rumo que orientara Lucinda, Salustiano levara a pequena caravana e uma propriedade rural muito modesta, mas que era habitada por algumas pessoas generosas e que, sabia ele, não iriam opor resistência a fornecerem ajuda para que a jornada seguisse avante, a partir de então com duas montarias.

Tão logo se aproximaram, Lucinda avistou uma mulher que estendia roupas sobre um fio a fim de ficarem expostas à luz solar.

Logo se aproximou e saudou a mulher com palavras de estima e simpatia, no que foi correspondida com a espontânea sinceridade das criaturas que ajudam vendo bondade em tudo e em todos.

Ouvindo de Lucinda a sua história com a qual ficou extremamente sensibilizada, não foi difícil à mulher convencer o seu marido a oferecer mais uma montaria para que o doente pudesse chegar mais depressa ao seu destino. E vendo a preocupação de Lucinda no tratamento de Salustiano, aconselhou:

– Sabe, minha filha, pelo estado geral dele, só mesmo procurando recursos na capital. A viagem é um pouco longa e cansativa, mas você vai parando pelo caminho e, ao longo de uma semana, um pouco menos, acabará chegando lá. Eu vou lhe entregar alimento para que tenham o que comer e vocês levam umas poucas moedas que nós temos aqui para essas emergências. Elas ajudarão numa hora de dificuldades. O dia que puderem, vocês devolverão isso em benefícios a alguém mais sofredor porque, na Terra, os bens só têm uma função: Servirem ao homem fazendo por ele alguma coisa. A moeda é redonda para poder rodar, não é filha?

Essa acolhida sincera e boa, própria dos que habitam os meios desditosos das regiões do agreste, sensibilizou os dois viajantes que, agradecidos, não tinham como traduzir em palavras o carinho daquela mulher estranha e, ao mesmo tempo, tão conhecida de seus corações pela bondade que nutria no íntimo.

Renovados nas suas provisões de alimento e de água, agora com mais uma montaria para o transporte de Salustiano de forma mais confortável, retomaram a caminhada com o novo rumo que fora sugerido pela generosa senhora tão logo o Sol permitiu enfrentarem o caminho, depois de ter amainado os seus raios mais causticantes do meio da tarde.

Seguiram o seu novo rumo, enquanto os outros personagens tinham os seus caminhos também vincados pelo sacrifício.

* * *

Luiz e Armando se achavam agora, separados, amarrados e desesperados.

Com uma barra de metal avermelhada pelo fogo e que era manuseada por Lourenço na presença de Macedo, os corpos do prisioneiros começavam a sofrer os processos de tortura mais vis e covardes, indignos até mesmo de serem descritos, em face do padrão negativo das imagens que seriam criadas na mente do leitor.

Aos gritos e gemidos, iam sendo feridos tendo a epiderme marcada pela tortura.

– Fala, criatura, desembucha logo!!! – gritava Lourenço, estimulado por Macedo.

– Eu não sei de nada, já disse, Eu não sei onde foi parar essa moça – gritava Armando enquanto Luiz ouvia tudo entre o desespero, a revolta e a dor.

– Claro que sabe, é bom ir falando para não acabar morrendo por sua culpa – respondia sarcástico o algoz.

– Isso é covardia – gritou Luiz – deixa esse homem velho de lado e façam comigo o que estão fazendo com ele. Eu juro por tudo o que é mais sagrado que nós não estamos sabendo de nada. Você quer que a gente invente? Que a gente conte uma mentira? – urrava o moço, preso entre as amarras e sentindo o odor de carne queimada que pairava no ar.

– Se mentir fica pior pra você, porque não tem nenhum palhaço por aqui, tem? – perguntou Macedo irritado com a ameaça do rapaz, dando-lhe um soco em plena face, provocando o sangramento de seu nariz e dos lábios.

Imediatamente formou-se um edema por causa da fratura sofrida com o impacto direto da mão pesada do capitão sobre o rosto desprotegido de Luiz.

– Se não falar onde está Lucinda, não vai sair nenhum vivo daqui hoje. E a gente vai começar a apagar o velho primeiro.

Ao ver que os bandidos não estavam para conversa e muito menos para brincadeira, Luiz jogou sua última cartada, como forma de salvar a vida de seu sogro a quem muito devia:

– Está bem, eu faço a revelação do que sei. Mas com uma condição.

– Que condição é essa, seu traste! – berrou Lourenço.

– Eu só falo na presença do general Alcântara. Se ele não estiver presente, vocês podem me matar, matar o Armando, matar todo mundo mas não vão ficar sabendo de nada.

Diante dessas afirmações, Macedo passou a meditar sobre as vantagens que conseguiria em levar ao general um homem que pudesse dar informes novos sobre o paradeiro de sua filha.

Pensando friamente, seria uma forma de mostrar ao general a sua diligência que conseguira prender os principais responsáveis em apenas um dia e extraíra deles informações importantes, ainda que à custa de procedimento doloroso.

Refletindo no respeito que conquistaria junto daquele homem atormentado, Macedo achou por bem levar os presos até o quartel e colocá-los na prisão pessoalmente, antes de ir levar as boas notícias ao general, o qual as haveria de receber como esperanças renovadas, principalmente pelo fato de que um deles se dispunha a falar diretamente ao próprio general.

Como capitão, seria visto como um militar diligente e responsável, capaz de capturar perseguidos ainda mesmo em seus horários de folga.

Tanto Luiz como Armando estavam em um estado lastimável, quase irreconhecíveis, em face das agressões e queimaduras sofridas.

Quando deram entrada no quartel, bem ao final da tarde daquele dia, transportados por Macedo e por Lourenço, não passavam de mais dois prisioneiros arrasados e feridos cujo destino se igualava a de tantos outros vitimados pelas arbitrariedades daqueles homens de farda que, desejando a todo o custo encontrar pistas de Lucinda, espalhavam o desespero entre os membros da comunidade que lhes competia proteger.

Naquela noite, dois novos presos estariam sob os cuidados emergenciais de algum médico. Afinal, os dois precisavam sobreviver para que fossem julgados e para que indicassem todos os detalhes do que sabiam.

32

O desencarne de Armando

Não obstante terem sido trazidos para o quartel, os dois prisioneiros se encontravam extremamente debilitados por causa das agressões recebidas.

Tão logo chegaram ao interior, foram conduzidos por Macedo a compartimentos mal ventilados e pouco higienizados, uma vez que inúmeros outros presos ocupavam os demais espaços.

Na verdade, mesmo feridos e necessitando de cuidados urgentes, ambos foram abrigados em antigas baias outrora destinadas aos animais usados como montarias, convertidas de improviso em local de aprisionamento.

Foi-lhes fornecida pequena ração alimentar e um pote de água para que saciassem a sede. Suas roupas estavam em frangalhos devido à tortura suportada anteriormente e as dores se espalhavam pelo corpo sem pouparem qualquer região física.

Para que não tivessem oportunidade de confabularem, ambos foram colocados em locais separados e deixados sem maior cuidado imediato, enquanto Macedo se dirigia até o gabinete do comandante para apresentar-se a ele, depois do encerramento do terceiro dia de folga, buscando sondar-lhe o estado íntimo e avaliar como estavam as coisas na sua ausência.

Não encontrou Alcântara no local de costume.

O general estava novamente sob os cuidados de Maurício, pois as crises de alucinação tinham voltado, principalmente depois da conversa com Carolina e com o desespero que tomou conta de sua constituição emocional. Aproveitando dessa fraqueza, novamente o espírito de Luciano se aproximava, desta vez trazendo mais companheiros de ódio, representados pelos espíritos que se achavam vinculados às vítimas detidas por ele ou a seu mando nas dependências daquela unidade militar.

Sim, porque todos os espíritos se acham em situação evolutiva diferente umas das outras. Alguns que procuravam se aproximar de seus parentes encarnados, na condição de antigos genitores, esposas ou filhos desencarnados, presenciavam a violência que estava sendo praticada contra eles e, por falta de estrutura espiritual mais esclarecida de alguns deles, a revolta e o desejo de vingança se instalavam em seu íntimo.

Aproveitando isso, Luciano procurou reunir todas as entidades que se igualavam no mesmo padrão vibratório do ódio e de perseguição para, numa aula de astúcia, expor-lhes sobre o responsável, o causador de todo aquele sofrimento, traçando uma estratégia de revide ou de vingança.

Para isso, na manhã daquele mesmo dia, Luciano visitara todos os encarnados nas celas do quartel para avaliar quais os espíritos que estavam ali, próximos a eles, em condições de aceitarem a sua convocação. Como notara a existência de espíritos junto dos encarnados em posição de indignação ou de revolta clara, como alguém que convidava os que lhe ouviam as palavras para uma reunião importante, postou-se no meio do ambiente para que fosse visto por todas as entidades, elevou a voz, conclamando-os:

– A todos os que estão aqui presenciando a desgraça de um ente querido; a todos os que estão chorando as dores sem remédio de algum inocente; a todos os que sentem as injustiças cometidas contra o coração de um filho ou de um parente amado ou um amigo eu convido para que às três horas desta tarde se dirijam para o refeitório do quartel, pois serão esclarecidos sobre quem é o responsável por toda esta injustiça e como fazer para defenderem estas vítimas inocentes de tudo isso que está acontecendo. Não deixem de comparecer.

Em outras celas fazia uma abordagem pessoal e direta, falando abertamente sobre a necessidade de atacar o agressor, buscando convencer a entidade espiritual invigilante e de certo teor de inferioridade e ignorância sobre a urgência de agirem.

O certo é que, no refeitório, quase uma centena de espíritos em acelerado estado de ignorância e de desejo de vingança se acotovelavam para ouvir a sua exposição.

Vendo platéia tão rica, Luciano passou ao relato de todos os fatos, ressaltando sempre que a responsabilidade por tudo o que estava acontecendo recaía, em primeiro lugar, sobre Macedo e sobre Alcântara, que eram os mandantes e os agentes dos abusos. Outros responsáveis existiam, representados por oficiais subordinados à maldade, recalcados no processo de mandarem e exigirem obediência e por outros de patentes inferiores ou simplesmente integrantes do grosso da tropa que eram embrutecidos por culpa da vida de frustrações a que eram submetidos. Todos os culpados mereciam receber a mesma carga de perseguições. Mas aos chefões, Luciano pretendia refinar as desditas infligidas.

Assim é que, observando o grau de indignação que se ia exteriorizando de cada um deles, no curso do que ia contando, Luciano escolheu um grupo de dez espíritos mais endurecidos para convocá-los ao trabalho direto de perseguição, tanto ao general quanto ao capitão, o que se constituiu numa verdadeira distinção para cada um dos escolhidos, como se tivessem sido condecorados.

Iriam ter o privilégio de atacar os causadores principais, o que lhes seria uma honra.

Estabelecido e planificado o modo de agir, todos os integrantes se dispersaram voltando para os seus companheiros encarnados e, daí por diante, iniciando um processo de influenciação mais profundo sobre cada um dos integrantes daquele quartel que estavam sendo instrumentos do mal e da tirania, manipulando os castigos.

Luciano conduziu os dez eleitos para que conhecessem os seus objetivos.

Encontraram Alcântara em seu gabinete, naquela tarde, em profundo abatimento e iniciaram o procedimento de envolvimento mais íntimo imediatamente.

Colaram-se ao militar, aproveitando todas as aberturas de seu pensamento e de sua personalidade invigilante para emitirem mais e mais intuições negativas, aumentando a pressão psíquica sobre o seu já debilitado estado emocional.

Essa aproximação mais densa, aliada ao processo de domínio que Luciano exercia com destreza sobre aquele homem fizeram com que a crise desabasse poucos minutos depois. Adotando a postura de um doente que perdeu o controle de seu corpo, Alcântara teve uma síncope e caiu ao chão, num estrondo que despertou a atenção dos outros que se achavam na sala vizinha.

Ao chegarem para ver o que ocorrera, os subordinados se espantaram com o estado físico do general.

Inconsciente, achava-se caído no solo em posição retorcida, apresentando uma secreção esbranquiçada a lhe escorrer pelo canto dos lábios, ao mesmo tempo em que emitia sons guturais à feição de bicho do mato. Delirava e, vez ou outra, mexia-se por inteiro como se quisesse libertar-se de amarras invisíveis que o forçavam a ficar naquela posição. Seus olhos viravam nas órbitas e o estado geral impressionava.

O jovem médico, Dr. Maurício, já conhecia tudo isso e foi chamado de imediato.

Atendido e transferido para seus aposentos pessoais, Alcântara foi amarrado ao leito para que dele não caísse e recebeu medicação calmante.

Ao mesmo tempo em que orientava pessoalmente o processo de ataque ao general, depois de explicar aos novos comparsas espirituais como continuar a ação, Luciano deixou ali sete deles, convidando outros três a seguirem-no, pois iriam procurar Macedo.

Quando tudo isso aconteceu no período da tarde daquele dia, lá no quartel, Macedo ainda não havia chegado e se encontrava nas ruínas da periferia da cidade dando vazão aos seus instintos animais, com a tortura de seus dois prisioneiros.

Os espíritos chegaram justamente na hora em que Macedo participava das ações de violência que redundaram no esbofeteamento covarde de Luiz.

Vendo o teor vibratório dos agentes do mal, as entidades vibraram por estarem se unindo com facilidade a um homem igualmente sem escrúpulos a quem perseguiriam com denodo e fúria, fazendo por merecer, o capitão, toda a carga de ódio que os três espíritos guardavam no seu íntimo.

Macedo tinha as portas interiores escancaradas para a influência do mal, em face da sua sintonia vibratória.

Sua ligação era com a arbitrariedade e a violência. Logo, a arbitrariedade e a violência lhe dariam a merecida resposta.

Quando Macedo voltou ao quartel, trazendo os dois prisioneiros, já não estava mais sozinho. Já tinha mais três espíritos densos que lhe eram acompanhantes juntamente com os outros que reunira por força de seus próprios disparates.

Ao procurar o general para falar das boas notícias no final daquela tarde, este se encontrava incomunicável, sob remédios sedativos, impedindo que Macedo lhe revelasse as novidades. Teria de fazê-lo no dia seguinte ou no dia em que seu estado geral melhorasse.

Enquanto isso, procurou recolher-se mais cedo, já que fora um dia cheio de experiências e, ao que tudo indicava, seus planos estavam dando resultado. Em breve, o general saberia onde a filha estava escondida, e isso, graças a ele, Macedo, que não desistira um só minuto de encontrá-la.

Nas celas, entretanto, as coisas não iam bem.

O desgaste físico dos doentes era flagrante e o mais idoso deles, Armando, já apresentava sinais de que não resistiria por muito tempo àquela situação. Sua epiderme dilacerada sangrava em vários pontos. Um dos ossos do braço tinha fraturado ao peso dos golpes suportados durante a tortura.

A febre se instalava e não havia cuidado que pudesse minimizar, em breve, a agonia que dele se acercava. Armando dava sinais de que não duraria muito tempo.

Enquanto Macedo cuidava de si mesmo esquecendo-se dos próprios prisioneiros, acostumado a tratá-los como despojo de batalha, a falência dos órgãos num corpo como o de Armando, mais desgastado pela idade e pelas agressões recebidas, se instalava com rapidez inusitada.

Na verdade, o espírito de Euclides velava por seu estado orgânico, exatamente para ampará-lo no processo desencarnatório que se tinha iniciado.

Em vida anterior, Armando fora o executor de algumas ordens violentas emanadas de seus superiores, em instituição religiosa de que fizera parte, ordens estas que, se não eram de sua responsabilidade imediata, eram cumpridas por ele com requintes de perversão e de capricho, recebendo, assim, a adesão de seu espírito para que as vítimas acabassem sofrendo muito e mais demoradamente.

Assim se viu na situação do indivíduo que se acumpliciou com a maldade, tendo aprovado a sua vigência entre os homens ou não tendo feito quase nada para atenuar-lhe a incidência. E pelos mecanismos da reparação forçada bem como para perdão de sua própria consciência, Armando se dedicara durante a vida a buscar implementar um estado de maior justiça entre as pessoas, mesmo que na condição de senhor de escravos, ao ponto de ter transformado sua propriedade, não mais em prisão de torturas, mas em um local de liberdade e trabalho a quem assim o desejasse. Estava realizando os seus compromissos reedificando a parte que lhe cabia no edifício da paz universal. Por fim, como verdadeiro alvará que lhe atestava a vitória final, suportou o ferro em brasa e todas as demais técnicas de convencimento pela violência sem revolta. Estava revestido de uma convicção sem precedentes na hora daquele testemunho pessoal. Sobre ele, luzes do céu desciam como que a lhe ajudarem a vencer a si mesmo, dando provas da sua dignidade de vítima silenciosa, que é abatida no martírio que solicitou para demonstrar a própria coragem.

Euclides, o médico espiritual, se acercava dele, juntamente com outros trabalhadores iluminados que lhe eram muito queridos iniciando todo o procedimento de retirada de seu espírito daquele corpo que já não permitia mais a manutenção da vida física. Os passes magnéticos específicos visando o enfraquecimento dos centros de força vitais iam debilitando os núcleos físicos, acelerando a degeneração orgânica provocada pelos ferimentos.

Sentindo a aproximação do desenlace, Armando voltou a uma certa lucidez e pôde lembrar-se de Carolina, sua filha querida, entregando-a a Deus, rogando que o Pai, que tivera tanta compaixão dele, homem pecador, agora pudesse amparar ainda mais a filha que ficava no mundo sem a sua proteção direta.

Lembrou-se de seu genro, Luiz, igualmente ferido e preso, companheiro de ideais e no qual encontrara todo o estímulo para a realização de seus projetos de forma total. Era seu genro, mas era também um modelo para tudo aquilo que sempre desejou realizar e não tinha muita idéia de como consegui-lo.

Orou pelo amigo e pelo irmão de lutas e conquistas. As lágrimas lavavam-lhe a face.

Lembrou-se dos negros felizes, com os olhos que brilhavam diante do pedaço de terra que recebiam como sendo sua propriedade e agradeceu ao Criador ter recebido deles tantas coisas quando ele mesmo dera tão pouco.

Jamais encontrara entre os brancos de sua gente dedicação e humildade como pudera observar em inúmeros negros que moravam em casinhas singelas, construídas com as mãos calejadas do trabalho na lavoura.

Sentira uma saudade profunda ao se lembrar de todos eles, seus verdadeiros irmãos de humanidade a quem procurara defender e proteger contra as injustiças dos outros homens. Oferecia a Deus e a Jesus, como prova do seu amor sincero, cada lágrima que havia secado no rosto escuro daquelas criaturas. Cada semente que eles haviam produzido para transformar-se em alimento ali mesmo onde era colhida, mantendo a saúde do corpo das crianças, repondo a energia gasta pelo trabalho árduo dos adultos, asserenando a fome do estômago dos velhos.

Agora chegara a hora de voltar à vida verdadeira e nada mais tinha para levar consigo, senão a alegria da consciência que se esforçou para fazer o melhor que pôde, numa época de tantos preconceitos. Uma canção melancólica, quase um lamento cantado pelos seus irmãos negros chegava aos seus ouvidos. Era a música que cantavam para se lembrarem da terra que haviam deixado quando foram caçados pelos civilizados homens brancos. Era a canção que todos os escravos entoavam para se lembrarem da terra perdida, das raízes arrancadas, dos sonhos adiados, do lugar que lhes pertencera um dia e para onde, estavam certos de que voltariam.

Era uma música melodiosa e calma, emocionada e doce que chegava na sua memória como a embalar-lhe o regresso para casa. Ouvia as vozes dos negros que cantavam como nas festas na fazenda. Seria a lembrança dos bons tempos? Seria a memória que lhe aflorava agora, mais lúcida do que antes?

Confuso, Armando se perguntava se era hora de se lembrar daquelas festas, quando estava tão fraco.

O que acontecia, no entanto, era que ali, naquela baia de animais escura e malcheirosa, descortinou-se um quadro de beleza indefinível. Um grande coral de negros agradecidos ao coração generoso daquele homem bom se erguia num cântico de gratidão a Deus por aquele irmão que regressava à antiga moradia.

Era a canção que cada um deles oferecia quando encarnados em memória do lar perdido e que agora, ali de mãos dadas, todos eles cantavam, pelo companheiro que voltava ao lar.

Eram crianças, mulheres, homens, velhos, todos envergando a pele escura de sua última existência, que fizeram questão de trazer a gratidão de seus corações para entregarem, na forma de cantiga de ninar, àquele que lhes dera uma vida de dignidade e respeito.

Essa era a música de que Armando se lembrava. Seu espírito semiliberto começava a ouvir-lhe os acordes, achando tratar-se de uma lembrança do passado.

Não, Armando, era o passado que se lembrava de você e se transformava em presente para atapetar de flores o seu futuro. Era você que voltava à antiga pátria como um lutador que não se entregou ao desespero e venceu mais uma etapa da jornada.

Os espíritos benfeitores ergueram os olhos aos céus e agradeceram a Jesus a possibilidade de terem transformado aquele ambiente em um pedaço do paraíso celeste.

Todos guardavam a emoção daquela melodia sincera, cantada não mais com a voz da garganta, mas com as cordas do coração.

Na medida em que a melodia se ia intensificando em beleza e em intensidade, uma luz cristalina passou a irradiar-se naquele ambiente, como se as paredes se tivessem transformado em cristal a permitir que a claridade do dia que, àquela altura, ia amanhecendo, penetrasse naquele aposento de forma a produzir policromia desconhecida pelos homens.

E na intensidade luminosa do canto daquelas almas agraciadas pelo sublime dom da gratidão, foram cortados os últimos laços que prendiam Armando ao corpo físico, agora renascido para a verdadeira vida.

As mãos generosas de um antigo preto velho a quem Armando tratara como verdadeiro pai enquanto em vida, se estenderam para receber o recém-chegado no abraço do coração amigo e que não se esqueceu do passado.

Armando olhou os contornos do rosto do velhinho e reencontrou o seu grande amigo Eliseu, o negro de suas confidências de jovem, o que soubera guardar-lhe todos os segredos, o que lhe dera prova de humildade que jamais ele encontrara antes, o que lhe ensinara a ser bom de verdade, pelo exemplo de bondade que semeara em seu coração.

– Eliseu, meu amigo, que saudade... – disse Armando entre lágrimas de um choro convulsivo.

– Meu sinhozinho Armando, aqui eu estou para lhe servir novamente – disse o velhinho humilde, beijando-lhe as mãos. – Vamos, filho, conhecer a fazenda de Deus juntos.

E se ausentaram deixando para trás um rastro luminoso que subia na direção do céu da manhã radiante de um novo dia que se anunciava.

33

As explicações de Maurício

A morte de Armando logo foi conhecida por todos os militares que se achavam destacados no quartel. Tal ocorrência produziu no espírito de Macedo uma sensação de arrependimento que até então ele não havia sentido de forma tão intensa, a não ser quando pensava em sua participação no caso Lucinda.

Tão logo se deu conta do ocorrido e das circunstâncias que cercaram o desenlace, o capitão ordenou que o corpo fosse levado para ser enterrado fora dos limites da cidade e na calada da noite, já que não pretendia que essa morte acabasse atribuída à responsabilidade dos militares.

Para não levantar suspeitas sobre a sua participação pessoal, disse não saber de quem se tratava e que deveria ser alguém sem importância e que chegara até ali vitimado por uma emboscada na qual fora ferido mortalmente.

Isso bastava para que não se fizessem mais perguntas sobre a questão. Armando deixara de ser Armando e teria o seu corpo sepultado em qualquer lugar como se fosse um indigente.

Enquanto isso, Luiz se achava em tal debilidade física decorrente dos ferimentos recebidos que causava temor quanto ao seu estado geral.

Depois do desencarne de Armando, o capitão Macedo determinou aos médicos militares que zelassem do prisioneiro, pois ele era a peça mais importante na descoberta do paradeiro da filha do comandante. No entanto, mesmo transferido para a enfermaria, ele deveria ser mantido sob vigilância constante para evitar que fugisse. Deveria ser impedido de falar com qualquer pessoa que ele, Macedo, não autorizasse.

O jovem prisioneiro estava praticamente inconsciente.

A agressão física sofrida durante a tortura lhe havia fraturado alguns ossos da face além de degenerarem boa parte dos tecidos dos braços, costas e pernas em face das queimaduras. Luiz sequer sabia da morte de seu sogro, Armando, pois estava em estado de total alheamento, sem qualquer recurso da medicina ao seu dispor.

Tão logo fora encaminhado para a enfermaria do quartel, precisou ser totalmente enfaixado, com a aplicação de linimentos nas partes queimadas da pele da mesma forma que para preservar a face machucada e que sangrava constantemente.

O tratamento médico impedira que Luiz tivesse o mesmo destino do outro prisioneiro, propiciando-lhe algum alívio para as dores muito fortes que vinha suportando e que o levavam ao desmaio .

Macedo, apesar de compungido com o destino de Armando por se atribuir alguma culpa pelo estado de abatimento físico, não se via como responsável consciente pelas desgraças que vinham ocorrendo. Acreditava estar cumprindo o seu dever na busca da solução do seqüestro da mulher por ele tão desejada.

E enquanto Alcântara não voltasse a melhorar da crise que o abatera novamente, Macedo não descansaria nem descuidaria para que o principal culpado pela situação, aquele subversivo da ordem, não acabasse morrendo antes que fosse apresentado ao comandante.

* * *

Nos aposentos do general, as coisas não iam muito bem, apesar dos esforços do médico que o atendia, Dr. Maurício.

Era ele o único que sabia entender os processos daquela estranha enfermidade e, por isso, o único que conseguia alguma melhora no estado geral, enquanto os demais praticantes da medicina não tinham qualquer visão espiritual sobre a doença estranha que abatia aquele homem.

Não obstante os conhecimentos do Dr. Maurício, ele não estava obtendo muito progresso nas tentativas de controlar os surtos de desequilíbrio.

Agora, inúmeras entidades se apresentavam durante os momentos de inconsciência do general, dominando-lhe as faculdades mediúnicas em desajuste, para acusá-lo, ofendê-lo, prometerem vingança, o que gerava imenso desgaste na sua estrutura física.

Maurício conversava com elas de forma muito serena, envolvido pelo espírito de Euclides que o auxiliava sempre, mas a maioria delas não desejava ouvi-lo.

Ao mesmo tempo, Alcântara não possuía qualquer mérito para que alguém, no Mundo Espiritual, lhe advogasse a causa, rogando a intercessão superior para atenuar-lhe o sofrimento. Ainda era muito pobre, pois pouco fizera pelos outros e o que fizera, geralmente, fora para prejudicar alguém.

Por tudo isso, o sofrimento seguia domando as fibras daquele espírito rebelde e acostumado a distribuir desdita de forma fria e calculada.

Vendo tais condições pioradas, Macedo procurou conversar com Dr. Maurício para entender o que ocorria. Depois de acercar-se dele de forma discreta e sem a presença de outras pessoas, interrogou-o:

– A situação do general não tem melhorado como das outras vezes. O que está acontecendo, doutor?

– É verdade, Capitão. Tenho observado que os surtos de delírio e inconsciência têm se alastrado de forma mais profunda e, se outrora, havia apenas a manifestação de uma única inteligência que lhe vinha cobrar, agora são várias, todas elas desejando a vingança.

Um arrepio percorreu toda a espinha do militar.

– Como é, doutor? Que é isso de inteligência que vem cobrar? – indagou Macedo, numa mistura de interesse e receio.

– O general está enfraquecido por motivos próprios da situação emocional abalada. Seu organismo, seja por estar em processo de enfraquecimento, seja por não guardar o hábito da oração ou da elevação de pensamentos a Deus, não possui as proteções adequadas contra o assédio de espíritos que procuram revidar os males suportados.

– Mas isso então é coisa do diabo?

– Não, capitão. O diabo está no imaginário popular como sendo uma personificação do mal. Mas se pensarmos bem, com lógica e correção, Deus não seria bom se tivesse criado um ser tão abjeto e, o que é pior, votado para fazer o mal eternamente ou pelo menos enquanto não chegar a hora do Juízo. Isso não seria obra do Amor Divino. O mal é a ausência do Amor propiciada pela ignorância. Imaginemos um campo. Poderíamos dizer que a erva daninha que, à nossa vista não tem serventia para coisa alguma, é planta nefasta para os interesses do agricultor. Este possui as sementes que produzirão muito e lhe retribuirão o esforço com uma vasta colheita. Todavia, depois de ter o solo preparado, o agricultor resolve, por preguiça, por falta de interesse ou de zelo, deixar o campo entregue à inércia. Não dá continuidade à sementeira e, se semeia alguma coisa, não se preocupa em cuidar da terra posteriormente.

Entregue à ausência do amor do agricultor preguiçoso, a terra volta a ser local onde as ervas nativas se instalam, sufocando as poucas sementes que ele jogou ao chão. Isto não é obra do demônio. O mato cresce por falta da ação vigilante do homem que deveria disciplinar a terra, semear e proteger a semente. Não nos esqueçamos, no entanto, de que a erva que chamamos de mato inútil é planta revestida de muito valor e que, todos os remédios que os homens produzem e produzirão, acabam tendo o seu fundamento vinculado aos poderes curativos de algumas dessas folhas que nascem espontaneamente. Veja que, mesmo aquilo que surge ao acaso e que, na visão humana, é nocivo, por ser obra de Deus traz a marca divina na sua destinação. Não está ali por ser má. Má tem sido a interpretação dos homens sobre as coisas.

Todos os seres são criados e possuem atributos do criador a serem desenvolvidos pelas sucessivas experiências.

O lavrador mau e preguiçoso, poderá contar somente com sarças e nada mais. Ainda que possuam poderes curativos, elas não lhe servirão para matar a fome do estômago ou para lhe enriquecer o cofre. Oferecerão, no seu estado rude e primitivo, o espinho que fere a pele e rasga a roupa, o gosto amargo que causa estranheza ao paladar, a aparência grosseira de folhas cascudas e retorcidas.

É o que está acontecendo com o general.

Ele está visitando o próprio pomar, transformado por ele em terra inculta. As sementes ele as possuía em abundância. Todavia, por não desejar empregá-las segundo o melhor critério, de justiça, de correção, de equilíbrio e sabedoria, deixou que as ervas daninhas se erguessem no terreno. E tais ervas são espinhosas, cascorentas e amargas, mas não deixam de ter alguma utilidade. São os espíritos que se levantam como injustiçados e que, depois da morte, por continuarem vivos, voltam para reclamarem dos maus tratos recebidos, como o mato que se ergue da cova, na terra não cultivada como que a dizer para o agricultor: eu sou o fruto da sua imprevidência, sou a semente que você escolheu.

Assim, em face das condições de debilidade emocional e de percepção mais aguçada, o general está à mercê de si mesmo, precisando enfrentar todos os que desejam acertar as próprias contas, erroneamente se julgando com direitos de juízes. Sem serem juízes, todos estes espíritos têm uma utilidade. Com a sua amargura, com a sua agressividade, não deixam de ser uma espécie de planta medicinal cujo poder de curar se manifesta através de seu gosto amargo, de sua aparência repelente, de sua estrutura desordenada. Desse modo, Deus permite que o algoz se prepare para descobrir os efeitos da própria maldade, conhecendo-a na pele para, quem sabe, por escolha pessoal e arrependido pela fome que esteja tendo de passar, resolva voltar ao terreno que abandonou, tornar a preparar o solo, lançar novas sementes e levar-lhes o cultivo até o final.

Estas inteligências a que me referi são aquelas que pereceram e que levaram consigo as marcas da crueldade, da injustiça e do ódio, deixadas em seus espíritos pelas mãos ou pelas ordens ou ainda pelos planos deste homem, atualmente indefeso, mas que não passa de vítima de si próprio.

Macedo ouvia estarrecido e em silêncio tumular.

Tudo aquilo era verdade, ele o sabia. Afinal, era o ajudante mais chegado e que se locupletava de todas aquelas trapaças e violências, quando não era ele mesmo quem as praticava. Mais angustiado se viu diante daquelas conseqüências.

Lembrou-se do sonho que tivera e das sombras que o tratavam como se esperassem as suas ordens.

O capitão estava suando frio. Ao mesmo tempo, enquanto ia se colocando no problema que, agora, passava também a ser seu, sua consciência ia despertando para a realidade de seus atos. Por mais que fizesse esforço, lá dentro uma voz o acusava de tudo aqui o como um cúmplice que iria merecer o mesmo peso da vingança.

Tais pensamentos eram produzidos pela sua mente e iam sendo formados ao redor de sua estrutura física, naquilo que se conhece como atmosfera espiritual de cada um dos encarnados.

Nessa região que se exterioriza à volta de cada ser humano, ficam registrados os nossos mais íntimos pensamentos, as nossas venturas e ideais, como também as idéias nefastas e indignas, como se fosse um aparelho nos moldes da atual televisão, mas que conta com recursos plásticos e de resolução ainda não igualados pela mais moderna técnica televisiva. Por isso, os espíritos podem assistir em nós a tudo o que se passa em nosso íntimo ou a tudo o que nos causa alegria ou tristeza.

Macedo dava sinais claros acerca da fraqueza de caráter a que se expunha, ao mesmo tempo em que se sentia na condição de merecer o mesmo destino que via ser vivido pelo general.

Sentiu muito medo e acusou-se de coisas até muito piores, por ter sido sempre ele o agente físico das ordens nocivas.

Esse medo e essa acusação íntima fizeram com que as entidades que Luciano havia destacado para acompanhar-lhe os passos e agirem contra a sua pessoa, se inteirassem de como proceder e, tão logo Macedo se viu na condição de devedor piorado recordando as lembranças de cada queda moral, com a consciência agravada pela culpa, os laços fluídicos dos perseguidores espirituais se apertaram ao redor de sua mente, como que a se assimilarem reciprocamente.

Macedo, que se sentia culpado e se considerava candidato a destino pior do que o de Alcântara, agora estava mais unido aos algozes que vinham cobrar pela omissão e pela ação nociva que ele próprio exercera.

O capitão também tinha a sua seara abandonada, na qual ervas daninhas se erguiam para mostrarem-se a ele como as suas únicas companhias.

Desse modo, os espíritos passaram a gritar-lhe aos ouvidos espirituais acusações ainda mais duras, reforçando nele a idéia de desgraça a que estaria igualmente condenado. Sentia-se muito mal com tudo isso e parecia que um peso imenso lhe constringia o peito, massacrando-o como se uma montanha lhe tivesse vindo morar no coração.

Por causa da brecha mental, da culpa consciente e de não compreender a bondade de Deus, aceitou ele de bom grado o estado de vítima dos espíritos malévolos que não passavam de encarnados que sofreram as suas arbitrariedades.

Daí por diante, Macedo não iria ter descanso.

– Sabe, doutor, essa conversa está me fazendo muito mal. Eu não estou sentindo boa coisa. Como é que isso melhora? – perguntou o capitão, à espera do remédio através da palavra do médico.

– O remédio, senhor, está sempre na consciência reta e no dever cumprido da melhor forma e dentro dos padrões para os quais cada um foi convocado a dar o melhor de si para os outros. A oração é a melhor terapia para que nos libertemos dessas amarras negativas. Todavia, infelizmente, a maioria das pessoas nesse estado, acredita que a prece seja um processo que possa ser atribuído a outras pessoas, incumbindo-se outrem para que ore por ela. Ou então, acham que se trata de um ritual que deve ser observado mecanicamente, sem outra participação a não ser a do corpo de carne, sem qualquer entrosamento do espírito. Por isso, a maioria procura as agremiações religiosas de todos os tipos, pensando em incumbi-las de resolverem os problemas que só em cada um pode ter a solução encontrada. Comparecem aos diversos cultos externos, portando a lama no coração e a superficialidade no pensamento. Esperam o encerramento do culto, olhando sucessivamente no relógio para verem se conseguem acelerar os minutos. Reclamam do calor, do frio, da quantidade de pessoas, do barulho, dos assentos desconfortáveis ou da demora. Depois de encerrado o procedimento ritual, saem aliviados como se tivessem orado a Deus. Mas seguem frustrados por não se sentirem melhores ou por não terem ouvido as respostas que solucionariam as questões de foro íntimo que continuam a corroer-lhes por dentro.

A oração a que me refiro como a melhor terapia não é essa. É a prece íntima, silenciosa e modesta, oculta e solitária que fazemos sempre que precisamos desabafar, conversar, agradecer ou pedir a um Pai muito generoso e doce aquilo de que necessitamos ou a bênção que alguém está a precisar. Não precisa de igrejas ou de intermediários.

Ao fazermos isso, elevamos as nossas vibrações em direção ao Alto e do Alto descem sobre nós dádivas aumentadas pela misericórdia celeste que procura sempre nos fazer caminhar pelo caminho da bondade, ainda que tenhamos sido criaturas degeneradas e indignas de qualquer ajuda no conceito dos homens.

Deus nunca desiste de seus filhos.

Macedo se admirava das palavras daquele médico mas seguia sentindo a densidade da influência dos espíritos, agora mais próximos e ativos, uma vez que o capitão se sintonizara com os padrões negativos da própria personalidade, aceitando, no íntimo, as construções dolorosas que edificara para seu futuro.

Iria começar a beber do próprio cálice, no qual reuniu amargura e dor.

Despediu-se do médico para deixá-lo às voltas com o general em mais uma de suas crises novas, nas quais o facultativo, enquanto ia conversando com os espíritos e procurando orientá-los a seguirem trilha nova, ia também tomando ciência da extensão dos crimes daquele homem que desperdiçara a sua vida, trocando o seu bem-estar espiritual por coisas sem qualquer valor durável.

Maurício era o único ponto de apoio com que os espíritos amorosos poderiam contar para protegerem os encarnados da própria maldade cuja ignorância de que eram portadores produzia para cada um.

Por tudo isso, suas faculdades de percepção espiritual iam se avolumando e se tornando mais claras na medida em que se fazia mais ligado ao sacrifício por seus irmãos de desdita e sofrimento, sem qualquer julgamento sobre a conduta dos outros.

Fazia o que dissera ao capitão. Dava o melhor de si mesmo aos seus semelhantes, cumpria o seu dever na forma como fora preparado para fazê-lo e isso lhe causava uma sensação de plenitude e de invulnerabilidade que nunca sentira outrora.

Até então, ele era alguém que procurava Deus. A partir dali, ele se sentia um pedaço de Deus que atendia ao Criador que havia dentro de cada um de seus irmãos.

Sentia saudades de Lucinda, mas sabia que alguma coisa o ligava a ela, onde ela se encontrasse.

Esperaria, trabalharia e continuaria orando.

Isso era tudo o que podia fazer naquele momento. Por isso, deveria fazê-lo muito bem.

34

Lucinda encontra o abrigo

Tão logo retomaram a viagem, Lucinda e Salustiano procuravam seguir pelos caminhos que os levavam até o destino previsto de forma mais lenta e pausada, já que a paralisia de seu acompanhante impedia que cavalgassem velozmente.

Ao longo do trajeto, Salustiano sabia que aquela moça representava o último elo que existia entre ele e o mundo externo, mas também ela era o primeiro liame dele com os dias do futuro.

Com a sua companhia doce e generosa, Salustiano aprendera em tão pouco tempo o que inúmeros anos de vida desregrada não lhe haviam ensinado. Em vão se lembrava das lágrimas de suas vítimas a quem considerava frouxas e choronas, sem que se sensibilizasse.

Era sempre temido ou maldito. Nunca fora considerado como gente ou mesmo amado por alguém como estava sendo tratado por Lucinda. Mas seria a última viagem juntos. Depois daquele trajeto, se afastaria da jovem pois ela, naturalmente, retornaria ao caminho de casa, reencontrando os entes queridos.

Seus pensamentos se tornavam tristes como se a despedida se aproximasse ainda mais a cada curva do caminho.

Lucinda, por sua vez, também seguia envolvida por pensamentos de nostalgia, recordando a terra de suas brincadeiras, lembrando-se de seu pai, anelando reencontrar o jovem médico, Dr. Maurício, a quem tanto era agradecida pelas inúmeras lições que dele recebera e que fizeram com que a vida tivesse outro sentido.

Também no seu íntimo, o sentimento de amor pelo jovem facultativo se erguia sereno e firme, sabendo esperar para que pudesse ser concretizado.

Ao longo do trajeto, faziam diversas paradas, descansando durante as horas mais quentes do sol escaldante e aproveitando a aragem da manhã ou do fim da tarde para avançarem em direção à capital da província. Ao longo de alguns dias esta se tornava cada vez mais próxima em face do aumento do movimento nos caminhos.

Sentindo essa aproximação, Salustiano entregou-se a uma apatia própria daqueles que não desejam que os fatos se concretizem.

A moça, percebendo esse estado, procurou tirá-lo da tristeza, puxando assunto.

– Vamos lá, seu Salustiano, não fique assim, calado e de mau humor. Afinal Deus nos ajudou muito permitindo que viéssemos até aqui sem maiores incidentes. Além disso, o seu estado físico não pode sofrer muitos golpes, ainda mais abrigando a tristeza como conselheira.

– Ah! moça, depois que tudo aconteceu, eu sou digno de ser tratado como se fosse escorpião da pior raça, mas Deus está me castigando, deixando que um anjo bom guie meus passos... – respondeu ele enigmático.

– Que coisa feia, seu Salustiano. Ninguém é um escorpião e muito menos, anjo bom. Nós estamos nos ajudando para entendermos como é bom fazer o bem um ao outro. Se o senhor não tivesse me encontrado e não tivesse me tratado na hora em que mais precisava, como é que eu poderia estar aqui, agora? Veja só como o senhor foi o meu anjo bom, se é assim que o senhor fala. Depois que fui ajudada por alguém que nem me conhecia e que se esforçou para me trazer tudo o que encontrava de melhor para que eu me recuperasse, como é que faria diferente, se a sua bondade semeou em mim a mesma semente?

– Não é assim, dona Lucinda! A senhora é que já nasceu boa e está me ensinando a ser diferente do traste inútil que eu fui...

– Sabe, seu Salustiano, eu aprendi com um amigo e com os livros que ele me emprestou, que ninguém na Terra está desamparado e que todos nós, criaturas pequeninas e ignorantes, padecemos para crescermos, sofremos a fim de que nos conheçamos. Todos os caminhos são válidos, desde que haja aceitação e vontade de aprender. Nós recebemos de acordo com o que tenhamos plantado com a finalidade de melhorarmos sempre a qualidade das sementes. Não há ódio nos sentimentos de Deus para conosco. E quando alguma coisa que nos parece muito errada nos acontece, aí se manifesta mais uma faceta da lei do Universo que devolve ao agricultor, em forma de frutos, a mesma qualidade da semente que ele espalhou. Ao permitir que isso ocorra, Deus não tem privilegiados ou escolhidos. Ama sempre a todos, deixando que cada um aprenda com as próprias escolhas e oferecendo sempre novas oportunidades para que os homens amoleçam o coração. Por isso, não acho que o senhor deva se sentir assim, tão desanimado. Afinal, ainda que não haja condições de fazer o que fazia antes, esta experiência fará do senhor um homem melhorado. Deve ter existido, em algum tempo desta vida ou de uma outra vida que o senhor viveu, uma causa, uma semente espalhada pelas suas mãos e que gerou essa colheita.

Salustiano ouvia tais considerações como uma criança que

começava a se encantar com mistérios que, agora, a fascinavam mas que, antes, nunca fora objeto de seus pensamentos.

Tudo o que Lucinda lhe falava, era verdade dentro de seu coração. Esse negócio de viver outra vida não fazia parte de suas reflexões mais comuns, já que ele não tinha por hábito elevar-se a cogitações filosóficas.

No entanto, a idéia de sofrer o que se fez sofrer, de semear e colher, tudo isso ele já tinha pensado, depois que aconteceu com ele essa reviravolta toda.

– Sabe, dona Lucinda, esse negócio que a menina está falando me faz pensar. Se para os meus miolos queimados por esse sol do sertão é meio difícil entender essa estória de vidas passadas, essa coisa de cada um receber o que plantou me deixa algumas dúvidas. Como é que por aqui, onde a terra é dura e o sol queima tudo, o plantador pode plantar a melhor semente que, mesmo sendo boa, sem o trato, sem a chuva, sem os cuidados, ela não nasce? E aí? Como é que isso fica?

– Ora, Salustiano, toda sementeira está vinculada às condições de compreensão do plantador. Se ele está num local inóspito e difícil como por aqui, precisará escolher sementes mais resistentes, precisará se empenhar mais e com mais coragem. Certamente suará em bica para retirar as pedras que atravancam o chão, removerá os galhos espinhosos até que o local esteja melhorado. Se quer colher alimento, plantará alimento. Tratará de encontrar um caminho mais perto da água, fará uma pequena irrigação ou até mesmo trará água na cabaça, a fim de dar condições para que a semente sobreviva. O fato de ele ser um agricultor que foi colocado naquele lugar difícil já representa um teste para as suas forças. Todavia, mesmo assim, se ele passar na prova, ao final da colheita terá comida, pois as leis divinas se manifestarão com a mesma exatidão a benefício dele.

Assim ocorre conosco, Salustiano. Certas ocorrências nos põem em situações de luta e de dor. Se nós desistirmos de enfrentá-las, teremos desperdiçado a oportunidade de aprendermos e de nos melhorarmos. Em cada momento de nossa vida, as situações inóspitas também nos desafiarão. Com você foi a enfermidade. Comigo foi o afastamento dos meus. Com outros é a perda de um ser amado. Com terceiros, é a dificuldade do ganha pão. Todos os homens terão o seu agreste pessoal para vencerem as suas fraquezas e ficarem mais firmes.

Veja só como Deus é bom. Andando por estes terrenos empedrados e quentes, nossa pele se fustiga e sofre.

No entanto, a persistência gera defesas naturais que fazem dela algo mais preparada para a luta rude.

Nascem os calos no atrito da sandália de couro cru. Surgem as calosidades nas mãos entregues aos serviços difíceis.Todas não podem ser consideradas punições divinas mas, ao contrário, bênçãos do Céu para que nossos membros não acabem massacrados pelas inclemências da natureza ou pelas exigências da vida.

Quanto mais trabalha na lavoura, mais calos são produzidos pelos instrumentos da lida. Com isso, o trabalho segue adiante sem tanto sofrimento. Entender que Deus nos quer preservar ajudando cada um a ser mais firme e mais disposto é entender que a bondade deve ser vista em todo o lugar.

Mesmo no agreste do sertão nascem plantas capazes de curar doenças. E mesmo por estas bandas, de vez em quando, a chuva cai, não é?

Salustiano balançou a cabeça meio atordoado com tantas idéias mas, ao mesmo tempo, com um brilho de admiração diante de palavras como aquelas.

Mas Lucinda prosseguiu:

– Por tudo isso, quando fazemos o mal, o mesmo padrão da maldade nos persegue para que entendamos que ele nos cobra um preço muito alto por aquilo que já fizemos. E uma vez que não podemos achar que Deus erra, mais sensato será considerar que nós erramos em algum lugar. É o que tenho pensado. Se não encontro em minha vida atual, motivação que me faça entender tudo o que tenho passado, recorro à perfeição de Deus para interpretar que essa experiência me será muito valiosa, seja como aula diferente, seja como pagamento de contas por coisas que eu já fiz em outras existências. Para pagar as contas, Deus nos empresta novamente, a fim de que tenhamos recursos para enfrentar os credores. Você, Salustiano, é um desses recursos que Deus me emprestou para que pudesse dar conta de meus erros de um dia. Estar do seu lado representa a oportunidade de retribuir com gratidão tudo o que você me ofereceu. E esse sentimento é tão grande e belo que a pessoa que o sente é a que fica mais felicitada por senti-lo. Apesar de estar com muitas saudades de minha família, como é que poderia chegar lá de coração leve tendo abandonado o meu benfeitor no meio do sertão? Como abraçar meus entes queridos sabendo que deixei um irmão cego e paralisado dentro de uma choupana? Como tomar a refeição se meu pensamento me indicava que havia alguém que não estava em condições sequer de encontrar o próprio prato? Ao andar com você a procura de uma pousada que lhe possa servir de abrigo eu vou descobrindo a alegria de devolver o bem com o bem e isso me faz melhor do que eu era. Antes, mesmo sem ser má, eu seguia meu caminho sem nada fazer ou sem me preocupar em ser boa. Agora, sem ser boa, eu me esforço e me desdobro para que meus atos me convençam de que não sou tão má! Entendeu a diferença? A mesma coisa acontece com você, Salustiano.

Sem esperar que ele respondesse, ela continuou:

– Você se acusa agora de ter feito coisas que não deveria ter realizado. Fala que é um escorpião, etc.

Veja que esse julgamento severo sobre si mesmo só aconteceu quando você se deixou tocar por um sentimento de nobreza. Enquanto isso não acontecia, você fazia o mal crendo-se uma pessoa boa. Agora que estamos navegando no barco do sofrimento, você descobriu a necessidade de fazer o bem, a alegria de ajudar alguém, reconhecendo-se como uma pessoa que não era tão boa quanto se pensava.

Que mistério interessante esse, não é?

Por isso que Jesus ensinou que o nosso amor só seria verdadeiro e pleno quando conseguíssemos amar os nossos inimigos, pois para amar os amigos não há dificuldades, até mesmo entre os homens de má vida.

– É verdade, dona Lucinda. E é isso que me põe medo, agora que vou ficar sozinho por estas bandas. Sem a sua presença e seu jeito de tratar, não sei o que vai ser de mim. No entanto, hoje eu não sou a mesma pessoa que era quando fiz as coisas erradas. Antigamente, reagiria de modo diferente, mas hoje, com tudo o que aprendi ao seu lado, aqui estou com meu peito apertado e cheio de angústias. E se é verdade esse negócio de pagar o que se fez, pode escrever que eu estou pagando agora por tudo o que fiz nesta vida que eu estou vivendo mesmo. Só a senhora para poder amar a um inimigo porque se eu ouvisse isso da boca de qualquer outra pessoa não ia acreditar nunca. A senhora me faz acreditar em mim mesmo como alguém que pode mudar. Sua gentileza para comigo, seu esforço e sua dedicação me transformaram totalmente. Hoje eu sinto pela senhora um sentimento que nunca tive por ninguém. Eu nunca tive filhos e não sabia o que era gostar mesmo que fosse de um bicho piolhento. Quando a senhora me acolheu pude ver como é bom ser tratado assim e passei a gostar tanto que um arrependimento me gelou o coração. Antes, eu não sabia o que era clemência. Agora, tenho necessidade de pedir perdão a todas as pessoas com quem eu cruzo no caminho. Parece que eu devo muita coisa para o mundo inteiro. Uma grande vergonha me faz baixar a vista e sinto que a minha cegueira foi uma bênção para que eu não olhasse mais para a senhora e me sentisse assim, tão envergonhado. Agora não vejo a minha benfeitora e isso me alivia o peso de ter de sentir a sua mão guiando meus passos. Mais do que uma guia de cego, a senhorinha fez minha alma enxergar como eu estava errado e era ruim.

– Eu não estou gostando muito dessa conversa, Salustiano. Agora que estamos chegando, me preocupa muito a sua saúde e, falando desses assuntos, você acaba mais triste do que antes. Vamos andar mais rápido para chegarmos à capital antes que fique muito escuro. Quero encontrar o abrigo que nos indicaram para que tenhamos onde dormir.

– É verdade, dona Lucinda. Vai ser bom descer desta montaria.

Espero que, quando estivermos mais descansados, eu possa terminar de falar à senhora tudo o que tenho guardado no meu interior e que somente eu conheço para que o seu perdão venha devolver à minha alma a alegria de viver os últimos dias que me restam e para que, lá dentro, eu possa voltar a ver luzes que me façam seguir para frente fortalecido e arrependido de tudo o que fiz.

Duas lágrimas escorriam pelo canto dos olhos vincados do seu rosto crestado pelo sol e pelo tempo inclemente.

Lucinda compreendia o coração atormentado daquele homem e deixava que o silêncio fosse o melhor remédio para aquela hora de confissões e de desabafos. Afinal, pensava ela, quem perdeu a mobilidade e a própria visão, deve se sentir muito debilitado e triste para se abater daquele modo.

Estenderia a mão para Salustiano enquanto lhe fosse possível estar com ele e só o deixaria depois que tudo estivesse perfeitamente acertado e ajeitado. Tão logo retornasse para casa, ela procuraria cuidar para que ele não ficasse ao abandono, mesmo naquele abrigo que agora estavam procurando por entre as ruelas da periferia da capital que se abria à frente de ambos.

Ela tinha os olhos faiscantes diante do futuro e ele tinha os olhos apagados pelas dívidas do passado, mas cujo espírito faiscava em radiações novas diante do porvir.

Chegaram, por fim, ao abrigo que lhes havia sido indicado. Outra etapa da vida de Lucinda e de Salustiano iria começar para o crescimento de ambos.

Aquilo não era um abrigo. Era um depósito de gente em desespero que, de tanto sofrimento, não tinha mais forças para seguir adiante e quedava-se inerte e alienada de tudo.

Naquele tempo, não havia por ali nenhum outro local que servisse de amparo a esse tipo de desgraça.

Era um galpão cheio de camas toscas, no qual se misturavam homens e mulheres em todos os estados de degeneração física, mantidos precariamente por um pequeno grupo de irmãs de caridade sem recursos. Ali se recolhiam mais de cem criaturas que tinham de ser tratadas uma a uma por apenas quatro mulheres, verdadeiras heroínas da renúncia.

Alguns doentes eram alucinados e ficavam amarrados na cama.

Outros tinham a pele lacerada pela tão temida lepra. Diziam até que alguns integrantes da nobreza dos tempos áureos do passado, ilustres representantes da sociedade, se achavam desfigurados naqueles catres totalmente esquecidos pelos familiares, com seus nomes ocultados para que jamais fossem recordados ou conhecidos.

Por causa disso era tão difícil encontrar ajuda na comunidade e as quatro mulheres se entregavam a todos os riscos para seguirem com a obra de amor sacrificial a que se haviam votado.

Numa cozinha rudimentar eram feitas as refeições e cada uma delas tinha de se revezar para dar de comer a grande parte dos enfermos. Os que conseguiam se deslocar, ao ouvirem o tinir de pequeno sino dirigiam-se para os bancos onde receberiam a refeição. Aqueles trapos humanos pareciam visões saídas de alguma região trevosa. Ali se aliavam a desgraça que era vista com a desdita que era vivida, a pobreza e abandono que eram flagrantes, com o odor nauseabundo que era exalado no ambiente mal ventilado.

Os que não andavam ou que estavam amarrados, precisavam ser alimentados um a um e acabavam comendo apenas uma vez por dia, pois não havia tempo para receberem outra refeição.

Eram apenas quatro anjos de Deus zelando pelo inferno dos homens.

Lucinda entrou e ficou horrorizada. Seus olhos sensíveis de sinhazinha jamais tinham presenciado tamanha desdita entre as criaturas humanas.

Foi recebida por uma das irmãs que veio atender à sua solicitação em um pequeno compartimento separado, ouvindo-lhe o drama pessoal desde o começo, com paciência e atenção, enquanto Lucinda terminava o relato, com a solicitação:

– Irmã, viemos de muito longe e o meu acompanhante está cego e paralisado por uma mordida de algum bicho peçonhento. Ele não tem condições de ficar em outro local por agora. Meu pai é o general Alcântara e, tão logo eu possa regressar para casa, voltarei aqui para buscá-lo com a ajuda de outros homens designados por meu pai.

– Sabe, filhinha, – disse a irmã Augusta, aparentemente a responsável por aquele abrigo – a sua história me comove o coração. No entanto, venha ver como é que estamos aqui. Se há leitos para os desamparados, não possuímos mais do que oito braços para ajudá-los. Já ultrapassamos nosso limite para o atendimento e não encontramos nenhuma ajuda de ninguém para que, ao menos, os irmãozinhos aqui abrigados possam ter um tratamento digno de um ser humano. Por tudo isso, não temos condições de receber esse nosso irmão, não porque não o amemos, mas porque não podemos contar com mais ninguém além de nós quatro.

Falando assim, irmã Augusta tomou do braço de Lucinda e entrou com ela no salão muito amplo e precariamente mantido para que ela constatasse como seria desumano para com os enfermos e para com elas próprias, trazer mais um doente para aquele depósito de sofrimentos.

Passeou com ela por aqueles caminhos como quem visita uma galeria de terror. Aqui alguém preso ao leito e amordaçado para que não gritasse. Mais adiante um homem entregue ao desespero da alienação trazendo no rosto as marcas da lepra que corroíam-lhe o nariz de forma inclemente. Na cama ao lado, mulher de cabelo desgrenhado que se balançava e dizia coisas desconexas.

Todos eles eram a máscara da desgraça.

Seu coração ficou arrasado. Não poderia abandonar Salustiano na rua. Precisava colocá-lo naquele abrigo.

Como fazê-lo? Olhando aquele quadro, emocionou-se.

Seus irmãos esquecidos, os mesmos que ali estavam vivendo na desdita enquanto ela cuidava da mansão em sua fazenda, eram a acusação muda de sua própria consciência. Seus credores ali estavam. Os credores do seu afeto que suportaram tanto tempo a indiferença dos homens, inclusive a dela, desfazendo-se em vida, na condição subumana.

Lucinda chorava. O espírito de Euclides estava ali, ao lado dela, igualmente emocionado pela reação sensível de sua alma diante do sofrimento. De há muito, Euclides era responsável pelo atendimento espiritual daqueles enfermos que nunca tinham médicos encarnados ou remédios.

Eles precisavam muito de ajuda. Aquelas mulheres, verdadeiras discípulas de Jesus, estavam exaustas. E mesmo exaustas, eram doces e cuidadosas com cada doente.

Mistérios de quem já havia aprendido a amar como elas que viviam o amor sem precisarem falar dele.

35

Lucinda encontra seu destino

Aproveitando-se desse momento de elevação emotiva, Euclides envolveu Lucinda num abraço, ligando a sua energia à da jovem através de tênues fios luminosos e, com a destra brilhante, apontou diretamente para o plexo cardíaco como se suas mãos espirituais fossem tocar-lhe o próprio coração físico.

Sua claridade penetrou em todos os recantos íntimos de Lucinda e o pensamento do espírito amigo repetia:

– Você precisa fazer alguma coisa. Eles precisam de suas mãos...

Sem entender direito o que estava acontecendo, Lucinda olhava para todos os lados atônita e angustiada. Irmã Augusta pediu licença, pois precisava acudir um dos enfermos amarrados que acabara de entrar em crise, tendo um ataque nervoso que demandava cuidados para que não se alastrasse em uma reação em cadeia, atingindo outros doentes que sempre se abatiam ou passavam a gemer ou gritar junto com ele.

Aproveitando-se do estado temporariamente solitário da jovem, Euclides continuava a sua conversação mental:

– Filha, veja tanto sofrimento à nossa frente. São nossos irmãos há milênios e, também há milênios, são os que têm recebido de nós somente a indiferença. Enquanto você passava a vida entre os cuidados do pai e o zelo das pajens que muito lhe queriam, estas criaturas se iam definhando sem qualquer remédio para suas desditas. Deus a trouxe aqui por causa de um irmão muito enfermo. Mas Ele a trouxe aqui para que acordasse e conhecesse quantos precisam de você. Não apenas Salustiano. Todas as irmãs, trabalhadoras que estão servindo no limite de suas forças, também precisam. Nos momentos de oração que realizam, podemos ouvir-lhes as rogativas para que o Pai envie mais alguém a fim de que possa ajudá-las. E, respondendo a todas as orações, Deus mandou você. Veja, Lucinda, como sair levando Salustiano com todos os problemas que hoje repercutem em seu corpo? Como abandonar esse irmão aqui dentro e sair correndo, indiferente? O que seria dele, o que seria das irmãs e o que seria de todos os outros?

Lucinda não o ouvia com os tímpanos, mas seus pensamentos, em perfeita afinidade com Euclides, iam registrando todas estas indagações.

Ao mesmo tempo em que seguia tendo todo este tipo de cogitações, pensou em Maurício, o jovem médico a quem amara com extremado afeto e a quem pretendia se reunir. Seu coração precisava dele e ele fora o responsável pelo seu despertamento para muitas coisas que, agora, eram as únicas que faziam sentido no seu mundo.

– Ah! Que saudades de Maurício... pensava ela com o coração apaixonado. Como ficar por aqui se meu íntimo pede que vá buscar o ser amado?

Conhecendo o coração humano, Euclides identificou as emanações do pensamento enamorado e, igualmente, respondeu-lhe pelas vias da intuição espiritual:

– Seu amado não a esqueceu também. Todavia, ele segue entre o trabalho e o sacrifício e, mesmo que você voltasse, por agora não poderia ficar ao lado dele enquanto ele não cumprisse com o que lhe cabe, da mesma forma que a você compete uma realização de grande importância para o seu projeto evolutivo. Eu lhe prometo que, aceitando caminhar adiante e adiando o seu regresso por causa do Amor do Cristo que você espalhar a Salustiano, a estas freiras e a todos os doentes daqui, rogarei a Deus pelo amor de ambos e pedirei ao Pai permita unir Lucinda a Maurício, para sempre. Por agora, compete esperar e servir, como ele está fazendo.

Uma sensação de calma e segurança surgiu no íntimo da moça como se uma grande lacuna, fria, escura, repentinamente se enchesse, aquecida.

Euclides, então, em pensamento, passou a fazer a Lucinda uma solicitação com a qual pretendia convencer, para sempre, sobre a necessidade que Deus tinha de colocá-la ali, junto de todos os sofredores.

– Lucinda, veja esta mulher à sua frente. Olhe para ela, pense na desdita por que está passando. É mulher como você. Já amou e perdeu todos os afetos em vida. Veja o estado de seu semblante. Os olhos vitrificados dando notícia de um coração que esfriou por falta de calor humano. Converse um pouco com ela. Vamos, sente-se na cama e converse...

Repentinamente, Lucinda passou a fixar aquela velha que ali se balançava sentada ao leito, agarrada aos lençóis enrolados sobre o colo. Quem seria ela? Será que ela responderia? Parecia alienada... pensava a jovem.

Criou coragem e, aproximando-se, sentou mais perto da mulher de cabelos desajeitados e dispersos.

– Oi, minha amiga, – falou Lucinda, afagando-lhe os cabelos sujos.

– Oi, moça. Você quer brincar no meu balanço? – respondeu a doente, demonstrando o seu estado de alienação.

– Não, pode brincar com ele. Você parece gostar muito de balançar...

– Ah!, isso é verdade. Era muito bom quando eu podia fazer isso naquele balanço que meu marido construiu para mim preso na árvore da frente da nossa casa, lá na fazenda... – falou ela entristecendo-se com a lembrança.

– Ora, que bom lembrar das coisas boas. Onde está o seu esposo?

– Não sei para onde ele foi. De vez em quando ele vem me ver. Está sempre meio nervoso, apressado, mas é a única pessoa que ainda gosta de mim e me visita...

– Que bom que tem alguém que vem vê-la, não?

– Sabe, moça – falou a doente, agora sussurrando baixinho como quem ia revelar um segredo ou perguntar coisas perigosas – você é freira nova por aqui?

– Não, minha irmã, eu estou por aqui de passagem, pois vim trazer um irmão que encontrei pelo caminho e que está cego e paralítico.

– Eu estou perguntando para saber quem você é e para dizer que estas irmãs por aqui pensam que eu estou louca... – falou colocando a mão nos lábios como quem pede para fazer silêncio e não contar o que está ouvindo para ninguém. – Elas pensam que eu estou louca, mas eu não estou. A única coisa que eu faço é ficar aqui balançando no meu balanço e conversando com o meu marido quando ele chega para me visitar.

– Ora, e por que o seu marido não a leva embora daqui? – falou a jovem meio encabulada em fazer a pergunta.

– Sabe que eu não sei. Já pedi muitas vezes e em todas elas, ele começava a chorar e dizia para eu ter paciência que ele ia voltar para me buscar. Sempre disse que não ia me abandonar. Afinal, ele é tudo o que eu tenho por aqui. Mas todas as vezes em que ele chega, as irmãs ficam me olhando com olhos esquisitos, como se eu estivesse mais louca ainda por estar feliz ao vê-lo. Será que, por aqui, ser feliz é sinal de estar endoidando?

– Não, minha irmã. Ser feliz por conversar com sua visita é um bom sinal. Você devia amar muito o seu marido, não é?

– Claro que amava e continuo amando. Ele sofreu muito e, pelo que vejo, sofre muito ainda, pois sempre que aqui vem, está em estado de muito abatimento. Eu falo para ele arrumar uma cozinheira melhor e que, quando eu sair daqui do meu balanço, eu vou até a cozinha para fazer-lhe uma comida mais saborosa. Ele me olha e fala: – Não, Tininha, eu estou me alimentando muito bem. Você é que deve se cuidar mais para não ficar tão doente. A tua doença é a minha primeira preocupação. Depois dela, vem o resto.

Continuando a conversa, a doente rematou:

– Ele está sempre preocupado com o seu trabalho. Parece que é uma coisa séria e muito grande, pois ele vem pouco até aqui, nos últimos tempos. Quem sabe você não acaba conhecendo ele?

– Ah!, eu teria muito prazer em conhecer esse homem que vem até aqui visitá-la. Ele virá logo?

– Não sei, vou perguntar para a irmã que acha que eu fiquei louca.

Falando isso, passou a gritar pela dedicada servidora que estava ultimando o atendimento ao enfermo em crise:

– Irmã, irmã – bradava ela – quando é que meu marido vai chegar? Quando é que ele vem? Quero que conheça minha nova amiga.

– Calma, Leontina, ele virá logo – respondeu a irmã de caridade, apontando para Lucinda os olhos que indicavam, na expressão facial em que se achavam incrustados, que aquela enferma delirava.

Mas Lucinda ficou intrigada com aquele nome. Falando docemente à mulher, Lucinda procurou retomar o assunto anterior com a naturalidade de quem entende a psicologia necessária para tratar do próximo.

– Quer dizer, então, que quando o seu marido chegar você vai me apresentar a ele como sua amiga?

– Claro que vou. Afinal, eu não tinha mais ninguém por aqui além dele, até você chegar para falar comigo. Por isso é que eu perguntei se era por causa do balanço que você se aproximou de mim. Como não foi por causa dele, fiquei mais feliz por ter sido por minha causa.

– Então você precisa falar para mim como é que seu marido se chama para que, quando ele chegar, eu possa me dirigir a ele com a convicção de quem fala a uma pessoa conhecida... Qual é o nome dele? – perguntou a jovem.

– Ele tem um nome muito bonito, todo pomposo, do qual se orgulha bastante. Ele se chama Luciano Salviano dos Reis.

Nesse instante, o espírito de Euclides agira de forma intensiva para trazer à memória de Lucinda a referência àquele nome que ela sabia que já tinha escutado antes.

– Sim, eu conheço esse nome... – pensava a moça intrigada. Eu já conversei com alguém....Meu pai sabe quem é ... Acho... Não é possível ser ele...Nem ela... Meu Deus, será que é verdade tudo isso que estou pensando?

Para se certificar e apesar de já ter ouvido uma vez a referência da freira à sua pessoa, Lucinda continuou a conversa, lívida:

– É mesmo um nome muito pomposo. Mas e o seu nome, qual é?

– Eu me chamo Leontina Salviano, ao seu dispor.

Sim, estava confirmado. Era a mulher de Luciano que estava ali. Lembrou-se da sua história pessoal de sofrimento e desdita desde que o marido morrera...

Sim, agora entendia por que motivo era considerada louca. Mas como é que falava em receber visitas do marido se ele estava enterrado? Será que ela via mesmo o marido que ninguém mais via?

Lembrou-se da história daquela desgraça e se viu no meio dela. Afinal, o general, seu pai, era o agente que começara tudo aquilo e que, agora, levava aquela mulher a encontrar seu destino dentro de um grande depósito de sofrimento.

Aquela era a mulher que havia vendido a fazenda onde morava para o seu pai que, longe de se pensar imoral, a retirara dali e mandara até a cidade grande para viver à custa de seus parentes interesseiros os quais, tão logo consumiram-lhe os recursos amoedados com desculpas inúmeras, internaram-na lá, naquele lugar de sofrimentos.

Seu pai, o general Alcântara, era o culpado maior. Lucinda morava, até o dia do seqüestro, na casa que fora espoliada e que pertencia à mulher que estava ali no mais cruel abandono.

Nunca quisera saber de nada, pois achava o pai suficientemente honesto e integro para não ser injusto com ninguém. Agora, ela devia mesmo algo àquela mulher, em nome das desgraças que o seu pai semeara na vida dela.

Lucinda não agüentou mais e começou a chorar.

Estava diante de uma pessoa que definhava por causa do egoísmo de seu genitor. Agora entendia o ódio que Luciano nutria contra o general. Chorava muito, banhando o rosto nas lágrimas da compaixão e da vergonha por se ver como quem usava os quartos onde, antes, aquela mulher indefesa dormia e sonhava ser feliz. Lucinda jamais tivera o interesse de procurar a antiga dona da fazenda a qual, segundo as conversas com o espírito rebelde de Luciano, estava entregue ao abandono mais atroz. Ela pensava que aquelas notícias ouvidas nas crises de seu pai eram coisas inventadas por uma mente em desequilíbrio ou de um mecanismo espiritual defeituoso.

Euclides voltou à carga e lhe sussurrou nos ouvidos:

– Como ir embora, Lucinda? Vai abandonar esta irmã que já foi tão prejudicada pelo seu pai?

Depois de um silêncio entrecortado de agonia e lágrimas, Lucinda assumiu a sua postura, de acordo com a consciência generosa que trazia:

– Não! – gritou lá dentro o seu pensamento. – Eu vou cuidar dela em sua homenagem, por amor ao Senhor Jesus e por compaixão de meu pai, por ter feito isso com tantas outras pessoas. Ah! Senhor Jesus, me ajude a fazer o bem sobre os escombros do mal, para que esta criatura retome a felicidade possível nesta altura da vida. Preciso fazer alguma coisa por este ser desventurado pois eu dormi nas camas que foram dela, sem saber como ela havia sido colocada no chão frio da vida ao abandono. Eu desfrutei do calor de seu lar usurpado, enquanto ela passava frio na condição de enjeitada. Eu me dedicava a mim mesma e me esqueci daquela que fora alijada de tudo o que tinha para acabar aqui, onde a única pessoa que se lembra dela é o marido morto que a vem visitar. Deixe que eu faça alguma coisa por esta criatura. Deixe-me ficar e trabalhar por todos, atendendo também a esta irmã, no rumo novo que sua vida deve tomar.

Essa oração partia de dentro de sua alma, com a direção fulminante do alvo divino.

Era isso que Lucinda precisava fazer e que havia se comprometido, antes de nascer, a realizar depois de encarnada.

Ali estava a chave do começo da tarefa para a qual deveria esquecer os seus anseios de mulher, os interesses de viver a vida no mundo e se transformar em pequena chama acesa na vida de todos, particularmente daquela vítima de seu pai e, no final das contas, vítima dela mesma, daquela Lucinda indiferente e ociosa, que estava dormindo para a verdadeira vida enquanto Leontina estava vivendo as desgraças da realidade cruel sem ter onde dormir.

A partir dali, levantou-se do leito e procurou falar com irmã Augusta.

– Irmã, posso fazer um pedido? Deixe Salustiano ficar aqui e eu ficarei para ajudá-las a cuidar de todos, inclusive dele mesmo. Não pretendo ser pesada para o convívio de vocês. Só quero dividir o fardo para que, com essa divisão, aquele irmão a quem eu sou muito agradecida, encontre amparo nesta casa, ao mesmo tempo em que eu encontro, no serviço, a satisfação de ser útil. Não pretendo me tornar freira, mas pretendo tornar-me mais religiosa no amor que poderei aprender com todas vocês, no serviço de todos estes que choram.

Sei que as regras são rigorosas, mas também sei que, com todos estes doentes, o oferecimento de mais dois braços para o serviço não pode ser desprezado. Se eu trago mais dores para serem amparadas neste recanto, trago igualmente as minhas forças para entregar-lhes em nome do muito que Jesus já nos tem dado. Aceite-me como sua serva para que eu possa servir a Salustiano, a Leontina, e a todos os nossos doentinhos...

Não conseguiu terminar o pedido. Uma nova onda de lágrimas lavou-lhe a face, agora recostada no ombro daquela mulher valorosa, cujo nome designava a pureza de seu interior e a bondade inata de seu espírito.

– Se é isso que você deseja, filhinha, muito nos alegrará a sua presença – disse a irmã Augusta abraçando a nova trabalhadora demoradamente, permanecendo em silêncio por longos minutos.

Depois de deixar que a emotividade fosse controlada, a freira abnegada tomou da palavra e continuou, dizendo:

– Agora, no entanto, impõe-se que sequemos as nossas lágrimas e deixemos para depois do jantar a conversação mais íntima na qual lhe explicaremos as nossas disciplinas, pois precisamos, juntas, atender um doente que está esperando. Ele está cego e paralítico aguardando abrigo. Uma alma generosa nos trouxe ele até aqui. Não podemos tardar... – completou irmã Augusta, referindo-se ao novo interno daquele depósito de infelicidades, Salustiano.

Comovida, Lucinda beijava-lhe as mãos calosas e chorava como criança quando reencontra a mãezinha perdida.

– Obrigada, irmã. Muito obrigada por isso.

* * *

A partir de então, Lucinda passou a se enfronhar nos destinos daquela comunidade, dela pouco saindo em face das inúmeras rotinas a que estavam submetidas. Todas as irmãs encontraram muita alegria no seu modo de ser, o que fizera gerar novo ânimo nos enfermos que se internavam na desgraça de suas dores, ali.

Ao mesmo tempo, Salustiano foi recolhido e ficou muito agradecido a Deus pelo fato de não ter perdido a companheira de viagem que aprendera a amar e que transformara o seu interior para o resto de sua vida.

Dentro daquele pardieiro, ainda ali, havia lugar para a felicidade existir. Lucinda iria criar novos recursos para que isso acontecesse e para que mais pessoas voltassem a sorrir. Ela sorriria juntamente com eles.

Lá no fundo, lembrando-se de Maurício, sabia que o jovem médico iria se orgulhar muito mais ainda se soubesse tudo o que estava sendo realizado por suas próprias mãos e a amaria com mais ardor e idealismo.

Não iria decepcioná-lo!

Euclides era a maior expressão dessa felicidade. Afinal, conseguira a autorização de Deus para trazer aquela flor até aquele solo pedregoso e que o perfumaria em nome de Jesus.

Naquela noite, todos tinham muito mais ventura do que no dia anterior. Durante as orações costumeiras, havia um coro de vozes espirituais partidas da alma de todas elas, a começar de Lucinda, passando pelas irmãs, por Salustiano, por Leontina e terminando em Euclides que diziam juntas, cada um pensando nas próprias alegrias:

"Bem-aventurados os aflitos porque serão consolados".

36

Conversando com Luciano

No quartel, o estado do general inspirava muito cuidado.

Dr. Maurício não deixava a cabeceira do doente que lhe requisitava a atenção constantemente, pois as crises se achavam mais intensas e, agora, algo diferentes das antigas.

Por causa do número de espíritos que o assediavam, servindo-se dos canais de ligação que permitiam o acesso das inteligências desencarnadas através do veículo físico daquele homem despreparado e desprotegido, as ocorrências mediúnicas desequilibradas se multiplicavam.

O jovem médico dedicava-se a aconselhar mudança de padrão de sentimentos a cada um dos espíritos com quem falava, o que resultava, na maioria das vezes, numa reação agressiva e revoltada, já que todos os que ali se achavam procuravam retribuir o mal recebido. Mesmo Alcântara, não possuía maiores méritos para que tivesse atraído para si a proteção espontânea de amigos espirituais que pudessem intervir a seu favor.

Mesmo assim, a bondade divina colocara ao seu lado a inspiração e o zelo de Maurício, secundado pelo espírito de Euclides, para que pudessem ser, igualmente, as flores perfumosas que desabrochavam sobre aquele homem duro e arbitrário , intolerante e agressivo.

O seu estado de enfermidade geral era também um mau presságio para o pensamento de Macedo, muito ligado ao comandante por laços muito próximos.

A companhia de Luciano agora não era exclusividade do general. O capitão também passara a receber a carga negativa que se impregnava constantemente em seu espírito invigilante, através da imantação mental das três entidades que passaram a transmitir-lhe um estado mental cada vez mais combalido.

No quartel, a preocupação do capitão Macedo era manter Luiz vivo para poder levá-lo até o general.

Enquanto isso, um cansaço passou a incomodá-lo de forma crônica, acompanhado de tremores e alterações de metabolismo que indicavam alguma anormalidade orgânica.

Submetido a exames no departamento médico do quartel, nada foi constatado de irregular. O diagnóstico médico indicava, genericamente, um desgaste físico decorrente de esforços e atividades ininterruptas.

No entanto, todo o estado de debilidade, de abatimento interior, de medo inexplicado já era o reflexo da presença constante e estreita das três entidades sugadoras de suas energias que iam lhe induzindo mentalmente a cair nas próprias teias.

Carolina se achava muito abatida, reclusa nas suas dependências com muito medo do que poderia lhe acontecer, aguardando que o marido ou o pai chegassem para salvá-la. Não sabia ainda que o pai já havia sido chamado ao Mundo Espiritual ali mesmo no quartel e que o seu marido continuava recluso nas dependências da mesma instalação militar em que ela era mantida ilegalmente detida.

Macedo mantinha a alimentação da jovem nos padrões mínimos a fim de que, aterrorizada e enfraquecida, ela acabasse cedendo e revelando o paradeiro de Lucinda.

Luiz, no entanto, estava irreconhecível em face dos maus tratos recebidos, das violências suportadas, da fratura na face, das bandagens sobre o corpo que tinha a pele crestada pelos instrumentos de tortura.

Mantinha, contudo, certo padrão de consciência para entender o que se passava. No entanto, estranhava o fato de ainda não ter sido levado à presença do general, ainda mais pelo fato de ter revelado que diria o que sabia apenas na sua frente. Desconhecia o estado de alteração física e mental do comandante, o que impossibilitava a conversação de ambos.

Quem mais se alegrava com esse estado geral era Luciano. Em sua ignorância, dominado pelo ódio e pelo desejo de desforra, o espírito perseguidor, como já é sabido, pretendia a todo custo vingar-se.

Maurício, nas horas em que Luciano espírito assumia a organização mediúnica em desequilíbrio do general, buscava asserenar-lhe o ânimo:

– Veja, meu amigo, há quanto tempo você não consegue ser feliz fazendo tudo isso?

– Minha felicidade é ver a desgraça deste sujeito repugnante. Eu irei fazer dele a criatura mais infeliz que possa existir e ele acabará do mesmo jeito que fez tanta gente acabar. No mais extremo abandono.

– Não diga isso, meu irmão. Esse desejo, compreensível do ponto de vista de sua dor pessoal, ao ser analisado pelo padrão da vida espiritual onde você está só fará aumentar a sua desdita. Antes disso, você deveria se ocupar em ajudar a sua esposa no local onde ela se encontra.

– Não dá pra fazer nada. Ela enlouqueceu de desespero e tristeza. Quando vou lá, fica me pedindo para retirá-la dali, o que me corta o coração e me faz não ter vontade de voltar com a mesma constância que o fazia antes. Imagine você encontrar um ser querido que lhe encara e pede ajuda sem que você possa fazer absolutamente nada por ele.

– Mas você pode orar por ela – falou Maurício.

– Esse negócio de oração é coisa de padre. Para ajudá-la o que eu desejo é vingar-me e levar até ela o vencido para lhe entregar.

– E isso vai trazê-la de volta à razão? Ela deixará de sofrer o referido abandono depois que você conseguir vencer na sua tarefa nefasta? Não, Luciano. O mal não melhora o mal. Você não ajudará sua esposa a melhorar, destruindo uma outra pessoa.

– Não é uma outra pessoa. É uma víbora com pernas...

– Mas mesmo assim, é filho de Deus como eu, como você, como sua esposa. Merece nossa compaixão, pois sofrerá todas as conseqüências dos atos errados que praticou, sem que seja você o agente da desgraça.

– Olha aqui, mocinho. Esse Deus deixou que tudo isso acontecesse comigo, com minha mulher, com todo este povão e não apareceu para prender ninguém. Deus devia estar dormindo e roncando muito alto para não perceber a gritaria de tantos prisioneiros indefesos e inocentes. Minha mulher é um trapo de gente e não tem qualquer recurso para o seu atendimento. Está atirada como lixo num local em que muitos esperam pela morte, como o último alívio para as desgraças e dores. Mas mesmo para aliviá-los, parece que Deus continua dormindo já que não ceifa aquelas vidas para tirá-las do sofrimento. Não faz nada para ajudar minha mulher e todos os que estão lá, sem esperanças. E se Ele está roncando, alguém precisa fazer alguma coisa para que assassinos como este aqui não fiquem sem corretivo.

– Deus nunca dorme, Luciano. Ele sempre procura fazer o melhor para todos, mesmo que a gente não entenda como ou que nos pareça que Ele está esquecido e caduco. Somos nós que estamos cegos ainda, sem vermos o tamanho de sua ajuda.

– De um jeito ou de outro – replicou Luciano – não vai adiantar nada você ficar aí tentando me convencer porque eu não desisto de levar este infeliz até as portas do inferno se for necessário.

– O inferno não existe a não ser nas fornalhas da consciência culpada e do sentimento corrosivo, Luciano. Cada um de nós é o próprio caldeirão e o próprio diabo. Deus é bondade constante e jamais iria criar um ente para fazer o mal, e o que é pior, de forma eterna. A maldade, igualmente, é produto da nossa ignorância milenária que se recusa a agir para se esclarecer, trocando o perdão, a caridade, a bondade que representam o caderno e o lápis da escola do amor, pela espada, pelo veneno, pelo revólver que são as algemas, as grades e a forca da escola da vingança.

– Esta conversa não vai resolver nada, doutorzinho. Quando o senhor sofrer como eu sofri, aí sim eu vou pensar no que está me falando. Por enquanto, preciso me afastar para que este bandido retorne e continue a ser "condecorado" com os méritos de seus atos, com as medalhas da ordem da dor e da lágrima, as únicas à altura de sua importância.

Maurício procurou fazer uma oração em benefício daquele espírito rebelde que se afastava, pedindo a Jesus não se esquecesse de nenhum dos envolvidos naquele drama, fosse do general, de Luciano, de sua esposa, de Lucinda, de todos os prisioneiros.

Alcântara, alguns minutos depois assumiu a consciência plena, abatido e surpreso. Não entendia direito o que ocorria consigo nessas horas. Só sabia que apagava o registro dos fatos objetivos e passava a viver como que mergulhado em um pesadelo do qual não tinha como sair voluntariamente. Por isso, quando regressava ao comando de suas faculdades físicas e mentais, estava esgotado e precisava de repouso e alimentação.

– Doutor, eu não sei o que se passou, mas estou com muita fome. Quero dormir e descansar depois que me alimentar.

– Que boa escolha, general. Vou solicitar alimento leve e farto para que o senhor possa sentir-se mais reconfortado – disse-lhe o médico.

Ato contínuo, fez soar uma pequena sineta que trouxe ao interior do quarto o oficial de plantão a quem foi solicitado o alimento e água em abundância.

Macedo soubera que Alcântara estava se alimentando novamente e isso parecia boa notícia. No entanto, precisava que ele melhorasse um pouco mais para que a novidade da prisão do responsável pelo seqüestro da filha fosse entendida pela sua mente que se recuperava.

Aproveitando-se dos momentos em solidão com Dr. Maurício, Alcântara perguntou-lhe:

–Doutor, o que é que me causa tudo isto? Não tem remédio que me cure? Durante essas crises, eu não controlo nenhum dos membros do meu corpo e, ao contrário, fico me debatendo em um lugar desagradável, na companhia de gente que eu não conheço mas que, de uma forma ou de outra, diz que me conhece. Acusam-me, incriminam-me, odeiam com um ódio tão profundo que me aterroriza a alma. Como é isso possível?

– A sua doença, senhor, eu já lhe disse, não é rara nem contagiosa.

No entanto, como a medicina atual não se preocupa em estudar as verdadeiras causas dos desequilíbrios, fica ela procurando remediar os efeitos que constata no exterior. Todas essas ocorrências que lhe são relatadas posteriormente, indicam que o senhor está sendo vítima de uma perseguição produzida por criaturas que não se lhe afeiçoam. São entidades que perderam o corpo carnal nesta existência mas que não morreram. Ao partirem, levaram consigo todas as marcas e mágoas que o senhor lhes semeou, pretendendo cobrar por todas as lágrimas derramadas as quais atribuem à sua conduta.

– Você acha que eu acredito nisso? – perguntou arrogante o militar.

– Não tenho nenhuma pretensão de que o senhor acredite nem de que aceite as minhas explicações. O que posso dizer é que todos os que falam pelo senhor depois que a crise se instala, contam coisas muito ruins a seu respeito.

– Duvido! O que eles podem falar de mim se nunca fiz mal por vontade própria e deliberada? Conte-me para que eu possa me divertir com boas risadas.

O general não vergava.

– Bem, general, já que o senhor manda, eu obedeço. Antes, contudo, quero que saiba que o que vou dizer-lhe aqui representa o teor de conversas sigilosas que foram mantidas com as entidades neste ambiente, sem que ninguém as tenha ouvido e sem que eu esteja fazendo qualquer julgamento a respeito dos fatos. Sou um médico. Não discuto com a doença. Eu procuro medicá-la apenas.

– Pois bem, fale logo, homem.

– Um dos comunicantes vem acusá-lo de destruidor de lar. Fala que anos atrás o senhor seduziu-lhe a mulher com as promessas que o seu cargo importante podiam cumprir. A moça se iludiu e entregou-se aos seus caprichos rompendo os laços sagrados da família, abandonando os três filhos. Depois de alguns meses de aventuras em comum, o senhor foi transferido e, sem mais nem menos, informou-lhe que tudo estava acabado. A mulher perdeu a família, perdeu o senhor, perdeu o juízo. Num supremo ato de desespero, voltou ao lar para pedir abrigo ao antigo companheiro que, indignado, expulsou-a entre safanões e impropérios. Apesar disso, o marido sentia muito amor por aquela mulher. O orgulho masculino, no entanto, o fazia agir daquele modo e culpá-lo ainda mais pela desgraça suportada. Os filhos sem mãe, a família desagregada e, por fim, o abandono das crianças pelo pai que se perdera no vício da bebida em face de tais desventuras.

O general ouvira procurando parecer indiferente como se isso não estivesse lhe tocando o ser mais profundo. No entanto, como é que tudo isso era possível? Relembrou-se de Conceição, a referida mulher que, algum tempo depois do desencarne de Lúcia, sua esposa, ele conhecera e se afeiçoara pelos traços garbosos de seu corpo jovem. Como é que Maurício sabia?

– Outra entidade, senhor, o acusa de assassinato para se apropriar de pequena propriedade vizinha à sua e que não tinha por intenção vender-lhe. É certo que não foram as suas mãos que atearam o fogo ou dispararam os tiros que o mataram. Todavia, os capangas que fizeram tudo isso estavam aos seus serviços e o senhor pagou a cada um deles com vacas e porcos da criação da própria vítima, como um direito ao espólio da conquista. Depois de morto, o humilde vizinho, vítima de tais atrocidades, passou a nutrir muito ódio por sua pessoa.

Alcântara passara a ficar sério e rijo como se fosse um mourão de cerca ao frio do inverno.

– Outro ainda, senhor, acusa-o de coisa semelhante, na aquisição das terras que hoje lhe servem de moradia e que foram incendiadas. Esse é o primeiro deles, o perseguidor mais antigo e mais ferrenho. Trata-se de Luciano Salviano dos Reis, o antigo proprietário de suas terras que, sabendo dos métodos usados pelo senhor que se serviu do capitão Macedo e de alguns jagunços, pleiteia a vingança pessoal para compensar as perdas, tanto materiais quanto afetivas de que se viu acometido. Isso porque a sua esposa sobrevivente, Leontina Salviano foi levada pelo senhor para a casa dos parentes dela que, aproveitando-se do estado de viuvez, foram lhe extorquindo dinheiro enquanto ele existia, para, tão logo ter sido esgotado o recurso financeiro, abandoná-la praticamente ao relento e à desgraça da solidão.

O general sabia que tudo era verdade. Uma sensação de agonia invadiu-lhe o peito, agora que outra pessoa sabia da sua conduta desonrada, além do próprio Macedo, o cúmplice de muitos dos referidos delitos.

– Se lhe estou revelando tais fatos, senhor, não é para que se veja ou se sinta julgado. Apenas relato o que ouvi dos próprios espíritos que falaram por seu intermédio. Trata-se de uma bênção de Deus para que nos modifiquemos e reconstruamos as edificações destruídas por nossa ignorância. Deus nos convoca sempre para a melhoria de nossos pensamentos e atitudes a fim de que não venhamos a sofrer o tanto que merecemos pelo mal que já praticamos.

Aquela conversa estava fazendo muito mal ao militar. Todavia, o médico sabia que ela era necessária para que seu paciente não mais se iludisse acreditando que estava acima da lucidez divina. A partir dali, Alcântara estava sendo convocado a melhorar-se e a não mais agir de forma arbitrária para com o próximo. Recebia a noção da responsabilidade diante da felicidade ou infelicidade alheias. Estava sendo preparado pelo Amor Divino para os embates do futuro a fim de que entendesse que dependia muito de suas próprias escolhas o mundo de amanhã, o futuro que o iria receber.

Apesar do mal-estar, o general se espantara com a exatidão das informações, algumas delas desconhecidas até mesmo de Macedo que não tinha pleno conhecimento da vida do superior. Pensara em mandar prender o médico como suspeito de qualquer crime, apenas para que não o expusesse diante da coletividade. Resolveu aguardar para que, quando estivesse mais forte voltasse a pensar com mais lucidez e decidisse com exatidão sobre todas as coisas.

Agradeceu as informações de Maurício e pediu-lhe – melhor – ordenou-lhe que trouxesse até ele o próprio Macedo a fim de conversarem sobre assuntos militares emergenciais.

Recomendou ao médico, antes que este saísse dos seus aposentos, que não se ausentasse do quartel uma vez que continuava detido até segunda ordem.

Assim foi feito. Maurício saiu, Macedo entrou, abatido e com o semblante cansado.

37

O amor estende os braços durante o sono

– Boas notícias, general. O senhor está se recuperando! – falou Macedo tentando ser otimista.

– Notícias que não me agradam em nada, Macedo. O que eu gostaria mesmo era de poder encontrar minha filha. Enquanto isso, cada dia que passa me amarga ainda mais a vida e eu sigo como que tendo que viver contra a minha vontade, apenas para cumprir um dever. Sigo obrigado a viver, sem qualquer desejo de continuar vivo.

– Nossa Senhora o proteja, comandante. Não fale coisas tão duras assim. Pelo que eu posso sentir, as coisas vão melhorando a cada hora. Procuro esperar que o senhor se recupere mais rápido e esteja mais forte para poder colocá-lo a par de algumas notícias novas que, pelo que imagino, poderão nos levar até Lucinda.

Ao falar no assunto, Macedo procurou envolver as suas palavras no clima de otimismo e esperança, como quando alguém tem um segredo que deseja revelar, mas faz um suspense para instigar o ouvinte a desejar conhecê-lo.

O general, apático, sentou-se no leito como que se tivesse sido ligado na tomada elétrica e uma corrente de forças lhe tivesse invadido os departamentos celulares.

– Capitão Macedo – falou imperativo – eu ordeno que me relate tudo o que sabe, todos os detalhes e todas as suspeitas ou certezas que diz ter. Não me deixe neste estado de viver sem estar vivo. Preciso de alguma esperança, ainda que longínqua, de que encontrarei minha filha amada, o único ser amado de minha própria família que me compreende, com quem possuo afinidades muito grandes.

– Calma, comandante. O senhor está debilitado e precisa de comida, em primeiro lugar. O que sei pode esperar até amanhã, quando o alimento já tiver fortalecido o seu ser e o descanso permitir que o senhor aproveite as revelações com maior deleite, já que o que foi descoberto está bem seguro sob a nossa vigilância.

Realmente, o general estava muito desgastado para suportar maiores euforias para aquele momento. O simples movimento brusco de sentar-se na cama, ansioso, produzira nele vertigens que o forçaram a retornar à condição horizontal, acomodando-se na cama.

Com isso, ele mesmo sabia que o seu estado era mais delicado do que pretendia demonstrar. Acatou a sugestão de Macedo e aceitou iniciar a alimentação material para que o corpo pudesse ir se restabelecendo.

Macedo continuou ali, ao lado dele, observando as suas reações, lembrando-se das palavras de Maurício, avaliando a desdita daquele poderoso militar, vítima de mãos invisíveis que o levavam ao desespero e à inconsciência, transformando-o em um quase farrapo humano.

A noite se aproximava e Macedo deixou o comandante, não sem antes desejar-lhe calma e bons sonhos, a fim de que, no dia seguinte, estivesse preparado para as boas revelações.

Esta alvissareira notícia acalmou-lhe a ansiedade uma vez que era ligada ao paradeiro de Lucinda ou, ao menos, dizia respeito a ela.

O sono veio rapidamente após o alimento ter sido ingerido. Afinal, o corpo desgastado pedia repouso e desligamento para que se reabastecesse.

Macedo tomou o rumo do seu quarto e também procurou recolher-se imaginando o dia seguinte, quando iria demonstrar a sua competência e o seu espírito de liderança, apresentando o preso ao general.

Durante a noite, no entanto, antes que as ocorrências do dia seguinte se concretizassem, Deus permitira que ambos os espíritos recebessem nova oportunidade para que modificassem o rumo de suas vidas.

No Plano Espiritual, o espírito de Euclides, tão logo os espíritos do general e do capitão deixaram o corpo físico em decorrência do sono, reunira ambos para uma conversa especial e que poderia lhes alterar o próprio destino. Então, foram encaminhados para um lugar no Plano Espiritual no qual se localizava um belo e amplo jardim, emoldurado por colorida atmosfera luminosa, composta por árvores translúcidas, flores que exalavam perfume suave e sonoridade harmoniosa ao serem beijadas pela brisa. Tudo ali encantava a alma.

Os dois homens, não afeitos a ambientes desse tipo, ainda se achavam maravilhados, ao mesmo tempo em que se sentiam perturbados por causa da beleza tão diferente daquele lugar. Julgavam que tinham sido levados para algum ambiente mágico que não existia senão nas imaginações infantis.

Mesmo assim, amparados por espíritos que trabalhavam junto a Euclides, ambos foram compelidos a adotarem um padrão de conduta mais contida e respeitosa, quase beirando a temeridade.

Tudo aquilo inspirava uma elevação angelical à qual os dois homens mundanos não estavam acostumados.

Tão logo puderam se acostumar ao ambiente novo, foram levados à presença do espírito de Euclides que os aguardava sentado à margem das flores e plantas diferentes e inspiradoras.

Sentaram-se em banco colocado bem à frente de Euclides e passaram a observar aquele espírito que brilhava, faiscante. Seus olhos, que sabiam ser argutos para encontrarem a caça no meio do sertão, não tinham ainda experiência para observar as coisas tão elevadas que, agora, podiam divisar.

Deixando-os livres para pensarem por algum tempo, Euclides auscultava o íntimo daqueles dois irmãos que recebiam tratamento digno, conquanto não soubessem dá-lo aos outros.

– Sejam bem-vindos, meus irmãos – falou o espírito elevado, verdadeiro tutor de almas. Vocês se acham aqui, retirados do corpo que adormeceu para que ouçam o que tenho a lhes dizer e pensem em tudo o que lhes está ocorrendo, a fim de não se perderem ainda mais.

Os dois espíritos passaram a olhar diretamente para Euclides que, num esforço de vontade, diminuiu ainda mais a própria luminosidade para que os visitantes não se embevecessem com a sua aparência exterior, deixando de dar importância ao conteúdo de suas informações.

– Foram trazidos graças à bondade de Deus que tem feito tudo para que pudéssemos aproveitar as oportunidades recebidas. Vocês dois são antigos comparsas de séculos de sofrimento e de desmandos. Sempre se encontraram e se aproximaram quando estavam encarnados na mesma época na Terra, a fim de darem vazão aos desejos mais inferiores. Suas ligações se acham efetivadas na escuridão do passado, desde os passos experimentados na selvageria das lutas romanas com as quais a águia imperial desejava sempre ampliar os seus limites territoriais. As tendências para a vida militar foram herdadas de períodos como esses, nos quais se afeiçoaram às rotinas do mando e ao aproveitamento de suas vantagens. Nesta vida de agora, todavia, ambos se acham na encruzilhada dos próprios destinos. Toda a conduta que tiveram até aqui demonstra que ainda não se limitaram a exercer o cargo que receberam por empréstimo tendo em vista o bem-estar coletivo. Vocês ainda são os soldados da velha águia romana, invadindo, saqueando, acobertando os atos com o pagamento ou a morte de suas testemunhas.

No entanto, Deus é generoso e sempre procura reerguer os que criou a fim de mostrar-lhes a beleza da vida que os aguarda. É isto o que estão vendo aqui. A beleza de Deus que se preocupa sempre com as coisas mais simples e pequenas. E este ponto dos seus destinos será crucial para o seu futuro. Ambos serão levados pelos caminhos que adotarem nesta escolha. Você, Alcântara, já se acha enfermo do espírito a ponto de não controlar as sensações físicas e servir de ponte pela qual os que foram suas vítimas se liguem à Terra, por seu intermédio. Agora, não os pode prender, matar ou intimidar já que a morte já chegou para todos eles. Macedo também se acha na mesma situação. Apenas que, por ser subordinado à cabeça pensante de Alcântara, possui a seu benefício certas atenuantes que o general não tem.

Os dois homens, momentaneamente guindados à situação de espíritos conscientes numa dimensão toda nova, ouviam atentos, sem ousarem interromper aquela criatura brilhante e bela que, ao falar sobre os defeitos individuais não os acusava como se fosse um juiz. Ao mesmo tempo suas palavras eram doces e caíam em seus espíritos como uma chuva delicada que molhava o chão estéril atenuando o calor e a aridez individual.

Euclides continuou:

– Agora que os atos desmedidos do orgulho de ambos os trouxeram até aqui, o Divino Mestre Jesus autorizou tivéssemos esta conversa a fim de que lhes fosse explicado o que se espera de cada um. Tal explicação não tem o condão de alterar as suas opções, boas ou más. No entanto é mais uma chance concedida pela bondade de Deus para que sigam pela porta estreita da renúncia, do perdão, da edificação de um novo mundo. Se aceitarem tais advertências estarão escolhendo um futuro melhor. Se não as aceitarem, estarão optando pelo caminho mais árduo para trilharem o amanhã.

Chegou a hora de ambos se redimirem dos erros cometidos. Todos os fatos que se encadearam até aqui foram produzidos pelas suas mãos e pelas próprias idéias arbitrárias, como se fossem deuses a controlarem o destino dos outros. Pretendiam se impor sobre as contingências, escolher os caminhos dos demais, determinar modificações nos destinos, impor sentimentos não correspondidos aos corações que diziam amar mas que pretendiam escravizar.

Essa redenção passa necessária e unicamente pelo caminho do perdão. Ambos têm sido requisitados pelos espíritos que foram suas vítimas, que vêm cobrar pelos sofrimentos recebidos nesta e em outras existências. Isso tem provocado as crises em seu corpo, Alcântara, nas horas em que seu espírito se afasta dele, acossado pela perseguição dos algozes que você plantou. Da mesma forma, o seu estado de abatimento, Macedo, as suas dores físicas também estão sendo geradas pelo desequilíbrio de sua alma. Competirá a cada um de vocês escolher o caminho a seguir.

Se pretenderem vencer estas etapas evolutivas pelo trajeto mais suave, o que eu posso lhes indicar é que nunca se esqueçam da palavra PERDÃO. Uma multidão de credores está à sua porta clamando recebimento. Ambos não possuem recursos para o pagamento. Ambos precisam de muito perdão. Nessa medida, precisarão ofertá-lo aos que estão sob o seu comando e a sua custódia pouco hospitaleira.

Devolvam a liberdade aos que nasceram livres por vontade de Deus. Ofereçam tratamento de saúde aos enfermos que caíram vítimas de seus atos de perseguição e tortura e deixem que retornem à alegria de suas vidas. Tudo aquilo que eles já sofreram lhes fará suficiente mal. Não deixarem nenhum preso nas dependências da guarnição que Deus permitiu que fosse erguida para ajudar, para guardar e proteger os que lhe estão em volta. Convertê-la em prisão é desnaturar-lhe a finalidade.

Perdoem a todos, principalmente àquele jovem a quem acusam de responsabilidade maior nas desditas de Alcântara. Ele não é o responsável por nenhuma das ocorrências nocivas das quais está sendo acusado. Os únicos responsáveis pelo mal acontecido estão aqui, conversando comigo neste momento.

Alcântara e Macedo ouviam atônitos sem dizerem palavra. As advertências soavam como estiletes luminosos abrindo fendas doloridas no coração dos dois. Indagavam-se sobre a origem daquele ser diferente e magnético. Seria um anjo celeste? Seria um mensageiro de Deus encarregado de espalhar as ordens do Criador?

As cogitações interiores denotavam o despreparo de ambos para as realidades da vida espiritual. Ao mesmo tempo, Euclides seguia esclarecendo-os sobre as duas opções que lhes seriam possíveis, ressaltando que a opção do perdão incondicional lhes traria indefinível melhora do que a outra solução.

– Vocês estão prestes a darem curso aos próprios destinos. Não é Deus quem faz as escolhas por nós. Ele nos orienta através das leis do Universo escritas nas consciências de todas as criaturas. Quando a consciência dói, isso é indicativo de que algo está errado. Todavia, quando entorpecemos a voz da consciência através dos nossos atos frios e indiferentes, o Criador permite que tenhamos despertada, ainda que por alguns instantes, a noção dos deveres espirituais que nos estão afetos. O dever maior é o de fazer o bem com esquecimento de todo o mal. Ao perdoarem os prisioneiros que, aliás, nada fizeram em sua grande maioria, estarão jogando fora a pesada carga que prende os seus navios ao banco de areia das desditas no leito das águas da vida. Com o peso aliviado, o barco retoma o seu curso, mais leve e veloz do que antes.

No entanto, se não desejarem trilhar este caminho, o amanhã será um constante tropeço de amarguras e decepções, vergonha e enfermidade. As suas opções são claras e definidas. Ou perdoam e recomeçam um trajeto mais suave, ou seguem do mesmo jeito, impondo sofrimento, odiando, para recolherem as conseqüências de tudo isso e suportarem o peso dos que estão cobrando as suas dívidas com acréscimos.

Lembrem-se de que Jesus é Amor e pede para ser vivido nas horas da dificuldade. Ele falou sobre a necessidade de se amar até o sacrifício, de amarmos, inclusive, aos nossos inimigos. Certamente que não lhes será fácil mudar todo o modo de agir. Todavia, ao se comparar a dificuldade dessa mudança com a desdita que os aguarda se não a implementarem imediatamente posso afirmar, sem medo de errar, que iriam preferir mudar tudo agora, a passarem pelas conseqüências da manutenção do caminho da vingança.

Comecem agora a limpeza dos cárceres de seus próprios espíritos. Esta prisão interior está repleta de antigos condenados, na figura de antigos defeitos, de remotas frustrações, de feridas mal cicatrizadas, de condenados que procuram se ocultar a fim de serem esquecidos pelos outros. Os corações humanos, com raras exceções, em geral se assemelham a vasto cemitério em cuja necrópole jazem sentimentos idealistas que foram enterrados, amores sufocados pela terra da indiferença e da irresponsabilidade, flores secas pelo abandono e pelo mau trato, além de inúmeros cadáveres insepultos a representarem as desditas que se acumulam dentro de cada um, exalando o seu odor fétido sem que tenhamos coragem de enterrá-las de uma vez. Gostamos que fiquem à mostra para que não nos esqueçamos de, um dia, nos vingarmos dos causadores de nosso drama pessoal. Queremos que o mundo tenha culpa e pague pelas desgraças que criamos para nós mesmos.

Daí a necessidade do perdão-esquecimento que Jesus aconselha. É tratamento de saúde, profilaxia da alma e sementeira fecunda ao mesmo tempo.

Não se esqueçam de que o Senhor os está convocando à tarefa do amor na Terra e ambos possuem nas mãos a chave que liberta ou tranca por muito tempo. Não se esqueçam disso...

Qualquer que seja a sua escolha, não importa para o Universo. Quando Deus determinar, todos os presos serão libertados, retomarão as vidas, do mesmo modo que encontrarão Lucinda em seu caminho novamente. A escolha importará muito, entretanto, para vocês dois, pois vai depender dessa escolha de ambos o momento e as condições em que esse reencontro se dará.

Ao falar assim, Euclides se levantou, dirigindo-se para os dois encarnados meio atordoados com tudo aquilo, estendeu a destra sobre ambos e um jorro luminoso penetrou-lhes a mente e o coração, a fim de manter a lucidez da primeira e amenizar a dureza do segundo em face do que lhes competia realizar a partir dali. Nessa posição, Euclides elevou sentida prece a Jesus, enquanto os dois amigos ouviam a rogativa de olhos baixos:

– Senhor, amigo dos aflitos, semeador das esperanças nos nossos corações tão pobres, acolhe a nossa ignorância mais uma vez, a fim de iluminá-la no caminho do mundo. Diante das nossas dúvidas, sede a única certeza. À frente de nossa tirania, continua a ser o cordeiro manso que exemplificava a renúncia e o sacrifício, nos ensinando a nobreza esquecida da devoção até o mais extremo da alma. Agora que a bondade do Pai nos colocou como os agentes do nosso destino, não deixes que joguemos fora esta nova oportunidade de continuarmos na Terra em busca da felicidade. Que a Tua vida e o Teu coração sejam o mapa e o tesouro oculto a fim de que, seguindo as Tuas pegadas, nos enriqueçamos para sempre com a preciosidade dos Teus sentimentos endereçados a todos os que sofrem hoje, evitando que nos tornemos aqueles que sofrem amanhã. Ilumina estes dois irmãos, Jesus querido, a fim de que não desperdicem a possibilidade de resgatarem o mal que já praticaram através do bem que poderão praticar. Obrigado pelo teu amor infinito.

Euclides se transformara num sol radioso que emitia vibrações azulíneas em todas as direções, maravilhando aqueles dois agentes das trevas que traziam em seu íntimo sentimentos tão inferiorizados.

Premidos por essa visão, quase que simultaneamente, os dois homens retornaram ao corpo denso entre as lágrimas da emoção, a consciência culpada, o coração aflito e a noção de responsabilidade. Não guardavam consciência plena e absoluta de todas as advertências espirituais. No entanto, traziam no subconsciente as noções necessárias para que a escolha do caminho que tomariam representasse uma definição feita com conhecimento de todos os riscos.

A partir dali não poderiam dizer mais que não haviam sido avisados e que Deus não os ajudara.

O dia começava a clarear...

38

O aviso ignorado

Tão logo amanhecera e porque a rotina do quartel retomasse o seu curso natural, Macedo se erguera do leito, confuso e preocupado.

Sentia que havia ocorrido alguma coisa diferente naquela noite. Algo muito importante e que trazia marcas profundas no seu pensamento. Uma sensação de amargura lhe invadia como se a partir daquele momento todas as coisas aguardassem a definição de sua vontade para que continuassem a ter o seu curso normal.

Lembrava-se vagamente dos conselhos recebidos, mas não se esquecera do ser luminoso que irradiara esplendor à sua volta.

Enquanto fazia sua higiene pessoal, meditava naquele sinal ou alerta. A que corresponderia? Qual a mensagem que traria ao seu coração?

Todas estas perguntas mentais Macedo seguia se fazendo lembrando que naquela manhã a revelação dos fatos e o general esperavam por ele.

– Será o meu dia... – pensava Macedo. – É hoje que eu consigo conquistar o meu prêmio maior. Na frente do general, aquele rebelde irá contar onde Lucinda se acha escondida e, logo depois disso, partirei para libertá-la. Será um sonho que se realizará em minha vida...

Ao pensar em sonho, voltou-lhe à mente a visão luminosa que o advertira naquela noite. Ao se recordar dela, no seu interior ecoava a palavra PERDÃO.

– Perdão, perdão... perdoar o quê? Como posso deixar de cumprir o meu dever? Além do mais, este preso foi o responsável por todos estes problemas e não será justo que saia daqui sem apresentar todas as soluções.

No entanto, enquanto falava em silêncio, seus sentimentos se conturbavam indicando que se achava em luta íntima e que, mesmo aquele momento tão aguardado, já não apresentava a euforia vitoriosa que ele tanto anelava sentir.

A situação de Luiz era dramática.

Depois das agressões sofridas para confessar o que não sabia, seu corpo se ressentira das queimaduras produzidas pelos ferros em brasa, e a fratura no osso facial alterara os contornos do seu rosto que fora parcialmente coberto com faixas que, ao invés de beneficiarem a recuperação, mais abafavam os ferimentos permitindo a proliferação das bactérias.

A febre continuava renitente. Os médicos do quartel tinham ordem pessoal de Macedo para que tratassem do prisioneiro sem muito zelo especial, mas que evitassem que ele morresse antes de confessar seus delitos ao comandante. Com isso, mesmo o atendimento médico era precário.

Naquela manhã, a constituição orgânica de Luiz estava se ressentindo do longo estado de aflição que suportava, só não tendo sido vencido pela enfermidade devido ao seu corpo mais jovem que reagia com mais vigor na recuperação. O ferimento da face infeccionara e secreções purulentas se juntavam ao longo do rosto, produzindo odores fortes e agressivos, além de uma aparência mais grotesca ainda. Seu estado era preocupante.

Enquanto isso, Alcântara dormira depois de se alimentar e, fosse pelo sono inspirado, pelo corpo em recuperação ou ainda pela ansiedade de conversar com Macedo, o certo é que naquela manhã acordara mais fortalecido, levantando-se do leito, vestindo o seu uniforme e se preparando para retomar a sua rotina que, naquele período não era outra senão a de buscar pistas sobre Lucinda.

Logo após se paramentar e ingerir o café matinal, determinou que Macedo viesse até os seus aposentos.

O sonho da noite não lhe impressionara muito. A sua constituição interior mais endurecida tratara de colocar tais lembranças na condição de tolices. Conquanto se sentisse emocionado quando acordou ao regressar ao corpo denso, seu espírito, que desenvolvera pouco a sensibilidade, não se preocupara em extrair algo da advertência ou da experiência. Rememorava, vagamente, a presença de um ser angélico, vestido de luz que lhe falara de forma doce e carinhosa, apesar de enérgica e firme.

Na verdade, tinha pressa em ouvir Macedo sobre as revelações que o mesmo lhe prometera fazer e que, certamente, envolviam Lucinda. Os seus sentimentos eram todos voltados para a busca da jovem e não se importava com mais nada.

Tão logo descobrisse seu paradeiro, retomaria sua vida pessoal e profissional na forma antiga. Enquanto isso não acontecesse, estaria vinculado ao dever de honra de recuperar a filha. Ao lado dele se achavam os espíritos que procuravam incutir-lhe os sentimentos negativos e aumentar-lhe o desespero. Principalmente Luciano fazia o cerco cada vez mais acirrado sobre a organização mental do general, como forma de manter o seu controle e dar seguimento à sua vingança.

Macedo atendeu ao chamado e pediu licença para entrar no quarto do comandante que já estava ansioso por ele.

– Bom dia, senhor – falou Macedo prestando a continência cerimonial do subalterno ao superior.

– Bom dia, capitão Macedo – respondeu Alcântara à saudação militar, retribuindo-a. Já não é sem tempo que estou esperando a sua chegada para dar-me as notícias anunciadas.

– Sim, general, para mim também este é um momento muito importante, seja porque represente o cumprimento de um dever de honra seja porque signifique dar curso ao sonho do próprio coração.

– Como assim? – perguntou o comandante.

– Como o senhor já sabe, nutro por sua filha um sentimento muito profundo e desde que ela foi levada por aquele bando, meus dias se transformaram num martírio sem fim. Prometi a mim mesmo que iria buscar os responsáveis até encontrá-los, pois esse é o dever que a farda impõe a qualquer soldado que a honre, ao mesmo tempo em que é a obrigação de todo homem apaixonado a fim de proteger o objeto de seu afeto. Por causa disso, nos meus dias de folga, procurei uma forma de encontrar um caminho para ter alguma pista. E acho que encontrei um rumo promissor para chegarmos até Lucinda.

O general se movia impaciente na sua cadeira, com um brilho de esperança no olhar, bebendo cada palavra de Macedo que, sabendo de sua natureza íntima, por sua vez procurava criar um clima que valorizasse as suas revelações, estimulando e conquistando aquele homem duro para fazê-lo simpático aos seus anseios.

– Pois então, comandante, pensei que se havia alguém que deveria ter informações muito mais detalhadas, esse alguém era aquele que comandara todas as ocorrências. Segundo Mariano que foi preso, os responsáveis pelo movimento, os autores dos folhetos difamatórios, os que presidiam as reuniões mensais eram Armando e Luiz. Com isso na mente, descobri que eles regressavam à propriedade logo após a prisão de Carolina, conforme determinaram as suas ordens pessoais. Daí, montei guarda no caminho que eles percorreriam até a propriedade e, numa noite fizemos ambos prisioneiros sem que ninguém tivesse conhecimento desse fato. Levei-os para um casebre próximo daqui, mas suficientemente afastado para evitar testemunhas e, al , procurei extrair de ambos a confissão sobre o paradeiro da menina. Como foram duros para falar, precisamos "convencê-los" a se abrirem segundo nossos métodos tradicionais.

No auge do processo de convencimento, beirando o limite de suas forças, o mais novo deles disse que falaria o que sabia. No entanto, só o faria na sua presença pessoal, exigência essa que, apesar de representar uma insolência do preso, resolvi acatar por se tratar de assunto que lhe toca diretamente.

Com isso, trouxemos os dois para o quartel e os coloquei em celas separadas. Ninguém soube da prisão de ambos. Pretendia levá-los imediatamente à sua presença, mas quando chegamos aqui descobri que as crises tinham voltado e o seu estado não permitiria qualquer conversa. Com isso, mantive os dois presos aguardando para que, tão logo a sua recuperação ocorresse, pudesse trazê-los até aqui para que confessassem o que sabiam.

Nessa espera, Armando não resistiu aos ferimentos e morreu na prisão. Foi sepultado sem alarde e sua perda não representou nenhum prejuízo para os nossos planos de recuperação, já que foi o outro quem disse saber de coisas para contar ao senhor.

Luiz se acha igualmente adoentado, mas não perdeu a lucidez. Espero pela oportunidade de trazê-lo à sua presença.

– Muito bom trabalho, Macedo. Sempre soube que podia confiar em sua diligência. Recomendarei o seu nome para que receba uma promoção como recompensa aos seus valores de homem e de soldado. Quanto a esse bandido, espero que ele se abra contando tudo o que sabe. Não pretendo passar pela situação constrangedora de implorar-lhe qualquer informação. Quero que ele sinta o peso de minha determinação. Quero que ele tenha medo da minha presença. Quero que ele nem pense em esconder alguma coisa. Falarei com ele ainda agora. Antes disso, porém, leve para o meu gabinete a sua mulher. Amarre-a em uma cadeira e a coloque bem à vista para que, quando ele chegar, saiba que ela se acha em minhas mãos e que não será nada bom que omita alguma coisa sobre Lucinda.

– Bem pensado, senhor. Suas idéias são perfeitas para arrancar desse malfeitor tudo o que sabe.

– E como a mulher é sempre mais fraca do que o homem – falou o comandante no seu preconceito autoritário e covarde – iremos apresentar-lhe o marido do modo como se acha para que ela também acabe contando tudo o que sabe a fim de livrá-lo de mais suplício...

Vá e prepare o meu gabinete para isso. Depois, venha me comunicar quando tudo estiver pronto. No entanto, não traga o preso até que eu esteja lá dentro aguardando por ele. Quero presenciar a reação da jovem quando ele chegar. Quero falar com ela sozinho como última chance de me revelar o que preciso descobrir.

– Sim, senhor. Farei isso imediatamente.

Eram duas pedras sem nenhum traço de amolecimento.

Macedo se levantou e se preparava para sair quando se lembrou de uma coisa e voltou dizendo:

– Senhor, posso contar-lhe mais uma coisa? Essa de caráter pessoal e que não tem ligação direta com tudo isso?

– Fale logo, homem – respondeu o comandante no seu modo tradicional de dar liberdade aos seus subordinados.

– Esta noite tive um sonho no qual o senhor e eu estávamos juntos num lugar diferente, todo iluminado, conversando com um ser brilhante que nos pedia muita coisa que eu não me recordo mas que, do que me lembro, pedia que perdoássemos. Não sei o que, não sei quem. Apenas me lembro que ele pedia que escolhêssemos o caminho do perdão. O senhor teve algum sonho parecido?

Alcântara deu uma grossa gargalhada e respondeu:

– Ora, Macedo, pois agora você deu pra coisa de mulher? Acabei de falar que vou recomendar a sua promoção e você vem com uma coisa desse tipo? Desse jeito vou ter que providenciar o seu rebaixamento... – respondeu o general em tom de brincadeira e intimidade. – Eu sonhei alguma coisa diferente, mas não tenho nenhuma lembrança de nada. Além disso, não tenho quaisquer dessas crendices populares que ficam descobrindo mensagens decorrentes de uma noite mal dormida ou de uma comida pesada que se ingeriu antes de ir pra cama. Esse seu sonho não me diz nada, pois a minha função não é a de perdoar ou condenar. Minha função é a de cumprir as ordens que recebo e defender o Império contra bandidos como esses que foram capturados. Eles sim é que fizeram tudo o que não deviam fazer. São eles que estão a se condenar. Nós apenas cumprimos a lei. Perdão é coisa pra padre. Só ele é que tem o condão de jogar água benta na cabeça do sujeito para que os seus pecados sejam lavados. Vá logo fazer o que mandei e não perca seu tempo em coisa sem importância...

Macedo sorriu das considerações de seu comandante e retomou seu trajeto pensando consigo que aquele general estava certo sempre. No fundo, desejava encontrar um argumento para seguir fazendo o que já vinha fazendo, sem peso na consciência.

Providenciou o ambiente para que tudo estivesse preparado na forma que o general tinha determinado. Sua sagacidade e seu instinto para envolver as vítimas nas suas teias eram virtudes que Macedo admirava e desejava desenvolver em sua própria personalidade.

Achou muito oportuno todo aquele encontro, pois iria propiciar que dois envolvidos no delito se colocassem frente a frente para revelarem os fatos reais. Ainda mais que se tratava de marido e mulher. Isso era muito convincente, pois ambos pretenderiam se ajudar, protegendo-se, ainda que à custa de revelarem o segredo por eles tão zelosamente guardado.

Carolina foi colocada em uma cadeira de madeira no canto da sala, com as mãos atadas às costas, os pés presos por fitas nas pernas da cadeira e um pano a fechar-lhe a boca e os olhos.

No centro da sala estava outra cadeira de braços na qual seria colocado o rebelde que havia sido capturado. Macedo ficaria atrás do prisioneiro enquanto Alcântara se encarregaria de cuidar de Carolina, sendo que ninguém mais estaria na sala para presenciar as revelações daquela manhã.

Sobre a escrivaninha de seu gabinete, Macedo espalhou alguns objetos naturalmente intimidatórios, com o intuito de causar impacto e temor aos que os vissem. Além de uma arma de fogo, havia alguns tipos de armas brancas, facas, navalhas, torniquetes, etc., nitidamente dispostos para induzir o interrogando a acreditar que aqueles instrumentos, se necessário, teriam de ser usados para que ele revelasse o que sabia por bem ou por mal.

O que era mais grave era o fato de que aqueles dois homens iriam fazer isso sem pestanejarem, aproveitando-se de uma moça assustada, enfraquecida e faminta e de um jovem torturado e doente.

O sonho daquela noite, agora, era uma vaga lembrança para a qual nenhum dos dois algozes dava muita importância. O que valia era continuar no processo de ferir, de torturar e de fazer sofrer.

Iriam descobrir na própria pele o significado da advertência do Meigo Nazareno:

"Ponde a tua espada na bainha pois quem com ferro fere, com ferro será ferido..."

39

As dores cobram o seu preço

Tão logo Carolina fora devidamente colocada no interior de seu gabinete atada à cadeira, Alcântara foi comunicado e para lá se dirigiu a fim de ter uma última conversa com a jovem.

Assim que chegou determinou que lhe fosse retirada a venda dos olhos, mantida, no entanto, a mordaça em sua boca.

Falou-lhe, então, o comandante:

– Sra. Carolina, apesar das inúmeras mentiras que a senhora vem relatando até o presente momento, por meio das quais procura ocultar o paradeiro de minha filha, e antes que eu determine um procedimento mais doloroso para a obtenção das informações de que necessito, estou lhe falando pela última vez sobre a possibilidade de chegarmos a um acordo. Vou retirar a mordaça pela última vez para que o seu segredo venha a ser revelado e nos poupe todo o sofrimento de ter de obtê-lo mediante outros métodos.

Em assim dizendo, Alcântara retirou o tecido que vedava os lábios da jovem a fim de que ela pudesse relatar o que sabia.

Não é preciso dizer do estado de choque em que a moça se encontrava. Já detida há algum tempo, sem alimentação adequada, sem companhia de amigos, sem segurança alguma, o seu íntimo entrava em desespero levando-a quase ao limite da perda da lucidez, em face do medo brutal que lhe crescia na alma.

Agora, ainda mais, diante do procedimento coativo que lhe atava os membros e a colocava diante de homens temíveis, que ostensivamente lhe indicavam a possibilidade de ser ferida pelas armas ali dispostas silenciosamente.

Tão logo teve a fala possibilitada, disse cautelosa e trêmula:

– Senhor general, por quem é, acredite em minha inocência...

Suas palavras tinham o tempero da sinceridade mais pura aliado ao desespero mais digno de compaixão. Sua entonação era capaz de abrandar a ira de um lobo que, ouvindo-a, se envergonharia da covardia com que a tratava.

Retornou Carolina a dizer:

– Senhor, eu não ignoro a dor do coração de pai injustiçado e ferido e faria tudo para que a sua filha viesse a ser encontrada. No entanto, eu não sei de nada. Ainda que o senhor use essas armas para me ferir, eu não tenho qualquer conhecimento do paradeiro de Lucinda, a não ser que o seu intento seja o de me fazer mentir ou inventar qualquer coisa, só para me livrar da punição...

No coração daquele homem, no entanto, não havia espaço para o sentimento nobre da compaixão e da tolerância. Era egoísta demais para ouvir o coração alheio. Era uma pedra!

– Bom, mocinha, se a sua postura é esta, achando que as lamúrias da astúcia feminina podem me fazer vergar, sinto que precisaremos trilhar o caminho diferente agravando o sofrimento de todos nós, em face da sua teimosia. Não reclame depois, dizendo que você não teve uma oportunidade.

Ao falar isso, novamente recolocou a tira de pano sobre da boca e sobre os olhos de Carolina.

Ato contínuo, determinou a Macedo fizesse entrar o prisioneiro que, igualmente, vinha vendado e amordaçado, além de se achar todo recoberto de faixas e bandagens.

Realmente, ao ingressar na sala, seu estado era de causar dó. As feridas na epiderme, inflamadas em decorrência da ausência de cuidados, emprestavam a Luiz a aparência de um egresso das furnas profundas da terra. O odor causado pelo processo de apodrecimento dos tecidos e da infecção facial era desagradável e ia impregnando o ambiente.

Tão logo foi ele colocado no centro da sala, com a sua imobilização junto à cadeira de braços que ali o aguardava, Alcântara determinou a Macedo que trancasse a porta.

Ao mesmo tempo, no Plano Espiritual, a cena se repetia entre a euforia e o desequilíbrio acentuado.

Além de Luciano, os outros dez espíritos perseguidores agora se achavam reunidos no interior do recinto testemunhando os acontecimentos, todos eles ligados aos seus perseguidos, incutindo neles as sensações de ódio, desejo de vingança, estreitando ainda mais os laços negativos que os uniam aos dois militares.

No mesmo ambiente e sem que fossem percebidos pelos espíritos perseguidores em face do diverso padrão vibratório que ostentavam, o espírito de Euclides e outros auxiliares também divisavam os fatos que se sucederiam. Em conjunto, oravam a Deus para que perdoasse todos os desatinos dos homens e protegesse aqueles seres irrefletidos de si mesmos. Que o Pai fortalecesse os dois jovens que passavam pelas provações necessárias ao aperfeiçoamento comum nas indispensáveis quitações a que todos somos convocados um dia, ao mesmo tempo em que permitisse que os algozes encontrassem a própria lição de aperfeiçoamento, ainda que ao preço da amargura íntima.

A elevação dessas entidades amorosas, de uma certa forma impunha um controle positivo sobre o impulso selvagem dos demais que, a despeito do baixo teor das próprias vibrações, se viam envolvidos por eflúvios salutares e sutis a lhes acalmarem os ímpetos mais grosseiros.

Alcântara voltou a usar da palavra, dizendo:

– Pois bem, moça. Você escolheu esse caminho. Talvez você tivesse preferido o rumo mais suave se pudesse saber que dessa confissão depende a vida de alguém que seu coração deve amar muito...

Falando assim, retirou a venda dos olhos de Carolina que, imediatamente, divisou o jovem sentado à sua frente, reconhecendo-o pelo porte e pelas linhas corporais como sendo o seu esposo amado. Ainda que o estado geral inspirasse compaixão, o coração apaixonado era capaz de encontrar o seu destinatário entre as gotas do oceano no meio da noite sem luar.

A visão de seu marido, ainda que o mesmo se achasse envolto em tantos tecidos que lhe cobriam praticamente todo o rosto, fez nascer no seu íntimo uma sensação de alegria e de maior desesperação.

Então era aquilo? – pensava ela. Eles iriam explorar o afeto para obterem aquilo que ela não possuía.

Efetivamente, sua dor se avolumou, numa agonia que beirava a revolta em face de tanta crueldade. Não podia, no entanto, dizer qualquer palavra. Estava amordaçada.

Sem saber o que se passava, uma vez que nada conseguia ver, Luiz mantinha-se em posição de expectativa.

Não precisou aguardar muito tempo.

– Quanto a você, seu moleque irresponsável e covarde – bradou Alcântara – como líder dos outros idiotas que o seguiram, cabe a quota de maior peso no que tange à reparação dos erros de todos. Nem mesmo o seu afastamento durante os fatos o isenta da culpa mas, ao contrário, ainda mais o incrimina diante de tantas evidências. Do mesmo modo que fui generoso com a jovem que está à sua frente, também pretendo ser generoso consigo, dando a oportunidade para que possa revelar onde se acha escondida a minha filha Lucinda...

Antes de lhe permitir a fala, por meio de um sinal, determinou que

Macedo lhe retirasse as vendas e bandagens que cobriam os seus olhos. Feito isso, o estado de aflição física foi exposto à vista de todos. O rosto era uma única ferida que corroía a carne sem qualquer remédio ou tratamento.

Os olhos encovados e apagados de Luiz, repentinamente retomaram o brilho diante da visão de Carolina, a jovem esposa amada. Desejava falar com a voz do sentimento do amor e da saudade que trazia no peito. Sem poder dizer palavra, tentava estabelecer o contato através do brilho faiscante que passara a emitir e das lágrimas que escorriam.

Luiz sabia que Carolina nunca soubera ou participara de nada. Que a sua presença ali era de todo desnecessária e inútil. No entanto, pelo que pudera receber na própria pele, sabia que aqueles homens podiam fazer qualquer coisa.

Ainda que irreconhecível pela maioria, Carolina correspondia ao seu sentimento, desesperada.

Eram dois olhares que se falavam e, como que resignados, se despediam de si mesmos e do futuro que haviam sonhado juntos um dia. Nenhuma acusação tisnava a sublimidade daquele instante.

Do mesmo modo que Carolina havia entendido, Luiz também entendera que seria submetido a mais tortura se não dissesse algo importante, ao mesmo tempo em que ser-lhe-ia aterrador presenciar qualquer ato de vandalismo praticado contra a sua esposa inocente.

Vendo o estado de aflição de ambos, Alcântara pegou uma navalha que se achava sobre a mesa e, olhando para Luiz, aproximou-se lentamente de Carolina a fim de indicar que poderia utilizar-se da lâmina para fazer com que ele falasse.

O coração aflito do jovem parecia que iria saltar-lhe do peito. Desejava sair dali, arrebatar Carolina, deixar tudo para trás e fugir para um lugar diferente, onde houvesse a paz que até então não tinha encontrado. Começou a se inquietar na cadeira, como que desejando romper as amarras. Não tinha forças para isso.

A lâmina nas mãos do general era um sinistro aviso de que se ele não falasse o que sabia, Carolina iria ter a sua pele lisa e aveludada transformada em retalhos. Alcântara olhava para ambos com o sinistro desejo de apressar as revelações e, ao mesmo tempo, eternizar a tortura moral.

De longe, perguntou a Luiz:

– Como é, rebelde destronado, entendeu o poder desta navalha?

Luiz meneou a cabeça indicando que sim.

Deixando a cadeira de Carolina, o general deslocou-se para as proximidades do jovem ao centro da sala, a fim de que a moça pudesse também vislumbrar o quadro tão dantesco da possível tortura do ente querido.

Correndo o fio da navalha, suavemente, pelo pescoço do preso como quem indica que poderia imprimir maior pressão ao ponto de talhar a pele suave e fina, o general olhava para Carolina a fim de identificar o seu procedimento diante daquela possibilidade concreta, num ritual macabro de intimidação mental.

Não contente com tudo isso, Alcântara passou a retirar com a lâmina, chumaços de cabelo do prisioneiro, os quais ia cortando a esmo, atirando-os ao chão.

Alguns golpes mais afoitos, feriram-lhe o couro cabeludo produzindo sangramento que passara a escorrer pelo lado esquerdo da face.

Vendo o estado de angústia de Carolina, Luiz chorava em silêncio, sem apresentar sinais de revolta a fim de procurar preservar a esposa, naquele sinistro interrogatório.

A moça, não suportando tanta agonia, perdeu os sentidos ali mesmo na cadeira. Tinha uma compleição delicada e não suportava mais a pressão de que se via vítima, ao lado do sofrimento do marido.

Alcântara e Macedo, vendo o estado de ausência da moça que desmaiara, voltaram-se ambos para Luiz, agora para obrigá-lo a falar. Com a lâmina, cortaram a mordaça que lhe prendia o maxilar fraturado.

– Vamos lá, então, seu moleque. Quero saber onde está minha filha Lucinda. Pára de chorar, seu maricas...

Ali sentado, Luiz ouvira tudo aquilo e se lembrava de sua mãe. Sua lembrança voltara ao passado, quando era adolescente e, por gostar de escrever poemas, ouvia constantemente a mesma alusão que seus ouvidos tornaram a ouvir ali.

– Fala, seu chorão. Seja homem e diga onde escondeu minha filha – gritava o general, beirando a histeria nervosa.

O silêncio triste do preso era uma provocação aos dois militares que, sendo dirigidos pelos espíritos perseguidores, pretendiam imediata resposta às perguntas que faziam.

Macedo, pretendendo antecipar-se ao seu comandante com o intuito de agradá-lo ao mesmo tempo que ansioso para encontrar Lucinda, dirigiu-se à mesa onde as armas se achavam colocadas e, pegando o revólver ali disposto, se aproximou do preso com a arma em punho, ameaçadoramente.

Luiz seguia relembrando o seu passado, o abandono de sua casa, a carta e o carinho de sua mãe, a fuga para longe, a dificuldade de manter-se, os vínculos constantes com a família e o ódio do pai.

Recorda-se do juramento que fizera a si mesmo de que um dia

ele iria combater aquele homem arrogante e ditador que o tratava como coisa sem valor. Já que não era possível considerar-se mais como filho, lutaria, ainda que à distância, para devolver àquele pai frio e indiferente, a desdita que sofrera na carne por sua culpa.

Luiz seguia calado e chorando.

Lembrou-se dos planos que fizera para seguir à distância os seus familiares a fim de nunca perder contato definitivo. Procurou estudar por conta própria ligando-se a outros pensadores liberais como ele, com os quais desenvolveu a sua sensibilidade e passou a andar com as próprias pernas.

Recordou-se da aproximação de Armando ao mesmo tempo em que seguia o rastro de sua família. A descoberta de Carolina lhe transformara o ambiente íntimo. Sua afeição sincera, seu jeito suave, representava orvalho ao seu deserto afetivo. Por um momento sonhou em ser feliz ao lado da mulher amada. O sentimento correspondido, o apoio do pai que vira nele o continuador dos próprios ideais de nobreza, unificaram os destinos. Casara-se.

Modificara o panorama da fazenda do sogro com pleno assentimento deste, criara ânimo novo ao ver que as suas intenções de um mundo mais justo eram compreendidas pelos escravos que iam ganhando o direito de serem pessoas com dignidade e respeito. Lembrara-se do seu pai e vira-se diante de sua experiência no trato com os negros escravizados, tomando ciência, pela primeira vez, de que ele e o genitor eram efetivamente diferentes, muito diferentes.

Orgulhou-se de não ter sido igual ao pai. Orgulhou-se de ter podido exercitar seus ideais e descobrir o quanto as criaturas podiam ser mais felizes se fossem tratadas com sentimento e humanidade.

Alcântara não tinha paciência para esperar. Olhou para Macedo e gritou, colérico:

– Como é, capitão, onde está a sua brilhante descoberta? Foi para isso que você me trouxe aqui? Para ouvir o silêncio deste moleque chorão?

Essas alusões desairosas representavam tudo aquilo que Macedo não desejava ouvir, ainda mais na frente daquelas pessoas. Tornando-se ainda mais descontrolado por sentir-se tolo ou achando que precisava intimidar ainda mais o prisioneiro, serviu-se da pistola e desferiu um tiro dirigido à perna deste, a fim de forçá-lo a falar pela dor.

– Fale agora, seu inútil. Já se esqueceu que você mesmo me pediu para estar aqui e revelar o que sabe ao próprio comandante? – descontroladamente vociferava o capitão, diante de um general que não se preocupava mais em impor limites para a tortura do preso.

Todavia, o ângulo de penetração da bala, ao invés de atingir a região pretendida por Macedo, penetrou a parte superior da coxa de Luiz, rompendo artéria importante e dando início a mortal hemorragia. O sangue começou a escorrer pelo ferimento manchando o chão.

Com o estampido, Carolina voltou a si, assustada e, sem entender o que estava acontecendo, viu o marido sem as faixas no rosto transfigurado de dor ao mesmo tempo em que o sangue escorria pelos pés da cadeira.

– Chame o Dr. Maurício agora – gritou o general.

Macedo abriu a porta e determinou ao sentinela que se achava do lado de fora, trouxesse Maurício imediatamente. Voltou para dentro para assistir a cena mais triste de sua vida, até então.

Alcântara, indignado com o silêncio do preso, desesperado com a hemorragia, sacudia o jovem cara a cara, quase à beira da loucura, suplicando que lhe revelasse onde Lucinda se achava.

– Fale, criatura, você não pode morrer sem me dizer onde Lucinda está. Só você pode fazer isso. Pelo amor de Deus, me devolva a única coisa que me resta para amar...

Uma crise de choro convulsivo tomou conta do general que, àquela altura não tinha mais onde se agarrar na esperança de recuperar a filha.

Vendo o estado de choro daquele homem que nunca chorava e sentindo que a morte não tardaria a chegar, Luiz reuniu as suas forças para dizer o que lhe seriam as últimas palavras:

– Há pouco tempo, senhor, eu era considerado maricas porque chorava... Agora o senhor também chora como eu, sem que isso o tenha transformado em uma pessoa sem valores.... quando eu era jovem, meu pai também costumava dizer-me coisas assim...

Eu chorava por ele não entender meus sentimentos e ele mais me batia por ter chorado...

Pena que meu pai tenha aprendido tão tarde a chorar...

E pena que tenha sido ao preço tão alto de perder, pela segunda vez, o próprio filho...

Eu sou Jonas, seu filho, ... lembra de mim?

* * *

Silêncio tumular...

* * *

– Minha mãezinha Lúcia foi a única que me compreendeu e me ajudou a ser alguém para que pudesse chegar até aqui.

Antes, o seguia para me vingar do ódio que sentia por você...

Hoje eu entendi que somos muito diferentes...

Eu vou morrer aqui, no seu gabinete, pelas suas mãos. Contudo, vou seguir vivo dentro de sua consciência que não vai lhe perdoar...

Jamais raptei minha irmã inocente. Não sei onde ela está, mas sei que Deus deve tê-la afastado de você para que não acabasse igualmente assassinada pelo seu egoísmo...

O peito de Luiz arfava com o esforço de dizer as últimas palavras.

– Mudei meu nome para não carregar qualquer vínculo com você. No entanto, sou o mesmo filho que recebia suas humilhações apenas por gostar de fazer poesias...

Alcântara ouvia como que atordoado de dor. No princípio não queria acreditar, mas com as revelações tão íntimas que foram sendo feitas, não pôde deixar de impressionar-se. Os traços fisionômicos, ainda que alterados pelo tempo e pela tortura física, guardavam alguma coisa do jovem filho que sua intransigência ferira ao ponto de romperem os laços para sempre.

Não havia muito tempo para maiores entendimentos.

O Dr. Maurício chegara apressado e constatava a inutilidade de quaisquer esforços para salvar a vida daquele jovem. Vendo-o daquele modo, foi invadido por uma onda gigantesca de compaixão pela sua desdita. O Espírito de Euclides, que presenciava aquela cena cruel em oração, envolveu o médico que, imediatamente, percebeu que era o fim e elevou seu pensamento a Deus.

Antes de cerrar os próprios olhos, Luiz, agora Jonas, dirigiu-se a Carolina que chorava confusa:

– Carolina, meu amor, eu deixo você mas levo-a comigo no coração para onde eu for. Desculpe todos os males que fiz você passar mas tenha certeza de que meu sentimento por você foi a única coisa grande e sinceramente bela que encontrei em toda a minha vida...

Depois de minha mãe, você foi a única mulher que me deu carinho e compreensão...

Eu jamais a esquecerei...

Guarde-me como seu Luiz, ainda que meu nome de batismo não tenha sido esse... Por sua causa deixei de ser aquele Jonas amargo para voltar a acreditar no doce amanhecer de uma nova individualidade que nascia em meu íntimo...

Amarei você para sempre...

A força da vida ia se esgotando em Luiz e, naquele ambiente

agora pesado e repleto de dor, jaziam inertes e confundidos pela própria maldade os que antes eram os algozes.

O general chorava ferido de morte em seu mais íntimo sentimento.

Olhava para aquele corpo agora livre das amarras e estendido no chão. O corpo de seu filho que era, aos poucos, abandonado pela vida como quem recupera um pedaço perdido de si mesmo para, ato contínuo, levá-lo ao sepultamento, sem tempo de mais nada.

Nos estertores de sua agonia, quando parecia que Luiz já não vivia mais no corpo, eis que um movimento de seu braço ergue a mão fria e, trêmula, sua voz fraca fala pela última vez:

– Tenho... um... último... ...pedido...

Alcântara, que se achava ajoelhado ao lado do corpo do filho em agonia, aos prantos de desespero, achegou-se para poder ouvir melhor as últimas palavras daquele que era a carne renegada de sua carne, sangue abandonado de seu sangue:

– Meu pai...

Era a primeira vez que Luiz o chamava de pai...

– Fale... estou aqui... peça o que quiser...

E no tom triste dos que partem sem poderem exigir coisa alguma, humildemente olha nos olhos do genitor e suplica:

– Pai... liberte Carolina...

Foram as últimas palavras daquele que tinha sido um dos tesouros que o Criador lhe havia concedido e que ele abandonara pela estrada da vida.

Agora, Alcântara não tinha a filha amada e acabara de conspirar na tortura e morte do próprio filho.

Tudo isso havia sido muita coisa para seu equilíbrio...

Luiz, o mesmo Jonas, estava morto em seus braços.

40

Macedo na prisão

No Plano Espiritual que compreendia aquela sala em que tudo estivera ocorrendo de forma tão trágica e tão desumana, o quadro era igualmente emocionante. Fosse pela presença das entidades necessitadas que se ligavam aos dois homens invigilantes, fosse pela vibração de amor emitida por Euclides e por todos os espíritos que se congregavam em torno do trabalho de elevação das consciências, o certo é que uma grande emoção penetrara no mais íntimo escaninho dos corações.

Tão logo se dera o desenlace de Luiz, na condição de vítima da agressão alheia, os espíritos trabalhadores se fizeram visíveis a fim de que todos os obsessores se afastassem ou se detivessem longe dos despojos físicos.

Já durante o processo da morte decorrente do rompimento da artéria femural, os espíritos comandados por Euclides providenciavam a atenuação do sofrimento, infundindo ao jovem ferido conforto espiritual e coragem para que se acalmasse, para que perdoasse a ação agressiva, para que não guardasse ódio ou ressentimento de ninguém, principalmente daquele que, nessa encarnação lhe havia sido o genitor.

Tal envolvimento fora tão positivo para o estado de ânimo de Luiz que ele teve forças para raciocinar sobre a necessidade de proteger Carolina, suplicando por sua libertação.

Envolto por uma ajuda espiritual reservada aos que padecem das aparentes injustiças humanas, erguidas à condição de testes e provas muitas vezes solicitadas pela consciência que precisa vencer obstáculos íntimos, ali se achavam a aguardar por ele as mãos brilhantes daquela que lhe fora a mãe na última existência.

Tão logo deixou o corpo físico, ao abrir os olhos no Mundo Espiritual, Luiz reconheceu o sorriso emocionado de Lúcia, a mãe que o compreendera e que fora a sua única defesa durante a fase da infância e da juventude.

Olhando para os seus olhos meigos, Luiz se emocionou e começou a chorar, voltando o pensamento para o tempo em que podia se sentir protegido por aquela que lhe fora a mãe tão querida. Relembrou os períodos festivos em que, como criança, brincava sob os olhares protetores e os cuidados daquela alma generosa. Os primeiros rabiscos no papel, versificando com a pureza infantil temas que o seu pensamento considerava importantes, já demonstrando a tendência idealista do seu caráter .

Lembrando disso tudo, seu coração se desanuviava e ele se esquecia das dores daquela hora difícil em que se encontrava em teste.

Olhando-o com ternura, Lúcia o aconchega ao coração dizendo:

– Vem, meu poeta preferido. Vem cantar as belezas do Mundo Espiritual para o coração de mãe que nunca te esqueceu, meu filho...

Abraçou-se a ele como quem guarda um relicário muito precioso e, ao comando de Euclides, protegida por um grupo de espíritos amigos, entre os quais se achava Armando convalescente, também recentemente desencarnado, seguiram todos ao destino que os aguardava, em uma colônia espiritual na qual se recuperariam.

* * *

No interior da sala, os obsessores dos dois militares estavam aturdidos. Luciano havia ficado eufórico durante o processo de tortura, no qual o general fora ferido pela perda do próprio filho. Ao mesmo tempo, deixara Macedo perplexo em função de ter sido dele a iniciativa de desferir o tiro, ainda que não tivesse a intenção de tirar a vida do prisioneiro.

Sobre o capitão, pesava agora a culpa de, por tentar agradar seu comandante, por pretender forçar a revelação do paradeiro de Lucinda, ter acabado produzindo a morte do filho do general. Confuso, Macedo não sabia o que fazer.

Alcântara estava petrificado. Preso aos despojos do filho e, ao mesmo tempo à influência de Luciano, sentia-se o mais desditoso dos homens. Não sabia se chorava ou mandava prender o capitão. Não conseguia pensar. A única coisa que lhe era clara chegava ao interior pela via intuitiva. Era Luciano que lhe dizia aos ouvidos espirituais que ele não seria feliz nunca.

O general se sentia vencido por um inimigo que não conhecia. Era algo mais poderoso do que ele próprio e que se valia de seus defeitos para induzir-lhe a realizar os seus projetos invigilantes e mesquinhos para que acabasse ferido pelas suas próprias atitudes.

Com a roupa manchada de sangue e ainda se lembrando de tudo o que presenciara ali quando, para recuperar a filha amada, perdera o próprio filho sem atingir o objetivo desejado, Alcântara parecia uma criança que procurava explicação entre o desespero e o medo.

O que faria agora? – perguntava a si mesmo.

Aproveitando-se do estado emocional alterado pelo remorso e pela dor íntima, Euclides voltou a envolver o militar, interrompendo assim as ligações imediatas produzidas pelos obsessores que não resistiam ao seu elevado potencial vibratório.

Acercando-se do general, Euclides estendeu a destra sobre a sua fronte e sobre o seu coração, falando-lhe à acústica da alma:

– Alcântara, interrompe o caminho criminoso. Não aceitaste os conselhos que te foram dados durante o sono. Preferiste dar vazão aos teus atos nefastos para acabar destruindo a carne de tua carne. Agora que tudo está consumado, ao menos lembra-te de Deus uma vez na vida e ergue o teu pensamento. Chega de desgraças. Os teus passos trilharam uma estrada em que se esperava de ti um comportamento de sobriedade e respeito pelos semelhantes. Daqui para frente, a tua estrada será coberta de espinhos dolorosos para teu espírito. Ao menos, meu filho, atende o último pedido de teu filho. Liberta Carolina que não tem nenhuma culpa nem praticou nenhum delito. Faze mais. Liberta todos os prisioneiros para que esta atitude te seja levada em conta de arrependimento. Lembra-te de que só nos pertence o bem ou o mal que espalhemos na vida dos outros.

Um jato luminoso fez com que o general relembrasse da experiência obtida durante o repouso noturno, na qual um ser iluminado lhe dizia sobre a necessidade de perdoar.

Assim, seja por culpar-se pela morte de Luiz ou ainda por se lembrar de suas últimas palavras e do sonho que tivera, o general reuniu suas forças para determinar a Macedo que libertasse imediatamente aquela jovem, a fim de que ela pudesse voltar para sua casa escoltada por soldados que a levariam em segurança.

Tão logo ouvira a sentença de liberdade, Carolina, em prantos, desamarrada da cadeira, caiu sobre o corpo do esposo amado soluçando de dor. Dirigindo-se ao comandante, igualmente abatido, Carolina lhe pede:

– Senhor, conceda-me a possibilidade de levar comigo o corpo de Luiz para dar-lhe sepultura. Até hoje, a sua atitude tem sido a de separar os que se amam. Isso lhe custou separar-se da filha e agora do filho os quais, ainda que ao seu modo pessoal, acredito que o senhor também os amava. Ao menos agora, em que me concedes a liberdade depois de ter-me reduzido à infelicidade, eu vos suplico que me entregues o que restou de meu marido para que eu possa levar comigo, pois para ele o senhor jamais deu nada que não fosse descaso, humilhação, esquecimento e, agora, tortura e morte. Eu dei-lhe minha vida e meu afeto nestes poucos anos em que convivemos juntos. Quero dar-lhe, agora, um recanto de paz como última morada de seu corpo.

Aquelas palavras penetravam profundamente no espírito culpado do general. Longe de serem ofensivas à sua dignidade de soldado, elas representavam tão somente a verdade nua sobre a sua conduta pessoal. Como dizer que não era verdade se a vítima ali estava sob os seus olhares, estendida no solo sem qualquer amparo?

Lembrou-se do passado e reconhecera a culpa de seu comportamento agressivo para com o filho. A cada nova ocorrência, seu espírito mais se ia acusando sem possuir qualquer defesa que pudesse invocar como escusa justa.

Não poderia negar à esposa do filho essa concessão e então, autorizou que o corpo de Luiz fosse preparado pelo Dr. Maurício, que ali se achava em silêncio e em oração, para que fosse levado até a fazenda de Carolina.

Da mesma forma, precisava dar-lhe notícia do paradeiro do genitor, cujo falecimento ela desconhecia. Dirigindo-se a Macedo, como que a acusá-lo diretamente pelas mortes ali ocorridas, intimou-o a revelar o paradeiro de Armando.

– Capitão Macedo, não bastando o destino trágico presenciado por nós nesta sala, queira revelar à jovem onde se encontra o seu pai para que ela dê curso à sua vida doravante, sem maiores dissabores do que todos os que já foram produzidos em sua vida.

O capitão, que não se lembrara de todas as desgraças que envolviam aquelas personagens, foi conduzido de chofre à realidade pela ordem seca e fria de seu comandante.

Sem saber como dizer, mas usando da forma direta e sem rodeios, característica da pragmática militar, falou entre gaguejos e receios:

– Senhora Carolina, seu pai faleceu neste quartel em virtude de enfermidade crônica alguns dias atrás e se acha sepultado nas proximidades. Se for de seu desejo, exumaremos o corpo e o transportaremos para a propriedade que, agora, lhe pertence por direito.

Aqueles dois eram homens sem sentimentos até aquele momento. Diziam de seus atos como se não fossem graves lesões na alma alheia.

Carolina, surpreendida e fraca pela ausência de alimentos e pelas emoções duras das últimas horas, fora colhida pela informação direta e sem rebuços de que, não bastando o estado de viúva, agora se apresentava igualmente órfã.

O choque fora muito grande. Seu corpo franzino guarnecendo o espírito sensível foi sacudido por uma onda de amargura e dor até então jamais sentida em tal magnitude. Agora o que lhe valia viver?

Haviam lhe tirado tudo, como se a sua vida e os seus sonhos não valessem mais do que a palha que se atirava às brasas do fogão. O que teria para reconstruir a vida senão as cinzas de seus sonhos, agora que o esposo e o pai nunca mais estariam ao seu lado?

Sentindo aguda dor no peito, que arfava em uma respiração desordenada, Carolina perdeu os sentidos ali mesmo sobre o marido, obrigando o Dr. Maurício a oferecer seus préstimos, buscando recompor-lhe o equilíbrio orgânico. Determinou que ela fosse levada à enfermaria do quartel para que recebesse tratamento adequado.

Um ódio cruel surgia no coração do general, dirigido, agora, ao capitão Macedo, até ali o seu mais fiel servidor e cúmplice. Agora que as ocorrências iam se sucedendo, mais e mais ele culpava o capitão por aquela situação. Presenciando todos os fatos, reconhecia em Macedo toda a culpa pela morte do filho.

Já não era mais o rebelde que odiava. Era o filho que o tempo lhe havia roubado para, agora, devolvê-lo na forma de um cadáver que o acusava.

Acostumado a empurrar a responsabilidade que lhe cabia para outros que julgasse culpados pelos seus próprios erros, não fez diferente agora. E, quando deveria assumir o peso de seus atos, sem acusar os que o serviram de forma canina e cega, mais se comprometia imputando culpas ao seu comparsa de erros.

Perante a Justiça Divina, Macedo era responsável pelo sofrimento dos outros. No entanto, Alcântara tinha a maior culpa em face de se achar na condição de comandante que organizava todos os ataques, que manipulava todas as pessoas a fim de atingir os seus próprios objetivos escusos.

Mas o general não se acostumara a assumir responsabilidades pelos fracassos. Era corajoso para ferir os outros, mas soberanamente covarde para suportar o sofrimento. Gritando à sentinela que se achava atenta aos fatos, na porta do gabinete, ordenou:

– Soldado, prenda o capitão Macedo por homicídio testemunhado por mim e por esta moça que acabou de sair daqui desmaiada. Ele será levado a julgamento perante o tribunal militar na capital da província.

E encerrou, para surpresa do capitão, que não acreditava no que ouvia:

– É uma ordem!

O soldado, surpreendido pela determinação, apontou a arma ao militar detido e este, profundamente ferido no seu brio, olhou profundamente nos olhos de seu comandante para dizer do ódio que aquela injustiça fizera nascer dentro de sua alma. Dois inimigos se descobriam depois de terem passado anos a fio na condição de cúmplices do mal.

Virou-se nos calcanhares e se deixou levar para o mesmo lugar onde antes prendera tanta gente inocente: a cadeia do quartel.

Vendo-se sozinho em seu gabinete, diante do corpo do filho que, logo mais seria trasladado para longe, o general acabou envolvido pelos pensamentos mais dolorosos de sua vida, enquanto o espírito de Luciano se acercava dele, novamente, para gozar com a sua desdita, agora que Euclides se havia retirado para seguir os caravaneiros do amor que levavam Armando e Luiz.

A presença de Luciano e dos demais obsessores lhe causava maior sofrimento. Seu corpo suava abundantemente. Sua mente era um verdadeiro caldeirão em ebulição. Chegara à conclusão de que necessitava dormir para refazer suas forças e meditar com mais lucidez.

Deixara ordens para que cuidassem do corpo de Jonas/Luiz, exumassem o corpo de Armando e tratassem de Carolina a fim de libertá-la logo que se achasse mais recuperada, levando a todos para a antiga propriedade.

Chamou o médico que o atendia em suas crises e, em alguns instantes, o Dr. Maurício se achava no recinto.

– Dr. Maurício, – disse o general – meu coração está em frangalhos, meu sangue parece que é uma torrente de chumbo derretido que corre pelas minhas veias e minha mente precisa de descanso. Quero que o senhor me auxilie a recuperar o equilíbrio, pois estou me sentindo à beira de uma nova crise daquelas que só o senhor conhece bem. Por isso, quero que o senhor seja a única pessoa a ter ingresso livre em meus aposentos, enquanto me retiro para o descanso. Quero pedir que me indique uma medicação que possa me ajudar no relaxamento e levar-me ao sono. E enquanto eu estiver dormindo, que o senhor vele à cabeceira, a fim de poder ajudar caso alguma coisa ocorra e que eu não consiga controlar.

– Sim, senhor, estarei pronto para ajudá-lo. Irei até a enfermaria providenciar a medicação para o que me pede. Encontrar-me-ei consigo em breves minutos, no seu quarto.

Para lá dirigiu-se o general e todos os espíritos que o acompanhavam, aproveitando-se das brechas que o remorso começava a abrir na barreira dura da consciência daquele homem.

Enquanto era frio e endurecido, uma defesa artificial protegia seu sentimento de qualquer elevação na atmosfera do espírito. Agora, contudo, a culpa abria inúmeras rachaduras na sua armadura, por onde a ruína das antigas defesas se vislumbrava, o que deixava os obsessores ainda mais eufóricos, acreditando que a vitória lhes seria coisa de horas ou dias.

Ao chegar ao quarto, Alcântara parecia que ardia em febre. Seu estado orgânico acusava alguma alteração de vulto, uma vez que a pulsação se modificava, o suor lhe empapava as vestes, a temperatura do sangue parecia alterada, as juntas lhe doíam e ele pensava que tudo representava conseqüência do trauma emocional, que se corrigiria com um repouso, ainda que induzido pela medicação clínica.

Os espíritos obsessores estavam igualmente surpresos pela eficiência de suas vibrações e se agarravam ainda mais intensamente ao corpo físico do militar, estreitando os laços magnéticos que os unia, até mesmo pelo estímulo de produzirem naquele homem uma maior sorte de dores, esquecendo que o ódio também cria liames e que cada um receberia conforme houvesse semeado.

O general deitou-se aguardando a chegada do médico com o remédio, o que não presenciou, pois adormeceu vítima de um estado de torpor que o avassalava por completo.

Quando Maurício chegou, encontrou-o dormindo um sono agitado, com a roupa toda molhada e sem qualquer sinal de estar repousando.

No entanto, deixou-o ali e passou a observar-lhe as reações à distância, permanecendo em oração por meio da qual se ligava a Deus em pedidos de bênçãos para todas as vítimas daquela situação trágica.

Era Maurício o único elo entre a escuridão dos homens e a luz divina naquele lugar. Suas palavras generosas e doces, sua resignação e humildade construíam um caminho de exemplos luminosos que serviam de esteio para todos os prisioneiros, transformando cada um deles em criaturas mais despertas para a realidade da vida, ainda que lhes fosse difícil entendê-la ou aceitá-la. Muitos, no entanto, passaram a ver a vida como algo que precisava ser desfrutado com qualidade, não importando as ocorrências no percurso da existência. Em quaisquer delas, cada pessoa pode enfrentá-las segundo dois estados íntimos diversos: com altivez e confiança ou com desespero e pessimismo.

No primeiro caso, uma força nova e poderosa pode infundir em cada ser uma nobreza de caráter até então desconhecida de seu íntimo. Com ela a criatura que sofre redescobre a paternidade divina que traz no seu âmago e, nessa Usina Celestial, haure novas energias para vencer os desafios.

No segundo caso, as poucas disposições se vão consumidas no circuito fechado do ego ferido e enfraquecido, sem qualquer ligação à fonte das bênçãos e, em decorrência, uma sensação de fraqueza e abandono se incorpora ao indivíduo que se compraz apenas em ser uma criatura que renega a paternidade de Deus para se contentar em ser coisa derrotada digna de pena ou compaixão alheia.

Desta forma nova de ver as coisas, os inúmeros prisioneiros passaram a descobrir como poderiam transformar a experiência da prisão em oportunidade de crescimento, buscando a compreensão dos atos alheios e a colaboração recíproca na qual encontravam novas esperanças para suas vidas.

Ali dentro, muitos dos presos que moravam lado a lado na cidade como vizinhos, indivíduos que não se falavam enquanto livres apesar da proximidade de suas casas, passaram a se conhecerem e se respeitarem como náufragos no mesmo bote salva-vidas. Enquanto a liberdade lhes propiciava as oportunidades boas de aproximação, guardavam-se distantes, cada um em seu egoísmo.

Agora que a desdita lhes era igual, descobriam-se amigos que dividiam a mesma porção de alimento, tudo isso graças à ação esclarecedora de uma única pessoa. O Dr. Maurício, sem gastar uma só dose de remédio, conseguira fazer sarar muita ferida nas almas que bebiam as suas explicações e se transformavam ao impulso de seu exemplo pessoal.

Sozinho, ele dera um novo padrão vibratório àquele lugar e, conquanto ainda houvesse muita gente revoltada e ignorante, boa parte dos que ele cuidava encontrara uma certa paz interior, um conforto espiritual propiciado por uma maneira nova de pensar e pelo exercício do potencial imenso da oração.

Inúmeras entidades amigas do plano da vida maior se acercavam dos presos e lhes envolviam em vibrações de otimismo e esperança, pois à vista de Deus, aquilo não era uma prisão, era uma escola de espíritos rebelados, para reconduzi-los ao aprisco e à felicidade plena.

Maurício fazia as vezes do pastor das ovelhas desgarradas do rebanho de Deus.

41

Doenças retificando doentes

Todo aquele processo de desgaste emocional, acompanhado da presença negativa dos espíritos necessitados, somada à ausência da filha amada e, agora, ao assassinato do filho representavam um rude golpe na estrutura psicológica do general Alcântara.

Além do mais, todos os seus esforços para encontrar Lucinda tinham sido em vão, pois continuava tão distante dela quanto se encontrava no começo.

Ao deitar-se ao final naquele dia, depois de todos os fatos terem desembocado na tragédia familiar, seu estado íntimo era uma mistura de culpa, remorso, frustração e impotência. Os laços que o ligavam aos espíritos perseguidores estavam mais apertados, uma vez que todos eles se achavam empenhados em mantê-lo no estado de sofrimento a fim de vingarem-se dos malefícios recebidos de suas próprias mãos.

O corpo do general, no entanto, acusava sinais de alteração orgânica mais grave, através de sintomas nunca antes observados. Sob a observação de Maurício, o general enveredou por um sono pesado e turbulento, no qual se via acusado por entidades obscuras e que lhe apontavam as atrocidades suportadas por eles ou por entes queridos.

Na verdade, sua consciência não apresentava qualquer proteção a toda aquela caudal de protestos, os quais eram efeitos da causa que implementara.

Todavia, diferentemente das outras crises suportadas por ele em face da aproximação mais intensa de Luciano, Alcântara não se vira envolvido pelo transe no qual as inúmeras personalidades espirituais que o obsedavam falavam por seu intermédio. Desta vez as reações orgânicas eram diferentes e indicavam com clareza uma nítida alteração das suas estruturas fisiológicas.

Naquela noite, Alcântara delirou por muitas horas, falando sozinho como se estivesse conversando ou se lastimando por fatos ocorridos há muito tempo, sem ser levado a fazê-lo por interferência espiritual, mas sim por causa dos conflitos íntimos que o avassalavam. O estado febril se manteve e tênues espasmos musculares indicavam, vez por outra, que o corpo físico estava sendo bombardeado por descargas elétricas significativas que alteravam o seu padrão normal de reações.

Já na prisão, Macedo se dividia entre a culpa pessoal e o ódio que passara a nutrir pelo seu comandante. Reconhecia que, por causa de sua afoiteza, tudo terminara de forma trágica e imprevista, mas do mesmo modo, se via como criatura usada por seu superior a fim de atingir os objetivos ilícitos, ainda que também lucrasse com eles.

O seu padrão mental que já era de baixo teor, se deixou obscurecer por um sentimento ainda mais negativo que representava o que Macedo possuía de pior, empastando-lhe toda a atmosfera circundante com os fluidos densos e escuros, que representavam alimento para as entidades que o envolviam, dando curso aos padrões de vingança em que se identificavam unidas.

Lembrava-se do sonho que tivera e no qual aquele ser iluminado lhe pedira para interromper todo o mal a fim de que não padecessem os mesmos destinos de suas vítimas. No entanto, não se lembrara de fazer outra coisa senão confirmar as atitudes que lhe eram costumeiras, acreditando que aquele aviso não representava senão alucinação onírica a não ser considerada.

As emanações deletérias dos sentimentos negativos, somadas a todas as atitudes e comportamentos que lhe impunham uma reflexão amarga sobre todos os atos do passado, faziam de Macedo um ser encurralado diante de tantas acusações mentais, agravadas pelo padrão de interferência dos espíritos ligados a ele de forma mais íntima.

Relembrava todos os crimes praticados sob a proteção da farda e das influências superiores. Lembrava-se dos deslizes morais, das traições e dos atos de covardia cometidos contra mulheres e viúvas para aproveitar-se das primeiras e espoliar as últimas.

A todos eles antepunha a figura de seu comandante como o modelo de seu comportamento, como o paradigma para a sua própria personalidade que lhe cabia imitar e que, agora, lhe fora o responsável pela prisão. Mas seu pensamento indagava de si mesmo como é que o general poderia prendê-lo por aquele ato, sem prender-se a si mesmo como o mandatário de tantos crimes?

Isso o revoltava ainda mais, já que um sentimento de traição causava-lhe angústia íntima sem comparação.

Como se pode ver, os dois homens, no fundo, eram prisioneiros, seja do passado, no qual deitaram as raízes das discórdias, seja, ainda da consciência agora abalada pela atrocidade dos atos recentes, da enfermidade e das barras do cárcere, ambas limitadoras dos privilégios concedidos por Deus ao ser humano para que pudesse fazer algo de útil a si mesmo.

Observando a nefasta semeadura, de uma forma ou de outra a Lei do Universo se vale dos seus mecanismos de justiça e misericórdia a fim de que os agentes da desdita se vejam impedidos de continuarem na vertiginosa queda nos abismos escuros do erro e, a benefício de si mesmos e como beneplácito para a paz e para a harmonia de toda uma coletividade, acabam segregados em isolamento no qual se vêem impedidos de continuarem na mesma trajetória.

Não importa que tal isolamento seja denominado enfermidade ou prisão. O que interessa é que ele representa um benefício da Lei Maior a fim de proteger os outros e o autor do mal contra suas próprias tendências, evitando-se que conseqüências mais amargas lhe sejam atribuídas como resposta, em face da Lei de Causa e Efeito.

* * *

Os dias se passaram.

Carolina fora devolvida à liberdade, levando consigo os despojos de seu esposo e de seu genitor para lhes dar sepultura nas proximidades de sua moradia, na fazenda que lhe passava a pertencer integralmente.

O general seguia sua trajetória de enfermidade física sob as vistas do médico que, em exames mais detalhados, constatara a existência de uma irritação representada por algumas manchas violáceas na pele, as quais evoluíam para um estado de ferimentos de difícil cicatrização.

Doíam-lhe os ossos e as alterações orgânicas eram mais e mais preocupantes. Informado pelo Dr. Maurício sobre a necessidade de ser levado para a enfermaria para que o tratamento pudesse ser intensificado a fim de se identificar melhor a causa dessas alterações biológicas, o general recusou qualquer transferência, o que impôs a necessidade de se transferir para o seu quarto o instrumental básico para a realização de exames da mesma forma em que se criara verdadeira farmácia no ambiente para o atendimento emergencial.

As feridas avançavam pela epiderme na medida em que o tempo passava e Maurício acreditava serem resposta orgânica a todo aquele estado de desequilíbrio ou de pressão emocional sofrida pelo militar.

Se fosse isso mesmo, depois de algum tempo em que o corpo respondesse de forma autodestrutiva, o quadro se reverteria para uma melhora geral, aliviando-o das tensões íntimas.

No entanto, a demora em se observar uma regressão no problema causava apreensão no médico. Preocupado com o estado de seu paciente, Maurício dividia a sua dedicação a ele com a elevação de seus pensamentos, buscando compreender o que se passava.

Sentindo a ajuda constante dos espíritos que o assessoravam na tarefa que realizava, que erguia tanto os perseguidos quanto visava auxiliar os perseguidores, Maurício sentiu a presença do espírito de Euclides que, a todos os instantes procurava inspirá-lo na melhor conduta ou na melhor terapia a ser adotada.

Depois de ter se elevado em prece dirigida a Jesus, em última análise o Maior Médico que a Terra pôde receber em seu seio, Maurício sentia um vazio sem que nenhuma idéia lhe visitasse a mente. Euclides, por sua vez, procurava transmitir-lhe a noção de que não lhe incumbia nenhuma atitude que pudesse impedir o curso dos fatos. Ao contrário, Euclides preparava Maurício para a continuidade de sua trajetória junto daquelas almas endividadas e perante as quais ele mesmo se vinculara antes da reencarnação, com o propósito de auxiliá-las na senda evolutiva.

Maurício sentia a presença amiga, mas identificava o vazio de inspiração que apontava para a continuidade do tratamento, sem qualquer outra atitude que viesse a modificar o quadro geral. Afinal, ele já usara de todas as técnicas conhecidas, tanto no que dissesse respeito aos remédios empregados quanto no que representasse modificação de métodos e rotinas alimentares, tudo em vão.

Seguiam as feridas o crescimento natural de uma doença contra a qual Maurício não achava recursos. Logo depois de algumas semanas, Alcântara era uma verdadeira chaga humana. Os membros se entorpeciam e, da epiderme lacerada erguia-se um odor difícil de suportar. Maurício notara a gravidade do mal e, por isso, limitara o ingresso de pessoas no recinto.

Alguns médicos militares se aproximavam para examinar a situação e, imediatamente se diziam surpreendidos com aquele quadro.

A maioria deixava o quarto impressionada e amedrontada em face de desconhecerem os processos de contágio daquela doença.

Além disso, todos os que se achavam no quartel poderiam correr algum risco e impunha-se isolar os aposentos do comandante para impedir qualquer tipo de contaminação coletiva que viesse a causar problemas maiores. Os próprios facultativos da guarnição trataram de realizar tal isolamento. Somente Maurício, como médico, poderia entrar ou sair do quarto e isso só se fosse absolutamente indispensável.

Os alimentos lhes seriam entregues diariamente, deixados à porta nos horários previamente demarcados.

Maurício, diante daquele desafio para os seus conhecimentos, solicitou que lhe fosse autorizado buscar os livros médicos que possuía em sua morada.

Depois de ausentar-se na companhia de dois soldados que lhe serviam de escolta, retornou trazendo ampla sacola, contendo um número significativo de compêndios médicos que seriam estudados para se buscar uma solução ou, ao menos, uma explicação para todos os sintomas.

Enquanto o general se contorcia entre dores e pesadelos, Maurício lia e pesquisava. A sua avaliação procurava encontrar, através da comparação dos sintomas gerais, a que tipo de doença ou a que grupo de enfermidades aquela poderia ser comparada.

No quartel, a apreensão era dobrada. Isso porque o seu comandante, apesar de não estar oficialmente afastado, não tinha condições de dirigir a guarnição. O seu auxiliar imediato, o capitão Macedo, se encontrava detido sob a acusação de homicídio do filho do próprio general.

Diante de tais fatos, houve a necessidade de que o oficial mais graduado e o mais antigo entre eles assumisse, provisoriamente, o comando do quartel.

Tão logo isso ocorrera, o novo oficial, comandante interino, procurou informar-se sobre o estado de saúde do general a fim de enviar um relatório para a sede da província, onde se localizava o quartel central. Depois dos despachos regulares mediante os quais procurava colocar em dia as disposições internas da guarnição, o capitão Santana – o novo comandante interino – convocou ao seu gabinete o médico que cuidava do general para ter com ele um entendimento que o esclarecesse, a fim de reportar-se aos superiores.

Tão logo entrou no recinto, Santana interpelou educada e polidamente o jovem facultativo sobre as condições do comandante:

– Doutor, quais são as perspectivas observadas pelo senhor no tratamento do general?.

– Senhor capitão, tem sido um enigma para todos nós, inclusive para os poucos médicos da guarnição, a solução deste problema. Não se trata de intoxicação alimentar, não é uma doença que apresente um ciclo observável e que possa vir a ser demarcado entre o seu início, o seu desenvolvimento e o seu enfraquecimento em função da reação do organismo. Para nós, as coisas seguem imprecisas. No entanto...

As informações haviam ficado em suspense, pois Maurício tinha suspeitas que não ousava revelar a nenhum outro.

– Sim, doutor, no entanto... – continuou curioso o capitão. – Não se esqueça que, na posição de comandante, agora preciso conhecer todos os fatos a fim de poder providenciar o melhor atendimento para o general, bem como possa proteger a todos desta comunidade para evitar que alguma enfermidade avance sem controle.

O Dr. Maurício não possuía nenhuma certeza. Todavia, das pesquisas que fizera e do amparo espiritual que vinha recebendo de Euclides, ele passara a canalizar toda a sua observação para uma doença de há muito conhecida mas, até então, destituída de qualquer tratamento mais eficaz. Na verdade era uma doença que significava um sofrimento muito grande para o seu portador.

Daí o seu escrúpulo em não mencioná-la a qualquer outra pessoa, uma vez que qualquer alarde poderia precipitar os fatos para um caminho que, talvez, não fosse o mais correto.

No entanto, seguindo as determinações do novo comandante interino e, por causa das suas fortes intuições que lhe causavam calafrios diante daquele quadro, Maurício continuou:

– Capitão Santana, o que lhe vou revelar não falei nem mesmo para os meus colegas médicos deste lugar. Não possuo provas produzidas através de exames, mas pelo estudo que venho fazendo nos livros e tratados médicos, uma certa convicção vem se formando dentro de mim e, repito, não se baseia na certeza definitiva.

– Pois bem, doutor, o que vem a ser essa sua suspeita?

– Creio, capitão, que o general está leproso...

O militar fez-se lívido. Levantou-se imediatamente como se a cadeira estivesse impregnada por uma corrente de altíssima voltagem.

– Isso é ultrajante, doutor, – falou o capitão Santana, entre a indignação e o pavor. – Essa praga bíblica não pode ter atingido esse homem tão saudável, tão cheio de vitalidade. Isso vai ser um desastre se for confirmado.

– Sim, capitão, concordo com o senhor. Será um desastre sem proporções. Por isso tive o cuidado de não levantar suspeitas sobre qualquer coisa, evitando-se assim, produzir um ambiente de histeria coletiva.

* * *

Vale lembrar que, naquela época, não havia nenhum conhecimento sistemático sobre o desenvolvimento da doença, a sua forma de contágio, o seu método de tratamento, o que produzia no seio da coletividade a necessidade de afastamento ou de banimento do indivíduo que a contraísse, para que não representasse risco à saúde dos demais.

Diante dessa informação, o capitão respondeu:

– Doutor, isso é de uma gravidade sem comparação. Dou-lhe mais dois dias para que o senhor termine as suas investigações e retorne até aqui para trazer as suas certezas. Somente depois disso é que irei tomar a providência que me cabe adotar em casos como este.

– Está bem, senhor. Daqui a 48 horas retornarei para lhe dizer das minhas certezas e dos avanços que fiz na observação e identificação dessa enfermidade misteriosa.

Despediram-se ambos, sendo certo que Maurício retornara aos seus estudos enquanto Santana ficara na condição delicada e perigosa de alguém que precisa tomar uma decisão imediata e muito rude. Por isso, como pessoa ponderada e mais equilibrada do que os anteriores, Santana procurou se certificar de que tudo era verdade, antes de determinar o que se deveria fazer.

* * *

No quarto, as dores de Alcântara prosseguiam. As camadas externas da pele se iam abrindo como se fossem flores de carne que desabrochavam, trazendo consigo um odor de apodrecimento.

Enquanto isso, Maurício continuava identificando os sintomas com as descrições encontradas nas obras que estudava, mas tinha receio de informar com convicção definitiva, pois a vida daquele homem se achava sob a sua observação e o futuro de seus dias dependia dele.

Ao mesmo tempo em que estudava, Maurício orava pedindo uma ajuda a Euclides para que alguma certeza pudesse aliviar as suspeitas.

Tendo feito a sua parte que era a de pesquisar em benefício do semelhante e de seu próprio aprendizado, os espíritos amigos vieram em seu auxílio de forma mais direta, uma vez que observaram que o encarnado buscou fazer o que lhe competia para a solução e compreensão das dificuldades.

Aproveitando-se do estado de fadiga do jovem médico, Euclides passou a aplicar-lhe passes magnéticos ao longo de todo o corpo físico o que causou nele, em primeiro lugar, uma sensação de cansaço físico ainda maior e, ato contínuo, uma necessidade de dormir um pouco, depois de horas a fio estudando grossos volumes de doutrina médica.

Tão logo se viu retirado do corpo físico pelo espírito de Euclides, seu amigo e orientador, Maurício foi levado ao pé do leito do general. Com a consciência nítida como se não houvesse dormido, Maurício se surpreendia com aquele fato, coisa que não lhe era totalmente estranha já que, anteriormente, aquele fenômeno já havia ocorrido com ele.

O que havia de novo era a presença quase visível de Euclides o qual lhe falava com doçura, esclarecendo-o sobre aquela situação difícil.

Desse modo, aquele não era o sono comum do encarnado que, tendo lido um livro ou assistido a alguma cena mais chocante passe a sonhar com as coisas que lhe ficaram impregnadas no pensamento. Ele via e ouvia com clareza e nitidez ao ponto de observar o corpo do próprio paciente, em todos os seus contornos e problemas.

Dirigindo-se a ele, na condição de orientador, Euclides revelou:

– Não se preocupe Maurício. Você está temporariamente afastado do corpo físico, mas sua matéria se encontra protegida pelas leis do Universo, enquanto o seu espírito, que é leve e plástico, pode afastar-se do corpo para o trabalho necessário. No entanto, não posso me alongar pois não temos muito tempo. As observações que vem realizando estão corretas. Nosso irmão, infelicitado por si mesmo, não aceitou o caminho que lhe foi indicado como o melhor para a solução de todos os conflitos. Foi solicitado dele que perdoasse e não perdoou. Tal postura, gerou-lhe a culpa íntima pela perda do filho em tristes condições. Toda a programação do resgate de suas dívidas ficara submetida à essa escolha. Tivesse mudado o seu modo de pensar e de sentir, teria afastado em parte a incidência da moléstia que ficaria contida pelos padrões vibratórios que a controlavam. Sem isso, contudo, Alcântara escancarou as suas defesas e baniu de si mesmo as possibilidades de reparar o mal praticado pelo bem que iria começar a fazer, a convite de Deus e de Jesus. Como é devedor redobrado, os pesos nocivos que foram acumulados com o tempo na embarcação corpórea, agora que foi efetivada uma avaria no casco do navio, farão com que o barco afunde mais depressa. Se, ao contrário, Alcântara tivesse atirado fora toda a carga de sentimentos pesados, todo o peso morto que comprometia a tarefa do navio físico, não teria ocorrido o desastre e a embarcação seguiria o seu curso com liberdade. A escolha foi do próprio interessado. Ele, tanto quanto nós, iremos sempre acabar julgados pelos prejuízos ou pelas alegrias que enderecemos ao próximo. Esse juízo é inexorável e transformará os maiores em escravos e os escravos em criaturas engrandecidas no sacrifício suportado com renúncia.

É verdade, Maurício. Alcântara, agora, é um leproso...

Ao impacto dessa revelação, que confirmava as suas suspeitas, Maurício retomou o corpo de carne que deixara alguns minutos antes e, a partir dali, o convencimento se apossou de suas convicções, ao passo que, de sua experiência como médico, retirava a certeza de saber que grandes amarguras esperavam por aquele "ex-poderoso" entre os homens.

Com o pensamento voltado totalmente para a pesquisa do histórico da doença, com as suas conotações de praga de Deus, castigo ou indignidade, Maurício encontrava, agora, inúmeros detalhes, semelhanças, correlações que apontavam a sua convicção para o caminho da certeza.

No dia seguinte, sem precisar esperar as 48 horas previstas, procurou por Santana e informou-o ter obtido a certeza plena de que aquilo era lepra e nada mais.

Isso era tudo o que Santana não desejaria escutar. No entanto, diante do parecer médico, o novo comandante precisava adotar algumas medidas urgentes.

Convocou os médicos do quartel para que ouvissem do próprio Dr. Maurício o relato do caso e as conclusões irrefutáveis.

E tão logo os demais facultativos foram colocados a par dos fatos, o comandante informou a todos:

– Uma vez que tal desdita atinge todo o nosso quartel, por meio de uma doença tão infame, não me resta outro caminho, de acordo com as normas do exército, senão providenciar o imediato traslado do doente para a capital da província, onde será ele encaminhado para a solução adequada ao seu caso. Para cumprir as determinações dos regimentos disciplinares, impõe-se que o enfermo, dado o posto que ocupa e os serviços prestados, seja transportado na companhia de um médico que irá com ele até o final da jornada, procurando atender às suas necessidades. Por isso, preciso de um voluntário que se disponha a seguir ao seu lado até o destino que o aguarda.

Os médicos presentes tremeram diante daquela convocação. Todos eles, apesar de tudo, tinham verdadeiro pavor da enfermidade tão insidiosa. Temiam contraí-la do general, durante o trajeto.

Entendendo o constrangimento geral dos colegas e, sabendo que não eram mais do que homens falhos como ele próprio, Maurício tomou a palavra e, para alívio dos colegas de profissão, solicitou:

– Senhor capitão, deixe-me ir com o general! Afinal, eu tenho cuidado dele desde o começo, estou dentro de seu quarto, conheço o seu modo de ser e, além do mais, não farei falta a este quartel. Aqui estou na condição de preso. Qualquer outro colega que tiver de ser designado deixará uma lacuna muito grande nos trabalhos desta guarnição. Por isso, se não for interpretada como qualquer violação aos padrões normais de conduta na caserna, gostaria de ser voluntário para ir com ele até onde se fizer necessário. Isso deixará cada um dos médicos disponível para o atendimento das necessidades desta comunidade.

Todos os outros olhavam Maurício entre a admiração e o respeito, conquistados pelos seus exemplos de bondade e de dedicação, trazendo no olhar a gratidão por lhes ter poupado o risco de exporem a vida pelo antigo comandante, agora doente e só.

Santana, que já sabia das qualidades de caráter daquele homem, tocado no íntimo de seu ser, muito mais sensível do que os que o antecederam, reconheceu que tal solução seria a menos perniciosa para o grupo.

Agradeceu a oferta e, aceitando-a, colocou-se à disposição de Maurício para qualquer outra medida necessária. Ao se ver na contingência de, como médico, exigir aconselhando, Maurício aproveitou a oportunidade para responder:

– Já que a sua bondade aceita a oferta de minha pequena possibilidade, junto daquele que todos admiramos ao longo da convivência, quero lhe pedir uma coisa que, com certeza evitará maiores problemas a todos. Além disso, não é um pedido de natureza ideológica. É uma solicitação de ordem prática.

– Pode falar, doutor.

Inspirado por Euclides que lhe envolvia o sentimento de compaixão e misericórdia, Maurício deu continuidade ao seu discurso:

– Pois bem, senhor, falarei. Sabem todos aqui presentes do extremo pavor que toma conta das pessoas quando se espalha a notícia de que algum leproso se encontra nas redondezas. Desse modo, se correr a notícia de que o general está com lepra, isso poderá gerar uma grande reação popular e dos próprios soldados, sempre os últimos a saberem dos fatos e os primeiros a morrerem por causa deles. Assim, modo, quero pedir ao senhor que determine a soltura de todos os prisioneiros que se acham aqui retidos sem qualquer necessidade e que, além de correrem o risco de saírem contagiados, estão favorecendo que ocorra a divulgação de todos estes problemas internos o que vai gerar uma série de conflitos aqui dentro e lá fora. Creio que, como medida de profilaxia, de prevenção e de zelo indispensável, seria de bom alvitre dar liberdade aos que estão detidos somente com suspeitas ou pequenos delitos de opinião, ainda mais agora que, pelo infausto ocorrido, o autor de todas as imprecações e estimulador do movimento revoltoso se acha morto. A liberdade dos demais permitiria que eles voltassem para suas casas sem terem notícias da gravidade do estado do general Alcântara, evitando-se o pânico coletivo de se sentirem com a possibilidade de também terem sido contagiados pela doença.

As ponderações de Maurício faziam muito sentido e, como sempre, eram tecidas em face do benefício de toda a coletividade, aliás, vítima da maldade do militar comandante até poucos dias.

Tão logo ponderou sobre as palavras sóbrias do médico, determinou que se elaborasse uma lista com os nomes e delitos dos que estavam nas celas e baias do quartel para que, tão logo se visse informado sobre o comportamento de cada um deles, determinasse a sua soltura, para que deixassem o quartel em direção à liberdade.

Essa medida aliviaria toda a pressão psicológica que transformara aquele lugar numa panela prestes a explodir.

Com isso, Maurício continuava a cumprir com as obrigações assumidas durante a sua preparação para o regresso à matéria na presente encarnação e Euclides se sentia ainda mais vinculado àquele jovem que era tão dócil aos seus comandos e sugestões.

42

Doença compartilhada

Ser portador da lepra naquele período era uma verdadeira maldição. Somente nos grandes centros urbanos poderia existir uma possibilidade de algum tratamento ou acolhida, ao mesmo tempo, o comportamento, ali, era ainda mais preconceituoso com relação à enfermidade.

O ajuntamento de pessoas, sempre despreparadas e sem conhecimentos, favorecia o crescimento de notícias alarmistas e, assim, apesar de possuir maiores recursos na questão da medicina, tão pobre e desprovida nas demais áreas interioranas, a capital era, talvez, o pior lugar para encontrar guarida.

Todavia, pelas determinações oficiais da corporação, se existisse qualquer caso da doença em suas fileiras, tal enfermo deveria ser imediatamente afastado do convívio dos demais, sendo endereçado ao exame do corpo clínico militar da capital da província, onde seriam tomadas as medidas atinentes a cada caso.

Na medida em que a vítima era mais graduada, havia certa regalia até que ela chegasse ao núcleo médico da corporação para ser submetida à avaliação física. Todavia, constatada a enfermidade, as conseqüências eram inexoráveis.

Imediato afastamento de todas as funções. Isolamento absoluto e, em muitos casos, perda dos privilégios da patente, exoneração do cargo ou , até mesmo, desligamento da corporação.

Em algumas circunstâncias, havia um processo de convencimento que procurava forçar o doente a solicitar o seu próprio afastamento, como se a iniciativa tivesse partido dele mesmo. Quando tais procedimentos aconteciam, o indivíduo conseguia guardar certa privacidade acerca do motivo pelo qual se afastava da vida militar. De outro modo, muitas das motivações eram expostas a toda corporação, maculando aquele que, já não bastando ser doente grave, ainda receberia o peso das doenças derivadas do preconceito de toda a coletividade.

Parentes eram afastados, amigos se afastavam, companheiros

de mesa rompiam os hábitos cordiais e deixavam para trás uma vida inteira dividida na camaradagem.

Tudo por causa da ocorrência sinistra.

A enfermidade, quando surgia, era vista como um fardo perigoso demais para ser compartilhado. Ninguém desejava dividi-la e, além disso, representava uma punição de Deus recaída sobre a criatura devedora o suficiente para merecer ostentar na pele a chamada "praga bíblica".

Com isso, por determinação do novo comandante, apenas o Dr. Maurício se incumbiria de atender o enfermo e de efetivar os preparativos para a partida.

Os demais oficiais, ainda que conhecendo o estado do general, deveriam manter silêncio sobre ele para que se evitasse um processo de desespero coletivo. Enquanto isso, os demais presos começavam a ser trazidos à presença dos oficiais responsáveis para que fossem inteirados da sua nova condição de libertos. No entanto, continuariam a ser observados na conduta apresentada na vida familiar e social, de modo a que deveriam deixar de se conduzir de forma irresponsável.

Todos eram surpreendidos com aquela mudança brusca de tratamento e, sem maiores delongas, partiam em disparada rumo aos portões do quartel tão logo fossem efetivamente liberados. Deveriam continuar na região e afastar-se de todas as concentrações ou reuniões que não fossem as religiosas, para as quais continuavam tendo permissão para comparecerem.

Não obstante essas recomendações, à boca pequena já corria a informação de que Alcântara estava muito doente, com uma doença grave. As más línguas pioravam os fatos pelo simples prazer de enegrecer as condições e obter maior realce nos quadros que criavam.

Outros sabiam que se tratava de lepra, por informação obtida através das conversas reservadas ouvidas dos oficiais, espantados sobre o destino do comandante e o que iria acontecer aos que estavam ali dentro.

Dia após dia, o estado de Alcântara inspirava maiores cuidados. A enfermidade, muitas vezes lenta e demorada em alguns casos, nele parecia ter a pressa de uma avalanche. Ia envolvendo-o com a rapidez que não se via em outros casos.

Tudo corria normalmente, entre o tratamento e a preparação da viagem, quando nova situação grave apareceu entre os homens que ainda se achavam na guarnição.

Na prisão na qual fora recolhido, Macedo igualmente caíra enfermo. Os sintomas não diferiam muito dos que atingiam o general: febre alta e intermitente, dores pelo corpo, manchas arroxeadas, prostração física.

Como os prisioneiros não recebiam as atenções dispensadas aos demais membros do quartel, o estado de enfermidade somente era testemunhado por Maurício, quando de suas visitas de rotina aos detidos. Como agora o médico se achava isolado junto ao general, ninguém mais viera dar atenção aos sofrimentos físicos dos homens aprisionados, mormente para o caso de Macedo, preso por ter assassinado o filho do general comandante.

Não bastasse a desdita de ter cometido o crime, o que por si só, já o tornava criatura sem privilégios, a doença, agora, também tomava conta de sua estrutura física.

O seu estado só foi percebido quando os que ficavam em celas próximas começaram a denunciar a sua condição debilitada, além do odor malcheiroso e desagradável que passaram a sentir.

Macedo estava igualmente contaminado pela lepra. A estrutura espiritual que lhe poderia ser a armadura protetora, fora rompida por imensas culpas e acusações íntimas, liberando a alimentação vibratória nociva que passou a ser ingerida pelas bactérias, causando assim o desequilíbrio orgânico.

Da mesma forma, seguia o caminho escolhido, já que era comparsa do general em todas as empreitadas criminosas e, sem saber o que acontecia com ele, igualmente padecia das mesmas circunstâncias mórbidas que atingiam o antigo chefe.

Isso foi um reboliço dentro do quartel.

Se até então havia uma leve suspeita sobre a doença misteriosa que afastara Alcântara, com a ocorrência observada em Macedo nenhuma dúvida existia mais. O segundo caso no mesmo local em espaço de tempo tão curto representava uma maldição e, até as inteligências mais preparadas ou racionais passaram a temer por seus destinos.

Os presos, então, entraram em tal estado de desespero e tumulto que todo o processo de liberdade precisou ser colocado em ação sem aquele zelo pretendido, a fim de que não acontecesse uma tragédia interna.

Além disso, o desconhecimento sobre os padrões da doença naquela época infundiam medo nos mais preparados de sorte que, até mesmo os médicos não se expunham ao risco mas, ao contrário, fugiam dele, afastando-se.

Mesmo entre os militares que ali se acotovelavam, muitos deixaram o quartel para fugirem da ameaça leprosa. O novo comandante precisou adotar medidas drásticas, com a adoção de juízos sumários para os desertores a fim de manter uma certa disciplina interna.

As sentinelas do portão deveriam atirar para imobilizar qualquer soldado que tentasse fugir, saindo do quartel sem permissão por escrito dele mesmo.

O confinamento passou a ser geral. Somente os presos, ali retidos em volume muito grande, para não se transformarem em risco iminente para o equilíbrio interno da guarnição é que foram autorizados a deixar o prédio, uma vez que não haveria condições de mantê-los em relativa paz, depois que um segundo caso de lepra aparecera no mesmo lugar.

Essa coincidência reforçava a convicção de que ela era contagiosa.

Com exceção de Maurício, ninguém tinha noções de que se tratava de enfermidade cármica, derivada de padrões específicos de dores semeadas no passado, combinando com uma vida presente mal aproveitada, resultando a doença como lembrete de que se fazia necessário entender o que é possuir um corpo para ser usado a serviço do bem e do semelhante.

Agora, ouvindo as notícias sobre Macedo, Maurício dirigiu-se para a cela em que ele se achava e reconheceu que a sua era uma condição tão dura e difícil quanto a de Alcântara.

Providenciou para que os dois doentes fossem isolados juntos, nos mesmos aposentos do antigo comandante. Precisaria levar os dois para o quartel general o mais rápido possível.

Os preparativos iam sendo concluídos. Uma carroça com provisões, bons animais para puxá-la, água em abundância e, agora, dois pequenos leitos improvisados no seu interior seriam usados pelos homens em questão. Maurício iria sozinho, portando os despachos do novo comandante interino para que, ao chegarem ao destino, fossem acolhidos como portadores de ordens claras e expressas que não poderiam ser ignoradas.

A cidade estava em polvorosa. A maioria passou a tirar o quartel até dos próprios pensamentos e sequer passava por perto.

Ao redor de seus muros, foi sendo formado um elo de pavor, espontaneamente construído pelo desespero e pelo medo dos que moravam por perto. Não se falava de outra coisa na cidade. Muito mais se falava de Macedo, por causa de ter sido visto doente na prisão do que do general. No entanto, o aforisma antigo dizia: “Onde há fumaça há fogo”.

Enfim, tudo estava pronto.

Por sugestão do próprio médico, agora convertido em verdadeiro missionário da renúncia em favor daquelas duas criaturas, a viagem teria o seu início na madrugada do dia seguinte, aproveitando-se do adormecimento de toda a coletividade e procurando seguir nas horas mais amenas da manhã, para não causar muito sofrimento aos pacientes.

A viagem até a capital da província demoraria muito tempo e, esse tempo deveria ser aproveitado para trabalhar em favor dos viajantes.

Uma pequena escolta iria com eles até vencerem a parte mais obscura do caminho. Os dois homens seriam mantidos presos ao leito através de cordas e tiras a fim de não serem jogados para fora das camas devido aos solavancos constantes.

Os dois estavam em verdadeiro estado de choque, não acreditando em tudo o que estava acontecendo. Afinal, a partir dali eram pessoas mortas para a vida e para todos.

Macedo não possuía qualquer parente próximo que lhe fosse conhecido. Alcântara só tinha a Eleutério, que havia voltado para a fazenda e se achava tratando de organizar a reconstrução da mesma, e Lucinda, a criatura amada que se fazia distante e em local não conhecido.

Os dois, em verdade, só possuíam Maurício como verdadeiro companheiro de jornada na desdita por que passavam. Até mesmo a si próprios, ambos se evitavam. Um não olhava para o outro a fim de não avaliarem o seu estado pessoal pela observação do estado do companheiro.

Maurício procurava animá-los durante a viagem que se fazia mais penosa no momento em que precisavam parar para as refeições, pois ninguém os aceitava receber ao longo do percurso para dar-lhes sombra ou acolhida.

Tinham que se alimentar sob a sombra de pedras ou de arbustos retorcidos, negada que lhes fora a acolhida em qualquer casa ou estabelecimento de comércio local existente por ali ao longo dos quilômetros percorridos. A carroça ganhava os trilhos rudes em direção à capital e por onde ia passando o estigma da lepra ia caindo sobre eles.

Como a notícia da caravana de leprosos corria velozmente de boca em boca, bem mais célere do que a carroça que os levava, pessoas que viajavam a pé pelo mesmo caminho já sabiam, ao se defrontarem com aquele grupo de viajantes, que ali estavam os leprosos e, assim, fugiam, afastando-se depressa dos trilhos. Outros adiavam a retomada do trajeto, esperando que os morféticos passassem pelo ponto onde teriam de cruzá-los na jornada.

A notícia corria, ainda mais em se tratando do general e de Macedo.

Na capital, os que se achavam com o corpo sadio e que eram responsáveis pelo exército já sabiam dos fatos e estavam prontos para lhes dar um bom exemplo das condições de atraso e penúrias morais próprias de suas almas leprosas.

A chegada da carroça militar ao quartel general se deu entre o silêncio tumular e a frieza da laje que o sela.

Essas seriam as marcas de toda a acolhida que receberiam dali para frente.

43

O amor tentando resgatar a todos

Enquanto os corpos doentes seguiam seu destino, dirigindo-se para o centro das atividades militares situado na capital e ali chegando depois de uma penosa viagem, junto deles não seguia apenas Maurício e o soldado.

Uma escolta espiritual composta pelas entidades trevosas ia lhes acompanhando o deslocamento, vinculada aos dois doentes e, agora, de tal maneira imantada a eles que lhes era difícil situar a mente em outras idéias.

Luciano seguia os passos do general e do capitão, presenciando-lhes a desdita com um certo prazer íntimo, agora misturado a um temor pessoal disfarçado, que lhe comunicava um frio no interior da alma.

Parecia que a sua idéia de fazer o mal atingira limites perigosos para ele mesmo, pois as duas vítimas se apresentavam em tal estado de chaga viva que lhe causavam má impressão.

E como Luciano era ignorante das leis divinas, acreditava ele que a condição de leprosos em que passaram a viver Alcântara e Macedo fora lhes propiciada em face da sua ação obsessora, assustando-se, assim, com o que julgava ser seu poder de infligir a desdita ao semelhante.

Junto de Luciano, os outros dez espíritos seguiam a caravana sinistra, presenciando os fatos entre a indiferença e a surpresa. Todos desejavam demonstrar um ar vitorioso, já que o objetivo de destruição da vida alheia parecia que estava sendo atingido.

No entanto, também neles o estado da doença dos dois encarnados lhes pesava penosamente. Tinham medo das condições físicas de suas vítimas e, por um reflexo de transferência psíquica ocorrido entre o perseguidor e o perseguido, alguns dos obsessores de Alcântara e de Macedo, passaram a apresentar sintomas semelhantes aos deles, como se a enfermidade dos obsidiados se lhes permeasse o espírito e se instalasse no íntimo.

Isso causava certa apreensão aos próprios espíritos obsessores que, vendo o que ia ocorrendo com alguns deles começavam a pensar em abandonar os perseguidos.

Não obstante o medo da maioria deles, Luciano ainda os estimulava a continuar com o processo de perseguição, dizendo-lhes que o trabalho ainda não havia terminado e que lhes competia ir até o final com aquilo, desse no que desse.

Ao mesmo tempo, Euclides destacara alguns espíritos de sua equipe de trabalhadores para envolverem todos os obsessores em vibrações balsâmicas invisíveis para eles, as quais, ao mesmo tempo em que lhes propiciaria o início das reações de esclarecimento, ainda que através do medo, impediria que os vingadores invigilantes se afastassem agora de suas vítimas. Precisavam ficar próximos dos dois leprosos, pois tirariam lições muito construtivas para os seus destinos.

Alcântara e Macedo já não estavam mais na esfera de ação imediata dos obsessores.

Sua condição de enfermos foi conseqüência da opção pessoal que fizeram, depois de muita dor acumulada sobre as suas cabeças, depois de muito ódio semeado e, sem dúvida alguma, depois de não terem ouvido todos os conselhos espirituais que lhes facultaria evitarem tais trilhas dolorosas, através da escolha de um outro caminho mais ameno, com o perdão e o esquecimento de todos os fatos, com a libertação dos presos e com o rompimento da reação em cadeia na qual o ódio gera mais ódio e o sofrimento, mais dores.

No entanto, como já se disse, pela presença constante e pelo contato ininterrupto com suas vítimas, os espíritos obsessores acreditavam que a lepra tinha sido conseqüência de sua ação junto dos homens de farda o que lhes infundia sensação de euforia e de medo, simultaneamente.

Aproveitando-se desse quadro, Euclides determinara que se envolvessem a todos em uma grande área fluídica de auxílio que propiciaria uma maior possibilidade de esclarecimento dos espíritos ignorantes e de auxílio aos encarnados, mantendo presos uns aos outros, como forma de ampliar o ensinamento decorrente do mal que se pratica, em vistas do bem que se é possível extrair daquela condição dolorosa.

Euclides estava trabalhando com o material escolhido pelos próprios envolvidos na trama que criaram com as opções equivocadas que haviam feito para convertê-la em escola da alma que iria ensinar, ao preço da desdita e da lágrima, que era necessário despertar para um outro tipo de sentimento, único remédio para todas as dores suportadas pelos homens, em qualquer estado em que se achem, tanto no corpo físico, quanto fora dele.

Assim, enquanto a caravana prosseguia o seu trajeto até chegar ao seu destino, muitas vezes pôde-se observar a reunião de alguns espíritos vinculados aos doentes que pretendiam obter do chefe Luciano a autorização para se afastarem dali, como se estivessem preparando um motim para evitarem um mal maior.

Esse estado de divergência interna era uma das condições que Euclides esperava obter com o isolamento do grupo e a sua manutenção nas proximidades dos que, até então, vinham perseguindo.

Luciano se colocava firme no desejo de levar até o fim aquele cerco, não permitindo que ninguém arredasse pé da posição ocupada até ali. E mesmo que o desejassem e que Luciano permitisse, constatariam que estavam imantados àqueles homens doentes e que não se sentiriam bem ao se afastarem dali.

Ao mesmo tempo, o trabalho constante de Maurício começara a alterar a compreensão de algumas das entidades ignorantes que, observando os conceitos elevados que o médico espalhava por todos os lugares e em todas as situações, passavam a sentir um estado de alma diferente e, ao lado do ódio dedicado aos dois doentes, um sentimento de simpatia e de admiração os unia ao facultativo.

Eram sentimentos contraditórios, pois seguiam em direções opostas. No entanto, demonstravam a possibilidade de qualquer pessoa, encarnada ou desencarnada, perceber a destinação do bem inserida no seu coração. Basta que alguém tenha a paciência, o tato, a boa vontade para fazer brotar o sentimento de bondade no coração e se observar o mais cruel assassino verter a lágrima da emoção e do arrependimento. O ódio é um estado transitório por que passam as criaturas a caminho do estado definitivo do amor.

A renúncia de Maurício, as suas palavras doces para com todos os enfermos, o respeito com que tratava os algozes, a dedicação para com os semelhantes, fossem eles civis ou militares, abria brechas nos corações de pedra, como a gota d'água faz trilha no granito mais resistente.

Com isso, o projeto de Euclides ia tomando forma. Não mais o de ajudar apenas um ou outro companheiro de jornada a quem protegia ou a quem se vinculava. Lá estava ele, embaixador do bem em período integral, buscando espalhar o bem e ganhar almas para o redil do Senhor, estendendo a sua rede para apanhar tantos homens quantos lhe fosse possível recolher e tantos espíritos quantos lhe fosse possível açambarcar.

Pretendia dar a oportunidade de esclarecimento a todos os que se ligavam àquele drama, pois sabia que não havia coincidência na vida de ninguém. Todos aqueles que se achavam unidos no processo de dores estavam igualmente cadastrados no Educandário Divino que ele, Euclides, deveria administrar. Daí o empenho de seu coração em levar alívio a todos aqueles integrantes do cortejo da desdita, fossem os encarnados ou desencarnados.

Com isso, como já se disse, os espíritos passaram a ser vítimas de suas próprias idéias, padecendo do medo de se tornarem iguais aos encarnados que obsedavam e, ao mesmo tempo, impedidos por forças que desconheciam de deixar as proximidades daqueles que procuraram ferir com o pensamento nocivo. Eram os algozes que passavam a provar do próprio veneno.

Luciano também teria de suportar a sua quota maior de responsabilidades, enfrentando em si mesmo as conseqüências de um largo período de dedicação ao mal.

Aproveitando-se de uma parada da pequena caravana para o repouso noturno e sentindo que chegara o momento adequado para maiores explicações aos próprios espíritos ignorantes e necessitados de alimento para que se salvassem da tempestade que lhes invadia a alma, Euclides deliberou que, naquela noite, falaria ao grupo de desencarnados.

Esperando que todos os integrantes da expedição adormecessem, determinou que os auxiliares espirituais os conduzissem até determinada região, próxima da carroça onde seus corpos descansavam.

Desse modo, Alcântara e Macedo, ambos agora fora do corpo físico em virtude do sono, foram postados entre duas entidades protetoras que os envolviam em energias intensas, a fim de que não perdessem as lembranças depois que acordassem.

Ao seu lado, Euclides posicionara o espírito do Dr. Maurício, também fora da matéria densa, a quem incumbira de dirigir-se ao grupo de onze entidades que se achavam agachadas ao redor do carroção, e que discutiam com Luciano as conseqüências devastadoras que atribuíam às próprias forças desagregadoras.

Enquanto se discutia o assunto, não perceberam a chegada de Maurício, recentemente saído do corpo.

– Boa noite, meus amigos – disse o médico que, na condição de desmaterializado pela saída do corpo, servia de intérprete ao espírito de seu amigo espiritual Euclides. Este servia-se de Maurício para falar e se fazer ouvido por todos, já que os perseguidores não possuíam condições de visualização espiritual do mentor generoso.

Luciano levantou-se de chofre, surpreendido com as suas palavras como se algum inimigo tivesse rompido a linha de vigilância da fortificação que tinham levantado.

– Ah! É você, doutorzinho! O que é que deseja? Já não basta tentar ficar salvando essa gente imprestável? Vai falando logo e se manda daqui... – falou Luciano, tentando intimidar o visitante.

– Vejo que vocês não estão chegando a um acordo na conversa, não é?

A essa pergunta, alguns balançaram a cabeça afirmativamente, outros disseram que Luciano não aceitava qualquer mudança de planos, ao passo que o chefe disse que não havia qualquer divisão entre eles. O que ocorria era uma discussão sobre que caminho adotar para a continuidade da perseguição.

– Mas vocês não perceberam que todo o mal que for feito vai recair sobre vocês mesmos? – retomou o médico. – Cada vez que os pensamentos de vingança são arremessados sobre os encarnados que perseguem, mais e mais presos vocês vão ficando a eles, de tal maneira que algum de vocês já deve estar sentindo os reflexos das doenças que eles apresentam.

– É verdade, doutor Maurício. Eu estou com as mesmas reações que eles, não sei por quê! – exclamou um do grupo de Luciano.

– Pois então, minha gente. Eu tenho conversado com muitos de vocês durante as crises do general e pretendia sempre que cada um entendesse isso. Se não houver uma mudança íntima, todos sofrerão a mesma coisa que estes dois desafortunados estão sofrendo.

– É, mas eles merecem sofrer porque são umas pestes na vida de todo mundo – gritou Luciano para não perder terreno. – Todos nós que estamos aqui fomos suas vítimas pessoalmente ou tivemos entes amados prejudicados e atingidos pela ação destes dois infelizes.

– Você falou bem, Luciano, eles já são infelizes por si mesmos. Não há necessidade de ninguém se tornar agente da infelicidade para aumentar o que já é grande e quase insuportável. Vejam com os próprios olhos. Venham até aqui.

Ao falar assim, Maurício apontou na direção onde se achavam Alcântara e Macedo, no plano espiritual, protegidos pelas entidades guardiãs, apresentando o corpo perispiritual totalmente tomado de chagas e deformações produzidas pelo constante pensamento fixo no mal e no planejamento da maldade.

Os dois, no perispírito, estavam em estado mais horripilante do que no corpo físico, já que na alma a enfermidade se instalara há mais tempo do que na matéria.

Todos os obsessores se levantaram e vieram até onde Maurício lhes havia apontado. Os onze perfilaram-se diante dos dois que perseguiam.

Ficaram a uma distância suficiente para que pudessem ver com clareza o estado geral dos dois encarnados retirados do corpo provisoriamente. O impacto que essa visão causou foi visível em muitos deles.

Alguns viraram o olhar para não continuarem a ver aquele quadro de horror. Outros arregalavam os olhos e punham as mãos na boca aberta, com uma expressão de surpresa ou de susto.

Luciano, apesar de dar sinais de medo denunciado através da palidez, procurou controlar as suas reações a fim de não parecer tocado por aquele quadro de penúria.

Confiantes em Maurício que os havia conquistado pela dedicação aos sofrimentos de todos, inclusive dos próprios parentes presos no quartel, os espíritos passaram a lhe fazer perguntas:

– Quer dizer, doutor, que eles ficaram assim, cheios de feridas, por causa de tudo o que fizeram?

– Isso mesmo. Como vocês podem ver, cada um retém para si a qualidade do que oferece. Aqueles que somente oferecem coisas negativas, tanto nas palavras quanto nas atitudes e pensamentos, vão impregnando a sua alma com as energias maléficas que emitem e acabam vítimas delas mesmas. E quem desejar acabar como eles, que continue a fazer a mesma coisa que tem sido feita até aqui. A conseqüência semelhante não se fará esperar por muito tempo.

As palavras do médico ficaram no ar, como um alerta que parecia não ter fim. Alguns deles começavam a acordar para a necessária mudança de comportamento mental.

Luciano não estava gostando daquela conversa.

– Olha aqui, doutorzinho, eu não tenho como impedir que você trate desse amontoado de chagas que não mereceria nem mesmo a lavagem que se joga aos porcos. Eu não me meto com o seu trabalho. Por isso, veja se pára de dar palpite no trabalho que temos de terminar conversa sua é papinho de araque, só pra engambelar os mais desavisados.

Vá saindo, vá saindo que nós já escutamos até demais. Nós não estamos fazendo mal a eles. Estamos apenas deixando que se prejudiquem para que não se esqueçam de todo o mal que nos fizeram. Isso é escolha deles. Nós só fizemos com que não esquecessem de nada. E agora, chega de conversa furada. Vamos embora daqui.

Luciano falou com ênfase suficiente para que os demais, amedrontados pela sua figura temerária, se sentissem intimidados e o seguissem, não sem antes olharem para Maurício com um certo ar de pedido de socorro.

Antes de saírem, Maurício ainda lhes falou:

– Está bem! Vocês podem ir embora daqui, mas não vão conseguir fugir de si mesmos e do apodrecimento dos seus corpos. Quando a doença tiver se instalado neles, lembrem-se de tudo o que ouviram aqui. Mais para frente nos encontraremos novamente. Mas então, todos precisaremos de um outro médico, mais poderoso e compassivo. Se vocês quiserem a ajuda dele, procurem orar a Jesus pedindo perdão pelos atos cometidos e peçam ajuda sinceramente. Não se arrependerão de terem pedido. Deus nunca esquece de ninguém. Se foi capaz de colocar um médico para cuidar de dois leprosos cheios de erros como nós todos, também nos destinará médicos generosos que tolerarão nossos delitos para tratarem de nossas doenças, restaurando o que temos de bom no coração. Não se esqueçam disso.

Todos se afastaram dali para se subtraírem da influência das palavras sábias e doces do médico que conseguia vencer pela brandura de sua conduta.

Euclides, que não era visto pelos espíritos necessitados, abraçou seu tutelado como quem o faz a um velho amigo. Osculou-lhe a fronte e lhe disse:

– Meu bom Maurício, sua intervenção foi muito proveitosa. Eles terão muita coisa para pensarem depois de hoje.

– Mas teria sido melhor que você se apresentasse a eles – disse o médico, humildemente. – A sua presença é marcante e as suas vibrações são as verdadeiras pétalas do amor sem mácula.

– Todavia, meu filho, é a você que eles vêem todos os dias, na renúncia, no zelo, na dedicação paciente e pacífica. Eles aprenderam consigo muita coisa e, ainda que não pareça, dão muito crédito ao que vem de você. E Deus não deseja vencer ninguém à força de procedimentos maravilhosos e para os quais a criatura não possa fazer nada senão se curvar.

O Pai deseja filhos convencidos e não filhos vencidos. Daí não abrir mão da necessidade de que cada um entenda, aceite e acredite por si mesmo, sem recorrer aos procedimentos artificiosos que iludem a mente, mas deixam sempre um resquício de dúvidas no fundo da alma.

Acreditando em você por conhecerem a bondade do seu coração, pensarão.

Pensando sobre as conseqüências de seus atos, refletirão se desejam a mesma coisa que viram hoje, acontecendo em suas vidas.

Refletindo sobre o seu futuro, cada um poderá optar por uma nova rota para o seu presente através da oração que você aconselhou a fazerem elevando-se até o Mestre.

Caminharão, assim, por si mesmos, com a opção de suas vontades respeitadas.

Na hora adequada, me farei visível. Mas quando isso acontecer, todos já terão se preparado internamente, com os seus conselhos semeados hoje, transformados em planta forte e firme dentro deles. Aí, a minha palavra será apenas a confirmação de suas exortações, dando-lhes a certeza de que escolheram o caminho certo.

Inverter as coisas seria tentar vencer com o maravilhoso. E fazer isso, ainda é violentar as consciências. A obra do amor não usa as técnicas da violência.

Maurício ouvia a palavra do irmão espiritual que lhe conduzia a caminhada terrena pela trilha da dedicação ao semelhante, entre silencioso e embevecido.

Olhando para os dois encarnados retirados da matéria provisoriamente, perguntou a Euclides o que seria deles.

– Ora, Maurício, a experiência desta noite serviu para reforçar dentro de ambos a noção das conseqüências de suas atitudes e das companhias que escolheram para sua jornada. Lembre-se de que ambos já vinham tendo encontros fortuitos durante o sono com esse grupo de espíritos perseguidores. No entanto, nunca se deixaram melhorar pelas advertências recebidas.

Quando foram visitados pelos obsessores, acordaram suados e trêmulos de um pesadelo que atribuíram aos excessos da comida na noite anterior.

Quando foram visitados pelos amigos espirituais que lhes pediram que perdoassem e adotassem outra conduta, atribuíram tais advertências às tolices oníricas que apenas os espíritos de mulheres, afeitos à fantasia, davam importância.

Hoje, estiveram frente a frente com o grupo de espíritos aos quais se vinculam pelos erros cometidos.

O pavor que puderam sentir somente com a defrontação à certa distância, pela proteção vibratória, lhes ficará impregnado na acústica espiritual e eles não se esquecerão da sensação mesmo depois de retomarem o corpo físico.

A partir daí, tentaremos obter de ambos um caminho no qual o arrependimento possa desabrochar, fazendo com que, mesmo através da dor, os dois comecem a andar em direção a Deus. Você percebeu, Maurício, como até agora nenhum dos dois elevou uma prece ao Pai?

Maurício não tivera tempo para fazer aquela observação. Todavia, ouvindo Euclides mencioná-la diretamente, pôde perceber que, em nenhum dos dois ouvira a palavra Deus fazer parte do vocabulário. Somente desdita e imprecação maldosa lhes acompanhavam as frases.

Ainda não haviam adotado qualquer postura de humildade diante do mundo, julgando-se criaturas injustiçadas para as quais o destino estava se revelando muito cruel. Realmente, ambos não traziam Deus no coração.

Lendo o pensamento de Maurício, Euclides asseverou:

– Realmente, meu filho, o sofrimento ainda não lhes amoleceu as fibras do orgulho. Quem sabe agora, diante das visões aterrorizantes que tiveram hoje, visões de espíritos igualmente deformados e agressores, alguma coisa lhes permita pensar, refletir e abrir o caminho da transformação. Temos tempo. Deus nos favorece com o bafejar da brisa de Sua paciência. Façamos a nossa parte para que não falte a nenhum deles a oportunidade que um dia também nos foi dada, ou seja, a chance de esquecermos o nosso passado, em direção à construção do futuro melhor.

Euclides abraçara Maurício novamente e o endereçara, junto de outros companheiros, à excursão de aprendizado e trabalho no Mundo Espiritual que lhe beneficiaria o espírito.

44

Maurício e Lucinda

Lucinda havia saído em busca de adquirir no mercado os alimentos simples com os quais preparava as refeições dos enfermos. Sua aparência se modificara em face do trabalho incessante que desempenhava como forma de auxílio às quatro heroínas da renúncia que, na forma de irmãs de caridade, ali se mantinham atendendo às criaturas desventuradas.

Como voluntária daquela obra, Lucinda se dedicava por amor aos sofrimentos de todos, especialmente de Leontina e de Salustiano, os dois irmãos com os quais se comprometera pessoalmente a ajudar. Nas longas horas em que passavam ao lado dos enfermos, as valorosas mulheres se desdobravam nos atendimentos de rotina mas, além disso, estabeleciam um contato mais pessoal e direto com a carência daqueles corações.

A oração coletiva já era hábito daqueles espíritos cristianizados, através da qual as irmãs se uniam aos seus tutelados e dirigiam-se a Deus para agradecerem, todos juntos, as dádivas recebidas e solicitar as bênçãos do Divino Mestre. Incorporada à comunidade, Lucinda passou a participar de todos esses momentos, percebendo que, através da oração, inúmeros doentes encontravam uma calma e uma resignação que lhes permitia dormirem ou se dominarem. Todos os dias, as irmãs se uniam naquele salão pobre para as orações que buscavam o Pai e em voz serena e pausada, irmã Augusta reverenciava ao Criador, agradecida pelos recursos que eram trazidos até aquela casa de dores, esquecida de muitos.

Nem é preciso dizer que aquela pequena corporação amorosa não contava com a simpatia da maioria dos habitantes da redondeza.

Todos estes, cristãos de conveniência e cultivadores da religião formalista, não se cansavam de ouvir prédicas e sermões os quais, ato contínuo, eram esquecidos para darem lugar às intrigas costumeiras e próprias dos padrões da ignorância que, habitualmente, fazem das religiões verdadeiras cascas vazias e estéreis que as criaturas vestem quando o oportunismo aconselha.

Muitos dos moradores daquelas vizinhanças temiam a proximidade com os alucinados, outros a possibilidade de contágio, outros ainda, a depreciação que tal atividade pudesse causar nos seus negócios, em face de ser aquela uma região que seria evitada por muitos habitantes. Isso fazia com que a penúria fosse uma constante entre as criaturas que ali se abrigavam.

Algumas almas enobrecidas que se condoíam das dores alheias contribuíam com alimentos ou algum dinheiro para que não perecesse a obra de fraternidade mal compreendida pelos outros.

Tal auxílio beneficiava sempre. No entanto, em geral, era insuficiente para permitir fartura nos alimentos que, para não fazerem falta, tinham também que ser cultivados no terreno da instituição. Essa atividade fora assumida por Lucinda, quando de sua chegada àquele local.

Servindo-se de alguns dos doentes em melhor estado de lucidez, ela passara a preparar canteiros nos quais deitara sementes ou mesmo mudas de plantas leguminosas e até árvores frutíferas que auxiliariam na manutenção da comida básica dos doentes.

Ao mesmo tempo em que aquela comunidade era beneficiada pela produção de gêneros alimentícios que seriam incorporados ao prato de todos, permitia que alguns dos doentes se movimentassem, trabalhando a terra, se preocupando com alguma coisa, ocupando a mente.

Tal possibilidade passou a fazer parte integrante da terapia daqueles espíritos encarnados, levando muitos a uma melhoria generalizada, seja do estado físico pelo movimento que os obrigava a trabalhar o corpo parado, seja pelo estado interior que permitia sentirem-se úteis, apegando-se às plantas que cultivavam e das quais se orgulhavam.

Naquele dia Lucinda havia reunido pequenas moedas e ido ao mercado em busca de alimentos que estavam faltando além de procurar obter algumas sementes para dar continuidade ao jardim de hortaliças que estava florescendo no chão e na alma dos doentes.

Pela hora do almoço, retornava ao pavilhão que se convertera em verdadeira escola de sua alma, carregando consigo as coisas que comprara.

Na volta, aproveitava para parar em algumas portas conhecidas e pedir ajuda para a manutenção daquele trabalho.

Aqui era um pouco de cereal, mais adiante era uma moedinha, mais além uma peça de tecido que seria usado para fazer lençol, alguma roupa, etc.

Isso fizera com que irmã Lucinda, como passara a ser conhecida apesar de não ser freira ou ter feito os votos religiosos, chegasse ao galpão depois da hora prevista.

Tendo chegado com o Sol a pino, dirigiu-se para a cozinha a fim de guardar as compras e dar continuidade aos trabalhos que já iam adiantados, visando a refeição dos doentes.

Assim o fazendo, estava com o avental ao pescoço quando irmã Augusta se aproximou dela e lhe falou, baixinho:

– Irmã Lucinda, precisaremos de mais três pratos de comida, a partir de hoje.

– Mais gente, irmã Augusta? – perguntou ela entre surpresa e desanimada. – A desgraça e o sofrimento não param de crescer, meu Deus!!

– Sim filhinha, o sofrimento ainda é o grande condutor das almas que se desgarraram do rebanho do Pai. Estas que aportaram por aqui hoje, filha, são ainda mais sofredoras. Mas as dores vêm sempre acompanhadas da bondade e do carinho de Jesus. Como nos trouxe você para ajudar, o Senhor nos mandou os seus doentes mas, desta vez, também caprichou na ajuda.

– Como assim, irmã Augusta...

– Eu explico, Lucinda. Acontece que os dois necessitados que aqui chegaram, foram trazidos por um homem que os acompanhou até aqui para interná-los numa instituição oficial que os recusou em face da doença de que são portadores, tendo-os colocado ao relento como coisa podre a espera da coleta do lixo. Sem terem para onde ir, já que não são residentes da região e, uma vez que não poderiam encetar a viagem de retorno tão penosa em face da distância, o acompanhante, que me parece ser pessoa extremamente dedicada e caridosa, não pôde retornar, vendo-se obrigado a procurar abrigo para os doentes sob a sua responsabilidade, o que acabou acontecendo quando ficou sabendo por alguma boca caridosa da existência desta pousada que, em nome de Jesus, recebe as dores abandonadas.

– Nossa, irmã, mas por que não aceitaram ficar com eles? – perguntou Lucinda.

– Ah!, filha, o coração duro dos homens que se pensam sadios não aceita conviver com esse tipo de desdita. O medo, a ignorância e o desamor fecham as portas de todos os que, de Deus e de Jesus só sabem declamar o nome durante as cerimônias religiosas. A enfermidade que os visita é daquelas que causa pavor entre as pessoas. São dois leprosos que aqui chegaram...

Irmã Lucinda baixou os olhos e duas lágrimas grossas caíram-lhe pela face indo se abrigar no avental.

Ao ver a emoção daquela companheira tão sensível e doce, irmã Augusta continuou a conversa.

– Mas como eu ia dizendo, filha, a misericórdia de Deus excede todos os limites da nossa compreensão. Eu já ficara admirada quando ao recebermos Salustiano ganhamos você como braço forte para a divisão dos serviços. Era Deus ouvindo as nossas preces. Se não tivéssemos ficado com Salustiano para amá-lo e ampará-lo, não teríamos entendido a ajuda de Deus e a sua resposta às nossas rogativas silenciosas, mandando você junto com ele.

– Mas irmã Augusta, esses dois irmãos que chegaram são doentes graves que não poderão ficar sem atendimento constante e nós não sabemos como tratar deles. Eu não estou querendo que eles sejam postos na rua – dizia a irmã Lucinda, chorando de compaixão daquelas criaturas – mas como é que nós iremos fazer? Ninguém nos ajuda e, agora, sabendo que aqui dentro há, ainda, dois leprosos, aí é que tudo vai ficar mais difícil...

– Sim, minha querida, eu também pensei nisso tudo quando os vi chegando e pedindo abrigo. Mas é por isso que eu estava dizendo da misericórdia de Deus, minha filha. Da mesma forma que ele mandou o serviço, mandou o serviçal.

– Como assim, irmã? – indagou Lucinda.

– Sim, filha, os dois leprosos que chegaram foram conduzidos até aqui por aquele homem caridoso de quem lhe falei o qual, vendo a nossa penúria, dispôs-se a ficar aqui para amparar e servir, como você fez tempos atrás.

Um sorriso de alegria sincera invadiu o coração de ambas. No entanto, Lucinda respondeu.

– Mas irmã, isso é bom e é ruim, afinal, apesar de ser mais um par de braços para o trabalho, fica o problema do atendimento a estes dois leprosos que nós não sabemos como ajudar. O tratamento deles demanda cuidados que não temos como avaliar. Já não é fácil medicar com alguns remédios caseiros as dores dos outros doentes...

– É verdade, Lucinda. Mas veja como Deus é bom... esse jovem voluntário... é médico!

– Como é, irmã? A senhora tem certeza? – disse Lucinda em tom de euforia, levantando-se como se uma energia nova penetrasse sua alma. – Um médico aqui dentro? Eu não acreditaria se não depositasse tanta confiança em Deus.

– Veja como Ele é generoso para conosco. Mandou a obra e, junto dela, o artista. Mandou um problema e, ao mesmo tempo, a solução para todos os outros problemas que aqui já se acumulavam.

– Onde está essa alma generosa? Será verdade que vai ficar para trabalhar aqui? Não irá embora tão logo veja que aceitamos cuidar dos dois irmãos doentes?

– Creio que não, Lucinda. Acho que vai ficar aqui uma vez que diz ser muito ligado a estes dois que acompanhou. Venha comigo. Vou apresentá-la a ele.

Dizendo isso, pegou a jovem pelas mãos e, afastando-a do ambiente da cozinha, tomou a direção do pavilhão dos doentes, no qual já se estavam preparando os leitos para receberem os dois leprosos que foram levados para um canto reservado, à distância, a fim de que não causassem mal-estar entre os outros enfermos.

Junto dos dois leitos, irmã Celma se debruçava para colocar os lençóis limpos, ajudada pelo jovem médico que se achava de costas, abaixado junto a uma das camas, colocando o tecido por baixo do colchão.

Irmã Augusta foi chegando, trazendo atrás de si a jovem Lucinda, feliz por poder ser apresentada àquele que julgava ser o ajudante mais necessário àquela instituição. Preparava-se para dizer-lhe da alegria de todas por poder contar com a presença de um facultativo naquelas dependências. Pretendia ser a mais simpática possível a fim de convencê-lo de não ir embora, pois ele era muito necessário naquela casa de dores e sofrimentos.

– Esta é a irmã que não estava aqui quando vocês chegaram nesta manhã, doutor – foi falando irmã Augusta, dirigindo-se ao médico.

Ao ouvir-lhe a voz, o jovem facultativo levantou-se lentamente, como quem, sem saber por que, pretendia eternizar aquele momento.

Lucinda esperava ansiosa para conhecê-lo.

– É aquela que, depois de muitas orações, Deus nos mandou para ser nosso braço forte.

E ao dizer isso, irmã Augusta aproximou Lucinda pela mão e apresentou-a ao médico dizendo-lhe o nome: Esta é Lucinda...

Apontando o médico, olhou para Lucinda e disse:

– Lucinda, este é a resposta às nossas preces, Dr. Maurício...

Não é preciso dizer o que cada um sentiu na própria alma.

Se o sedento encontrasse água no deserto, se o perdido encontrasse o mapa dos caminhos, se o caído achasse um apoio para se erguer, se o cego reencontrasse a possibilidade de enxergar, tais alegrias não seriam maiores do que a do reencontro daquelas duas almas generosas.

Sem qualquer preocupação com as formalidades daquela época, Maurício e Lucinda se olharam enternecidamente, entre surpresos e recompensados. Dois náufragos da vida, dois trabalhadores do próprio destino, dois espíritos perseverantes e pacientes se reencontravam, graças ao fato de terem aceito cumprirem as suas metas como espíritos responsáveis.

Abraçaram-se longamente, entre as lágrimas e os sorrisos de crianças.

Dois corações apaixonados que a distância e o tempo não fizeram se afastassem. Criaturas que aceitaram os desafios da vida e, no tempo certo previsto para a colheita, reuniram-se novamente para as doces possibilidades do desfrute dos suaves pomos que brotaram como recompensas aos seus esforços.

Irmã Augusta, entre surpresa e espantada, deixou os dois darem vazão às demonstrações de afeto sincero que a saudade acumulara no coração e ficou esperando que alguém lhe explicasse o que se passava.

Lucinda e Maurício não tinham palavras para dizer um ao outro. A emoção era muito intensa.

No Plano Espiritual, Euclides os abraçava com os olhos cheios de lágrimas, agradecido por aquele momento tão especial, no qual dois pupilos perseverantes se haviam reencontrado. Essa vibração emocionada contagiava todos os espíritos presentes naquele lugar de infelicidade física, onde as almas tinham o encontro marcado com o seu destino e com as responsabilidades contraídas no pretérito delituoso.

Envoltos na suavidade da emoção daquela hora, Maurício e Lucinda sabiam que a mão de Deus os conduzira àquele lugar, por trilhas tortuosas e muito originais.

Decorridos longos minutos em que os dois se olhavam e tornavam a se abraçar, irmã Augusta resolveu trazê-los de volta à vida real.

– Quer dizer que, pelo que parece, ambos não são estranhos um ao outro... – disse ela em tom ameno e cheio daquela graça inocente que só as almas puras como crianças sabem fazer.

Ouvindo a voz da freira, Lucinda lembrou-se de que precisava dar alguma informação à sua generosa orientadora.

Recompondo-se, Lucinda respondeu-lhe, enxugando as lágrimas:

– Desculpe-me a emoção, irmãzinha querida. Maurício e eu nos conhecemos já há um bom tempo. Ele visitava a casa da fazenda onde eu morava para cuidar de meu pai, vítima de uma doença estranha. Ele me ensinou muitas coisas que, até hoje, me ajudam muito e eu nunca pude esquecê-lo. A saudade dentro de minha alma me fazia pedir a Deus todos os dias para reencontrá-lo. Eu não sabia como isso poderia ser possível pois, concentrada aqui dentro, neste lugar que ninguém visita e do qual não desejo mais me ausentar, não fazia idéia de como é que poderia reencontrar Maurício. Mas como a senhora mesma falou há pouco, a misericórdia de Deus é sábia e dócil para nos surpreender sempre.

– E veja só, Lucinda, você pediu para ser apresentada a ele a fim de solicitar-lhe que não abandonasse os doentes, tentando convencê-lo a ficar conosco, não é mesmo?

E dando um sorriso cheio de felicidade, irmã Augusta completou:

– Obrigado, meu Deus, por juntar os filhos de que necessitas pelo mais forte cimento que pode existir entre as criaturas: o cimento do

Amor que se julgava perdido e que se reencontra. Espero, doutor, ... quero dizer... esperamos todas nós, doutor, que daqui por diante o senhor não nos abandone, não é Lucinda?...

– Eu tenho certeza de que isso não vai acontecer, irmã Augusta – disse a jovem, olhando para o rosto doce daquele que era o ideal de afeto guardado em seu coração, como que esperando a resposta dos olhos de Maurício.

Ouvindo a exortação da freira, Maurício, emocionado asseverou:

– Um homem rico que procurava a mais bela pérola que existia, um dia a tendo encontrado, e vendo que por ela se pedia um alto preço, vendeu tudo o que possuía para tê-la consigo. Eu encontrei a minha pérola preciosa, irmã. Nenhum preço que pague por tê-la me pesará mais do que não possuí-la. Sobretudo se, para continuar ao lado dela, eu tiver que fazer aquilo que mais me agrada, que é servir à dor de meu semelhante. Deus me tem concedido bênçãos que vão além da minha capacidade de entendimento e daquilo que julgo merecer. Mas mesmo assim, aceito a prodigalidade do Pai como um generoso empréstimo que me cumpre devolver em serviço. E servir na companhia de pessoas que admiro tanto e por quem nutro tanto afeto me será a obra mais doce a realizar em toda a minha vida.

– Pois bem, meus filhos. Agora que já foram apresentados, conversem um pouco enquanto irmã Celma termina a arrumação. Mas, por favor, na empolgação do reencontro, não se esqueçam dos dois doentinhos que precisam de conforto e que se acham recolhidos à distância dos outros.

Falando isso, deixou-os e se dirigiu para a cozinha, para dar continuidade ao preparo do alimento, já que Lucinda não estava em condições de fazer qualquer comida. Já estava alimentada por muito tempo.

* * *

– Ah!, Maurício, que saudades imensas. Quantas coisas aconteceram sem que eu tivesse condições de procurar ou mandar notícias minhas. Você não imagina o desejo de revê-lo, a lembrança de nossos passeios, da sua mão segurando a minha, das palavras de amor que trocávamos, da disposição de nos unirmos, dos planos para conversarmos com papai sobre nosso futuro... Nossa, ...papai, nem perguntei dele, você deve saber como ele está, não é?

As perguntas de Lucinda eram uma verdadeira torrente, uma grande caudal de indagações que se dirigiam desconexas, como desejando saber de tudo e de todos sem dar tempo ao seu interlocutor para responder a quaisquer uma delas.

Maurício, no entanto, fora colhido de surpresa com aquele reencontro e, na medida em que se ia dando conta das condições em que ele ocorria, não sabia muito bem o que fazer.

Lucinda pedia notícias de casa, de seu pai. No entanto, a felicidade daquele momento não poderia ser destruída de chofre. Ela precisaria ter notícias do pai de uma forma mais suave, ainda que tivesse de vir a saber de tudo o que se passava.

Ligado espiritualmente a ele, Euclides lhe intuía para que pudesse agir de modo a não ferir a sensibilidade de Lucinda de forma muito dura, com a verdade chocante atirada à sua face. Dosar a revelação para que esta não destruísse quem a viesse conhecer também é um ato de amor.

Com isso, Maurício procurou afastar-se daquele local, sugerindo que fossem para fora e que Lucinda o levasse a conhecer o lugar. Fazendo isso, deu oportunidade para que a jovem também revelasse os fatos que aconteceram em sua vida e que culminaram com a sua permanência naquele local.

De passagem pelo leito de Salustiano, Lucinda apresentou aquele que, segundo ela teria sido o seu benfeitor e que a salvara da gruta onde fora colocada depois do seqüestro. Vira o estado de paralisia e cegueira em que se encontrava. Mais adiante, Lucinda apresentou Leontina, recordando a Maurício se tratar daquela mulher que havia sido esposa do espírito de Luciano que se comunicava por intermédio de seu pai nas horas de crise.

Na medida em que ia ouvindo aquelas histórias, Maurício começava a reunir as peças do grande quebra-cabeças, compreendendo que, por trás da aparência casual das coisas, existia uma relação causal entre tudo.

Chegando lá fora, foi levado até o pomar e a horta onde Lucinda e alguns internados realizavam maravilhas com algumas sementes e plantas cultivadas por eles mesmos.

A cada passo, uma lembrança, uma palavra, um diálogo, uma pergunta.

Maurício se esforçava por ir revelando as informações dentro do cuidado de não chocar a personalidade de Lucinda.

Enquanto tudo decorria dessa forma, Irmã Celma terminara a arrumação dos leitos e, ajudada por outra dedicada serva do Cristo, colocaram os dois leprosos nas suas camas, procurando afastá-los o mais possível dos demais doentes.

O dia terminara assim, entre os reencontros e as alegrias, com o compromisso de, no dia seguinte, darem curso às conversações para a retomada do entendimento interrompido de há muito, mas jamais rompido ou esquecido.

No próximo encontro, a verdade se revelaria por detrás de todas as mentiras que os homens produzem, acreditando poderem ocultar para sempre os seus defeitos sob a capa de desculpas ou falsas aparências.

45

O amor em ação

Aquela fora um noite de preparativos.

No plano físico, Maurício não conseguira conciliar o sono, senão depois de muitas horas, cogitando sobre a maneira de revelar a verdade e a forma de aproximar a filha do general Alcântara.

Do outro lado achava-se Lucinda, ansiosa para retomar a conversação com aquele que lhe era o eleito do coração e que, depois de largo período de afastamento, ali se encontrava ao seu lado, agora, o que lhe propiciaria muita felicidade e um reencontro com os entes amados.

No Plano Espiritual, Euclides preparava o coração de Lucinda para os efeitos do reencontro com o genitor, com Macedo e com a verdade!

Durante a noite, a sua mão espiritual concentrou fluidos balsamizantes no coração da jovem, envolvendo-o em uma atmosfera de calma e doçura para que o sofrimento que experimentaria não lhe causasse prejuízos e comprometimentos para a saúde.

Além disso, Euclides contava agora com uma mulher mais madura, crescida sob o trabalho árduo em meio à desdita dos irmãos de quem passara a cuidar, abrindo mão de seu estado caprichoso e carente que busca colocar-se sempre no centro do mundo, para tornar-se alguém que rodeia o mundo alheio a fim de levar-lhe lenitivo. Isso fizera com que Lucinda se tornasse uma criatura mais robusta, espiritualmente falando, menos frágil e mais preparada para suportar todo o tipo de situação, sem desespero.

Desse modo, a atitude espiritual que Lucinda mantinha em sua vida lhe beneficiaria muito no processo de enfrentamento da realidade do genitor amado que, apesar de ter feito por merecer cada uma das chagas que o corpo envergava como a nova farda da realidade, para a filha continuaria a ser-lhe o pai querido, a quem ela dedicaria todo o seu zelo e carinho.

Amanhecia lentamente.

O trabalho, naque!e lugar de desterro espiritual para muitos, convocava os poucos trabalhadores desde a mais tenra aurora a fim de que todos fossem atendidos e não restasse necessidade sem consolação.

Naquele dia, contudo, Lucinda teria uma rotina diferente.

Logo que se erguera, providenciara a elaboração do café da manhã para que fosse servido aos enfermos, lembrando que boa parte dos doentes ainda conseguia se locomover até os bancos simples do modesto refeitório improvisado. Aos enfermos mais graves, o café deveria ser levado até o leito e, em alguns casos deveria ser até colocado na boca do doente.

Tendo deixado todos os componentes do desjejum preparados, a jovem buscara encontrar o médico que, igualmente já se encontrava de pé, acercando-se dos dois enfermos que haviam sido colocados nos leitos separados dos demais, ainda que no mesmo pavilhão, único lugar que os poderia abrigar do abandono.

Vendo Maurício já no atendimento, Lucinda esperou-o à porta do vasto salão, para que pudessem, juntos, tomar a primeira refeição do dia e retomarem o colóquio iniciado no dia anterior.

Tendo observado a sua postura, Maurício dirigiu-se para ela e, carinhosamente, beijou-lhe o rosto. Tomando-a pela mão, como faziam em suas caminhadas na fazenda outrora, buscaram um refúgio mais isolado, onde poderiam se alimentar e conversar mais calmamente.

– Que bom que você está aqui, Maurício! – exclamou a jovem que não havia apagado o brilho do seu sorriso de felicidade.

– Eu também acho a mesma coisa, Lucinda. Apesar da situação triste que nos reuniu, Deus sabe fazer com que as coisas ocorram sem que nós as entendamos perfeitamente. Não obstante, uma vez que tenham ocorrido da forma a nos fazer mais felizes, quem se preocupará em querer entender-lhe o mecanismo, não é mesmo?

– É verdade! O que interessa é sabermos o quanto a Sua bondade nos abraça e não nos esquece. Mas eu estou tão curiosa e saudosa dos meus...! Por acaso, você não teria notícias deles? Como é que acabou vindo para cá?

– É uma longa história, Lucinda. No entanto, antes de lhe revelar todos os detalhes, gostaria que estivesse ciente de que, tudo o que aconteceu comigo e com os entes que nos são caros, ocorreu sob a proteção do Pai e de amigos espirituais que nos ampararam e nos encaminharam para que pudéssemos realizar o melhor. Mesmo quando sofremos, eles procuram encaminhar nossas escolhas pelo caminho menos doloroso. Assim, a tudo o que vier a descobrir ou saber, deverá aplicar o bálsamo da fé e da compreensão para não se deixar ferir demasiadamente, lembrando-se da Lei Maior que nos rege e que deseja que acordemos para a transformação necessária.

Tal transformação, que poderia ocorrer pacificamente em nossos espíritos, se eles fossem dóceis e obedientes às determinações de trabalho, dedicação, amor ao próximo e resignação, muitas vezes tem de trilhar por caminhos amargos em face das escolhas levianas que cada um faz para sua própria vida.

Desse modo, tudo o que você irá descobrir deverá ser interpretado como mais uma das formas de que as Leis do Universo, perfeitas, sábias e justas se utilizam para o reerguimento das criaturas, retirando-as das ilusões materiais e mentirosas de uma vida sem significado.

– Nossa, Maurício, desse jeito você está me assustando. O que é que aconteceu de tão grave? Meu pai morreu, por acaso?

– Sim e não, minha querida.

– Como assim, Maurício? Explique-me isso melhor – respondeu a jovem já um tanto apreensiva.

– Bem, explicarei tudo o que aconteceu na sua ausência.

E assim, Maurício passou a relatar todos os fatos ocorridos depois que ela fora raptada. As perseguições desenvolvidas por seu pai e por Macedo, as prisões arbitrárias, as torturas e as mortes, culminando com a morte de Luiz que, na verdade, era o próprio filho e seu irmão Jonas, naquela triste cena em que Macedo, buscando intimidá-lo ferindo-o com o tiro, causara-lhe a morte pela hemorragia intensa. A sucessiva prisão de Macedo e, nesse meio tempo, as crises cada vez mais intensas durante as quais inúmeros espíritos se assenhoreavam do general para traduzirem a sua profunda contrariedade e o rancor por aqueles que os haviam destruído ou perseguido os seus familiares.

Lucinda ouvia com atenção, envolvida por forte emoção que lhe fustigava a alma inteira.

Imaginar-se tanto sofrimento a tanta gente, tão somente para encontrá-la e, tudo em vão. O seu pai deveria estar muito desesperado para realizar tudo o que fizera.

Mas Maurício não havia terminado.

Retomando a palavra, contou que ele mesmo fora vitimado pelas torturas e fora preso no quartel, sob a vigilância de Macedo, mas que por causa das crises do general e como nenhum outro médico dali soubesse como tratá-las, havia sido convocado a fazê-lo, o que permitiu granjeasse a consideração dos próprios militares. Com tal confiança, pôde passar a cuidar dos outros presos, muitos deles doentes ou sofrendo dores atrozes em face das torturas recebidas para que confessassem o paradeiro da filha do comandante ou apontassem o local em que se ocultava o principal líder da tal rebelião, no caso o próprio Luiz. Ao agir assim, ele, Maurício, pôde difundir esperanças nos corações e levantar muitos dos que se encontravam caídos, trazendo-lhes uma nova fé e uma esperança redobrada na suportação daqueles testemunhos difíceis.

Todos os pormenores das atitudes e dos fatos Lucinda assimilava com avidez, não sem sentir a dor compartilhada com os corações inocentes que acabaram vítimas da intolerância e da ignorância arrogante dos que julgam estar acima de tudo e de todos, sempre.

Ao saber que Luiz era o seu próprio irmão, Lucinda verteu sentidas lágrimas que foram agravadas quando tomou conhecimento do seu destino, assassinado perante a esposa, perecendo nas mãos do próprio pai. Parecia um pesadelo na vida daqueles a quem ela aprendera a amar, apesar dos defeitos de cada um.

A conversa já ia por mais de uma hora quando Lucinda, apesar de chorosa e entristecida precisou interrompê-la para atender aos enfermos que tinha de cuidar mais detidamente. Convidou Maurício a ajudá-la, no que foi imediatamente acompanhada por ele.

Lá estavam Leontina e Salustiano, que precisavam de alimento e de higiene pessoal.

Amparada agora pela mão firme do médico, Lucinda se sentia mais segura para dar seguimento ao trabalho, apesar da própria dor íntima, diante de todas aquelas revelações.

Leontina, depois de ter recebido os cuidados especiais que Lucinda lhe endereçava desde a sua chegada àquele abrigo, apresentara sinais de melhora, conquanto não tivesse mais condições de encontrar a cura definitiva. Ao menos, estava mais calma, falava menos desconexamente e passara a conhecer as pessoas que dela se aproximavam. Havia um profundo carinho entre ela e Lucinda, surgido pela dedicação desta e pela doação de afeto espontâneo que conquistara a confiança da velhinha abandonada à própria sorte.

Agora, Lucinda era a única família que Leontina possuía.

Salustiano seguia a sua vidinha de cego e semiparalítico. Da mesma forma, nutria por Lucinda uma gratidão sem mescla e, no seu interior um arrependimento muito grande ganhava vulto. Era o da verdade que ocultara dela, por medo de perdê-la. Tal receio aumentara muito depois que fora apresentado ao médico no dia anterior, sabendo que ele era da mesma região onde vivera as suas aventuras ilícitas. Não sabia se Maurício o conhecia ou o reconheceria. Mas a simples dúvida ou possibilidade de que o facultativo o reconhecesse produziu-lhe uma reação de medo muito gélido, como se de uma hora para outra acabasse desmascarado. Seus ouvidos se aguçavam para que pudesse ouvir e ver através deles todos os ruídos e todos os assuntos.

Receberam ambos as atenções costumeiras de Lucinda e, agora, de Maurício.

Atendidos os dois, a jovem retomara o fio da conversação, aproveitando-se de um leito próximo que não estava ocupado por ninguém, no qual ela e o médico se sentaram para que as revelações continuassem.

– Mas e papai? Você disse que ele estaria vivo e morto ao mesmo tempo... O que ocorreu com ele?

– Bem, Lucinda, tudo isso é muito duro de ouvir e mais duro ainda de falar. No entanto, peço a Deus me inspire e aos amigos do Alto que me amparem a fim de trilhar pelo melhor caminho.

Ambos conversavam nas proximidades do leito de Leontina e de Salustiano, dando pouca importância à possibilidade de que ouvissem alguma coisa já que, para ambos, nenhum deles poderia entender o conteúdo da história.

No entanto, Salustiano estava atento e, do seu leito próximo, passara a se sintonizar com as revelações, como se delas dependesse seu próprio futuro.

– Depois que Luiz/Jonas foi assassinado, seu pai mandou prender o capitão Macedo no cárcere da prisão...

Macedo... Aquele nome não era estranho a Salustiano. Isso tornou-o ainda mais alerta para continuar ouvindo as notícias que falavam de sua própria realidade.

– Com o assassinato do próprio filho que culminou na prisão de Macedo – retornou o médico ao seu relato – o general Alcântara entrou em uma crise muito profunda. Todavia era uma crise diferente daquelas que ele já havia enfrentado antes. Era composta de sintomas diferentes, dores pelo corpo, febre, calafrios, etc.

Isso mobilizou todos os nossos cuidados e conhecimentos para que pudéssemos avaliar a ocorrência. Já não se tratava de interferência espiritual como nas vezes anteriores e, ainda que ela tivesse ocorrido, não era a maior causadora daquele estado de coisas.

Ao mesmo tempo, na prisão, Macedo adoecera sem que ninguém soubesse. Afinal, como assassino do filho do comandante, ele fora isolado e não recebia qualquer benefício ou visita. Só quando a sua enfermidade passou a incomodar os vizinhos pelo mau cheiro que produzia no ambiente é que dignaram-se a permitir que eu pudesse avaliar o seu estado físico.

Ao fazê-lo, ajudado pela experiência que estava tendo com o general, constatei a gravidade das coisas e tive de encaminhá-los para um atendimento especializado fora das dependências do quartel.

Enquanto ouvia, Lucinda ainda não conseguira raciocinar com clareza. Ouvia com ansiedade para chegar ao final da história.

– Vamos, Maurício, fale mais depressa, você está fazendo muito rodeio. Eu preciso saber se meu pai morreu dessa doença ou está vivo para que eu possa encontrá-lo e cuidar dele. Diga-me o hospital em que ele se encontra e eu irei até lá, ou melhor, nós iremos até lá, para ajudá-lo...

Enquanto dizia isso, um barulho mais forte, como que um gemido partiu da área reservada aos enfermos que Maurício trouxera no dia anterior.

Ouvindo-o, Lucinda exclamou a Maurício:

– Nossa, Maurício, estamos aqui entretidos nas revelações e eu, no meu egoísmo, me esqueci de atender aos irmãozinhos que vieram com você. Eles não tomaram o café ainda e devem estar famintos. Vamos buscar o leite e o pão para que não fiquem mais sem comida pela manhã. Vendo a doçura daquela mulher que, mesmo sendo bombardeada por informações tão terrificantes conseguia parar de pensar somente em si mesma para ir dedicar-se à desdita do semelhante, o seu coração se encheu de alegria e, ao mesmo tempo, de apreensão.

Maurício acompanhou-a até a cozinha e, colocando em uma bandeja alguns pratos e copos com a alimentação da manhã, retornaram ao galpão para levarem-na aos leprosos assistidos desde o dia anterior.

No seu coração ingênuo, Lucinda nem de longe havia imaginado que ali estavam o capitão Macedo e o general Alcântara. Maurício deixara que ela tomasse a frente, corajosamente, a fim de não impedir que ela os visse face a face.

A doença avassaladora lhes havia transformado as feições faciais que guardavam pouca coisa do que haviam sido nos tempos da saúde física. Todavia, os olhos continuavam enxergando muito bem e os ouvidos ouviam claramente.

Desse modo, ambos os enfermos, que não se conversavam mais desde o assassinato de Jonas, puderam ouvir os passos que se dirigiam a eles da mesma forma que reconheceram aquela voz suave e jovial que lhes dizia, quase cantando:

– Bom dia, vamos levantar para tomarmos o café, meus irmãos... O leite está quentinho e o pão é fresco...

Era a voz de Lucinda, pensaram os dois ao mesmo tempo.

Mais do que depressa, ambos que se achavam deitados com a cabeça recoberta a fim de se ocultarem dos olhares indiscretos dos outros, esqueceram a sua condição de leprosos e sentaram-se na cama de um pulo.

Ao olharem para a jovem que se dirigia a eles, seus olhos não acreditavam no que estavam vendo.

Lucinda, ali em pé, compadecida de dois irmãos totalmente desfigurados pela tão cruel enfermidade, não percebera o vulcão tempestuoso que lhes fustigava o coração ao ponto de produzir uma torrente de lágrimas que lavava a face do general e, no capitão, uma dor lancinante em face de um reencontro naquelas condições.

Sem se controlar diante daquela visão que parecia saída do paraíso, o general estendeu os braços lacerados na direção da moça que, vendo-o naquela posição imaginara que ele pretendia pegar a bandeja com o alimento para comer e aproximou-se dele para servi-lo.

Tendo se aproximado ainda mais, um mundo de esperança visitou o coração duro daquele militar arrogante e prepotente, agora transformado em uma criança pobre e desvalida, precisando de um colo de mãe. Lá estava ela,. Lucinda, o colo de filha e, ao mesmo tempo, a mãe que lhe faltava.

– Lucinda, minha filha!!... – foram as únicas palavras daquele homem desfigurado que não se preocupava com a bandeja que lhe ficara estendida pelos braços da jovem.

Aquelas palavras foram um verdadeiro choque no seu espírito.

Os olhos se cruzaram e, num átimo, Lucinda reconheceu, por baixo das vestes carnais destruídas, a feição do genitor amado e distante, agora reduzido a um trapo de gente envolto em ataduras manchadas de sangue.

A bandeja caiu de suas mãos e ela, sem saber o que fazer, não conseguiu conter o pranto convulsivo diante do pai amado que o destino lhe devolvia naquelas condições.

Ajoelhou-se à cabeceira da cama e começou a passar as suas mãos por aquele rosto marcado, ulcerado, por aquele cabelo amarelecido pelos maus tratos e pelo abandono, ao mesmo tempo em que seguia dizendo:

– Papai, papai, é você, papai? Não pode ser... é você mesmo que está aqui, voltando para mim? Diga que é você, o general Alcântara... diga para mim, meu paizinho amado...

A cena era comovedora pela sua tristeza e, ao mesmo tempo, pela grandeza daquela jovem mulher que beijava as mãos chagadas de um homem ignorante e as transformava em dois tesouros luminosos.

– Sim, ... filhinha... sou eu mesmo... sou o seu pai... Mas não fique tão perto de mim... eu estou muito doente... não quero que você pegue a minha desgraça...

– Que saudade, papai... eu nem posso acreditar... Ontem eu reencontrei Maurício... Hoje, Deus me deu você de volta... Como eu o amo, meu pai! Eu vou cuidar de você, eu prometo... como você fazia comigo, lembra? Eu vou lhe dar tudo o que eu puder... vou estar aqui todas as horas do dia... quero que sinta o meu carinho e o meu apoio...

E Lucinda dizia tudo isso, banhada em lágrimas abundantes, ora abraçando o genitor semidestruído, ora beijando o seu rosto machucado, ora rindo de alegria, ora voltando os olhos de compaixão para aquele que lhe era o amor de sua vida, Maurício, como a pedir que ele a ajudasse naquele momento tão difícil de sua existência, encontrando no seu rosto um sorriso triste e sereno, além das lágrimas que também faziam companhia ao médico.

As outras quatro irmãs, ouvindo o barulho da bandeja caindo ao solo foram se aproximando para ver o que tinha acontecido e puderam presenciar aquela cena comovente, representada por uma filha que reencontrava o pai naquele estado de dor e sofrimento mas que, em momento algum demonstrara repulsa por seu estado repugnante. Ao contrário, mesclava as lágrimas de emoção do reencontro com os sorrisos de quem passara a ter o privilégio de cuidar daquela carne rota como quem protegesse o tesouro mais precioso de sua vida.

Não tiveram elas outra atitude senão a de erguerem ao Pai uma oração silenciosa enquanto testemunhavam aquele reencontro emocionado.

Enquanto isso, aproveitando-se das vibrações elevadíssimas daquela hora, Euclides operava no espírito de Alcântara para que as emoções trabalhassem a seu favor, rompendo-lhe a carapaça do orgulho e da altivez.

Através dos passes magnéticos específicos, o espírito abnegado infundira na alma do comandante uma sensibilização à qual ele não estava acostumado, o que produzira nele uma emoção muito intensa que permitia, ao menos, que ele também chorasse como criança. Depois de ter sido enxotado de todos os lugares nos quais buscara auxílio, agora que não valia mais nada o seu poder ou o seu posto como militar importante, que perdera o trono, fora ali a primeira vez em que se sentira acolhido apesar de seu estado geral. E o que era mais confortador, fora acolhido pela filha querida, aquela que buscara com todas as forças de seu ser. Por isso, agradecia a Deus pela primeira vez a possibilidade de poder voltar a sorrir no seu íntimo, de retomar a trajetória de sua vida na companhia daquela que sempre lhe fora o ombro amigo nas horas de dificuldade, a única com quem ele dividia as suas indagações e, com certeza, a única que com a ternura de sempre era capaz de penetrar na sua armadura de homem inflexível para fazê-lo se acalmar.

Euclides se aproveitava disso tudo para canalizar tais sentimentos nobres que hibernavam no íntimo de Alcântara a se exteriorizarem pela primeira vez de forma abundante.

Alcântara, sob o influxo de Euclides, se lembrava da perda da mãezinha, aquela que lhe havia ensinado a orar, que lhe havia semeado noções de elevação e que lhe dava exemplos de bondade. Lembrou-se de sua morte prematura, em face dos esforços no tanque, quando contraíra uma pneumonia e o deixara jovenzinho, apenas aos cuidados do genitor que lhe moldaria o caráter arrogante.

Lembrava-se de dona Joaquina, a querida mãezinha que parecia voltar do túmulo para ampará-lo naquela hora difícil com o seu sorriso doce e sua mão suave e voltava a se sentir pequeno e indefeso, pedindo o colo de mãe e a proteção quente do carinho daquela que sempre perdoa, por pior que tenha sido o equívoco do filho.

As emoções daquela hora em que abraçava a filhinha tão amada faziam brotar nele a fragilidade infantil que destruiriam a arrogância do espírito infantilizado nas ilusões do poder e do mando.

E para fazer isso, era necessário que ele voltasse a sentir a pureza como se fosse uma criança buscando o seio materno. Já não era mais o homem de armas e comandos. Era uma criança desarmada à procura daquela que comandaria toda a sua trajetória dali por diante.

Ao sentir a proximidade de Lucinda, essa emoção veio à tona de sua alma e ele não teve como conter a recordação de sua mãezinha, perdida no tempo de sua infância. Poderia pensar o leitor que tal se dera em face da proximidade do espírito materno junto ao filho amado para fortalecê-lo naquela hora de dores e testemunhos, aproveitando-se do ambiente favorável. E em realidade, tal pensamento não estaria errado.

Apenas que Joaquina, a genitora de Alcântara ali se encontrava presente sim, revestida das vestes carnais da jovem Lucinda que renascera para continuar o processo da própria elevação através do reerguimento daquele que lhe fora o filho querido ao coração.

Lucinda era a mesma Joaquina, a mesma alma que lhe emprestara o colo de mãe para trazer-lhe à vida e que, agora, renascia no tempo adequado para a continuidade da tarefa de amar, agora como filha que reassumia a condição de mãe para aquele espírito que ressurgia para as realidades da existência, agora longe do poder e da farda.

Lucinda era Joaquina renascida e que continuava amando o filho de antes na condição de seu pai atual.

Era o mesmo Amor que não vê distância nem dificuldade para continuar agindo no aprimoramento das almas em luta e que sabe transformar sacrifício em sementeira, lágrima em remédio, renúncia em alegria sem fim, já que entende que a morte não existe e que todos seremos mais ou menos felizes um dia em face de termos muito ou pouco amado.

Euclides sabia desses fatos já que fora o tutor espiritual de todos eles por um longo período e, depois de muito planejamento espiritual conseguira trazer todos ao entendimento daquele momento crucial para os destinos de cada um.

Alcântara precisava sentir a saudade da mãezinha para que entendesse o respeito que deveria nutrir por Lucinda, a mesma mãezinha que iria propiciar-lhe as primeiras lições no aprendizado da existência real, da vida espiritual, da dedicação incansável e da alegria com a sua presença.

E o seu coração estava, realmente, se abrindo sem receio.

Lucinda era a mãezinha perdida na sua juventude. Precisaria muito dela a partir dali e iria valorizar cada segundo que passaria em sua companhia.

Era o amor em ação.

46

A verdade

Enquanto pai e filha se reencontravam, no leito ao lado, por entre as cobertas, Macedo ouvia e via a cena comovedora, não sem antes sentir uma ponta de despeito e de inveja.

Não era capaz ainda de se permitir tocar pela afetividade real, que invade o coração desarmado, muito menos pela amabilidade de alguém que se vê em situação de necessidade como a dele.

Via apenas o capricho de homem não realizado, ao mesmo tempo que a felicidade daquele general que lhe fora o espelho e que, agora, era o seu maior adversário. Estranho destino esse que os uniu outrora nas ações delituosas e depois nas mesmas contingências de uma doença tão cruel.

Via Lucinda ao lado de Maurício, o mesmo que prendera e que torturara mas de quem, mais tarde, recebera a atenção e o zelo que não seriam encontrados em mais ninguém. Não fosse a dedicação do médico, estariam perdidos ainda na poeira da caatinga ou atirados em algum quarto infecto à espera da morte, isolados do mundo. Essa lembrança acalmava o seu espírito.

Enquanto isso, Lucinda continuava envolvida com o seu pai que, sentado no leito, chorava como uma criança que reencontra um afeto longamente procurado.

As suas indagações se sucediam sem controle, enquanto Lucinda procurava respondê-las da forma mais simples e sincera.

– Mas minha filha – perguntou o general – onde é que você se meteu? O que aconteceu com você?

– Ah! paizinho, eu também não sei direito o que se deu. Só sei que naquele dia do ataque, eu e Olívia estávamos no quarto quando ouvimos uma tremenda explosão. Depois dela os tiros dos soldados que o capitão Macedo colocou de plantão, trocados com os disparos dos invasores que avançavam sem parar.

Quando nos demos conta, estavam dentro de casa e uma fumaça começava a invadir os aposentos.

Dentro do quarto, orávamos apreensivas quando um baque forte na porta abriu caminho para um homem mascarado que, ato contínuo tomou-me nos braços com força, amarrou-me pés e mãos, colocou um capuz em minha cabeça e uma mordaça em minha boca, já que a única coisa que eu e Olívia podíamos fazer era gritar.

Olívia, coitada da boa amiga, tentou me ajudar, mas levou um safanão e caiu quase desacordada, alguns metros adiante.

Com isso, desmaiei e não vi mais nada.

Só vim a acordar dentro de uma gruta escura na qual fui encontrada por um homem muito bom, de nome Salustiano, que dali me retirou, me levou para sua pequena casa e tratou de mim como se fosse sua filha. Eu estava muito abalada, estava com calafrios, meus nervos estavam enfraquecidos, minha cabeça rodopiava, eu estava em desespero...

Passei algumas semanas entre o delírio e a lucidez até que o esforço de Salustiano me devolveu um pouco de forças, já que ele não me deixava faltar nada. Assim, comendo mais e me dando a esperança de poder me levantar e voltar para casa e para o senhor, eu fui melhorando, melhorando, até o dia em que me levantei definitivamente da cama e passei a ajudar Salustiano com as coisas da casinha, esperando que, em definitivo, pudesse retornar para casa, enfrentando uma viagem longa e cansativa. Eu não sabia onde estava, pois a região era muito erma e sem qualquer vizinhança próxima, sem condição de viajar sozinha ou descobrir o rumo de casa. Estávamos no meio do nada.

Quando eu já estava me sentindo pronta para enfrentar o retorno, tendo já combinado com ele a nossa volta, eis que Salustiano é picado por um bicho venenoso que produziu nele a paralisia parcial e a cegueira total.

Como abandonar esse homem tão bom no meio do nada, justamente ele que me tirou da morte e cuidou de mim? Não pude fazê-lo. Todavia, não podia ficar com ele ali por muito tempo. Precisava trazê-lo para um lugar maior a fim de ser amparado e atendido. Descobri que aqui na capital havia este lugar que acolhia pessoas necessitadas e sem parentes. Fizemos a viagem difícil, graças à ajuda de Deus e de bons corações que se abriram para nós durante a jornada.

Ao chegarmos aqui, as irmãs estavam num tal estado de penúria e abandono que não podiam receber mais nenhum doente já que eram apenas quatro almas abnegadas para cuidar de toda esta gente.

Mas eu não podia deixar Salustiano ao relento e partir correndo para casa. Eu não me perdoaria...

Assim, pedi para que elas me deixassem ficar com ele aqui e me aceitassem como mais uma trabalhadora que iria dividir com elas o zelo para com todas as pessoas aqui presentes.

Mais do que depressa elas aceitaram a minha oferta, pois quaisquer braços oferecidos para o trabalho eram bem-vindos.

A tarefa era grande e os deveres foram tomando conta dos meus dias. Com isso, fui vendo o quanto era necessário não abandonar o sofrimento dessa gente infeliz. Pretendia, tão logo me surgisse uma oportunidade, voltar para casa ou mandar notícias, mas tanto uma como outra coisa foram sendo adiadas em função das tarefas acumuladas que nos cabem.

Os olhos de Lucinda estavam cheios de lágrimas contidas que não chegavam a cair, mas que lhe conferiam um brilho cristalino de beleza invulgar. Ajoelhada à cabeceira do pai, contava-lhe tudo como quem presta contas de seus dias a alguém muito caro, retomando a sua história pessoal interrompida.

Alcântara, igualmente emocionado diante do coração bondoso e altruísta da filha, deixava as lágrimas correrem sem freio.

Depois de ouvir a sua exposição, retomou a palavra e disse:

– Que alma boa você encontrou no seu caminho, filha. Parece que Deus nos crivou de desditas mas, ao mesmo tempo, nos colocou ao lado anjos para zelar das nossas lágrimas. Para você foi esse homem Salustiano. Para mim foi Dr. Maurício. Eu gostaria tanto de conhecer esse benfeitor que a protegeu e salvou. Creio que ele está aqui, não?...

– Sim, papai, ele está aqui bem próximo. Afinal, esta tem sido a sua última morada para um corpo combalido e cansado.

– Leve-me até ele, filha.

Dizendo isso, começou a erguer-se da cama com certa dificuldade por causa da dor que as feridas causavam ao longo de seu corpo alquebrado, dificultando o movimento.

* * *

Enquanto isso, no Plano Espiritual, o trabalho de Euclides continuava buscando reerguer as consciências comprometidas com o mal.

Das dez entidades que obedeciam aos intentos vingadores de Luciano, oito delas já se haviam desligado dos desejos de provocar a ruína, assumindo uma postura de compaixão diante de tanto sofrimento.

Depois que puderam ver Maurício fora do corpo a lhes explicar que a sementeira de agora será a colheita de amanhã, muitos pensaram nas tristes condições de seus perseguidos e renunciaram a continuar naquela situação, a fim de que o futuro não lhes reservasse coisa semelhante.

No entanto, Luciano ainda controlava duas entidades infelizes, estas ainda ligadas mais intimamente uma ao capitão Macedo e outra ao general Alcântara, nutrindo-se do ódio que os dois passaram a sentir reciprocamente.

Luciano, espírito, acompanhava de perto as ocorrências ora descritas com tal fixação mental que, envolvido pelos fluidos anestesiantes de Euclides, não se dera conta de qual era aquele lugar. Via apenas Alcântara leproso, sofrendo e sendo expulso de sua corporação, colocado na rua sem quaisquer considerações. Tal o fizera exultar de alegria, pois o seu intento maior era produzir nele o abandono que ele fizera sua mulher Leontina sentir.

Ao presenciar Lucinda abraçada ao pai, generosamente estendida sobre ele, ofertando-lhe o carinho desmedido e sem qualquer laivo de repulsa, contrariou-se. Como é que essa menina pode ter coragem de beijar o rosto de um indivíduo nessas condições? Era esse o pensamento de seu espírito ignorante e enceguecido. Não era capaz de entender o desprendimento do amor.

Euclides se encontrava ao seu lado, ainda que não fosse visto por Luciano. Envolvia-o em vibrações afetuosas e aguardava o momento correto para convocar Luciano para uma outra atitude.

Luciano, vendo o gesto de amor partido da jovem, deliberou estabelecer sobre Lucinda um processo de interferência e de ataque a fim de afastá-la do carinho com que brindava o genitor, o que muito contrariava o seu objetivo de destruí-lo.

Avançou para ela, como que desejoso de estabelecer os primeiros laços da influenciação espiritual mais aguda.

Todavia, tão logo se aproximou das suas linhas vibratórias, levou um choque que se equipararia a uma descarga elétrica, que os impediu de continuar adiante. Tentou novamente mas não conseguiu o que queria.

Ficou desconcertado com aquilo que até então nunca lhe acontecera.

Buscou então, aproximar-se de Alcântara para causar-lhe algum mal-estar e, com isso, afastá-lo da filha, mas também nada conseguiu.

Novo choque feriu-lhe a sensibilidade, pois o perseguido militar se achava totalmente envolvido pelas forças de sua filha que o permeavam como o perfume que invade a atmosfera e afasta os maus odores.

Mesmo aquelas duas entidades obsessoras que se achavam vinculadas aos dois homens e que ainda não haviam sido retiradas dali, se viram envolvidas por aquele afeto sincero e suave, estando atordoadas e sem muita condição de reagir.

Era o amor de Lucinda que impregnava o ambiente, amor consolidado na renúncia de si mesmo em nome dos aflitos da Terra. Sua alma vibrava na mesma sintonia divina em que as criaturas abnegadas encontram forças para continuarem a jornada adiante, a despeito de tudo e de todos.

Vendo-se reduzido a quase impotência, Luciano passou a emitir dardos mentais venenosos à distância, como se estivesse invocando seus pseudopoderes para atingir mais gente inocente.

Enquanto fazia isso e seu estado geral piorava cada vez mais, Euclides começou a adensar a sua própria forma a fim de se fazer visível a ele. Estava chegando o momento em que os dois precisariam conversar frente a frente.

Ao adensar-se exatamente no meio do caminho que separava o obsessor e Lucinda, bem à frente de Luciano, Euclides parecia ter se transformado no escudo espiritual da jovem, o que causou um choque no obsessor que imediatamente gritou:

– Saia da frente você aí, que não sei de onde veio. Este problema não é seu. Não se meta onde não foi chamado.

Serenamente, Euclides sorriu com bondade, desarmando qualquer intento de agressão partido de Luciano. Falando com muito carinho, Euclides dirigiu-se a ele:

– Por que, meu irmão, deseja atingir essa jovem inocente? Não está feliz com a desdita que tem provocado no coração desse nosso infeliz irmão que agora reencontra a filha perdida?

– Não suporto ver esse homem feliz. Tudo o que eu tiver de fazer para torná-lo pior e mais sofrido eu o farei.

– Por que tamanho ódio, meu irmão. Isso é muito prejudicial a quem o sente dessa maneira...

– Isso porque ele destruiu a minha vida e a minha mulher, atirando-a na desgraça e na solidão. Esse homem é uma víbora que, graças a mim está perdendo a própria casca, mostrando quem é de verdade.

– Mas isso não vai ter fim, Luciano? Onde está o seu cuidado com a esposa querida que deveria proteger? Se ela foi abandonada por causa de Alcântara, onde estava você que se afastou dela para vingar-se? Que amor é esse que diz possuir, mas que esquece o ser amado à míngua tão somente pelo prazer sangüinário de revidar o mal?

Aqueles argumentos eram irrespondíveis para Luciano. Todavia, este não cedeu de pronto:

– Mas se eu não fizesse isso, essa criatura maldosa iria continuar espalhando a desdita entre muita gente. Na verdade, minha atitude foi profilática, preventiva, ajudando a impedir que essa coisa se valesse de seu poder para levar adiante as atitudes nocivas contra os outros.

– Deus sabe fazer isso muito melhor do que nós mesmos, meu irmão. Por isso não nos concedeu a toga de Juízes, mas apenas o avental de serviçais. A Ele compete estabelecer os padrões do sofrimento ou da felicidade, de acordo com o comportamento de cada um. Mesmo para você essa lei tem validade.

Deus não ficou inerte diante da desdita de seu coração e do de sua esposa. Ele agiu para reparar o dano, enquanto você se esquecia dela para aumentar o tamanho da ferida. Como entender esse descaso em seu comportamento que diz que ama Leontina?

Luciano não estava compreendendo direito o que ocorria com ele. Impressionado com a presença majestosa e luminosa de Euclides, estava temeroso de assumir uma postura mais rude, uma vez que a doçura do espírito lhe infundia respeito e consideração que nunca ninguém tivera para com ele.

– Veja só, meu irmão. Eu compreendo que você não deseja ajudar àquele que lhe causou tanto mal. Em verdade, ainda estamos longe do perdão preconizado por Jesus. Ele será uma realidade em nossa alma um dia, quando notarmos que precisamos também ser perdoados.

No entanto, não compreendo por que você quer fazer tanto mal, quando Deus cuidou de sua esposa na sua falta, dando-lhe mão generosa e amiga para que não lhe faltasse nada na hora do sofrimento.

Quando você se aproximava, Leontina se inquietava e lhe causava mal-estar. A sua presença também não era suave e as lembranças ruins em seu coração lhe impunham um estado de alma alterado a ponto de você abandoná-la por um bom tempo. Para compensar a sua ausência, você aumentou o cerco sobre os nossos irmãos, como se o ódio por outrem pudesse compensar o amor que negamos ao ser que dizemos amar...

– Como é que sabe disso?... – perguntou Luciano espantado e surpreso. – Você é bruxo? ...

– Não, meu irmão, eu sou apenas um amigo que o conhece muito bem, pois tenho acompanhado os seus passos desde muito tempo, antes mesmo que você perdesse o corpo físico na última encarnação. Eu sei de todos os seus atos, de todas as negociatas escusas nas quais você se meteu, de todas as pessoas que também espoliou, dos sofrimentos que Leontina suportou por sua causa e por causa de sua intransigência... Presenciei todas as suas quedas morais e procurei sempre estabelecer um momento de elevação para o seu espírito. Agora, posso dizer-lhe que conheço-o melhor do que você a si mesmo.

Assim, já que isso se dá, me responda por que está tão revoltado contra Deus, a única força que estabeleceu o caminho da justiça e que cuidou daquela que lhe competia zelar? Não lhe dói a consciência?

Luciano, confuso e desmascarado por aquele ser luminoso e cheio de carinho, não sabia o que responder. Queria esbravejar, mas não se sentia agredido. Queria se justificar, mas sabia que não tinha desculpa. Só lhe restava ouvir e pensar...

Procurando concatenar as idéias, Luciano respondeu:

– Mas Leontina continua abandonada em algum lugar sem ajuda de ninguém...

– Não é verdade, Luciano. Ela só foi abandonada por você e por mais ninguém. Eu, pessoalmente, venho lhe prestando assistência, visitando-a todas as horas que o Pai me permite. Todavia, Deus mandou um anjo bom para zelar de Leontina durante todos os dias, o que vem produzindo uma melhora acelerada de suas percepções.

– Não pode ser verdade. Isso de anjo bom não existe. É uma invenção para me enganar. Ninguém pensa em ninguém. Quem é que iria atender à uma mulher velha e caduca? Além disso, totalmente pobre e abandonada?

– Você vai ver com os seus próprios olhos.

Dizendo isso, Euclides colocou a mão sobre o rosto de Luciano, como que retirando dele um véu espesso que impedia que a sua visão se ampliasse, o que permitiu que o obsessor tivesse maior campo visual e nitidez consciente para sair das suas próprias criações mentais.

Desse modo, Luciano passou a enxergar as cenas que envolviam aquele recanto, observando as vibrações amorosas de Lucinda sobre o seu perseguido, que o envolviam com luminosidade tal que impedia que a sua influência se estabelecesse da forma como era antes.

O amor de sua filha protegia o general dos ataques das entidades da ignorância, ainda que tal defesa fosse possível apenas naqueles momentos de proximidade e de compartilhamento de sensações.

Era essa energia que causara em Luciano aquele impacto quando de seu desejo de atingir Lucinda, que nada sentiu. A sua elevação criara à sua volta a defesa que a protegia contra as investidas do mal e do ódio. Não era mais a proteção externa que o seu mérito conquistara pelo sacrifício ao semelhante. Era sim a sua postura de muito amar que gerava nela as forças vivas que, partindo de seu centro cardíaco, se avolumavam e expandiam para fora dos limites de sua pele e envolviam todas as coisas que dela se aproximavam. Luciano via agora as barreiras que o inibiam naquele desejo de ferir Lucinda.

Mas mais do que isso, Luciano passara a perceber o ambiente e divisar que o mesmo lhe era familiar de algum modo.

Euclides, à sua frente, continuava olhando-o com o olhar meigo de um pai que acompanha os pensamentos silenciosos do filho como quem lê em um livro transparente, aguardando a sucessão dos fatos.

– Então, Luciano – perguntou Euclides – por que ferir a única mão que se ergueu para amparar Leontina, quando a sua, a quem competia fazê-lo, estava ensangüentada no ódio e na vingança?

– Como assim, eu não entendo?

– Veja, meu filho, venha comigo até aquele leito...

Usando de seu poder magnético, Euclides aproximou-se do leito de Leontina levando consigo o espírito de seu marido. Ao aproximarem-se da cama, ali encontraram uma mulher rejuvenescida, quase feliz.

Luciano não conteve a emoção daquele reencontro. Viu-a mais suave, mais alegre, apesar de continuar empobrecida e usando roupas simples. Estava penteada e tinha o cabelo cortado com esmero, como se fosse uma pessoa normal.

Nas vezes em que ali estivera, presenciara quase que uma bruxa com a cabeleira desgrenhada e os olhos vitrificados. Isso lhe causara muito mal-estar. Por causa de sua proximidade negativa, Leontina se agitava e divisava-o por entre as próprias sombras, causando um impacto negativo em sua estrutura emocional já debilitada de mulher sem destino ou rumo certo.

Agora, ela estava diferente. Parecia gente tratada por mãos cuidadosas que recuperaram-lhe o viço de criatura viva.

Luciano não acreditava no que estava vendo. Olhou para Euclides como que a pedir permissão para se acercar da mulher de tantos anos de convivência.

Euclides acenou com a cabeça permitindo que ele se sentasse ao lado dela no leito limpo que a acolhia.

A vibração intensa do mentor espiritual protegeria Leontina daquele contato direto, ao mesmo tempo em que penetraria Luciano no fundo de seu coração, para que ele pudesse aproveitar daqueles momentos de doçura.

As lágrimas involuntárias desceram-lhe pela face com a alegria que sentia por ver a sua esposa diferente e bem tratada. Já há muito tempo não sabia o que era chorar de alegria e emoção. Seu coração batia diferente, sua sensibilidade emergira de dentro de um poço escuro e muito fundo para banhar-se à luz do sol da esperança que ressurgia.

Luciano abraçava Leontina com o carinho dos velhos tempos. Por um instante, deixou de sentir ódio de todos para sentir apenas afeto por aquela que lhe havia suportado as suas mentiras e agressões. Estava diante da única criatura com quem convivera e que lhe suportara o caráter neurastênico. Sentia-se em débito para com ela, agora que ela se erguia mais bela diante de seus olhos.

Do mesmo modo o coração de Leontina estava diferente. Dele, que outrora se achava apagado pela tristeza e pelo abandono, surgia agora uma luz serena e agradável que demonstrava ser ela um espírito que tinha, nos sacrifícios da vida, acrisolado o sentimento que se sublimara ao peso da renúncia constante e da doação de si mesma.

O coração de Leontina tinha brilho próprio. Ainda pequeno, mas parecia uma estrelinha que fulgia diante dos olhares surpresos de Luciano.

Euclides os amava com a devoção de um pai que compreende as angústias de filhos que perderam o juízo pela enfermidade dos sentimentos. Não os julgava. Apenas os compreendia e os ajudava a vencerem esta etapa tão crucial em seus destinos.

Com o coração envolto em suaves ataduras que atenuavam a sua dor, Luciano perguntou se fora ele, Euclides, quem fizera aquele milagre e quem protegera a sua mulher naquele local de desterro.

– Não, meu irmão. Quem a protegeu foi Deus que lhe mandou um anjo bom como já lhe falei.

– Sim, mas o anjo bom deve ser o senhor – falou Luciano entre humilde e respeitoso.

– Eu amo muito Leontina e procuro estabelecer um ambiente de paz para a sua recuperação. Mas como você pode ver, eu não poderia cortar-lhe o cabelo, limpar-lhe o leito, aparar-lhe as unhas, conversar com ela...

– Então, esse anjo bom deve ser uma dessas freiras cansadas. Diga, meu senhor, a quem dirigir-me para suplicar perdão pela minha indiferença e ao mesmo tempo agradecer pelo imenso carinho que devolveu a minha Leontina à vida...

O peito de Luciano arfava entre a vergonha e o desespero, a gratidão e a subserviência, como um condenado que reconhece a própria culpa.

Euclides lhe respondeu, calmamente:

– Em breve você mesmo poderá constatar quem é. E quando isso ocorrer, não se esqueça de amar essa criatura com todas as forças de sua alma, para sempre. Ela é o anjo bom que Deus usou para salvar o seu único tesouro nesta Terra enquanto seu espírito belicoso se divertia nas aventuras da agressão...

Estendendo a destra sobre a fronte da velhinha sorridente, Euclides projetou um jato de luz que penetrou-lhe o cérebro, ativando-lhe os sentidos de forma mais aguçada, o que produziu uma resposta quase imediata de Leontina que, com uma alegria juvenil, falou em voz alta como que para Luciano ouvir e ter certeza:

– Onde está a minha melhor amiga? Onde está a minha única companheira? Onde está a filha que eu não pude ter? Lucinda, Lucinda, onde você está?

Ouvindo-lhe o chamamento carinhoso, Lucinda deixou o pai leproso no leito e dirigiu-se para a cama de Leontina.

Sob o olhar espantado e cheio de vergonha, Luciano viu a jovem esquecer-se por alguns momentos daquele por quem nutria verdadeiro afeto e a quem não via há muito tempo e aproximar-se da cama de sua mulher.

– Oi, Leontina, minha mãezinha querida, eu estou aqui do seu lado. Trouxe o pente para pentear os seus cabelos...

– Ah! querida, que bom que você está por perto. Estava com saudades. Afinal, hoje você ainda não veio me ver...

– Desculpe o meu esquecimento, mas estava ocupada atendendo um irmãozinho que chegou e que também estava sofrendo muito...

Ao falar assim, Lucinda passava a mão pelo rosto enxugando as lágrimas que escorriam dos seus olhos a fim de que a velhinha não notasse a sua emoção e ficasse preocupada.

– Sabe, Lucinda, hoje eu acordei com uma saudade de meu velho Luciano... Lembrei-me muito dele e meu coração até mesmo rezou por seu espírito. Sabe aquela oração que você faz comigo todos os dias e na qual você pede pela alma de meu finado marido?... então, hoje eu fiz sozinha... Rezei a Deus pedindo que o Pai pudesse proteger a sua alma, onde ela estivesse, que o fizesse tão feliz como me tem feito feliz. Sabe mais o que eu pedi, Lucinda?

– Não, dona Leontina, o que mais a senhora pediu?

– Ah!, filhinha, eu pedi que Deus mandasse para Luciano um anjo bom para cuidar dele, do mesmo modo que mandou um anjo bom para cuidar de mim como você cuida...

A jovem, não contendo a emoção e sem conseguir dizer nenhuma palavra, abraçou a velhinha encostando a sua cabeça encanecida em seu peito para que o seu pranto não fosse visto.

No Plano Espiritual, Euclides olhava aquela cena igualmente emocionado, enquanto Luciano se prostrara entre lágrimas de gratidão e de vergonha.

Tomando a palavra, o mentor dirigiu-se a ele a fim de romper as últimas amarras de seu espírito junto ao ódio e à ignorância, dizendo:

– Eis aí, meu filho querido, o anjo bom que Deus enviou para cuidar de Leontina. Enquanto você procurava destruir-lhe o pai, ela se sacrificava para salvar sua esposa...

Luciano chorava agora como uma criança desesperada de vergonha de si mesmo. O pranto amargamente cultivado na insensatez agora transbordava o cálice pequeno de seu coração. Uma torrente de angústia ia sendo lavada por aquela crise de arrependimento.

Sem saber como agir, Luciano, ajoelhado aos pés da cama, olhou para Euclides à frente das duas mulheres como que pedindo ajuda naquela hora tão luminosa de seu destino, mas que lhe representava um momento de intensa e inesquecível dor.

Euclides, lendo o sentimento de sua alma, apenas lhe respondeu:

– Luciano, se é sempre momento de perdoar, para o seu espírito chegou o momento de pedir perdão. Se lhe compete, a partir de hoje, perdoar o algoz de sua vida na pessoa daqueles irmãos reduzidos à condição de leprosos pelos próprios desatinos, surge à sua frente a oportunidade inadiável de pedir perdão para o seu espírito carente e fraco, cansado e débil, na pessoa destas duas mulheres que são credoras de seu mais incondicional agradecimento. Graças a elas, seu espírito acordou para a realidade da alma. Uma o amou e o serviu, a outra o compreendeu e renunciou a voltar para a família não apenas por causa de Salustiano como ela contou. Quando Lucinda chegou aqui, encontrou Leontina e se lembrou da conversa que teve com você no quarto do general em uma de suas crises. Por causa dessa lembrança, resolveu ficar para cuidar pessoalmente de sua esposa, resgatando uma dívida contraída em memória de seu pai, o general, dívida essa que julgara também ser sua própria. Vai, filho, não perde mais tempo...

Dizendo isso, Euclides apontou para as duas sobre o leito, quais mãe e filha, dizendo a Luciano que chegara a hora do próprio testemunho.

Entendendo a exortação, Luciano se arrastou até a beirada da cama e, colocando a cabeça sobre o colo de Lucinda, entre os soluços de arrependimento e as lágrimas de gratidão, só conseguiu balbuciar as seis letras da petição mais importante em toda a vida:

– P... e... r... d... ã.... o!

Envoltos por uma luz safirina que caía do Alto sobre Euclides e sobre aqueles três irmãos que se reconciliavam, um perfume inesquecível percorreu o ambiente, como que a selar aquele pedido para sempre.

Ao mesmo tempo em que coroava a reabilitação daquele ser que acordava para a nova realidade, infundiu-lhe uma alegria tão grande por ter feito o que deveria fazer que criou coragem para pedir a Euclides ajudasse-o a sair dali.

– Leve-me consigo, meu senhor, para qualquer lugar que seja diferente daqui. Mesmo que seja para continuar sofrendo eu não gostaria de ficar aqui por mais tempo, convivendo com os meus erros e desatinos. Preciso aprender, tenho sede de mudar-me e de semear sentimentos novos em uma alma pobre como a minha.

– Sim, meu irmão. Tudo já está pronto à sua espera, podemos ir... – respondeu Euclides sorridente.

Luciano, entretanto, parecia claudicante, vacilante diante daquela bondade serena e generosa. Queria pedir mais alguma coisa e não sabia como fazer.

Conhecendo-lhe o íntimo, mas sem desejar fazer por ele o que somente ele deveria realizar, Euclides estimulou-o, dizendo:

– Fale, filho, não deixes que este momento fique a dever qualquer coisa ao seu futuro. Fale o que deseja, sem medo.

Tomando coragem diante do olhar doce e emotivo do mentor espiritual que agora era quase pura luz, Luciano suplicou:

– Eu não posso ir embora daqui carregando comigo a lepra mental do meu comportamento desumano, depois que Deus me deu tanta coisa sem que eu merecesse. Eu gostaria de pedir ao senhor que me ajudasse a ir embora mas que me ajudasse, antes, a abraçar ... o pai do anjo bom que salvou minha Leontina: ... o general!

Uma faísca de luz branca e intensa como um raio de alvura celeste partiu do coração de Euclides e atingiu em cheio o peito de Luciano, que se sentiu quase que atordoado de tanta ventura, diante da exteriorização sincera daquele desejo.

Euclides sorria e lhe estendia a mão para levantá-lo do solo onde se arrojara.

Tomado pela energia daquela chama radiante dentro de si, Luciano se aproximou lentamente do leito de Alcântara e, acreditando que tinha sido por sua influência pessoal que a lepra tinha se instalado na alma do militar, debruçou-se sobre a cama, como uma criança pequena que se ajoelha para orar de mãos postas a Deus, numa cena tocante e muito bela, própria de um coração sinceramente arrependido.

Naquela posição, Luciano pedia perdão pelo mal causado ao general, ao capitão e às entidades que recrutara para o seu plano sinistro. Afinal, aquele homem alquebrado era o pai da benfeitora de sua mulher. Não poderia mais fazer outra coisa senão pedir perdão pelos atos de atrocidade que cometera.

Vendo que não conseguiria suportar por mais tempo, Luciano depõe a cabeça na direção do peito do general e, fortalecido pelo sincero desejo de mudar-se para sempre, deposita um beijo sobre uma das feridas lepromatosas da pele daquele militar destruído como um gesto de perdão que solicitava, antes de partir com o mentor espiritual.

Sem suportar mais tamanha emoção dentro do peito, Luciano como que se viu envolvido por uma onda de sonolência e acabou nos braços de Euclides, que o susteve e o acolheu como o pai carregando nos braços o filho pródigo que voltara à sua casa.

Ali terminara para Luciano essa etapa escura e dolorosa de sua evolução espiritual, para dar início a uma outra jornada diferente e brilhante pela qual seu espírito se redimiria diante de sua própria consciência.

Junto deles também partiram as duas últimas entidades obsessoras que restavam ser resgatadas desse drama de almas em ascensão.

47

Compreendendo tudo

Momentos antes, Lucinda se preparava para apresentar Salustiano ao general Alcântara, quando ouviu Leontina chamá-la em voz alta, o que levou-a a deixar o leito paterno e dirigir-se à cama desta última a fim de atendê-la.

Enquanto isso, o general continuava no leito, aguardando que sua filha retornasse para continuarem a conversa já iniciada, com o prosseguimento da história que esclareceria todos os fatos.

Não é preciso dizer que até aquele momento, ambos se haviam esquecido, tal a profusão das emoções do reencontro, daquele outro ser que acompanhara Maurício e Alcântara até aquele lugar de dores na condição de leproso, o capitão.

Macedo, no entanto, deitado em seu leito próximo, procurava tirar partido desse esquecimento inicial para continuar ouvindo as histórias de Lucinda, ele que tivera boa parte de responsabilidade em tudo o que ocorrera.

Metido nos lençóis que lhe ocultavam a maior parte do rosto, como se estivesse dormindo, ainda seguia incógnito.

Passada a emoção inicial, todas as irmãs retomaram as suas tarefas no atendimento dos outros doentes e na realização das rotinas de limpeza e organização, deixando Lucinda e Maurício livres para a continuidade da conversação.

Ao mesmo tempo em que Lucinda conversava com Leontina, Salustiano, que se localizara na cama ao lado, ouvia tudo o que se passava, despertado que havia sido pela queda da bandeja do café das mãos de sua benfeitora e pelo tom emocionado das palavras ditas por ela depois.

Diante da velhinha que havia pedido a sua presença, Lucinda revelou que aquele era um dia de muita alegria para a sua alma.

– Sabe, Leontina, do mesmo modo que você hoje, acordou com saudades de seu marido, eu estava me sentindo de há muito, cheia de saudade dos meus entes queridos. E hoje, dando continuidade às alegrias de ontem quando reencontrara Maurício, fui surpreendida pela descoberta de que meu pai está aqui.

– Ai minha filha – respondeu a velhinha – o que é que ele está fazendo aqui? Será que veio buscá-la para levar embora? E o que será de mim e de todos nós que agora só temos você por aqui?

– Não, minha mãezinha querida, eu não expliquei direito. Meu pai chegou ontem aqui, mas na condição de doente. Desse modo, ele veio para ficar e isso me fará ficar ainda mais entre todos, pois agora tenho você, Salustiano, ele e Maurício para me fazerem companhia.

– Que tristeza, filhinha, seu pai doente... Ficar aqui, um lugarejo tão pobre, sem recursos, sem ajuda do mundo... isso é quase uma prisão.

– Não pense nisso, dona Leontina, afinal é aqui que Deus nos deu a oportunidade de nos encontrarmos, não foi? Se essa pousada de amor não tivesse sido erguida pelas irmãs caridosas onde é que nós estaríamos hoje? Se os homens são indiferentes e não ajudam o quanto deveriam, lembre-se que estas paredes e este telhado estão firmes, fiéis ao cumprimento dos deveres de proteger da chuva e do vento, trabalhando em silêncio sem nada reclamarem.

A velhinha olhou para Lucinda e deu um sorriso como quem concordava com as argumentações sutis da jovem amiga e sossegou, à espera do café da manhã que já estava pronto para ser servido.

Por cautela, é preciso que se diga que Lucinda, quando falava de seu pai à Leontina, não lhe revelava plenamente a personalidade e o nome, uma vez que ela sabia, pelas conversas com o espírito de Luciano nas crises do general, que fora seu pai o agente da desdita naquela família, ambicionando a compra da fazenda da viúva indefesa.

Assim, Leontina não sabia de quem se tratava e, por isso, não recordaria os dias do passado que haviam sido muito cruéis e amargos.

No entanto, Salustiano, ao ouvir as revelações de Lucinda, sentiu um calafrio imenso percorrer-lhe o corpo.

Ele sabia que o pai de Lucinda era o general e, o que era pior, o general também o conhecia, pois muitos dos serviços foram combinados entre os dois. O que seria dele, agora? Cego e semiparalítico como poderia evitar que fosse descoberto?

Lucinda voltou à cabeceira de seu pai para retomar a conversa de onde haviam parado.

– Filha, me ajude a ir até onde está esse homem que lhe salvou a vida. Quero conhecê-lo e agradecer pessoalmente tudo o que fez por você. Se eu tivesse dinheiro comigo eu lhe recompensaria por todo o trabalho mas agora, neste estado em que me encontro, transformado num traste inútil, mais não posso dar do que minha gratidão.

– Não, papai, fique aqui na cama que eu trarei Salustiano para lhe conhecer. Estou certa de que ele também ficará feliz em poder estar na sua presença. Como está na hora do café e, apesar de estar um pouco paralisado, ele irá se levantar para ir até o refeitório. Antes de levá-lo para lá eu o trarei aqui para lhe apresentar. Com isso, o senhor não faz esforço para sair daí por enquanto, até que seu organismo se recupere e fique mais forte.

– Está bem, filha. Se bem que, do jeito que as coisas estão indo, esta praga que me atingiu não vai ser vencida por nenhum remédio e, muito menos, me dará trégua para recuperar-me. Ela vai me levar pro cemitério...

– Ora, meu pai, fique quieto. Não fale disso agora que nos estamos reencontrando. Tudo tem um jeito nesta vida e eu não desejo que o senhor desista, já que, daqui por diante, estaremos juntos com a presença de Maurício que irá cuidar de todos. Espere um pouquinho aqui que eu já trago Salustiano.

Dizendo isso, Lucinda se ergueu e foi em direção ao leito do mesmo para ajudá-lo a se erguer.

– Bom dia, seu Salustiano. Está na hora do café. Vamos levantando para que ele não fique muito tempo esperando por nós lá na mesa?!!!

– Bom dia, dona Lucinda. Eu já estou acordado desde quando ouvi os pratos caindo no chão. Estou pronto.

Lucinda pegou a sua pequena bengala improvisada num pedaço de madeira resistente e, tomando-o pelo braço passou a ir com ele em direção ao refeitório.

Sem lhe falar da verdadeira motivação, Lucinda fazia com que o caminho até o local do desjejum a ser percorrido lentamente por Salustiano, passasse por entre as camas de Alcântara e Macedo.

Aproveitando esse momento, iria apresentar o seu benfeitor ao seu pai, aproximando ambos.

Na medida em que o caminho os aproximava, Lucinda ia diminuindo o passo até o momento em que parou Salustiano bem defronte da cabeceira da cama do pai, que já se achava sentado observando a chegada de ambos para saudar o salvador de sua filha.

– Hoje, Salustiano, o meu dia é dos melhores – revelou Lucinda. – Isso porque meu pai foi trazido para cá e nós nos encontramos. Lembra das tantas vezes que falei dele para você? Depois de todo esse tempo de separação, a bondade de Deus me deixou reencontrá-lo para poder cuidar dele aqui neste lar de desabrigados.

– Ah! Que coisa boa, dona Lucinda. Espero que o seu pai não esteja sofrendo muito com a doença... – falou meio desconcertado, como quem não tem mais muito a dizer ou como quem pretende dizer muito pouco para fugir a qualquer perigo de trair-se.

Mas não adiantava fugir do dever de defrontar a verdade.

Ao aproximá-lo da cama, Lucinda preparava o espírito do homem paralítico para o encontro.

– Pois então, seu Salustiano, meu pai desejou muito conhecê-lo e me pediu que o apresentasse. Por isso, bem aqui na sua frente está o general Alcântara, meu pai.

– Paizinho, este é Salustiano, o homem a quem eu devo a minha vida.

Salustiano estava pálido, apesar de não enxergar nada, o que o tornava mais e mais vulnerável à situação.

Ao mesmo tempo que ele, o general se viu confundido pelo rosto daquele homem, muito seu conhecido, aliás. Sem perceber a situação com muita clareza, Alcântara exclamou com ênfase:

– Tião, é você?!! O que é que você está fazendo por aqui com a minha menina?

Lucinda, vendo o pai naquela confusão, tentou explicar.

– Não, papai, este homem é que é o Salustiano que eu contei ao senhor.

– Vamos, Tião. Fale comigo. Como é que você está aqui, por que é que Lucinda não foi levada para minha casa, se você a encontrou no meio do caminho?...

Perguntas e mais perguntas cada vez mais enfáticas começavam a chover sobre Salustiano, agora convocado a retomar a sua vida como Tião, o jagunço prestativo que servia aos interesses dos mais ricos.

Tão logo ouvira o seu nome pronunciado com tanta força e convicção, Salustiano sentiu que seu mundo começava a desabar naquele momento. Que tudo iria ser descoberto. Não conseguia pensar rapidamente em nenhuma explicação.

Lucinda, surpresa com aquela cena, continuava achando que seu pai estava equivocado, que seria um homem parecido com esse tal de Tião.

No entanto, para piorar as coisas, tão logo ouviu o nome Tião, Macedo, que se achava até ali ignorado por todos, levantou-se de baixo dos lençóis para ver se era verdade aquilo que estava ouvindo.

Sim, era a mais pura verdade.

A Justiça Divina reunia os comparsas e as vítimas para um acerto de contas definitivo, no qual não haveria lugar para nenhuma fantasia e onde todas as máscaras e meias verdades seriam reveladas, finalmente. Os comparsas do mal, os três, presos à conseqüência de seus delitos.

As vítimas inocentes e escudadas na fé vivenciada pela renúncia em favor dos outros estavam sadias e trabalhando para ajudar os que caíram nas teias da ignorância.

Mas ali, naquele momento, um capítulo ainda por terminar na história de todos eles seria encerrado com os lances finais da descoberta.

Vendo Tião à sua frente, de olhar apagado e perdido no vazio, Macedo teve ímpetos de pular em sua garganta. Não podendo fazê-lo por causa da doença que lhe tolhia os movimentos, limitou-se a esbravejar:

– Tião, seu safado traidor. Você por aqui? Melhor que tivesse morrido e sido devorado pelas formigas...

Lucinda, sem entender tal reação, estava abobalhada entre o pai e aquele homem desconhecido que na outra cama fora trazido por Maurício junto com o seu genitor e que, agora, esbravejava histérico.

Sem saber entender as coisas que se passavam, Lucinda procurou o olhar de seu companheiro de jornada terrena e espiritual que, com uma expressão curta, revelou-lhe:

– Sim, Lucinda, este é o capitão Macedo...

– Macedo? – exclamou incrédula. – Como é que ele também está desse jeito? Meu Deus, como isso é possível?

– Deus é justo sempre, Lucinda. Nós é que ainda não entendemos a Sua Justiça ou que pretendemos torcê-la segundo os nossos interesses.

Mas a cena tinha seu curso.

Macedo, sentado no leito agora, revelado pela surpresa de ter reencontrado o jagunço, causara um impacto ainda maior no ambiente já confuso da mente de Salustiano/Tião, o qual já não tinha muitos recursos para pensar e criar estória tão complicada para explicar tudo.

E diante da dificuldade de arquitetar uma versão plausível, percebeu que só a verdade poderia fazer sentido naquela hora.

Os dois leprosos lhe cobravam. Ele não os via, mas os dois podiam vê-lo.

Lucinda ali se achava estupefata, surpresa.

– E então, seu Salustiano, explique para esses dois homens, o meu pai, general Alcântara e o capitão Macedo, seu subordinado, que tudo não passa de um engano... – ela não podia acreditar que aquele homem não fosse quem disse que era.

Alcântara não entendia bem o que se passava e queria uma explicação.

Macedo percebera, ainda que tardiamente, que fora traído pelo seu impulso de homem arrogante e mandão. Deveria ter se calado para pensar no que fazer. Afinal, Tião lhe devia uma explicação mas, ao mesmo tempo, sabia de tudo. E ao que parece, iria contar ali, naquele mesmo momento.

– Dona Lucinda, posso lhe pedir o favor de me arrumar uma cadeira... e pegue uma para a senhorita e outra para o doutor aqui que minha história não é muito curta.

Depois de terem providenciado tudo, sentado entre as duas camas, Salustiano começou a revelar a Lucinda e ao general tudo o que sabia.

Contou das inúmeras coisas erradas que havia feito por ordem e sob o pagamento dos dois militares. Por causa disso, ganhava dinheiro e aceitava qualquer serviço. Contou que, sabendo que Macedo era chegado ao general, atendia a todos os pedidos dele e se submetia às ordens daquele que nunca aparecia no palco dos acontecimentos, mas estava sempre por detrás dos bastidores.

Na medida em que ia falando, uma sensação de mal-estar ia tomando conta de Alcântara. Este não havia se lembrado de quanta coisa Tião sabia. Estava acostumado a mandar todos calarem as bocas. Agora, não tinha mais patente nem posto, não estando em condições de impor-se mais a ninguém.

Por causa disso, Salustiano continuou.

– Sabe, dona Lucinda, meu nome mesmo não é Salustiano. Me chamam de Tião por todo o canto onde vou. Mas naquela região eu me escondia dos crimes cometidos, numa gruta de pedra pouco conhecida da maioria, menos de Macedo, que bem sabia onde me encontrar.

Um belo dia, lá foi ele me pedir que viesse até a casa do general para realizar um serviço que, segundo ele, seria dar proteção a você, por causa de uma invasão que sabia iria acontecer nas horas seguintes. Assim, ele combinou que eu esperasse a confusão se estabelecer para que entrasse na casa pelo caminho que desenhou num mapa e me retirasse dali, levando a menina para um lugar distante que nem ele mesmo conhecesse.

Depois disso, terminado o levante, passados os dias era para eu procurá-lo e informar onde havia escondido a filha do comandante que ele iria buscá-la com um comando militar e, por certo, se tornaria o seu herói e obteria o consentimento para se casar.

Macedo começou a vociferar acusando-o de mentiroso e falador.

– Não, seu capitão – respondeu Tião mais calmo. – Eu já menti muito na minha vida, mas para essa moça eu nunca mais vou mentir.

Tudo aconteceu desse jeitinho, dona menina.

Para fazer as coisas dentro do plano de Macedo, ele me entregou um capuz que deveria ser colocado em seu rosto para que não a vissem sendo levada embora. Como eu gostei da idéia do pano na cara, eu também arrumei um saco preto e, por minha conta, coloquei na cabeça, o que me valeu mais tranqüilidade para fazer o que precisava fazer sem ser descoberto.

Lucinda não acreditava no que estava ouvindo. Mas Tião sabia de todos os detalhes do acontecido.

– Assim que os invasores começaram a entrar na casa, sabendo bem o caminho através dela por terem recebido um mapa das mãos do próprio capitão horas antes e ocultado pelo capuz que, para minha surpresa, também era usado por todos os guerreiros, aproveitei e me dirigi até o quarto onde a menina estava com aquela preta que só sabia gritar e rezar e em quem eu tive de dar um presta-atenção, jogando-a longe.

Daí você já sabe.

Desmaio, amarração, transporte e esconderijo.

Todavia, depois que estava com você em minha presença, pensei comigo:

– Ora, tudo indica que o capitão Macedo deseja fazer cartaz com o velho general. E se ele pretende levar a vantagem de encontrar Lucinda e devolvê-la, com toda a certeza para ficar ainda mais em evidência, vai me colocar nessa situação de perigo. Isso é que não. Vou eu mesmo preparar-me para receber a recompensa que o general, homem rico e poderoso, poderá dispor sem riscos. Eu serei quem vai levar vantagem com o dinheiro...

Dessa forma, ao invés de procurar o capitão depois de alguns dias do seqüestro, eu decidi que ficaria com você sob o meu comando e, tão logo não houvesse mais problema com você, dona Lucinda, eu a entregaria ao seu pai como se a tivesse encontrado sem querer, recebendo desse modo qualquer recompensa possível de estar me aguardando como prêmio pelo achado.

Ocorre que você estava muito debilitada e cheia de dores, o que me obrigou a zelar pela sua recuperação naquele lugarzinho abandonado que eu preparei como seu cativeiro.

E você não sarava, o que me deixou preocupado porque, até ali eu só desejava ganhar dinheiro com minha crueldade.

Mas o tempo passou. Cuidar de você foi a primeira coisa boa que fiz por alguém. A sua presença me era agradável e, com o tempo, eu passei a me dedicar ao seu ser doce como quem descobre um motivo para seguir vivendo.

Depois da recuperação parcial de suas forças eu já estava totalmente dependente de sua companhia. Nem parecia que eu havia lhe raptado a mando desse homem aqui, o capitão Macedo, para que ele acabasse sendo o herói e me recompensasse com qualquer dinheiro.

Também nem parecia que eu era o mesmo que a havia enganado para mais dinheiro ganhar.

Para o meu azar, depois de algum tempo, o bicho me atacou e eu perdi a vista e o movimento. Aí, então, fiquei totalmente dependente de você. Se antes eu já pensava em contar e pedir desculpas, a partir daí eu não poderia nem pensar em revelar porque tinha medo de não ter mais ninguém como companhia. Você passou a ser minha família, dona Lucinda. Foi pela senhorinha que eu deixei de ser bandido. Pelo seu jeito bom e suave que me convenci a abandonar o caminho errado para poder ficar ao seu lado sempre.

Você foi a primeira pessoa que me tratou como gente de verdade, não como matador sem valor.

Lucinda estava chorando em silêncio, numa emoção sem identidade. Não sabia o que dizer.

Alcântara sentia uma mistura de ódio e frustração por aquele ser tão desprezível, segundo os seus conceitos pessoais ainda despreparados.

Macedo não sabia o que dizer. A história de Tião revelava a sua personalidade servil e amoral, sempre buscando dominar as pessoas segundo os seus interesses e os seus planos.

Lucinda surgia como vítima de todos. Do pai que não estivera presente na sua proteção. De Tião que lhe havia raptado e enganado por tanto tempo. De Macedo que, com o dever de protegê-la, havia tramado todo o seqüestro com o qual buscava dominá-la para depois obrigá-la ao casamento de forma quase imperativa.

Sem se conter por mais tempo e diante do silêncio pesado que se estabelecera entre todos, Alcântara, com a voz tonitruante, afirmou, dando vazão ao seu sentimento ferido:

– Maldito seja, Macedo! Eu, que pensava que você fosse uma criatura servil e prestativa, descubro que não passa de um réptil asqueroso. Matou o meu filho, raptou a minha filha, roubou as únicas coisas que eram importantes para mim. Sempre teve liberdade para fazer parte da minha vida como alguém com quem dividia todos os meus desatinos e lucros escusos... mas... traidor. Nós estamos no lugar certo, sim. Se eu estivesse com forças ao invés de ser este trapo se desfazendo em vida, eu o mataria com as minhas mãos...

Ouvindo essa história toda, Maurício, igualmente emocionado pela desdita suportada por Lucinda, aproximou-se de todos e, dirigindo-lhes a palavra mansa, mas enérgica, falou conciliador:

– Agora não é mais hora para ódios, vocês não perceberam? O ódio levou os três à desgraça de hoje. Todos fizeram o que desejaram fazer, segundo os caprichos de acreditarem que podiam mais do que Deus.

Mas o que é de vocês? Dois leprosos e um paralítico cego.

Eis para onde o mal os conduziu. Não acham que aqui, no nosso meio não há nenhum com direito a acusar alguém, senão aqueles que foram as suas vítimas e que, aqui, ainda estão para servi-los?

Eu fui torturado por Macedo sob sua ordem, general. Fui preso sem acusação, tão somente por causa do sentimento ciumento do capitão. Mesmo torturado e ferido, não recusei atendimento a ninguém, muito menos aos senhores. Quando o mundo que vocês defendiam com as suas insígnias os expulsou só restou a mim que continuei ao lado dos dois.

Lucinda foi enganada, mal tratada, afastada dos seus por deliberação criminosa, através das mãos de um indivíduo até então sem escrúpulos. Todavia, o coração cheio de doçura e generosidade dessa jovem a quem continuo amando mais e mais a cada dia, amaciou a própria pedra. Foi ela que, com os seus cuidados e carinhos, fez de um jagunço uma criatura mansa e arrependida que, agora, dá testemunho de seus próprios desatinos sem acusar nenhum dos outros dois por coisas que não tenham, realmente, feito.

Acho que aqui, neste ambiente, eu e Lucinda deveríamos ser os acusadores, não acham?

A pergunta ficou sem resposta. Todos estavam mudos e absolutamente vencidos pelas evidências do amor sobre a maldade de seus pensamentos e atitudes.

– E vejam agora que as suas vítimas estendem as mãos para cuidar de todos os agressores, sem acusá-los de nada.

Por isso, a partir de hoje, vocês deverão se lembrar que o ódio é a pior doença que pode existir no coração, ao ponto de contaminar o corpo e atrair para ele tanto a enfermidade cruel quanto as conseqüências desastrosas de ocorrências funestas que não teriam sucedido se as nossas escolhas tivessem sido diferentes.

Todo aquele que gosta de beber demais e brincar com fogo, corre sempre o risco de morrer queimado depois que caiu na fogueira.

De hoje em diante, não temos mais aqui entre nós, general, capitão ou jagunço. Temos leprosos e paralítico, vítimas das próprias maldades.

Ninguém mais vai acusar o outro sob pena de não contar mais com a nossa ajuda.

Lucinda é alma nobre que, com certeza, há de estar mais feliz com a recuperação de Tião, para a qual foi usada como instrumento de Deus, do que se tivesse voltado para casa e ele continuasse sendo um bandido.

Eu, apesar dos defeitos que carrego, me dispus a seguir com os dois a fim de iniciar o processo de esclarecimento de espíritos ainda tão adormecidos.

O que você nos diz, Lucinda?

Longo silêncio se seguiu entre a pergunta e a resposta de seu coração sensível.

Enquanto Maurício falava, inspirado novamente por Euclides que regressara depois de levar Luciano, Lucinda se sentia envolvida por vibrações de amor infinitas partidas de um espírito doce e de uma luz opalina como se vestisse o luar em pleno dia.

Sobre o seu pensamento confuso diante de tantas revelações súbitas, as mãos espirituais tocavam seus cabelos estabelecendo um liame seguro e forte a fim de que a jovem pudesse superar todos os resquícios de fraqueza e autocomiseração que ainda restassem em seu caráter . Uma entidade ali estava para lembrar à jovem que, antes de renascer, pedira forças para enfrentar as próprias deficiências através do esquecimento de todas as faltas cometidas contra sua pessoa, no único desejo de reerguer os seus irmãos.

Entre eles estava o filho querido, agora devolvido à condição de homem que a lepra e a dor infantilizam ou endurecem.

Ela precisava voltar a ser mãe de Alcântara, aquela que esquece tudo para dar mais amor e salvar a criatura amada.

Ela precisava olhar para Macedo como mais um doente órfão dos seus cuidados que precisava receber compreensão para que se recuperasse diante da vida e da condição de criminoso.

Tião, na verdade, fora também o instrumento de Deus para que ela deixasse a vida plácida de senhorinha acomodada aos seus bordados e se tornasse uma mulher de têmpera rija, cabeça clara, vontade firme, coração generoso.

As idéias iam sendo apresentadas pelo espírito luminoso que atendera ao chamado de Euclides para que ali estivesse, naquela hora, amparando Lucinda como somente uma mãe sabe falar ao coração.

Sim, porque esse espírito não era outro senão Lúcia, a esposa de Alcântara, a grande amiga de Lucinda que retornava a lhe estender o colo suave e lhe endereçar os passos na nova jornada que iria começar dali para diante.

Dependia de Lucinda os próximos passos na jornada de todos.

Maurício abrira o caminho, mas precisava dela para aceitar o desafio de transformar o vulcão em lareira, de transformar homens aparentemente maus em criaturas valiosas aos olhos de si mesmos.

Lúcia abraçava a filha que se emocionava diante de sua presença espiritual.

Sem ter muitas palavras para dizer, diante da emoção quase insuportável ao seu coração ainda tão jovem, pôde dizer apenas:

– Sim, meu amor, nós seremos uma família novamente. Você me dará o seu afeto que sempre foi a coisa mais bela que encontrei no meu caminho.

Meu pai continuará a ser meu paizinho de quem zelaremos com mais dedicação ainda.

Macedo será, para nós, o que foi Jonas: o irmão perdido, perseguido pelo general e assassinado pelo capitão.

Tião será o nosso primeiro filho, para quem daremos o calor de nossos corações.

E assim, olhando-nos do Alto com os olhos de bondade sem fim, Jesus haverá de abençoar essa família que se inicia no meio das desditas e dos desatinos, para transformar-se, um dia, em um grande rebanho de ovelhas pacíficas e submissas à Sua vontade.

Eu os desejo como minha família.

E vocês, nos aceitam como tal, esquecendo o passado?

Todos choravam.

As lágrimas eram a resposta emocionada e agradecida que selava aquele recomeço.

Lúcia e Euclides ergueram ali mesmo, sob o coro das vozes angelicais de uma multidão de espíritos que trabalhavam pelo reerguimento daquelas almas, uma sentida oração ao Divino Mestre, entregando-lhe todo o fruto daquele esforço que demandou anos e anos de atendimento, pois todo o bem que se faça na Terra é fruto da semente que o Cristo plantou no coração dos homens. Pertence a Ele como resposta à sua renúncia suprema na tentativa de educar almas perdidas na ignorância.

Séculos e séculos depois, eram os ecos das bem-aventuranças que soavam no coração dos homens:

“Bem-aventurados os mansos porque eles herdarão a Terra.”

48

Há flores sobre as pedras

Após aquele dramático reencontro, um ciclo de transformações havia sido percorrido por todas as almas que faziam parte daquele conjunto em processo de reparação e amadurecimento.

Sob os auspícios dos tutores espirituais, que buscaram encaminhar as trajetórias de seus tutelados sempre pelo caminho do bem como forma de poupar-lhes tantos sacrifícios, as Leis Divinas se cumpriam em toda a sua amplitude, respeitando a liberdade de escolha de cada coração endurecido e atribuindo, como conseqüência, a cada um o que era seu.

Agora, uma nova etapa se erigia a ser percorrida por todo aquele grupo, enriquecido pela presença daquelas quatro irmãs trabalhadoras do Senhor que, junto deles também representavam o cântico de Deus endereçado ao coração dos homens.

Não obstante todo o sofrimento, todos haviam sido convocados EM PRIMEIRO LUGAR a seguirem suas vidas através das veredas suaves do perdão, da humildade, do trabalho reto e da doação. Aqueles que aceitaram tal convite puderam caminhar para o Alto com as forças aumentadas e com a possibilidade de serem felizes, fazendo os outros felizes.

* * *

Depois da cena vivenciada por todos ali naquele galpão, muita coisa mudara no coração dos seus protagonistas.

O amor de Lucinda e de Maurício transformara o coração de todos os demais.

Enquanto os dois se amavam em silêncio e sofreram as agressões e injustiças, renunciando às suas realizações imediatas em troca da ventura porvindoura, todos os outros procuraram violentar os caminhos do afeto para fazê-lo percorrer a estrada pedregosa de seu próprio egoísmo.

Mas, vencida a pedra lavrada pelo fogo da desdita, novamente o amor demonstrava o poderio de sua doçura.

Resolvidos a não mais se afastarem um do outro, notadamente agora que os corações se reencontravam, amadurecidos e dispostos aos mesmos sacrifícios, Maurício não teve dificuldades em obter do general, ainda que apenas para respeitar-lhe a presença e a tradição antiga, a autorização para desposar Lucinda.

Providenciado o enlace, deliberaram os noivos que a cerimônia seria extremamente simples e que, depois de oficializada pelos trâmites da época, ainda muito marcada pelo ofício religioso, foi efetivamente concretizada naquele ambiente de sofrimento coletivo, mas que representava para os nubentes o berço da própria felicidade.

Assim é que, depois de se terem unido formalmente, conduziram as quatro irmãs ao interior do recinto dos doentes e, conclamando a todos a que se aproximassem e que participassem daquele momento, puderam receber a bênção divina através da unção da prece proferida por irmã Augusta, na presença do general, do capitão e do jagunço, os quais eram, agora, a família constituída daquele casal.

Havia sido a primeira cerimônia festiva que ali se realizara e foi de tal modo bem assistida pelos espíritos iluminados, que não houve enfermo que não lhes sentisse a presença e o bem-estar que envolvera a todos.

O trabalho, contudo, não poderia se interromper.

* * *

Passaram-se meses sobre os meses e, um certo dia, eis que o espírito de Luciano é trazido por Euclides de volta às regiões antigas e saudosas ao seu coração. Voltava Luciano à sua antiga moradia, à sede da fazenda.

No ar, havia uma atmosfera de novidades e festas.

Muita coisa havia mudado na paisagem desde a última vez que seu espírito endurecido e revoltado dali partira com o propósito deliberado e firme de vingar-se.

Euclides lhe prometera retornar um dia para poder colher os benefícios de sua própria mudança.

– Chegou o dia, Luciano, de se cumprir aquilo que se prometeu ao seu espírito – falou-lhe o mentor luminoso que o conduzia envolvido pelas vibrações elevadas de sua bondade.

Luciano sentia a nostalgia dos tempos vividos sobre aquelas paragens. Aspirava aquele ar cujas fragrâncias lhe comunicavam saudade.

– Sim, irmão Euclides, quanto eu sinto falta deste ambiente, ainda que nada tenha feito por merecer semelhante concessão da bondade de Deus, ao mesmo tempo em que esta região me transporta aos tempos em que meu espírito teve sublime oportunidade que foi desperdiçada por minha irreflexão.

– Somos sempre assim, – respondeu-lhe Euclides. – Todos possuímos a dureza sobre a qual, depois que o Amor lança a semente, abrem-se floradas em nossas almas. Não se perca, contudo, em reflexões amargas, pois você foi trazido até aqui para participar da felicidade de todos.

Ao ouvir tais exortações, Luciano procurou afastar de sua mente todas as cenas de sua derrocada espiritual, passando a fixar o pensamento na antiga companheira, Leontina, ao mesmo tempo em que se sentia sempre mais grato a Lucinda e a Maurício.

Realmente, aquele era um dia especial na vida de todos.

Naquela manhã, sob os auspícios do casal Lucinda e Maurício, começava uma etapa renovada na vida de muitos.

Depois do casamento, Maurício retornou à antiga sede da fazenda que ficara sob os cuidados de Eleutério, a fim de comunicar-lhe o paradeiro do genitor, da irmã e pô-lo a par de todo o ocorrido.

Ao perceber o estado avançado da doença do pai, tomado de um sentimento de repulsa e de medo, Eleutério alinhavou inúmeras desculpas a fim de evitar um contato mais íntimo com os familiares.

Pretendia voltar à capital para retomar os trabalhos de sua banca advocatícia, com a qual se identificava plenamente e para a qual se preparara depois de muitos anos de estudo.

Mormente agora, que Maurício e Lucinda se haviam consorciado, surgiam eles como a solução ideal para livrarem-no da responsabilidade de cuidar de um leproso, ainda que ele fosse o seu próprio pai.

Com isso, Eleutério não teve dificuldades de se livrar de qualquer responsabilidade direta abdicando de quaisquer direitos sobre a fazenda, levando consigo valores em dinheiro que lhe compensassem a perda das terras e entregando todas elas, bem como a antiga casa senhorial, totalmente reconstruída, para que fossem administradas pela irmã e por seu marido.

Partira Eleutério antes que tivesse de se reencontrar com o genitor, eis que não pretendia ver-se ferido pelo quadro desolador do seu estado de saúde.

Com tal conduta, Lucinda e Maurício puderam dar curso ao seu plano de modificação do estado geral de todos os doentes.

Depois de conversarem muito e de planificarem todos os passos a percorrer, naquele dia especial a festa denunciava a alegria de todos os corações.

Inspirado pelos bons sentimentos que traziam na alma, ao mesmo tempo em que pretendiam restabelecer a justiça de todas as coisas, os dois jovens deliberaram, com o assentimento das quatro irmãs abnegadas, a transferência daquela pousada de sofrimento para as terras da fazenda.

Levariam consigo todos os doentes que assim aceitassem, além daquelas trabalhadoras incansáveis que, com o apoio dos dois espíritos jovens unidos pelo matrimônio espiritual e físico, poderiam ampliar ainda mais o atendimento aos sofredores.

Com esse propósito, Maurício orientou a edificação de alguns quartos coletivos que permitissem certa privacidade aos doentes, dotando-os de instalações mais bem apropriadas às suas necessidades, separando os enfermos segundo as suas simpatias e o teor das enfermidades.

Com isso, procurou dar a eles uma modificação de sua rotina, identificando-os como uma nova comunidade a caminho do tratamento e da recuperação.

A fazenda, além do mais, permitiria um processo novo de reajustamento através do trabalho com a terra, com a produção de hortaliças, o cultivo de jardins, o contato com animais domésticos e com o calor humano de criaturas outrora escravizadas e, agora, homens libertos que ali se mantinham em face da bondade dos corações dos novos proprietários.

Não fora fácil a viagem de todo aquele contingente de homens e mulheres, sofredores no físico e no espírito, até aquelas paragens.

Todavia, ainda que a passos lentos, todos iam sendo transferidos.

A maioria já se achava instalada naquele novo abrigo, mais bem arejado, iluminado e protegido que o antigo galpão.

As refeições eram melhor preparadas e o alimento era abundante para todos.

Logo nas primeiras semanas já se podiam verificar as transformações de muitos que passavam a ter ânimo redobrado para deixarem o leito e se empenharem em alguma atividade construtiva.

O contato com os negros libertos que ali trabalhavam agora por amor aos seus irmãos, infundia em cada um dos enfermos um sentimento novo de gratidão e alegria de há muito esquecido.

Mas aquele dia seria um dia especial.

Tanto que Luciano fora trazido até ali para presenciar os frutos do amor.

Naquela manhã encerrava-se o transporte dos últimos doentes sob os auspícios do médico e de sua esposa.

Os novos prédios haviam sido erguidos próximos da casa grande, no espaço que existia entre ela e a antiga senzala.

Luciano sentiu ímpetos de pedir a Euclides que o levasse para dentro da casa que lhe pertencera, a fim de rememorar as sensações ali vivenciadas. No entanto, não ousava articular palavra, pois não pretendia criar embaraço ao seu benfeitor.

Todavia, sabendo qual era o desejo de seu tutelado Euclides apontou-lhe a porta de entrada e lhe disse:

– Vamos, Luciano, entremos para que o Amor entre para sempre dentro de nós.

Emocionado até a mais profunda fibra de sua alma, Luciano avançou para o interior, notando-lhe as novas disposições internas, reconstruídas depois do incêndio. Novas peças do mobiliário ali adornavam aquele núcleo que lhe fora a moradia por longos anos da última existência.

A escadaria interna fora preservada e, por ela, tinham acesso aos quartos amplos e numerosos. Ali se percebia o toque da sensibilidade feminina a dispor quadros pelas paredes dentro da estética e da simplicidade que só o espírito preparado de Lucinda sabia dosar.

A cada nova vista, Luciano relembrava os seus dias de ventura. Lembrava-se novamente de Leontina. Impulsionado por essa lembrança, demandou instintivamente os antigos aposentos como quem retorna ao aconchego dos sonhos vividos na intimidade daquelas paredes silenciosas e protetoras.

A saudade de Leontina lhe oprimia o peito e uma avalanche de lágrimas lhe molhava o rosto triste, de alguém que não podia voltar mais ao passado para refazer os passos claudicantes e falhos.

Euclides sustentava-lhe as energias combalidas.

Chegando à porta do antigo quarto, Luciano tinha o coração aos saltos e a emoção erguida à condição de tirana dentro de seu peito. Colocou a mão na maçaneta da porta como a repetir antigo gesto, como se ainda possuísse corpo físico, instintivamente.

Seu mentor e amigo sorriu-lhe e lembrou:

– Não se esqueça, Luciano, de que agora não mais precisamos nos limitar como o fazíamos quando no corpo de carne. As maçanetas são para os homens da Terra. Para os espíritos, a chave que nos abre todas as portas é a pureza da alma. Liberte o seu coração de toda a aflição, meu amigo.

– Sim, meu irmão, eu entendo e me envergonho do meu despreparo para estar aqui. Quanto mais me aproximo, mais regrido no tempo. Quanto mais volto, mais me lembro de mim mesmo, ignorante e mau. Quanto mais me vejo endividado, mais me recordo de minha companheira que me suportou a presença pesada e bruta, procurando dar-me o melhor de sua compreensão e de sua ajuda. Como é duro regressar e ter de enfrentar todos estes fantasmas. Gostaria mesmo é de abraçar Leontina no leito de sofrimento que a recebe naquelas novas casinhas bonitas onde ela deve se encontrar abrigada. Isso, para mim, será a verdadeira festa neste dia que, até agora, só tem sido lembrança amarga ao meu coração.

– Pois acredite, Luciano, hoje é um dia de festa para todos nós. Por isso, fui autorizado a trazê-lo até aqui. Antes de irmos encontrar Leontina, você precisa enfrentar seus fantasmas e, limpando o coração de todas as mágoas do ontem, ingressar na antiga alcova de seus dias venturosos junto ao coração de mulher que lhe foi tão querida. Vamos, Luciano, pense nos momentos de felicidade que você já viveu. Abra o coração!

Diante da exortação de Euclides, Luciano passou a pensar em coisas boas que vivera ali e, graças a esse pensamento, um alívio de alma o visitou como se uma aragem fresca lhe houvesse afastado o calor escaldante que se concentrava no íntimo.

Impulsionado por Euclides, ambos cruzaram o obstáculo físico representado pela porta fechada do quarto a fim de que Luciano pudesse contemplar o quadro que, para o seu espírito, seria inesquecível.

Tomado de surpresa infinita e indescritível, só teve forças para cair de joelhos ali mesmo, em prantos convulsivos. Ali estava Leontina, recostada em vasto leito, trajada como antigamente e, apesar dos cabelos brancos, sua face se rejuvenescera ao contato com a antiga moradia.

Ao seu lado, Lucinda e Maurício se esmeravam para lhe conceder todo o bem-estar de que ela se fazia credora.

Ao chegar à fazenda, Leontina recuperara boa parte da lucidez, uma vez que identificara a antiga casa à distância.

E enquanto se debulhava em lágrimas silenciosas de gratidão a Deus, Luciano ouvia as palavras que Lucinda dirigia à antiga companheira.

– Veja, minha amiga tão querida, como Deus é bom e não nos abandona. Hoje você voltou à sua casa, ao seu quarto, de onde você nunca mais será afastada. Esta cama será sempre a sua. Estas janelas estarão sempre lhe trazendo luz e brisa e você poderá passear junto comigo todas as tardes. Lembre-se de seu companheiro que nunca a esqueceu. Seu Luciano, onde estiver, deverá estar sentindo toda a sua alegria por este momento. Acabou para sempre, Leontina, a sua condição de criatura esquecida e abandonada, sem um lar.

– Ah! minha filhinha do coração! Você não imagina a alegria que vai dentro de mim. Eu penso que devo estar perto de morrer porque a felicidade que sinto me põe medo. Só peço a Deus me deixe ficar mais um tempinho para poder estar do seu lado e sentir a ventura de ser amada, depois de tanto tempo de solidão. Estar de volta à casa, ao quarto, a tudo isto representa para mim voltar a mim mesma. E eu devo isso a você, filhinha e ao doutor seu marido.

Ali, ajoelhado diante daquela que foi sua esposa, agora mais restabelecida e recolocada na própria casa sob a proteção dos novos proprietários, que procuravam fazê-la feliz a qualquer custo, jazia Luciano transformado pela força do amor. Reencontrara Leontina mais forte e mais feliz, com um viço que nunca ele conseguira infundir-lhe com todo o ódio que nutria por Alcântara.

Sentiu-se ainda mais culpado e pequeno. Humilhou-se diante da grandeza silenciosa do coração daquela moça generosa.

Euclides amparava-lhe o sentimento frágil, compreendendo a importância daquela hora para os dias do porvir. Afagando-lhe os cabelos, transferia a Luciano um magnetismo que penetrava o seu campo energético como se fosse um bálsamo de paz e gratidão a Deus.

Agora se sentia tão pequeno e ao mesmo tempo constatava a grandeza do Amor que não o massacrava. Um profundo silêncio de maturidade espiritual fazia o seu espírito tremer por dentro. Instintivamente, lembrou-se de Alcântara e Macedo.

Olhou indagadoramente para Euclides que, ato contínuo, lhe sorriu e respondeu:

– Eles também estão aqui dentro. E é por isso que você foi trazido neste dia. Você precisará dizer se aceita que os dois passem a morar aqui, naquela que foi a sua casa e da qual sua esposa foi esbulhada. Hoje comparecem diante de você como doentes do corpo e do espírito que batem à sua porta como pedintes de seu afeto.

Luciano queria ir vê-los em seus respectivos aposentos, no que foi ajudado por Euclides novamente.

Penetrando nos quartos, dois cômodos de boas proporções ligados por uma porta que dava comunicação entre eles, Luciano quedou-se estarrecido com o estado da enfermidade que, nos meses anteriores, tinha avançado muito rapidamente.

Pela primeira vez, soube o que significava a palavra compaixão.

Já não tinha ali dois adversários. Tinha irmãos em sofrimento, tanto quanto outros, como ele próprio, arrependido de todos os desmandos cometidos em nome do orgulho de homem inflexível.

Compaixão que era aquecida pela lágrima renovada de um sentimento arrependido e que, agora, entregava aos homens aquilo que já não mais lhe pertencia: o seu último castelo de pedra.

Mais adiante, Tião adormecia nos lençóis perfumados de uma cama macia e simples como todas as outras, mas que lhe propiciava o refúgio para o acrisolamento de um espírito diferente, moldado pela suavidade do bem.

– Meu benfeitor e amigo – disse Luciano a Euclides – se eu efetivamente fosse o dono de alguma coisa, esteja certo de que não titubearia em dizer que os aceitaria como meus hóspedes. Todavia, não me sinto credor de nada e de ninguém. Se hoje posso dizer algo, quero pedir ao Criador me conceda a subida honra de trabalhar neste quarto de leprosos para edificar o meu espírito, atendendo a estes irmãos que, na minha ignorância ajudei a destruir. Eu sou o leproso da alma cujas chagas preciso lavar uma a uma ao contato com estes a quem invejo o sofrimento que suportam e que os está depurando de suas próprias mazelas.

Sou eu quem peço, Euclides, que me aceite aqui, não como proprietário pomposo, mas como serviçal pequeno e sem valor. Quero abraçar minha Leontina todas as manhãs mas, acima de tudo, quero me reabilitar diante dela como alguém que reconquista a paz no coração ao peso do serviço. Estes corpos corroídos serão o meu altar de pedra diante dos quais, todos os dias eu endereçarei a Deus minha oração mais sentida e mais sincera...

Luciano não conseguia mais falar, tal a emoção que lhe embargava a voz.

Euclides, que também chorava, afagou-lhe os cabelos e lhe respondeu apenas:

– Sim, meu irmão, você descobriu que a bondade de Deus é a flor que nasce sobre a pedra. Você é a nova flor do Pai, nascida sobre a pedra dos próprios defeitos que serão vencidos pela força de suas disposições renovadas. Lembre-se, Luciano: Você tem o perfume de Deus na flor do seu coração. Que Jesus lhe abençoe o propósito de servir para sempre.

***

Assim, meus irmãos, que cada um possa se lembrar de que o Amor é flor que nasce e cresce ainda que sobre a pedra da ignorância e da maldade, bastando que exista quem se disponha a vivê-lo como as duas almas abnegadas de Maurício e Lucinda, duas flores de Deus que transformaram muitas pedras humanas em um jardim de bênçãos, mesmo depois de muito tempo e à custa de muitas dificuldades. Que as pedras tenham os nomes de maridos ou esposas difíceis, pais ou parentes intransigentes, entes queridos presos ao leito de dor, vizinhos ou conhecidos antipáticos, chefes exigentes, subordinados descuidados, filhos desafiadores, lembra-te disso, leitor amigo: Tu és flor de Deus. Desabrocha sobre todos eles e lança o teu perfume ao sabor do vento sem contar o tempo. Deus te sustenta, conhece o teu sacrifício e as pedras descobrirão, um dia, o quanto precisam das flores que nasceram sobre elas. Nesse dia, deixarão de ser pedras para sempre.

BRILHE A VOSSA LUZ!

MUITA PAZ!

Lucius
(30/03/99)